Lotus Domino 8.5

Administration

Lotus Domino 8.5
Administration

Tome 1 : Installation et configuration

Frédérique JOUCLA - Jean-François ROUQUIÉ

Avec les interviews de l'expert Jean-François Rigollet

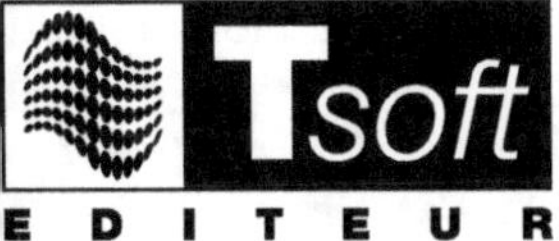

EYROLLES

ÉDITIONS EYROLLES
61, bd Saint-Germain
75240 Paris Cedex 05
www.editions-eyrolles.com

TSOFT
10, rue du Colisée
75008 Paris
www.tsoft.fr

Mes remerciements à

*Jean-François Rouquié, grand expert Lotus et auteur des ouvrages précèdents de cette série Lotus Domino,
pour m'avoir transmis son savoir et accueillie comme coauteur,
Jean-François Rigollet, consultant Micropole-Univers Institut et expert distingué par IBM,
pour son aide immense et pour avoir donné vie à la rubrique « Interview de l'expert »,
Sylvie P. pour le temps qu'elle a sacrifié, Christian Bay et Philippe Moreau pour leur patience.*

Frédérique Joucla

Avant-propos

Lotus Domino 8 est le successeur d'une lignée de serveurs de groupware. Il est maintenant le pilier E-collaboration de l'offre logicielle d'IBM et s'intègre dans les architectures J2EE et IBM Instant Messaging ainsi que Microsoft .Net.

Les entreprises installent des intranets pour diffuser l'information. En fait d'informations, il s'agit souvent de connaissances qu'il faut mettre en forme et cibler vers des populations déterminées d'utilisateurs. Lotus a été également le pionnier du « Knowledge Management ». Domino est une composante de la réponse technologique d'IBM/Lotus pour l'intranet et la gestion des connaissances.

Et puis, il y a Internet qui est devenu le moyen banalisé de communication et de publication des informations. Les évolutions ont été et sont toujours rapides. Un effort parallèle autour des standards contribue à faire de l'interopérabilité des systèmes une réalité. Lotus Domino évolue à la vitesse de la technologie, ce qui le rend capable de communiquer avec l'environnement informatique existant. Ses possibilités sont maintenant très au-delà des solutions de groupware d'origine.

Domino est un outil fantastiquement puissant qui peut s'adapter à un grand nombre de situations. Le succès d'une installation Lotus Domino réside dans une mise en place préparée soigneusement : il y a des choix à faire en fonction des objectifs de l'entreprise et du contexte. Il n'y a plus un métier d'administrateur Domino mais des métiers d'administrateur Domino selon les contextes d'entreprise.

L'administration Lotus Domino/Notes 8 est abordée en deux parties, faisant chacune l'objet d'un volume :

– *Mise en œuvre* : installation et configuration d'un premier serveur Domino de messagerie puis de serveurs additionnels.
– *Gestion et optimisation* : optimisation de la messagerie, gestion des serveurs et des utilisateurs, gestion des bases de documents, réplication et agent.

Une partie de l'ouvrage est disponible en téléchargement exclusivement. Ce choix est dicté par le souci de conserver un ouvrage papier maniable.

À qui s'adresse l'ouvrage ?

Cet ouvrage traite de la mise en place de la messagerie et d'applications dans un domaine monoserveur ou multiserveur. Il est basé sur la version française 8.5 de Lotus Domino. Il s'adresse :

- aux centres de formation et sociétés de services qui proposent à leurs clients des formations à l'administration de Lotus Domino,
- aux personnes ayant suivi les cours IBM Lotus et qui cherchent un ouvrage de référence,
- aux administrateurs Lotus Domino 5, 6 et 7 qui veulent mettre à jour leurs connaissances en autoformation,
- aux administrateurs de messagerie Lotus Domino 6, 7 et 8 qui veulent étendre leurs connaissances,
- aux CLP – Certified Lotus Professional – qui préparent l'examen de passage à la certification de la version 8.

Contenu pédagogique

L'ouvrage se propose de vous apprendre les bases de l'administration Domino pour que vous soyez en mesure d'installer et d'administrer pratiquement Domino/Notes en intranet dans les situations les plus fréquentes :

- Un serveur Domino, puis deux, trois et plus.
- Une connexion vers Internet pour la messagerie.
- Des PC clients équipés de Notes, quelques centaines.
- Des bases d'informations d'intranet et des applications de groupware : conférence électronique, suivi d'activité, workflow.

Les fonctions d'optimisation de l'administration ou intéressantes pour les fournisseurs de services d'hébergement sont citées sans être détaillées.

Objectifs de savoir-faire

Volume 1 : Mise en œuvre

- Installer un serveur Domino
- Configurer la sécurité
- Configurer la messagerie d'intranet
- Configurer la connexion de messagerie Internet
- Enregistrer les utilisateurs Notes
- Installer les postes clients Notes
- Installer des serveurs additionnels
- Configurer la réplication (module téléchargeable)
- Utiliser les agents (module téléchargeable)

Volume 2 : Gestion et optimisation

- Optimiser la messagerie
- Mettre en place une grappe de serveurs
- Étendre la messagerie d'intranet
- Assurer la maintenance des serveurs
- Gérer les utilisateurs
- Configurer la réplication
- Utiliser les agents
- Mettre en exploitation des applications
- Surveiller les serveurs : contrôler le domaine Domino

Les nouveautés apparues avec la version 8.5 ont été particulièrement développées.

L'approche modulaire de l'ouvrage permet au lecteur de se concentrer sur ce qui correspond à ses besoins immédiats : les modules passés pourront toujours être relus par la suite au titre de la culture générale.

La démarche est pratique : il ne s'agit pas de faire le tour de toutes les possibilités de Domino, mais plutôt de proposer un scénario qui fonctionne. C'est en faisant que l'on apprend. Les procédures sont détaillées – images écran, consignes précises – pour limiter les erreurs de manipulation tant il est vrai que ce qui est intuitif est ce que l'on connaît. Rien n'est évident et il vaut mieux faire la preuve par l'exemple.

Comment le support est-il conçu ?

Téléchargements

 Une partie de l'ouvrage est disponible en téléchargement uniquement. Chaque référence à une partie téléchargeable est identifiée par ce symbole dans la marge.

Modularité

L'ensemble a été conçu de façon suffisamment modulaire pour pouvoir construire plusieurs cursus de formation.

Les modules suivent une chronologie qui peut être modifiée par un instructeur averti. Ils sont relativement indépendants du fait que les ateliers se déroulent principalement sur un seul serveur, ce qui évite la mise en œuvre de configurations complexes imposant une séquence déterminée.

Renvoi à une section

 Le symbole ✥ suivi d'un nom de section est fait pour attirer votre attention sur une autre section ou module de l'ouvrage, ce qui vous permet d'approfondir le sujet traité ou de revoir un sujet connexe. Vous pouvez retrouver cette section par la table des matières, ou par l'index,

Plan d'un module

La progression d'un module est indiquée sur la première page après les objectifs. La place des ateliers est indiquée dans la progression. Il est conseillé de les faire au fur et à mesure. Dans le plan, le symbole @ devant un paragraphe indique qu'il est en téléchargement.

Informations de référence

L'exposé d'un principe – une diapositive et un commentaire – est généralement suivi de la description de la procédure à mettre en œuvre. Les procédures sont identifiées par le symbole ⊠ dans le titre, ce qui permet de les retrouver ultérieurement. Le support sert ainsi d'ouvrage de référence destiné à être consulté pour surmonter les difficultés inhérentes à l'utilisation d'un logiciel puissant.

Ateliers

 Des ateliers sont disponibles en téléchargement. Ils servent à une mise en œuvre immédiate de concepts et de procédures. Ils se présentent sous forme d'activités dirigées avec des instructions précises ou comme des exercices demandant de la réflexion et de la prise d'initiatives. Le temps à consacrer à chaque atelier est indiqué. C'est un élément de référence qui permet d'évaluer le temps consacré à la lecture et à la mise en pratique d'un module. Chacun avance à sa propre allure : si le temps paraît trop juste, on peut aussi se dire que la lenteur est une stratégie éprouvée d'acquisition et de maîtrise des connaissances.

QCM et rappel des objectifs

 Des QCM et les corrigés sont disponibles en téléchargement. Chaque module se termine par un rappel des objectifs, suivi du résumé de chaque paragraphe. Ce rappel aide le lecteur à construire la synthèse de ce qui a été vu. Un QCM est également proposé. L'objectif est de tester la compréhension des principes : il n'y a pas de question exigeant une connaissance détaillée des procédures ou de l'interface. Le QCM peut être déroulé avec profit dans les 24 heures qui suivent la fin d'un module. Un instructeur peut s'en servir comme matériau pour procéder à la séance de rafraîchissement de mémoire qui ouvre souvent la journée de cours.

Check-lists et procédures

 Des check-lists et des procédures sont disponibles en téléchargement : planification, configuration d'un domaine Domino, déploiement des bases et des postes.

Et les certifications ?

Les personnes désirant passer les certifications Lotus trouveront sur le site http://www.lotus.com le descriptif des compétences requises pour les examens ainsi que les sources d'informations disponibles.

Quatre examens préparent à la certification :

Examen	Titre	Titre TSOFT
847	IBM Lotus Notes Domino 8 Operating Fundamentals	Mise en œuvre
848	IBM Lotus Notes Domino 8 Building the infrastructure	Mise en œuvre
849	IBM Lotus Notes Domino 8 Managing Servers and Users	Gestion et optimisation
840	IBM Lotus Notes Domino 8 Configuring Domino Web Servers	Pas d'équivalent

Les examens de la version 8 sont bâtis sur le même modèle qu'en version 7.

Les certifications Lotus ont été modifiées depuis 2003 pour s'harmoniser avec les certifications IBM. Les titres des certifiés sont :

– IBM Certified Associate System Administrator – Lotus Notes and Domino 8
– IBM Certified System Administrator – Lotus Notes and Domino 8
– IBM Certified Advanced System Administrator – Lotus Notes and Domino 8

Les nouveaux titres correspondent respectivement à Certified Lotus Specialist (CLS), Certified Lotus Professional (CLP) et Principal Certified Lotus Professional (PCLP).

Titre	Examens
IBM Certified Associate System Administrator	847
IBM Certified System Administrator	847, 848, 849
IBM Certified Advanced System Administrator	847, 848, 849, 840

Pour passer avec succès ces examens, la pratique est indispensable ainsi que la consultation de l'aide d'administration et des informations disponibles sur Internet.

– Consultez la liste des compétences requises disponibles sur le site Web de Lotus.
– Mettez en pratique les connaissances acquises de façon opérationnelle.

– Consultez les « RedBooks » d'IBM qui sont l'œuvre de groupes de praticiens et de spécialistes. Ils contiennent des informations inédites.

– Consultez le site LDD – Lotus Developer Domain – http://www-10.lotus.com/ldd.

Table des matières

Les chapitres dont le titre est précédé du symbole @ ne sont pas imprimés dans le livre, ils sont téléchargeables depuis le site de l'éditeur www.editions-eyrolles.com : cliquez dans la zone <Rechercher> tapez le code de l'ouvrage **12790**, puis validez par <Entrée>. Vous accéderez ainsi à la fiche de l'ouvrage dans laquelle se trouvent des liens vers les compléments à télécharger.

Préambule

Ce support de formation est la première partie d'un parcours complet en deux parties.
À l'issue de cette partie, l'utilisateur saura installer et administrer au quotidien un
domaine Domino connecté à Internet avec des clients Notes.

Cet ouvrage a été écrit et testé avec la version 8.5 française de Domino/Notes.

Support de formation

Ce guide de formation est idéal pour être utilisé comme support élève dans une
formation se déroulant avec un animateur dans une salle de formation, car il permet à
l'élève de suivre la progression pédagogique de l'animateur sans avoir à prendre trop
de notes. L'animateur, quant à lui, appuie ses explications sur les diapositives figurant
sur chaque page de l'ouvrage. Les procédures de mise en œuvre sont suffisamment
détaillées pour que le formateur puisse concentrer ses explications sur l'essentiel.

Cet ouvrage peut aussi servir de manuel d'autoformation car il est rédigé à la façon
d'un livre, il est tout aussi complet. Il va beaucoup plus loin qu'un simple support de
cours. De plus, il inclut une quantité d'ateliers conçus pour vous faire acquérir une
bonne pratique du logiciel Lotus Domino.

Plan du cours

- M1 Présentation
- M2 Concepts
- M3 Installer le serveur Domino
- M4 Sécuriser le serveur
- M5 Clients Notes sédentaires
- M6 Clients Notes Itinérants
- M7 Messagerie
- M8 Serveurs additionnels
- M9 La réplication (module à télécharger)
- M10 Les agents (module à télécharger)

La première partie du cours d'administration se concentre sur la mise en œuvre de la messagerie. Les connaissances acquises sont un prérequis pour l'étude de la seconde partie : Gestion et optimisation.

Les objectifs de connaissance et de savoir-faire de chaque module sont rappelés ici.

Module 1 : Présentation

Ce chapitre introduit brièvement Lotus Domino/Notes et ses principales applications en intranet et sur Internet. Il se termine avec une présentation du plan de la formation et du chemin pédagogique suivi.

Connaissance

- Définition de Lotus Domino
- Définition de Lotus Notes
- Contexte d'utilisation des logiciels

Module 2 : Concepts

Ce module passe en revue les concepts essentiels Domino/Notes et donne des éléments pour la préparation du plan d'installation. L'accent est mis sur la structure des noms utilisés : domaine, organisation, serveur, utilisateur.

Connaissance

- Les concepts Domino/Notes

Savoir-faire

- Préparer l'installation

Module 3 : Installer le serveur

Ce module traite de l'installation du premier serveur Domino d'un domaine et de sa station d'administration dans l'environnement Windows 2000/2003.

Savoir-faire

– Installer et configurer le premier serveur Domino
– Installer et configurer la station de l'administrateur
– Utiliser les commandes console de base
– Naviguer dans Domino Administrator

Module 4 : Sécuriser le serveur Domino

Ce module est consacré à la sécurité Domino et à son application pour sécuriser le serveur. La mise en œuvre pratique proposée cherche à rester simple.

Connaissance

– La sécurité Lotus Domino
– La hiérarchie des droits d'administration
– Sécurisation du réseau

Savoir-faire

– Créer des groupes
– Configurer l'accès complet à un serveur Domino
– Configurer les restrictions et les autorisations d'accès au serveur
– Configurer les droits d'exécution des agents
– Régler la LCA des bases d'administration

Module 5 : Clients Notes sédentaires

Ce module traite de l'enregistrement et de la configuration de clients Notes et Domino Web Access – anciennement iNotes – pour les sédentaires. Les politiques introduites ici sont complétées dans un module séparé.

Savoir-faire

– Préparer l'environnement pour enregistrer les clients
– Créer une unité d'organisation
– Mettre en place les politiques de gestion des clients Notes
– Installer et configurer un client Notes sédentaire
– Migrer et importer des utilisateurs d'autres environnements
– Préparer une installation personnalisée
– Mettre à jour le logiciel Lotus Notes sur les postes

Module 6 : Clients Notes itinérants

Ce module traite des utilisateurs itinérants : enregistrement, configuration, politiques explicites.

Connaissance

– Accès à la messagerie Lotus Notes par BlackBerry

Savoir-faire

- Enregistrer un utilisateur itinérant
- Installer et configurer un poste partagé
- Créer des politiques explicites pour les itinérants
- Configurer la réplication sur un portable
- Installer Lotus Notes sur clé USB
- Accéder à la messagerie avec DWA (Domino Web Access)

Module 7 : Messagerie

Ce module traite de la mise en œuvre de la messagerie d'intranet sur un serveur avec connexion vers Internet. L'utilisation de la messagerie sur portable et les particularités de Domino Web Access sont approfondies. Un module séparé de mise en œuvre de l'intranet aborde les fonctions évoluées de la messagerie : intranet multiserveur, suivi d'activité et protection de l'intranet.

Savoir-faire

- Configurer le routage de courrier intranet
- Configurer l'échange de courrier avec Internet
- Gérer les bases courrier
- Définir une politique de courrier (clause de non responsabilité)
- Installer Domino Off-Line Services pour les navigateurs
- Gérer le fonctionnement de la messagerie
- Définir les groupes de messagerie

Module 8 : Serveurs additionnels

Après l'étude du chapitre, le lecteur saura ajouter un serveur Domino dans un domaine, configurer les règles d'accès et d'utilisation de ce serveur et l'administrer. Il saura également configurer une grappe de serveurs Domino. Les ateliers comprennent une révision et une mise en application de la reconfiguration d'un serveur, d'un poste client et de l'enregistrement d'utilisateurs Notes.

Savoir-faire

- Enregistrer un serveur additionnel
- Configurer un serveur additionnel
- Mettre en place la réplication
- Mettre des serveurs en grappe
- Administrer plusieurs serveurs depuis Domino Console ou depuis Navigateur

@Module 9 : La réplication

La réplication des bases d'administration a été mise en place dans les modules précédents. Ce module approfondit la mise en œuvre de la réplication en l'illustrant par des bases d'applications. L'architecture pivot/satellite est présentée simplement et peut être mise en œuvre aisément avec une dizaine de serveurs ou moins.

La surveillance de la réplication est complétée par l'étude du Contrôle de domaine Domino.

Connaissance

- Principe de la réplication
- Architecture pivot/satellite

Savoir-faire

- Répliquer une base entre serveurs
- Répliquer une base sur des portables
- Surveiller la réplication

@Module 10 : Les agents

Ce module décrit les agents du point de vue de l'administration. Les connaissances apportées doivent permettre à l'administrateur de comprendre les instructions de mise en production d'une base et de définir en connaissance de cause les paramètres d'exécution du gestionnaire d'agents et les restrictions de programmabilité.

Connaissance

- Fonctionnement des agents

Savoir-faire

- Définir les restrictions de programmabilité
- Définir un serveur d'exécution
- Paramétrer le gestionnaire d'agents

Présentation des ateliers

Des ateliers sont proposés à la fin de chacun des modules. La première page d'un module annonce les objectifs, le plan et la place des ateliers dans le déroulement des modules.

Les fichiers nécessaires sont dans ExosDomino8.zip que vous pouvez télécharger depuis www.tsoft.fr.

Les ateliers sont découpés en exercices, nous précisons :

1. L'objectif général de l'exercice et le temps approximatif alloué.

Exercice 2 : Mettre une base en production   **25 mn**

2. Les étapes à suivre pour atteindre l'objectif

Étapes

Instructions

3. Un renvoi aux procédures à appliquer

Procédures

Reportez-vous aux pages 9-20 à 9-25.

* *Domino*
* *Extranet*
* *Internet*
* *Intranet*
* *Groupware*
* *Notes*
* *Portail*
* *WebSphere*
* *Web Services*

1

Présentation

Objectifs

Ce module introduit brièvement Lotus Domino/Notes et ses principales applications en intranet et sur Internet. Il se termine avec une présentation du plan de la formation et du chemin pédagogique suivi.

Connaissance

– Définition de Lotus Domino
– Définition de Lotus Notes
– Contexte d'utilisation des logiciels

Progression

Qu'est-ce que Domino/Notes ?
Distribution du logiciel
Les applications d'intranet
Les applications groupware

Les applications d'Internet
La plate-forme de développement
d'applications

Qu'est-ce que Domino/Notes ?

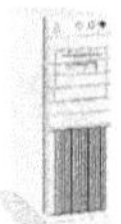

- **Serveur Domino**
  - Une messagerie
  - Un gestionnaire de documents
  - Une plate-forme d'applications collaboratives
  - Une gestion de processus asynchrones et distribués : workflow
  - Une intégration à l'environnement informatique : connexion aux bases de données, aux applications Web
- **Client Notes**
  - Un client de messagerie évolué
  - Un client de travail en groupe (groupware)

Accès distant

Lotus Domino et Lotus Notes sont une famille de logiciels conçus à l'origine pour des applications de groupware, c'est-à-dire supportant les activités d'un groupe. Cette particularité est toujours actuelle même si les fonctions proposées se sont considérablement diversifiées.

Serveur Domino

Le serveur Domino est connu principalement comme serveur de messagerie robuste. La messagerie peut être couplée avec des applications Domino pour une meilleure collaboration des utilisateurs. Les caractéristiques d'une application Domino sont de reposer sur un gestionnaire de documents organisés en bases, lesquelles peuvent être distribuées et répliquées entre plusieurs serveurs. Le couplage base de documents et messagerie est le fondement des applications de workflow. Par ailleurs, les applications sont connectées aux bases de données existantes pour la consultation d'informations ou l'envoi de transactions commerciales par exemple. Enfin, les applications peuvent être vues sur le Web et communiquer avec d'autres applications ou des clients Web. Les fonctions de sécurité de Domino permettent l'authentification des utilisateurs quel que soit le client et de déterminer leurs droits sur les bases de documents. Le serveur Domino supporte le client Lotus Notes et les clients de type Web : navigateurs, clients de messagerie.

Client Notes

Le client Notes intègre des fonctions évoluées de messagerie, d'agenda et de gestion de tâches. C'est aussi un client d'applications collaboratives puissant : il coopère avec le serveur Domino pour exécuter les programmes des applications de workflow et de partage au sein d'une interface intégrée.

 ***Interview de l'Expert***

Domino/Notes est l'alternative idéale à tout système de gestion de fichiers. Il répond, lorsqu'il est convenablement utilisé, aux contraintes essentielles telles que :

- *Non-redondance sémantique de l'information (gain de place).*
- *Identification et traçabilité de toute information entrant ou sortant de l'entreprise.*
- *Moteur de recherche puissant.*
- *Sécurité des informations stockées.*
- *Orientation «métier».*
- *Mesure du coût de stockage, de maintenance et d'exploitation des données enregistrées.*

L'argument en béton qu'un DSI pourra utiliser face à son DAF, est qu'une application de messagerie est fournie gratuitement avec le logiciel (ainsi qu'une suite bureautique).

Distribution du logiciel

■ **Serveur Domino : Windows, iSeries, zSeries, Unix, Linux**

- Messaging Server

- Enterprise Server

- Utility Server

■ **Client Notes : Windows, Linux, Mac (?)**

- Notes

- Domino Designer

- Domino Administrator

■ **Client navigateur, messagerie Internet**

- Licence d'accès

Le logiciel serveur s'appelle Domino. Les logiciels clients s'appellent Notes, Domino Administrator et Domino Designer.

Il existe trois licences concernant Lotus Domino

- Domino Messaging Server
- Domino Enterprise server
- Domino Utility Server

Notes, Domino Administrator, Domino Designer

Ce sont les logiciels clients fournis par Lotus :

- Notes est destiné à l'utilisateur.
- Domino Designer est destiné au concepteur d'application.
- Domino Administrator est destiné à l'administrateur.

Interview de l'Expert

La parfaite compréhension des contrats de licence reste encore un Graal pour moi. Je ne saurais vous conseiller que de vous rapprocher de votre contact commercial IBM afin de définir le niveau de licence et les tarifs selon le nombre de clients envisagés. Une constante cependant, ce qu'on entend par «messagerie», suppose de la messagerie interindividuelle. Les bases de messagerie fonctionnelles ne sont pas impactées. Je recommande à chaque personne qui souhaiterait mesurer l'ampleur de mon désarroi face cette question, la relecture d'une nouvelle de Jorge Luis Borges (La bibliothèque de Babel, *dans le recueil «Fictions»*).

Ne confondez-pas non plus la distribution «Notes» avec la distribution «Designer» (qui contient également le client d'administration).

Les applications d'intranet

- **Internet d'entreprise**
- **Portail d'accès aux applications, aux informations**
- **Communication**
  - Messagerie
  - Forums
- **Diffusion d'informations**
  - Organigramme 
  - Annuaire
  - Nouvelles
  - Procédures, manuels

L'Intranet est le moyen d'organiser et de diffuser l'information et la connaissance à l'échelle de l'entreprise ou de l'organisation. La structuration de la connaissance, la diffusion de l'information vers des populations déterminées sont les éléments critiques de la mise en place d'un intranet.

Le portail

L'intranet s'accède de plus en plus depuis un portail d'entrée depuis lequel l'utilisateur accède :

- Sa messagerie, son agenda, les forums de discussion… tout moyen de communiquer à l'intérieur de l'entreprise et vers l'extérieur.
- Des informations diffusées à l'échelle de l'entreprise ou d'un service : annuaire, trombinoscope, organigramme, nouvelles – le mot du président… –, actualité économique…
- Des tableaux d'activité, de tendance… produits avec les outils d'aide à la décision encore appelés Business Intelligence
- Des informations de référence : procédures ISO, manuels…
- Les applications de gestion

Le rôle de Domino

Domino s'intègre dans l'intranet de plusieurs façons :

- Serveur de messagerie et de forums
- Serveur de bases documentaires
- Support d'applications de type workflow
- Portail d'intranet

Les applications groupware

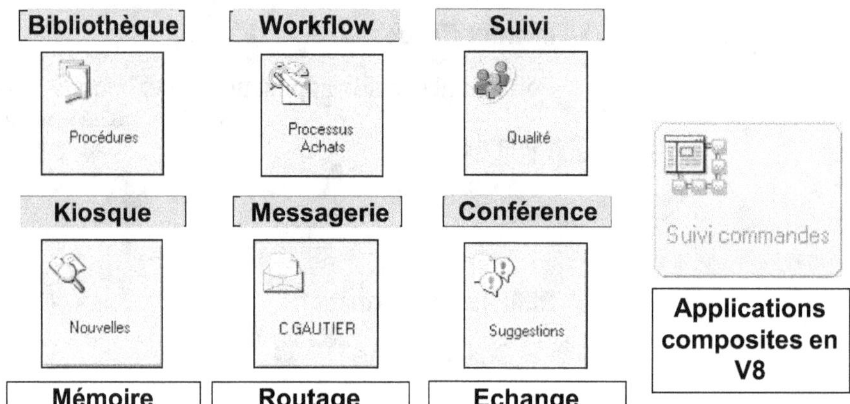

D'après M Saadoun. Le Projet Groupware. Eyrolles.

Le groupware est l'outil de prédilection des membres d'une équipe. C'est une composante de l'intranet. Groupware vient de groupe. La référence à l'équipe est plus forte et mieux appropriée : la réussite de ce type d'outils tient à des modes de fonctionnement que sont le partage des objectifs, la répartition du travail entre les membres, la communication. La force de Domino est de proposer des outils de groupware très simples qui font gagner du temps aux utilisateurs. Une vue réductrice de Domino est de le considérer seulement comme serveur de messagerie.

Il est également important de souligner que les applications fournies en standard avec Domino ont toutes, sans exception, été développées en Notes. Leur code est donc ouvert et elles peuvent être facilement complétées, aménagées, adaptées aux besoins des utilisateurs les plus exigeants.

Les applications d'Internet

- **Internet public**
  - Publication d'informations
  - Commerce électronique
- **Extranet**
  - Clients
  - Fournisseurs
- **Communication des informations**
  - Depuis ou vers l'intranet
  - Aux applications d'entreprise

Les applications d'Internet recouvrent l'Internet public et l'extranet qui est le moyen de correspondre avec les clients, les fournisseurs, les abonnés à des services d'Internet.

Internet public

Se faire connaître du consommateur, du public, communiquer avec l'utilisateur final, voici deux objectifs parmi d'autres d'un site Internet. Le serveur Domino et les outils de développement associés permettent de construire rapidement un site Web. Les composants de ces applications sont les bases de documents Domino, le routage de documents, la réplication de bases, le système de sécurité Domino.

Extranet

Une entreprise ou un organisme échange avec d'autres entreprises des informations liées à une activité, un contrat. Domino/Notes apporte des solutions de sécurisation des échanges basées sur le standard SSL (Secured Socket Layer) d'Internet qui complètent ses propres méthodes de protection de l'information.

Communication des informations

Les informations publiées sur l'Internet ou dans l'extranet proviennent des applications de gestion traditionnelles ou encore sont entretenues dans l'intranet. La communication s'étend bien entendu aux applications et aux bases de données d'entreprise par l'intermédiaire de Domino qui joue le rôle de « tiers applicatif » dans une architecture « multitiers ».

Support des standards Internet

Le serveur Domino supporte les standards de l'Internet aussi bien pour l'accès à des documents que pour la messagerie. Le client Notes comprend maintenant HTML et commence à intégrer des fonctions DHTML.

Plate-forme de développement d'applications

- **Serveur Domino frontal**
  - Serveur HTTP
- **Serveur Domino dorsal**
  - Plug-in Apache, IIS
  - Plug-in IBM WebSphere
- **Stockage des données : Domino et/ou DB2**
  - Format document semi-structuré
  - Synchronisé avec les bases d'entreprise
- **Programmation d'application**
  - LotusScript, Java, JavaScript, DHTML, XML, Web Services

Le serveur Domino est un serveur de messagerie et d'applications aussi bien en intranet que sur l'Internet. Il sert des clients Notes, des navigateurs, des clients de messagerie au standard Internet. L'administrateur configure et gère un serveur Domino d'après les caractéristiques des applications hébergées.

Frontal ou dorsal

Le serveur Domino supporte directement les clients Notes par NRPC – Notes Remote Procedure Call – et les navigateurs par HTTP. La tâche HTTP tourne sous contrôle de Domino ou d'un autre serveur avec lequel Domino communique par plug-in. Domino est aussi accessible depuis une architecture J2E de type IBM WebSphere.

Depuis la version 8.5.1, Domino dispose également d'un langage de création de pages étendues (xPages). Ces pages, peuvent comporter de nombreux composants et se connecter à des sources de données.

Stockage des données

Les données sont enregistrées dans des documents dans un format semi-structuré, à mi-chemin entre le document de traitement de texte et une ligne de base de données relationnelle.

Programmation des applications

Les applications sont programmées à l'aide de plusieurs langages. La nature des traitements effectués par les programmes – notamment les agents – détermine les classes de droits à l'exécution. Le fonctionnement correct des applications est conditionné par la signature des éléments de programmes avant la mise en exploitation. Un serveur Domino s'intègre maintenant dans une architecture de Web Services.

　　

- *Domaine*
- *Organisation*
- *Unité d'organisation*
- *Internet*
- *Annuaire*
- *Fichier ID*
- *NOTES.INI*
- *Nom de serveur*
- *Nom d'utilisateur*
- *Bases Notes*

Concepts

Objectifs

Ce module passe en revue les concepts essentiels Domino/Notes et donne des éléments pour la préparation du plan d'installation. L'accent est mis sur la structure des noms utilisés : domaine, organisation, serveur, utilisateur.

Connaissance

– Les concepts Domino/Notes

Savoir-faire

– Préparer l'installation

Progression

Domaine Domino	Organisation et unités d'organisation
Annuaire Domino du domaine	Administration décentralisée
Certificateur Domino	Plan de nommage
Fichier ID	Règles de gestion du domaine Domino
Fichier NOTES.INI	Nouveautés de la version 8
Les bases Domino	Nouveautés de la version 7
Client Lotus Notes	Nouveautés de la version 6
Client Web	Sources d'informations
Utilisateurs itinérants	Rappel des objectifs
Planification	
Nom du domaine Domino	

Domaine Domino

■ **Domaine**

- Attaché à l'adressage du courrier

- Matérialisé par un annuaire

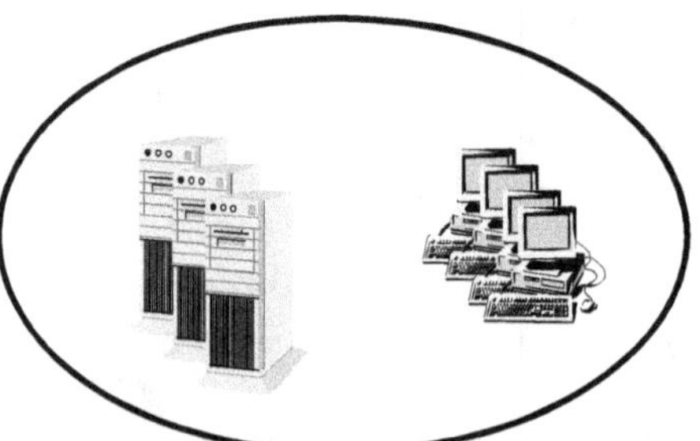 

Annuaire du domaine

Karen Dean@lotus

Le domaine Domino est une collection de serveurs et de clients – Notes, navigateurs, messagerie – se trouvant sur une ou plusieurs plates-formes et partageant le même annuaire Domino. L'annuaire Domino du domaine est présent sur chacun des serveurs Domino du domaine et toutes les copies sont synchronisées par réplication.

- Un domaine Domino correspond à un annuaire Domino et réciproquement.
- Le nom du domaine sert à l'adressage du courrier Domino.

Nom de domaine

Le nom de domaine ne contient normalement pas d'espaces, de lettres accentuées, ou de caractères spéciaux (@ $ &…) et reste court de préférence. Il ne doit pas contenir de points. Le routeur de courrier Domino considère qu'un nom de domaine contenant un point est un domaine Internet.

Un ou plusieurs domaines

Il est recommandé de séparer l'intranet, l'extranet et l'Internet dans autant de domaines pour des raisons de sécurité. Le développement d'applications devrait également se faire dans un domaine séparé du domaine d'exploitation pour faciliter les tests de pré-exploitation.

 **Interview de l'Expert**

Le domaine Domino peut se définir comme l'ensemble des comptes partageant un même annuaire. À ce titre, son rôle devrait se limiter à la facilitation de la recherche d'adresses. Cependant, la présence d'une copie des clés publiques dans les enregistrements utilisateurs et serveur, lui confère également un rôle annexe dans la gestion de la sécurité (dans le cas où la vérification des clés publiques est activée, au niveau du document serveur). C'est un point qu'il faudra prendre en compte en cas de décision d'un montage pluri-domaines.

Annuaire Domino du domaine

- **Répertoire des utilisateurs**
- **Plus des règles de gestion du domaine**

L'annuaire Domino – appelé aussi carnet d'adresses du domaine dans les versions précédentes – est une base Notes, *names.nsf*, qui contient toutes les informations nécessaires à la gestion du domaine. Chaque serveur réagit en fonction des règles qui sont inscrites dans l'annuaire Domino. C'est la pièce maîtresse du bon fonctionnement du domaine. L'administrateur gère les règles dans une grande variété de documents. La liste qui suit répertorie les plus importants :

Utilisateur ou personne : un utilisateur Notes est décrit dans un document personne avec son nom, son serveur de messagerie Domino, le nom de sa base courrier, sa clé publique pour le chiffrement, son type de licence, etc.

Groupes : un groupe – de personnes ou de serveurs – sert à la messagerie, mais aussi à gérer la sécurité dans Notes : droits d'accès à des bases, accès à des fonctions réservées.

Serveurs : un serveur est défini dans un document avec son nom, le(s) protocole(s) de communication utilisé(s), les autorisations et restrictions d'accès, des paramètres de fonctionnement (nombre de processus actifs, planification de tâches…).

Connexions de routage de courrier : lorsque l'acheminement du courrier doit être effectué dans des plages horaires déterminées ou que la taille des messages détermine leur priorité, ces documents contiennent les règles applicables aux serveurs de messagerie du domaine.

Connexions de réplication : la réplication est mise en œuvre dès lors qu'il y a deux serveurs dans le domaine. Ces documents précisent quelles bases doivent être répliquées, par exemple l'Annuaire Domino, et à quel moment.

Configurations : un grand nombre de paramètres de fonctionnement des serveurs (niveau de journalisation des événements, nombre de processus actifs, etc.) sont décrits dans ces documents ainsi que dans les documents serveurs.

Programmes : la planification des tâches d'optimisation et de vérification des bases est inscrite dans ces documents.

Certificateur Domino

- **Signe les certificats émis**
  - Serveurs Domino et clients Notes
- **Tous les certificats émis se font confiance**
  - Authentification serveur Domino et client Notes

Jean-François ROUQUIE/TSOFT   Camille PERRIER/FR/IBM

Orion/SRV/TSOFT   MLV01MSG/33/IBM

À une organisation Domino correspond un certificateur d'organisation (fichier cert.id). L'organisation a deux rôles :

- **Authentification**
- **Formation du nom Domino**

Authentification

C'est le premier niveau de sécurité entre Notes et Domino. L'authentification consiste à reconnaître l'appartenance à une organisation commune entre serveurs et utilisateurs.

Formation du nom Domino

À l'intérieur d'une organisation, chaque utilisateur Notes et chaque serveur doit avoir un nom unique. Dans une organisation importante – des centaines de serveurs, des milliers d'utilisateurs –, cet objectif peut être atteint en décomposant l'organisation (O) en unités d'organisation (OU). Le nom Domino de l'utilisateur et du serveur contient alors le nom de toutes les OU et de l'organisation.
Domino est conforme à la norme X.500 pour la formation des noms.

Remarque

En ce qui concerne les attributs tels que ST (état), GN(Given Name) et SN(Surname), ils sont supportés par Notes dans le cas d'accès à des annuaires externes, mais non implémentés dans l'annuaire Domino.

Fichier ID

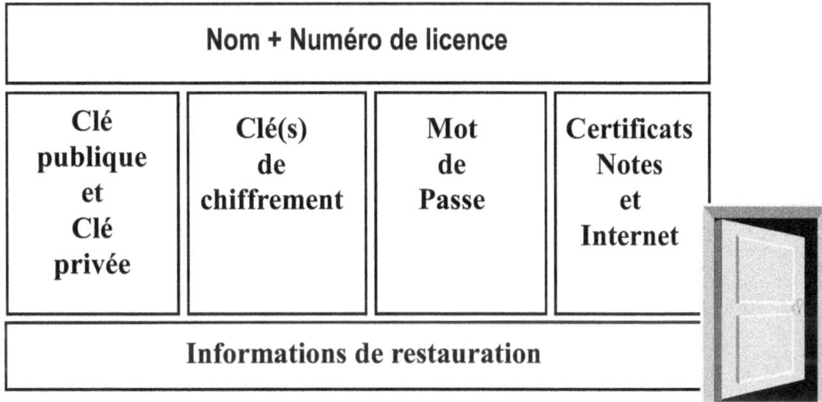

Le certificateur de l'organisation – *cert.id* – est le premier fichier ID créé pour une organisation déterminée. Le fichier ID d'un utilisateur ou d'un serveur est leur « passeport » à l'intérieur de l'organisation Domino. Les informations contenues dans le fichier ID sont utilisées en particulier lors de l'authentification et pour chiffrer les données confidentielles.

Types de fichiers ID

– Certificateur d'organisation
– Certificateur d'unité d'organisation
– ID serveur ou ID utilisateur

Contenu du fichier ID

Le fichier ID contient le nom Domino de l'utilisateur ou du serveur, des informations de licence logiciel, les certificats – Notes et Internet – et des clés de chiffrement. Il est protégé par mot de passe.

Les informations de restauration permettent de récupérer un fichier ID dont le mot de passe est perdu.

Remarque

On dit souvent pour simplifier que le fichier ID *contient le mot de passe*. L'image est pratique. En fait, on devrait plutôt dire que *la clé privée est chiffrée par le mot de passe*. Ce qui n'est pas du tout la même chose. Le mot de passe n'est contenu que dans la tête de celui qui le connaît.

Interview de l'Expert

Pour   comprendre RSA.

Modulo (ou mod) représente le reste de la division (10 mod 3 = reste 1)

Le signe ^ indique l'élévation à la puissance (2^3 = 2 x 2 x 2)

Un nombre premier est un nombre qui n'a pas de diviseur autre que 1.

Clé publique, clé privée; illustration :

Il nous faut deux nombres premiers, appelons les « a » (par exemple 11) et « b » (par exemple 13)

Calculons le produit des deux : 11x13 = 143

Choisissons un au hasard un nombre qui n'a pas de facteur commun avec (a-1)x(b-1)

7, par exemple n'a pas de facteur commun avec (11-1) x (12-1) = 120

Trouvons ensuite une valeur « c » telle que le reste de la division de (7 x c) par (a-1) x (b-1) donne 1.

Dans notre cas, c= sera égal a 103.

En effet, 7 x 103 modulo 120 est égal à 1 (facile à vérifier sur un tableur).

La clé publique est 7, 143

La clé privée est 103,143

Dans cet exemple, un tableur ordinaire permet de retrouver très rapidement la valeur de la clé privée. Si on considère des nombres premiers tels que 47353624722221 et 27119399 par exemple, la situation est beaucoup plus compliquée.

Le codage d'un message se réalise en remplaçant chaque lettre par son code ASCII, puis en formant des suites de nombres qui sont codées chacune séparément.

Les lettres ABC par exemple formeront le nombre 656667. Si le nombre de caractères n'est pas suffisant pour former des paquets de taille égale, le dernier nombre sera complété par des zéros.

*Chaque bloc ne peut comporter plus de chiffres que la valeur a*b (ici 143). Nous sommes donc limités à deux chiffres par bloc. Codons ensuite la lettre G (code ASCII 71)*

(71 ^ 7) mod 143 = 124

124 est donc la version codée de la lettre G (puisque G a le code 71)

(124 ^ 103) mod 143 = 71 voici notre lettre G décodée au moyen de la clé privée

En pratique, et pour des raisons de lourdeur de calcul, lorsque Notes chiffre une base, l'algorithme utilisé est un algorithme symétrique classique. Les clés publiques et privées ne servent qu'à chiffrer la clé ayant servi à chiffrer la base elle-même.

L'agence Nationale de la Sécurité des Systèmes d'Information recommande l'utilisation de clés de 2048 bits à partir de 2010.

À retenir : En général, la clé publique est utilisée par les autres pour chiffrer l'information qui m'est destinée, la clé privée correspondante pour déchiffrer.

Fichier NOTES.INI

```
[Notes]
Directory=E:\Program Files\IBM\Lotus\Domino\data
KitType=2
UserName=Frédérique JOUCLA
CompanyName=F JOUCLA Consultant
NotesProgram=C:\Program Files\IBM\Lotus\Domino
ServiceName=Lotus Domino Server (LotusDominodata)
PartitionNumber=1
InstallType=4
ft_use_altfltr=
ScriptLanguageID=
FT_KVCS_UNKNOWN_CSID=
FTG_NO_SUMMARY=
FaultRecovery_Build=Release 8.5
Timezone=-1
```

Le fichier NOTES.INI est un fichier de type texte qui se trouve sur chaque serveur Domino et sur chaque poste client Notes.

Interview de l'Expert

Le fichier Notes.ini est un des atouts principaux de l'outil. Il n'est arrivé, par fainéantise et désamour de l'émulateur 3270, de configurer un Domino sur AS400 en transférant par FTP le fichier Notes.ini constitué au départ sur un poste Windows. Je recommande à chacun de rechercher sur son moteur favori « Ask Professor Ini » et de se plonger avec délice dans les trésors de ses variables.

J'ai en mémoire une entrée RUN_FASTER=1 qui permettait, du temps de la version 4, d'augmenter de 30% la vitesse d'exécution du serveur. Par défaut, elle était positionnée à zéro.

De nos jours, le Domino Configuration Manager sera d'une grande utilité.

*Pensez à utiliser la commande SH CO * lorsque vous aurez besoin de consulter le fichier Notes.ini d'un serveur depuis une console déportée. Pour des raisons de sécurité, il faut savoir que l'extension du fichier ID n'a strictement aucune importance. Sur des sites sensibles, il sera préférable de modifier cette dernière afin d'éviter toute récupération par un automate.*

Les bases Domino

- **Les documents - des *notes* - sont enregistrés dans un conteneur**
- **ID Replique : identifiant interne de la base**
- **Extensions utilisées**
  - Données : .NSF, .NS5, .NS4, .NS3
  - Modèle : .NTF
  - Spéciales : .BOX, .NDK
- **ODS : OnDisk Structure**
  - Organisation interne de la base
  - Evolue avec les versions
- **Depuis version 7 : bases hébergées par DB2**

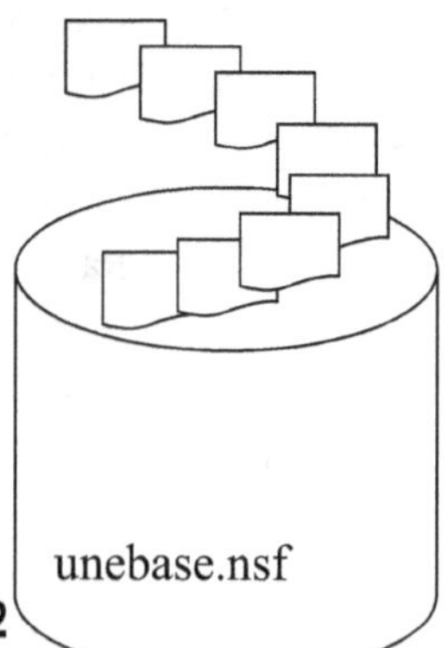

Domino a été conçu dès l'origine comme un gestionnaire de bases de documents. Le serveur Domino est administré à partir de bases Domino et rend compte de son activité dans des bases Domino. Il existe deux principaux types de bases : les modèles et les bases proprement dites, lesquelles sont construites à partir des modèles.

Modèle

Un modèle est un fichier d'extension .NTF : <u>N</u>otes <u>T</u>emplate <u>F</u>acility.

Base

Une base est créée le plus souvent à partir d'un modèle, ou encore, par copie d'une base existante. Elle reprend donc la conception du modèle. Les utilisateurs ajoutent ou modifient des documents dans la base. Certaines bases ont une extension particulière : ainsi, la base de routage du courrier sur serveur s'appelle MAIL.BOX.

Interview de l'Expert

Les bases Domino sont d'un format atypique. Elles auront tout intérêt à être stockées sur un serveur de fichiers, pour des raisons de performance. Le maître mot est d'oublier, lors de leur conception, tout ce que vous avez pu apprendre sur les bases de données relationnelles. Dans le cas Domino, c'est la base qui se conforme à l'information qu'on souhaite y stocker et non pas l'inverse.

Les notes seront regroupées en bases sur les critères suivants : participent à un même projet, relèvent du même niveau de sécurité et ont des cycles de vie comparables.

Client Lotus Notes

▣ Session en mode client serveur

- ● Ouverture d'une session sur le port 1352

- ● Protocole de communication NRPC

- ● Authentification par échange de clés de chiffrement (RSA)

▣ Client « lourd »

- ● Exécute les programmes LotusScript, formules…

- ● Valide les saisies par accès au serveur

- ● Accède aux données externes directement
  ou depuis le serveur Domino

- ● Comprend un sous-ensemble
  de Domino : accès aux bases…

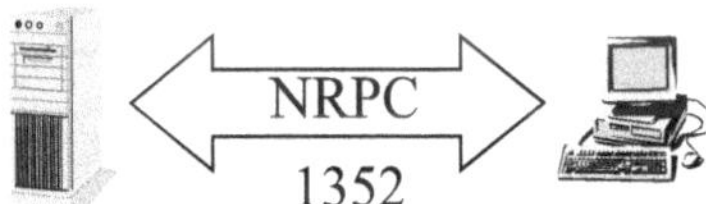

Le client Lotus Notes fait partie de la catégorie « client lourd » dans l'architecture client-serveur. Il propose des fonctions évoluées indisponibles sur les clients réputés « légers ».

Le client Notes communique avec le serveur Domino avec un protocole spécifique appelé NRPC (Notes Remote Procedure Call). NRPC utilise le port 1352 dans un réseau TCP/IP.

Les éléments de conception contenus dans la base Domino sur serveur sont transmis au client qui les interprète et les exécute. Il s'agit principalement des masques destinés à afficher, créer ou modifier des documents. Le client prend en charge une partie importante du traitement qui n'est pas seulement de présentation : ainsi, les données saisies par l'utilisateur sont validées à partir de données accédées sur le serveur Domino ou depuis une base de données externe via le serveur Domino.

Le client contient un sous-ensemble des fonctions de Domino : l'accès aux bases locales, la réplication qui synchronise une base sur le client avec son homologue sur serveur – par exemple, la base courrier, une base de suivi de prospection, un annuaire… –, la sécurité qui limite l'accès à une base locale sous certaines conditions.

La version Lotus Notes 8 propose désormais trois types de clients :

- **Le client Basic :**
  Ce client ressemble tout à fait au client de la version 7. Installer ce client permet de ne pas changer trop vite les habitudes des utilisateurs pendant une migration par exemple. Il permet également d'installer la version 8 sur des postes qui ne disposent pas d'une mémoire RAM suffisante.

- **Le client Standard :**
  Il représente un vrai changement dans l'interface cliente et permet d'utiliser l'ensemble des nouvelles fonctionnalités, notamment les Outils de productivité IBM. (suite bureautique, comprenant traitement de texte, tableur et outil de PAO).

Le client Standard inclut les spécifications et les capacités de J2EE et est supporté par Eclipse. Eclipse est un environnement intégré de développement (IDE) basé sur Java et développé par IBM. Le client Notes peut faire appel à de très nombreux Plug-ins Eclipse.

La plate-forme Eclipse est utilisée par les développeurs et leur apporte les atouts suivants :

- Simplification de l'environnement et utilisation de différentes technologies de développement

- Centralisation en un seul environnement d'un support multilingue qui unifie J2EE, Web Services, UML, C++ pour répondre à des besoins de développements spécifiques

- Exécutée sur de nombreux systèmes d'exploitation et basée sur le modèle Open Source, la plate-forme Eclipse offre souplesse, liberté de choix et grande possibilité d'extension. En version 8.5.1, il suffit de lancer le client Standard avec le paramètre –basic pour exécuter le client basic.

- **Le Client Web Access :**

L'interface Web a été améliorée pour présenter une interface très proche du client Notes et pouvoir bénéficier des nouvelles fonctionnalités de la version 8. Le nouveau modèle applicable aux utilisateurs Domino Web Access est MAIL8.NTF. Il n'existe donc plus deux modèles distincts pour les deux types d'utilisation.

Remarque

Le logiciel de messagerie instantané Sametime, fait partie intégrante du client Standard et ne peut pas être désactivé. Le serveur Sametime en revanche, nécessite l'acquisition d'une licence particulière.

Client Web

- **Mode requête puis réponse**

  - Pas de session la plupart du temps

  - Ports utilisés : 25, 80, 110, 143, 389

  - Protocoles de communication : SMTP, HTTP, POP, IMAP, LDAP

  - Authentification simple : identifiant et mot de passe

  - Authentification sécurisée : certificats X.509, SSL

- **Client « léger »**

  - Gérer la présentation des informations

  - Traitements sur serveur

  - Accès aux fichiers locaux (DOLS)

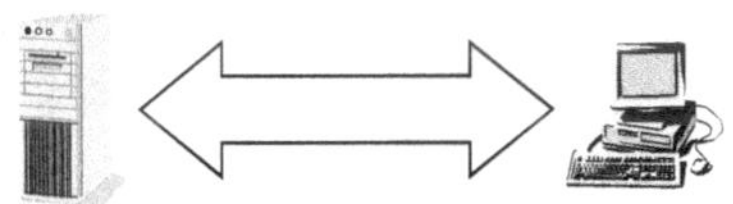

Les clients Web font partie de la catégorie « client léger ». Ils communiquent avec le serveur Domino en utilisant des protocoles simples généralement basés sur le paradigme une question/réponse sans mémorisation de l'état de la conversation contrairement au paradigme session qui consiste à entretenir des informations d'état sur le serveur et le client. Lotus Notes est aussi un client Web.

Les protocoles utilisés dépendent du service qui est adressé sur le serveur Domino. La plupart des protocoles supportent deux modes d'authentification :

- Authentification simple par identifiant et mot de passe.
- Authentification sécurisée avec des certificats X.509 Internet.

Fonctions du client

Navigateur

Le client se charge de la présentation des informations à l'écran et n'effectue pas de traitements requérant des accès au serveur ou au disque dur de la station : les traitements sont effectués principalement sur le serveur Domino.

Messagerie

Le client se charge d'effectuer tout le traitement : ouverture des messages, réponse, classement. Les données sont en local – messagerie POP – ou sur le serveur – messagerie IMAP –. Il est à noter que le protocole IMAP prévoit de disposer de la messagerie en local et sur serveur avec synchronisation comme le fait le client Notes.

Utilisateurs itinérants

- **L'itinérant garde le contact et communique par**
  - Ordinateur portable
  - PDA
  - Ecran en libre accès

- **Domino**
  - Accès par navigateur, DOLS
  - Accès par client Notes

- **Notes**
  - Réplication courrier et bases en local
  - Mode non connecté

Lotus propose des solutions de travail à distance aux utilisateurs itinérants. Le client Lotus Notes dispose de fonctions qui sont un sous-ensemble des fonctions du serveur Domino et il sait notamment répliquer en local des bases situées sur le serveur Domino.

Accès distant

La consultation de la messagerie depuis un navigateur est certainement l'une des facilités attendue par les utilisateurs itinérants. La banalisation des connexions Internet depuis les PC ou depuis un PDA est à l'origine de cette attente. Le serveur Domino pouvant être serveur de messagerie et aussi serveur HTTP, il est capable de répondre à cette demande. Lotus a introduit des options permettant d'envoyer aux clients très légers – les PDA par exemple – l'information avec une mise en page adaptée. Lotus a étendu la possibilité de travail en local depuis un navigateur avec la technologie DOLS – Domino OffLine Services – qui apporte à l'utilisateur sans client Notes une partie des fonctions de ce dernier.

Lotus Notes

L'intérêt du client Lotus Notes est que le travail en local n'est pas un mode dégradé avec un accès complet au courrier et aux bases d'application. La réplication est optimisée pour resynchroniser les bases locales avec leurs homologues sur serveur.

L'administrateur a les moyens d'administrer les postes distants dont le réglage est souvent délicat grâce à des politiques applicables explicitement aux itinérants.

Interview de l'Expert

L'utilisateur itinérant est un utilisateur sans poste de travail, qui se connecte depuis n'importe quel poste en libre service. D'expérience, on préférera une clé USB ou un répertoire sur le réseau, qui contiendra les données locales. De nos jours, les itinérants disposent chacun de leur ordinateur portable. Cette option, qui a le mérite d'exister, sera en général peu utilisée.

Cependant, en version 8, le bureau de l'utilisateur fait désormais partie des fichiers itinérants gérés par le serveur, et le coffre-fort d'ID de la 8.5.1 permet la synchronisation des fichiers id répartis sur plusieurs postes de travail. Cela rend la mise en place de l'itinérance beaucoup plus simple.

Planification

 ■ **Plan de nommage**

   ● Domaine

   ● Organisation

   ● Serveurs

   ● Clients

 ■ **Règles de gestion des serveurs**

 ■ **Emplacement logiciel Notes**

 ■ **Recensement informatique**

   ● Matériels et OS

   ● Réseau informatique

La mise en œuvre de Domino/Notes nécessite une planification préalable. Les objectifs à atteindre sont essentiellement :

— La simplicité de l'administration
— L'évolutivité

La démarche proposée dans les deux parties de ce cours couvre deux situations :

— Installer un serveur connecté à la messagerie Internet et quelques centaines d'utilisateurs au maximum.
— Installer un domaine comprenant une dizaine de serveurs et quelques centaines d'utilisateurs

Une troisième situation : installer un domaine important avec une centaine de serveurs ou plus et des milliers d'utilisateurs, est plus rare et les compétences à mettre en œuvre sont nombreuses et les budgets prévus en proportion.

La planification apporte une réponse aux questions suivantes :

— Plan de nommage : quel nom donner au domaine et à l'organisation ? Quelle est la règle de formation du nom d'un serveur et d'un utilisateur Notes ?
— Règles de gestion des serveurs : s'il y a plusieurs serveurs dans le domaine, la gestion de ces serveurs est-elle centralisée ou décentralisée ? Si des initiatives sont laissées à un administrateur local, quel niveau de responsabilité lui est-il attribué ?
— Emplacement du logiciel Notes : l'utilisation de serveurs de fichiers permet de simplifier la maintenance du parc de PC.
— Comment organiser la topologie serveurs et des PC clients pour tenir compte des contraintes de matériel, d'OS et de réseau (bande passante).

Nom du domaine Domino

Domaine : Christian BAY@**TSOFT**

Organisation : Christian BAY/STD/**TSOFT**

Unité d'organisation : : Christian BAY/**STD**/TSOFT

Serveur : **Orion**/SRV/TSOFT

Client : : Christian BAY

Adresse Internet : christian.bay@rouquie.com

Le nom de domaine est connu de l'extérieur si la messagerie Domino est directement connectée à une autre messagerie Domino. En pratique, le nom de domaine Internet est le seul connu à l'extérieur de l'entreprise.

Le nom de domaine ne contient normalement pas d'espaces, de lettres accentuées, ou de caractères spéciaux (@ $ &…) et reste court de préférence.

Le changement de nom de domaine Domino est une tâche importante – devant laquelle l'administrateur recule le plus souvent – car le nom de domaine est inscrit : dans chaque document serveur et dans chaque document personne de l'annuaire Domino, dans le fichier NOTES.INI de chaque serveur et dans le carnet d'adresses personnel de chaque utilisateur Notes.

Changer de nom de domaine Domino est vraiment fastidieux, n'a pas de valeur ajoutée évidente et se traduit par des interruptions de service.

 **Interview de l'Expert**

Trop souvent confondu avec le nom de domaine Internet, il permet de suffixer les adresses des utilisateurs lorsque ces derniers sont répartis sur plusieurs annuaires.

Une adresse Notes pourra ainsi être sous la forme Nom@Dom1@Dom2@Dom3, indiquant que pour atteindre l'utilisateur « Nom », il faut d'abord passer par l'un des serveurs de Dom3, puis de Dom2 et enfin arriver à Dom.

Trop souvent confondu également avec le nom d'organisation (nom de certificateur) par les administrateurs débutants. Même si rien ne le laisse supposer dans la documentation, un nom de domaine peut être relativement facilement modifié, par exemple lorsque des domaines doivent être fusionnés. Cela nécessitera toutefois des développements d'agents et des interruptions de service.

Organisation et unités d'organisation

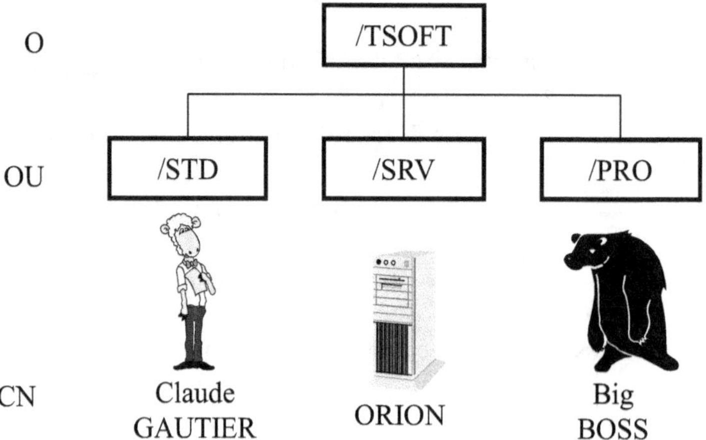

Par défaut, le nom de l'organisation est identique au nom du domaine de messagerie Domino. Le choix de l'organisation et des unités d'organisation devrait être destiné uniquement à faciliter l'administration du domaine Domino.

Un nom Notes a plusieurs composants reliés hiérarchiquement :

CN/	OU4 / OU3 / OU2 / OU1/	**O /**	**C**
Common Name	Organizational Units	**Organization**	Country
Nom propre	Unités d'organisation	Organisation	Pays
Obligatoire	Facultatif	Obligatoire	Facultatif
80 maxi	32 maxi par OU	3 à 64	0 ou 2

Ce nom s'exprime en deux formats :

Nom spécifique : Frédérique JOUCLA/STD/TSOFT
(*NB : le mot spécifique est traduit par* Abbreviated *en anglais*)

Nom canonique : CN=Frédérique JOUCLA/OU=STD/O=TSOFT

Règles de sécurité liées aux certificateurs

Les certificateurs – d'organisation ou d'unité d'organisation – sont nécessaires pour enregistrer des utilisateurs Notes et des serveurs Domino et créer les fichiers ID utilisateurs et serveurs.

Les fichiers ID contiennent des informations ayant trait à la sécurité Domino/Notes : mot de passe, clés de chiffrement. La protection des fichiers ID et les procédures de récupération dépendent du certificat d'organisation qui a servi à les créer. Les fichiers ID contiennent aussi le nom de l'utilisateur ou du serveur.

Interview de l'Expert

Comme on l'oublie trop souvent, une entreprise, quelle qu'elle soit, peut être amenée à changer de nom. Des exemples historiques tels que BNP-PARIBAS en sont une parfaite illustration.

N'hésitez pas à consulter le service communication interne ainsi que la Direction Générale.

Un nom d'organisation est difficile à modifier. Par ailleurs, il reflète, à la vue des utilisateurs, une position hiérarchique qui n'est pas forcément celle de l'organigramme officiel.

Le point capital est que l'utilisateur se sente bien dans son nom, et que celui-ci soit porteur d'une information. J'entends par là que le simple fait de lire le nom qualifié complet (c'est-à-dire au format « CN=/OU=/O=/C= ») de l'émetteur d'un courrier électronique doit permettre de gagner du temps, et d'anticiper sur la réponse à apporter ou a ne pas apporter, ainsi que de qualifier le degré d'urgence de cette dernière.

Un nom d'organisation, idéalement, devrait être « MBC » (My Beautiful Company).

Administration décentralisée

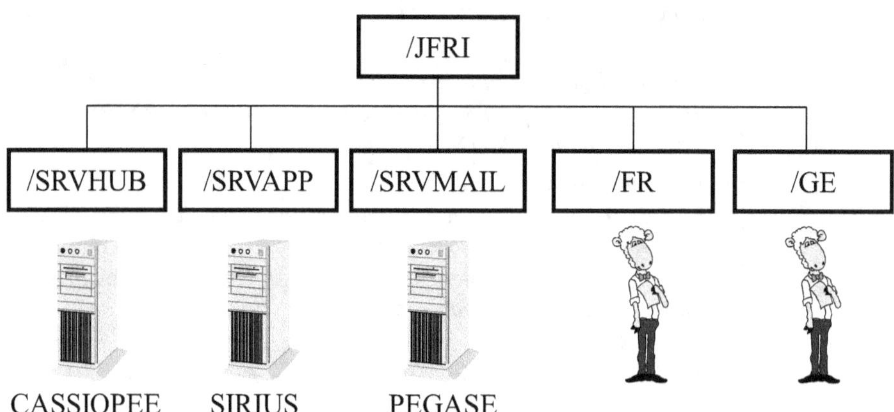

Si un domaine est important ou si l'organisation s'étend sur plusieurs pays, alors il peut être utile de créer des unités d'organisation par type de serveurs et par grand groupe d'utilisateurs (le pays).

Cette organisation est destinée à une administration centralisée des serveurs avec une délégation possible. Elle autorise des raccourcis d'écriture : par exemple, */SRVMSG/JFRI* désigne l'ensemble des serveurs de messagerie.

L'administration des utilisateurs peut également ainsi être décentralisée.

Plan de nommage

- **Critères d'évaluation**
  - Stabilité : adapté au changement
  - Facilité d'administration : changements de noms minimaux
- **Serveur Domino**
  - Unicité
  - Adresse réseau
- **Client Notes**
  - Unicité du nom, de l'adresse de messagerie
  - Nom abrégé, nom du fichier courrier et du fichier ID liés

---

Un plan de nommage devrait faire l'objet d'une évaluation à partir de critères prédéfinis. Le nom d'un serveur Domino et le nom Notes d'un utilisateur doivent également être soumis à des règles précises.

Deux critères sont proposés : stabilité et facilité d'administration.

Stabilité

Le plan de nommage, quel qu'il soit, doit être stable. Il vaut mieux éviter de changer le nom d'un utilisateur Notes parce qu'il change d'unité d'organisation de rattachement.

Facilité d'administration

Le plan de nommage est destiné à faciliter l'administration, que ce soit par des raccourcis d'écriture – */SRV/TSOFT* – ou pour gérer les fichiers ID ou encore pour décentraliser l'administration. Les politiques applicables aux utilisateurs dépendent des unités d'organisation créées pour les utilisateurs.

Le nom Domino d'un serveur peut être – théoriquement – très long et contenir des espaces, mais il est conseillé de le choisir court et facile à saisir.

Le nom propre du serveur doit être un nom d'hôte TCP/IP correct : quinze caractères maximum, sans espaces ni caractères spéciaux (uniquement A-Z, a-z, 0-9 et le tiret -), le premier et le dernier caractère du nom étant alphabétiques.

Le nom propre du serveur doit être unique dans le domaine Domino et dans le réseau.

Le nom propre d'un utilisateur peut faire jusqu'à quatre-vingts caractères. Il est recommandé d'établir des listes d'utilisateurs à partir des sources existantes en utilisant un tableur par exemple.

Informations utilisateur

Les informations nécessaires à l'enregistrement d'un utilisateur sont :

Prénom, nom, deuxième prénom, mot de passe Notes

Répertoire du fichier ID, nom du fichier ID

Nom du serveur de messagerie

Répertoire du fichier courrier ; nom du fichier courrier

Nom de l'administrateur local, service d'appartenance

Identifiant Internet, adresse de messagerie Internet

L'unicité du nom de l'utilisateur dans l'annuaire Domino est vérifiée à l'enregistrement. Il est recommandé que prénom + deuxième prénom + nom soit unique au sein de l'organisation quel que soit le rattachement à une unité d'organisation. Les doublons sont détectés à l'enregistrement.

Super administrateur

Il est recommandé de créer comme premier utilisateur du domaine un utilisateur fictif qui servira de « super administrateur » avec le maximum de droits.

Lorsqu'il y a plusieurs administrateurs, chacun peut procéder aux actes administratifs courants sous son propre nom et réserver l'utilisation de l'identifiant de « super administrateur » pour des tâches moins fréquentes et plus délicates.

Pour des raisons évidentes de sécurité, il sera préférable de désactiver ce compte dans le fichier NOTES.INI du serveur (SECURE_DISABLE_FULLADMIN = 1) et de ne le rétablir qu'en cas de crise.

Règles de gestion du domaine Domino

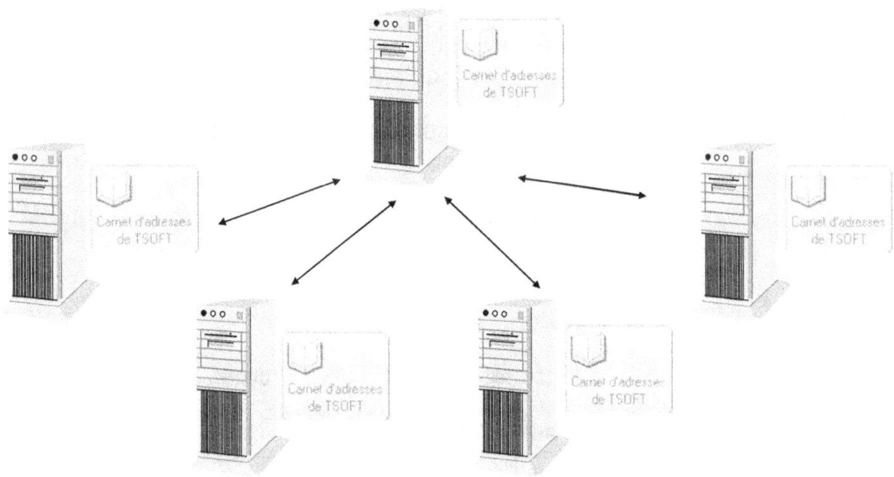

Les serveurs peuvent être administrés depuis un seul centre de compétence ou par délégation en local si des compétences d'administration existent sur les sites.

Prévoir dès le départ que l'administration des serveurs peut être décentralisée permet d'évoluer facilement d'un mode vers un autre, ou encore de gérer facilement les remplacements d'administrateurs et de faire face à l'évolution des besoins. C'est cette approche qui est retenue dans les exemples proposés.

Remarque

La caractéristique d'un domaine est qu'il correspond à un annuaire Domino et un seul, lequel est répliqué sur tous les serveurs du domaine. Domino exige qu'un certain nombre d'opérations soient centralisées, notamment les modifications apportées dans l'annuaire Domino par les requêtes administratives, ↳Tome 2 - Module Gérer les utilisateurs.

Administration centralisée

Un seul groupe d'administrateurs intervient sur l'ensemble des serveurs du domaine : définition des règles de fonctionnement, gestion de la messagerie, des bases d'applications, des utilisateurs et des groupes.

Administration décentralisée

La gestion des règles de fonctionnement d'un serveur, le pupitrage d'un serveur – arrêt, redémarrage complet ou partiel – sont des tâches qui peuvent être aisément décentralisées et confiées à des administrateurs locaux. La gestion des utilisateurs et des groupes peut être confiée à des groupes de personnes ayant des droits d'administration limités, ↳Tome 2 - Module Gérer les utilisateurs/Déléguer l'administration).

Nouveautés de la version 8

- Nombreuses évolutions de l'interface Client

- Nouvelles fonctionnalités de messagerie

- Implémentation d'applications composites et extension des Services Web

- Possibilité d'utiliser les outils de productivité IBM

- Gestion des serveurs facilitée

- Sécurité améliorée

- Performances nettement accrues

- Gestion multi-annuaire améliorée

Nouvelles fonctionnalités du client Lotus Notes 8

Un administrateur Notes préparant une migration n'a souvent pas le temps d'explorer en détail la partie cliente d'une nouvelle version.

Il doit cependant dialoguer avec des utilisateurs qui seront souvent plus intéressés par cette partie que par les nouveautés de l'administration !

Le client Notes 8 présente de nombreuses nouveautés, résumées ci-dessous.

Interface utilisateur

- Meilleure intégration de l'ouverture de session unique

- Remplacement du nom « Page de bienvenue » par « Page d'accueil »

- Changement terminologique de « Base de documents » par « Application »

- Nouveau menu Ouvrir pour ouvrir des bases de documents (CTRL+O) est toujours utilisable

- Impression des libellés d'onglets lors de l'impression d'un tableau à onglets ou impression indépendante de chaque onglet des tableaux à onglets

- Annulation multiniveau

- Pour les utilisateurs avancés, ensemble de menus avancés destinés aux administrateurs et aux concepteurs et incluant des options permettant notamment d'archiver ou de supprimer des applications. L'affichage des menus avancés est accessible par le menu Vue du client

- Amélioration de la convivialité dans la boîte de dialogue Ouvrir l'application et la page Réplication

- Meilleure prise en charge des longueurs d'URL supérieures à 250 caractères

- Amélioration des options de redirection/reconnaissance réseau

- Simplification de la procédure de création de réplique et nouvelle structure de la page Réplication

- Vérification de l'orthographe au cours de la frappe

Contacts

Le Carnet d'adresses personnel est désormais appelé Contacts.

- Possibilité d'inclure une photo de la personne dans l'enregistrement du contact.

- Améliorations apportées aux masques de contact, de groupe et de prévisualisation, ainsi qu'à l'interface utilisateur des préférences. Pour plus d'informations, reportez-vous aux rubriques Création d'une entrée de contact, Création d'une entrée de groupe et Définition des préférences dans Contacts.

- Possibilité d'afficher les contacts par société

- Les enregistrements de contacts supprimés sont placés dans la corbeille pendant une période spécifiée, puis supprimés définitivement.

- Possibilité de déléguer l'accès aux contacts à un autre utilisateur.

Agenda et programmation

- Les entrées d'agenda non acceptées s'affichent comme des entrées « fantôme » dans la vue Agenda pour les avis de nouvelle réunion et de changement de planification. Par défaut, cette fonction est désactivée ; les utilisateurs doivent l'activer dans les préférences d'agenda.

- Les entrées de courte durée (par exemple, 1 minute) s'affichent dans des vues de créneau horaire d'une durée de 15 minutes, afin de permettre à l'utilisateur d'afficher davantage d'informations sur le rendez-vous. Cette fonction est activée par défaut.

- Améliorations apportées à l'interface utilisateur du masque d'agenda.

- Possibilité pour les utilisateurs de localiser les disponibilités d'un groupe de leur liste d'invités.

- Les réunions annulées peuvent être affichées automatiquement dans l'agenda ou supprimées complètement. Par défaut, cette fonction est désactivée ; les utilisateurs doivent l'activer dans les préférences d'agenda.

- Les événements sur une journée s'affichent désormais sur toute la journée, et non plus uniquement dans la zone supérieure.

Messagerie

- Amélioration du masque de courrier, avec plus grande facilité d'accès aux options de la barre de menus (moins de clics nécessaires pour effectuer les actions souhaitées).

- Simplification des préférences de courrier.

- Mise à jour des en-têtes et davantage de choix.

- Paramètres utilisateur permettant d'afficher des informations supplémentaires lors de la composition ou de l'ouverture d'un message électronique (De, Envoyé par, options d'envoi).

- Boîte de dialogue Absence améliorée avec de nouvelles fonctions, telles que la spécification des heures.

- Fonction de rappel de message.

Rechercher

- Syntaxe de recherche améliorée pour les requêtes de style Web dans le contenu d'une application.

Chiffrement des bases locales

Chiffrer une base locale est particulièrement utile pour les utilisateurs d'ordinateurs portables qui possèdent en local, leur base de courrier, leur agenda et en général l'Annuaire de leur entreprise.

En effet, on ne peut accéder à une base chiffrée qu'avec l'ID qui a servi à la chiffrer. En cas de perte ou vol d'un ordinateur portable, le risque d'intrusion est donc limité.

Les anciennes versions de Lotus Notes proposaient trois niveaux de chiffrement : simple, modéré, renforcé. Pour éviter toute confusion, et bien que les niveaux simple et modéré soient toujours pris en charge, Lotus Notes 8 ne propose plus que le Chiffrement renforcé.

Nouvelles fonctionnalités du serveur Lotus Domino 8

Bien que les innovations les plus nombreuses de la version 8 concernent donc particulièrement la partie client, quelques évolutions intéressantes concernent également le serveur.

- Une infrastructure plus étendue et une grande ouverture vers des applications externes : Domino 8 permet l'implémentation d'Applications composites ainsi qu'une extension des Services Web

- Prise en charge par le serveur du déploiement initial et des mises à jour du logiciel client, ainsi que des applications composites, avec la possibilité de prévoir des installations différentes pour des groupes d'utilisateurs. Cette nouvelle fonctionnalité s'ajoute aux précédentes, notamment à la fonction Smart Upgrade.

- Possibilité d'utiliser les outils de productivité IBM, outils bureautique tels que : l'éditeur de présentation IBM, l'éditeur de traitement de texte IBM et l'éditeur de feuille de calcul IBM. Ces outils permettent de créer des présentations, des documents au format de texte riche et des feuilles de calcul à l'aide du format ODF (OpenDocument Format). Les filtres d'importation et d'exportation prennent en charge les formats Microsoft Office and OpenDocument (ODF).

- Gestion des serveurs facilitée

- Sécurité améliorée : prise en charge de clés plus longues, remplacement de la clé de l'autorité de certification, verrouillage des mots de passe Internet

- Des performances nettement accrues

- Une gestion multi-annuaires améliorée

Ces nouvelles fonctionnalités sont décrites plus en détails dans la suite du manuel.

Nouveautés de la version 7

- **Bases Domino gérées DB2**
- **Contrôle de domaine Domino (DDM)**
- **Politique de courrier (clause de non-responsabilité)**
- **Tâche Rooms and Resources**
- **Domino Web Access**
- **Smart Upgrade « RunAs »**
- **Client Notes : « Innovation Pack »**
- **Sécurité : chiffrement renforcé**
- **Support IP V6**

La liste présentée ici n'aborde pas les nouveautés du développement d'applications et se cantonne aux nouveautés d'administration en 7.0.2. Elle est destinée à donner un aperçu du type d'améliorations perçues comme importantes par IBM/Lotus. Une check liste de migration depuis les versions 5 et 6 est donnée en annexe.

Bases Domino gérées par DB2

La version 7 apporte une intégration poussée de Domino et IBM DB2 :

- NSFDB2 : Une base Domino peut être entièrement gérée sous DB2 tout en conservant toutes ses fonctionnalités Domino : LCA, réplication, chiffrement, techniques de développement d'application…Cette fonction est transparente pour le client Notes ou le navigateur Web qui voit une base Domino traditionnelle,
- Les utilisateurs Lotus Notes peuvent accéder aux données DB2 en utilisant leur identité Lotus qui a été mappée dans DB2,
- Une vue Lotus Domino peut s'appuyer sur une vue DB2. Ainsi, le développeur d'applications Lotus peut créer des requêtes dynamiques dans DB2 présentées à l'utilisateur Lotus Notes avec le format familier des vues Notes,
- Les données Domino peuvent être manipulées par des outils SQL standard,
- La base Domino tire parti des avantages de DB2 : indexation et sélection rapides.

Contrôle de domaine Domino (DDM)

DDM est une refonte du suivi de l'activité des serveurs Domino d'un domaine. Il s'appuie sur une nouvelle base DDM.NSF et sur la base de contrôle de configuration issue des versions précédents EVENTS4.NSF. DDM :

- Propose des valeurs par défaut pour la configuration des analyses.
- Détecte rapidement les incidents critiques de fonctionnement d'un serveur ou d'un client.
- Effectue une recherche automatique de la cause probable d'un incident.
- Indique des mesures correctives à prendre avec un lien vers la documentation existante.

> – Affiche une vue globale de l'état des serveurs par fonctions avec affichage détaillé d'informations à la demande.
> – Propose une gestion assortie d'indicateurs visuels des incidents en cours de résolution et résolus.
> – Politique de courrier.
>
> La plupart des préférences de courrier des utilisateurs peuvent être gérées en central par un ou plusieurs documents de paramètres courrier rattachés à des politiques. Une clause de non-responsabilité peut être ajoutée aux messages sortants SMTP.

Tâche Rooms and Resources

La gestion des ressources et des réservations est assurée maintenant par la tâche Rooms and Resources, ce qui permet notamment de répliquer une base de ressources sur plusieurs serveurs y compris dans une grappe.

Domino Web Access

Les performances ont été améliorées par une réduction de la consommation des ressources côté serveur – de 40% à 50% – ce qui entraîne un meilleur temps de réponse côté client surtout pour les PC anciens.

L'option de Journalisation des activités donne le moyen de suivre les utilisateurs DWA.

Smart Upgrade

L'outil Smart Upgrade de mise à niveau du logiciel Lotus Notes connaît des améliorations dont la possibilité de procéder à une mise à jour depuis la session d'un utilisateur non administrateur Windows – utilitaire Run As Admin –. Cette fonction est aussi disponible pour des clients 6.

Client Notes

Le client Notes connaît de nombreuses améliorations fonctionnelles, par exemple :

> – Le client Notes n'est plus immobilisé quand un index de vue est mis à jour avant affichage,
> – Le clic droit sur un message affiche les options de réponse, faire suivre…
> – La personnalisation des nombreuses options de courrier peut être centralisée par une politique de courrier,
> – Un pack « Innovation » : création de blog Lotus Notes, connexion à un agenda public, installation de Lotus Notes sur clé USB, abonnement aux nouveautés d'un site Web.

Sécurité

Lotus Domino Administrator 7 sait générer des clés publiques de 1024 bits pour un chiffrement renforcé. La version 6 de Lotus Domino/Notes supporte ce type de clés.

Support IP V6

Le client Notes 7 et le serveur Domino 7 en communication par NRPC supportent l'adressage au format IP V6.

Nouveautés de la version 6

- Installation et configuration
- Performances
- Administration des utilisateurs
- Suivi d'activité du serveur
- Services Web, DOLS
- Administration des grappes
- Gestion d'annuaire
- Organisation résidente
- Gestion des certificateurs
- Messagerie, Sametime

La liste présentée ici n'aborde pas les nouveautés du développement d'applications et se cantonne aux nouveautés d'administration 6.0.5 et 6.5.5 comprises. Elle est destinée à donner un aperçu du type d'améliorations perçues comme importantes par IBM/Lotus. Un schéma de migration depuis la version 5 est présenté en annexe.

Installation et configuration

Les améliorations ont été apportées dans les environnements Unix destinés aux sociétés hébergeant des services Domino. Le programme de configuration est commun aux plates-formes Unix et Windows.

Performances

Les sources de performances sont principalement :

- Le serveur démarre plus rapidement en agissant notamment sur les tâches de journalisation des transactions.
- Le serveur auto détecte une instabilité potentielle de fonctionnement et redémarre tout seul.
- La réplication entre serveurs et entre clients Notes et serveurs Domino est plus efficace.
- Les interactions entre client Notes et serveur sont plus efficaces du fait de commandes de haut niveau.
- L'utilisation de la bande passante sur réseau a été diminuée par des algorithmes de compression plus efficaces.
- Le moteur de recherche documentaire et la gestion des index qui correspondent ont été revus.
- Le moteur de formules qui interprète les programmes et les formules de sélection de vue a été réécrit complètement.

Administration des utilisateurs

L'administration des utilisateurs a fait l'objet d'un soin particulier avec l'objectif de diminuer de façon visible le coût de possession d'un client lourd de type Lotus Notes.

- Les clients Notes sont configurés et mis à jour à partir de politiques appliquées globalement ou à certaines catégories d'utilisateurs.
- Les données personnelles des utilisateurs itinérants sont sauvegardées sur serveur et téléchargées ponctuellement depuis des postes partagés.
- Plusieurs utilisateurs se partagent le même poste Windows, chacun disposant de ses données personnelles.
- Le logiciel est mis à jour sur le poste client Notes par l'automate Smart Upgrade.
- Les incidents sur les postes clients – arrêt accidentel – sont documentés et centralisés dans une base sur serveur Domino.

Suivi d'activité du serveur

IBM est un très important utilisateur de Lotus Domino et a incorporé pour les besoins de ses clients et les siens de nouveaux outils de suivi d'activité dans Domino. Un outil Tivoli spécifique – Tivoli Analyzer for Lotus Domino – voit également le jour.

Services Web

La tâche HTTP a été réécrite et fournit maintenant un niveau de service HTTP 1.1 : connexions persistantes, gestion améliorée des sessions, administration améliorée. Les plug-ins de IBM WebSphere permettent l'utilisation de serveurs HTTP autres – Microsoft IIS, IBM HTTP Server – en frontal de Domino.

Des améliorations sont destinées au développement de sites Web : WebDav qui intègre une base Domino comme dossier Web Windows, une bibliothèque de balises JSP pour l'accès aux bases Domino depuis une architecture J2EE.

L'administration de l'ensemble des services Web a été uniformisée au niveau interface et gestion.

Avec la version 8, il est possible de créer un Service Web « client », qui tourne sur le serveur Domino et appelle des données provenant d'autres Services web distants. Ce service Web client est considéré comme une instance d'une bibliothèque de script qui est utilisée, par exemple, dans un agent et qui n'est pas considérée comme un élément de structure.

Administration des grappes

Les grappes de serveurs Domino sont une solution offrant équilibrage de charge et tolérance de panne. Ce dispositif, déjà présent en version 5, est reconduit et amélioré. Les marqueurs de non-lus répliquent entre bases (en grappe ou non).

Gestion d'annuaire

Domino s'intègre dans un environnement comportant de multiples annuaires. Il est capable de gérer un annuaire centralisé avec des fonctions spécifiques de gestion d'indisponibilité dans une grappe.

Les grandes entreprises disposant d'annuaires de volumes importants utiliseront des annuaires décentralisés allégés dits de configuration.

Les interfaces avec LDAP ont été améliorées :

- Nouvelle base de gestion du schéma LDAP.
- Mise à jour de l'annuaire Domino à partir d'un annuaire LDAP.

- Authentification des utilisateurs Web quel que soit le protocole d'après un annuaire LDAP distinct de l'annuaire Domino.

La granularité d'accès à l'annuaire a été adaptée au cas de domaines hébergeant plusieurs organisations – organisations résidentes – par LCA étendue.

L'annuaire Domino peut être synchronisé avec Windows Active Directory : avec ADSync, l'administrateur crée, renomme, supprime un utilisateur ou change son mot de passe une seule fois dans l'annuaire Domino ou dans Windows Active Directory.

Organisation résidente

Cette option est destinée aux fournisseurs de services d'hébergement Lotus Domino :

- Un serveur Domino – et son unique annuaire – héberge plusieurs organisations de façon transparente. Chaque organisation dispose de ses données propres en toute sécurité et de façon transparente.
- Une organisation résidente peut disposer de sa propre adresse IP pour accéder à ce serveur Domino.
- L'administration est simplifiée du fait qu'il n'y a qu'un seul serveur à administrer.
- La sécurité Domino a été adaptée pour que chaque organisation soit certaine que ses données sont en sécurité.

Gestion des certificateurs

La gestion des certificateurs Domino a été modifiée pour se rapprocher de celle des certificateurs Internet X.509. L'accès physique à un fichier certificateur indispensable dans les versions antérieures pour enregistrer les utilisateurs n'est plus requis avec le nouveau processus d'organisme de certification. L'enregistrement est délégué à des administrateurs spécialisés puis les « lots » sont validés par un administrateur ayant autorité pour gérer un certificateur.

Les certificats X.509 émis pour des utilisateurs disposant d'un client Web peuvent être émis pour une date de validité dans le futur et révoqués par simple inscription dans une liste.

Messagerie

La messagerie Lotus Domino est accédée depuis un navigateur Web par iNotes Web Access – rebaptisé Domino Web Access – ou depuis Domino Everyplace Server spécialement dédié aux PDA, ordinateurs Windows CE, téléphones cellulaires. Lotus Domino Access pour Microsoft Outlook donne accès à l'agenda Lotus par Outlook. Sametime est accédé par le client Notes et par navigateur (iNotes).

La messagerie d'intranet et les échanges de messages avec Internet sont améliorés :

- Mise en place de filtres entrants et sortants pour les messages avec suppression, retour ou mise en quarantaine.
- Mesures anti-relais SMTP prenant en compte des plages d'adresses IP, l'authentification des utilisateurs.
- Refus de messages en provenance de serveurs sur listes noires (Blacklists).
- Journalisation des messages à des fins légales ou contractuelles.
- Gestion élaborée des quotas des bases courrier avec messages d'avertissement puis d'alerte, traitement des messages au delà du quota d'une base.
- Réduction de la place occupée sur disque par les bases courrier avec le modèle de base courrier dit en copie simple.

DOLS

Domino Offline Services réplique les bases du serveur Domino sur le disque local de l'utilisateur disposant d'un navigateur ou de MS Outlook. L'administrateur a un plus grand contrôle sur ce que peut faire l'utilisateur qui dispose aussi de fonctions plus étendues.

Sources d'informations

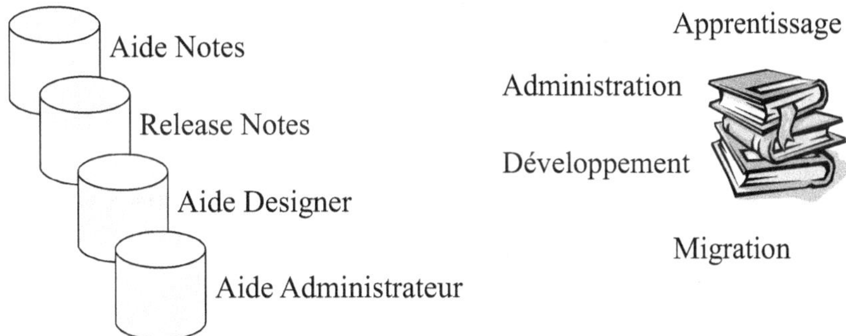

La documentation est fournie sur des bases Notes consultables en ligne ou sous format papier. Par ailleurs, des sites Internet fournissent une information plus récente, ou introuvable par ailleurs.

Bases d'aide en ligne

Ces bases sont installées lors du chargement du logiciel serveur et du logiciel Domino Administrator et Notes. L'aide disponible dans ces bases est également affichée dans son contexte en appuyant sur la touche F1 ou sur le **?**

Les principales bases sont listées dans le tableau ci-dessous.

Aide d'IBM Lotus Notes 8.5	Cette aide concerne l'interface utilisateur : consultation des bases, création de documents, traitement de texte, importation de fichiers, messagerie, agenda…
Lotus Notes/Domino 8.5 Release Notes	Les nouveautés par rapport à la version précédente, les erreurs corrigées, les anomalies connues non corrigées sont décrites. Cette base n'est pas traduite.
Aide Lotus Domino Designer 8.5	Aide destinée au concepteur d'applications : utilisation de l'IDE (Integrated Development Environment), syntaxe des instructions de langage, conception des masques de saisie…
Aide IBM Lotus Domino 8.5 Administrator	Aide destinée à l'administrateur depuis la configuration du premier serveur, l'enregistrement des nouveaux utilisateurs, la mise en œuvre des protocoles Internet… L'installation est couverte dans un document séparé accompagnant les CD de distribution de logiciels.
DECS User Guide Template	Lotus Domino Enterprise Connection Services User Guide. Installation et configuration de DECS.

Lotus Connectors and Connectivity Guide	Informations sur la mise en place des connecteurs DB2, EDA/SQL, Oracle, Sybase...
Lotus Connector LotusScript extension Guide	Guide destiné au développeur d'applications LotusScript.

Documentation papier

Les bases d'aide en ligne existent également au format papier, la base d'administration faisant l'objet de plusieurs ouvrages séparés.

IBM édite des *Red Books* sur tous ses produits et notamment sur Domino. Un *Red Book* est rédigé par un groupe de spécialistes d'horizons divers travaillant en résidentiel auprès du laboratoire. Le résultat est souvent excellent.

 Red Book SG24-7506. IBM Lotus Notes and Domino 8 Deployment Guide

 Read Piece REDP4359 IBM Lotus Notes and Domino 8 Reviewer's Guide

 Read Piece REDP4181. Domino 7 Server Consolidation.

 Read Piece REDP4180. Understanding Lotus Notes Smart Upgrade.

 Red Book SG24-7256. Security Considerations in Notes and Domino 7.

 Read Piece REDP4182. Domino 7 Performance Tuning.

 Read Piece REDP4120. Lotus Notes and Domino 7 Enterprise Upgrade Best Practices.

 Read Piece REDP4188. Domino Web Access 7 Customization.

Sources d'informations Internet

De nombreux sites sont consacrés à Domino/Notes. La liste ci-dessous en énumère quelques-uns qui vous donneront un point de départ vers d'autres sites d'intérêt.

www-10.lotus.com/ldd

Lotus Developer Domain qui succède à notes.net.

- LDD Today contient nombre d'articles sur la version 6 et les précédentes.
- Forums : si vous avez un pépin, vous n'êtes probablement pas le premier...
- Downloads : les versions d'évaluation, les mises à jour.
- Sandbox : la boîte à outils, du tournevis à la meuleuse.

publib-b.boulder.ibm.com/Redbooks.nsf/portals/lotus

Les RedBooks IBM apportent des éclairages passionnants sur des aspects inconnus ou peu connus de Domino. Ils fournissent des méthodologies de migration, de conception d'applications et d'administration illustrés par des exemples clairs et pratiques. La version électronique est téléchargeable gratuitement.

www.eview.com

La revue *The View* – en anglais – propose des articles de fond. *The View* vend un CD d'archives de tous les articles parus avec les exemples.

searchdomino.techtarget.com

Un site avec des liens vers d'autres sites, le résumé des nouveautés.

Rappel des objectifs

- **Connaissance**
  - Les concepts Notes
- **Savoir-faire**
  - Préparer l'installation

Ce module a couvert les concepts Domino/Notes et la planification de l'installation de serveurs Domino et d'utilisateurs Notes.

Concepts

Domino/Notes	Un logiciel d'applications pour le groupware, l'intranet, l'extranet et l'Internet, supportant les clients au standard Internet, le client Notes.
Domino et Notes	Domino est le logiciel serveur. Notes est le logiciel client.
Domaine Domino	Un domaine correspond à un annuaire Domino. C'est un ensemble de serveurs Domino et d'utilisateurs Notes et Web. Le nom du domaine sert à l'adressage du courrier interne.
Annuaire Domino	Il est lié à un domaine Domino et un seul. C'est l'ensemble des utilisateurs et des règles de gestion du domaine (serveurs, connexions, configurations, etc.).
Organisation	A l'intérieur d'une organisation, utilisateurs et serveurs s'authentifient mutuellement. Le nom de l'organisation fait partie du nom Domino d'un utilisateur et d'un serveur.
Fichier ID	Fichier binaire identifiant un utilisateur Notes, un serveur Domino ou une organisation Domino. Il contient le nom de l'organisation, le nom propre de l'utilisateur ou du serveur. Il sert à justifier l'appartenance à une organisation.
NOTES.INI	Fichier texte présent sur un serveur et un utilisateur contenant des paramètres de configuration et de fonctionnement et mémorisant les dernières actions prises.
Bases et modèles	Une base Notes (*.NSF) est créée le plus souvent à partir d'un modèle (*.NTF).

Planification de l'installation

Matériel et logiciels	La conformité aux pré requis Domino/Notes a été vérifiée après consultation de la Release Notes. Il est à noter qu'un serveur Domino peut sans aucune difficulté être virtualisé.
Réseau	Le plan d'adressage des serveurs – résolution des noms de serveurs en adresses IP – est connu. Le découpage du réseau en sous-réseaux et la topologie du WAN sont connus. Un serveur d'authentification VPN est en place chez le fournisseur d'accès ou en DMZ.
Accès Internet	Le serveur relais de messagerie vers l'Internet, le pare-feu et le routeur sont opérationnels, les flux entrants de messagerie seront routés vers le futur serveur Domino.
Nom de domaine Internet	Le nom de domaine Internet a été déposé. La messagerie actuellement hébergée chez un fournisseur d'accès sera reprise sur serveur Domino.
Nom du domaine Domino	Ce nom est court et il ne comporte ni espaces, ni points. Il reprend partiellement le nom de domaine Internet de l'entreprise si ce dernier est connu.
Nom de l'organisation	Le nom de l'organisation est habituellement identique au nom de domaine.
Nom de serveur Domino	Le nom propre Domino de chaque serveur est celui de la machine. La résolution du nom en adresse IP est vérifiée. Si le nom est différent de celui de la machine, il faut vérifier que les tables de traduction HOSTS ou DNS sont correctement renseignées.
Informations utilisateurs	Les futurs utilisateurs Notes ont été recensés dans une feuille de calcul sur tableur, après reprise depuis un répertoire lorsque l'information existait déjà. La méthode de résolution des homonymies est connue et testée.
Serveurs de fichiers, serveur Citrix	Le logiciel client Notes est-il chargé sur les postes ou est-il accédé et exécuté depuis un serveur de fichiers ? Cette décision concerne essentiellement les postes utilisateurs. Les administrateurs et concepteurs disposent des logiciels installés sur station.
Utilisateurs itinérants	Les utilisateurs itinérants sont identifiés, leurs besoins d'accès au serveur identifiés.
Connexions externes	Les utilisateurs disposent d'un accès Internet via un fournisseur d'accès. Les postes sont configurés en VPN et l'accès authentifié VPN est en place dans la DMZ.
Reprise de l'existant, migration	Le plan de migration des bases courrier actuelles est en place, les procédures définies. Ce qui ne sera pas repris est connu.

- *Aide*
- *Client Notes*
- *Configurer*
- *Console Domino*
- *Critical Fix*
- *Domino Administrator*
- *Installer*
- *Language pack*
- *Reconfigurer*

Installer
le serveur Domino

Objectifs

Ce module traite de l'installation du premier serveur Domino d'un domaine et de sa station d'administration dans l'environnement Windows 2003 server.

Savoir-faire

- Installer et configurer le premier serveur Domino
- Installer et configurer la station de l'administrateur
- Utiliser les commandes console de base
- Naviguer dans Domino Administrator

Progression

Planifier l'installation de Domino
Chargement du logiciel Domino
@ Charger le logiciel Domino
Language Pack
@ Charger le language pack
Configuration du serveur Domino
⊠ Configurer le serveur Domino
Reprendre la configuration du serveur Domino
Lancement du serveur
La console du serveur
Installation des clients Lotus Notes 8
© **Atelier 1**
Planifier l'installation de Domino Administrator
Chargement du logiciel Administrator

@ Charger les logiciels Notes, Designer, Administrator
Configuration du client d'administration
⊠ Configurer un poste personnel
© **Atelier 2**
Reprendre la configuration du client
Naviguer dans le client Notes
@ Environnement Notes
Naviguer dans Domino Administrator
⊠ Environnement Domino Administrator
⊠ Commandes console distante
⊠ Configurer la console distante
Aide Domino Administrator
© **Atelier 3**

Planifier l'installation de Domino

- **Prérequis Serveur Windows 2003, Windows 2000**
  - Il n'est pas contrôleur de domaine Windows
- **Installer le premier serveur Domino sous Windows 2003/2000**
  - Chargement du logiciel Domino
  - Configuration du serveur
  - Lancement du serveur
- **Console Domino**
  - Sur le serveur en mode caractère
  - À distance depuis Domino Administrator sous Windows serveur
  - À distance depuis un navigateur ou Domino console

Avant d'installer le logiciel Domino, il y a lieu de procéder à certaines vérifications.

Posséder l'une ou l'autre des plates-formes serveur suivantes :

- Windows 2003 Standard & Enterprise Edition, Windows 2003 server x64 Edition, Windows 2000 Server, Windows 2000 Advanced Server, Service Pack 2 ou 3 (si Domino Monitoring),
- AIX 5.3 (64 bit kernel)
- Novell Suse Linux Enterprise Server 10 (32 & 64 bit)
- Red Hat Enterprise Linux 5 (32 & 64 bit)
- Sun Solaris 10 (64 bit kernel)
- iSeries i5/OS V5R4
- zSeries z/OS Version 1 Release 7

L'une ou l'autre des plates-formes client :

- Windows 2000, XP, VISTA, Windows Seven
- Novell Suse Linux Entreprise Desktop
- Red Hat Enterprise Linux 5 Desktop
- 1 GO au minimum pour un serveur d'exploitation, à affiner en fonction du nombre d'utilisateurs connectés,
- 1GO de Ram au minimum pour un serveur de développement,
- Place disque déterminée principalement par les bases courrier : 20 Mo au minimum par base.

Il est recommandé d'installer Domino sur un serveur d'applications dédié, et non pas sur un serveur faisant office de contrôleur principal de domaine Windows ou de serveur de fichiers et d'impression. Dans les petites organisations, ceci n'est pas nécessaire si la fonction service de fichiers est peu sollicitée, mais il faut protéger les bases Domino qui ne doivent pas être accédées par le réseau.

L'environnement étant vérifié, l'installation peut commencer :

- Chargement du logiciel Domino sur le serveur à partir d'un CD-ROM ou d'une copie de ce dernier sur serveur de fichiers.

- Configuration du serveur : l'Annuaire Domino du domaine (appelé également Carnet d'adresses du domaine), l'organisation, le serveur et le premier utilisateur – nécessairement avec les droits nécessaires pour administrer – sont créés.

- Lancement du serveur : le serveur peut être lancé manuellement ou comme service Windows de préférence. Lors du premier lancement, de nouvelles bases sont créées.

- La console du serveur : le contrôle du fonctionnement du serveur se fait directement sur le serveur depuis une fenêtre en mode caractère, ou bien depuis un poste client Windows avec Domino Administrator, ou un navigateur ou encore depuis le programme Java multiplateforme Domino Console.

Chargement du logiciel Domino

- ■ **Choix serveur partitionné ou non**
- ■ **Chemins d'installation**
  - ● C:\Program Files\IBM\Lotus\Domino : logiciel et système
  - ● D:\Program Files\IBM\Lotus\Domino\Data : données
- ■ **Type de licence**
  - ● Domino Utility server
  - ● Domino Messaging server
  - ● Domino Enterprise server
- ■ **Customize**
  - ● Choix des programmes, des modèles

Désactiver l'antivirus

Il faut être administrateur du serveur Windows 2000, Windows 2003.

Le logiciel en anglais est chargé dans un premier temps. La version française – language pack – est chargée ensuite.

Suppression de l'installation précédente

Si une copie du logiciel existe déjà sur disque, il vaut mieux la supprimer complètement s'il ne s'agit pas d'une mise à jour. La procédure de désinstallation ne supprime pas les fichiers créés pendant la configuration et le lancement du serveur.

- Lancer la désinstallation de Lotus Domino depuis Windows

- Supprimer le dossier des fichiers Notes, habituellement *\Lotus\Domino\DATA*

La suppression des fichiers de \Domino\Data\ enlève complètement les bases courrier et l'annuaire de l'installation précédente. Vous pouvez aussi conserver les données et charger le logiciel (Reprendre la configuration du serveur).

Chargement du logiciel

Le chargement du logiciel correspond le plus souvent à une instance unique de Domino sur la machine physique, sinon, il s'agit d'un serveur partitionné.

Le type de licence – Domino Utility Server, Domino Messaging Server ou Domino Enterprise Server – détermine les fonctions disponibles et la tarification d'utilisation.

La personnalisation pour chaque type de licence détermine avec précision les fonctions effectivement installées.

Pour modifier le type de licence ou ajouter des fonctions, il suffit de répéter l'opération de chargement du logiciel Lotus Domino.

↳ Supplement. Chargement du logiciel Domino.

 ***Interview de l'Expert***

Après installation, si cette dernière a été réalisée sur un contrôleur de domaine Windows, pensez à ajouter DisableLDAPOnAdmin = 1 dans le fichier Notes.ini du serveur. En effet, le port LDAP étant déjà utilisé par Active Directory, le lancement du serveur ne pourrait se faire dans de bonnes conditions.

Le simple fait de retirer LDAP de la liste des tâches au démarrage (ServerTasks) ne suffit pas sur un serveur Domino d'administration.

Language Pack

Support multilangue sur serveur Domino

- **Installation English Domino server**

- **Language pack (French, Spanish...)**

    - Suite de modèles : Mail, Bookmarks, Personal Address Book, Personal Journal, Discussion, Team Room, Lotus SmartSuite Library, Microsoft Office Library, Document Library, Resource Reservation, Subscription, Extended Mail, iNotes Web Access

    - Fusion des modèles (english, french...) par installation

    - Ajout language pack après chargement version anglaise
- **L'annuaire Domino est en français si le language pack «french» remplace la langue par défaut (english)**
- **Certaines bases d'administration ne sont pas traduites**

Les utilisateurs peuvent travailler dans leur langue sur un serveur Domino. Ce dernier supporte autant de langues qu'il y a de *language packs* installés. Le language pack contient des modèles de bases traduits et des fichiers binaires. L'installation d'un language pack ajoute la langue dans les modèles de bases destinés aux utilisateurs ou remplace partiellement la langue anglaise.

 ✎ Supplement. Charger un language pack.

Modèles multilingues

Les bases Domino supportent plusieurs langues, lorsque le concepteur l'a prévu. Domino fournit le mécanisme de gestion des langues multiples.

- Le chargement du logiciel Domino en anglais copie sur disque des modèles de bases en anglais
- L'installation d'un language pack copie sur serveur les parties traduites de la conception des modèles
- Si le language pack remplace la langue existante, les modèles pour lesquels il y a une traduction basculent de l'anglais à la langue choisie, par exemple le français. L'annuaire Domino, les requêtes administratives... sont en français.
- Si le language pack s'ajoute à la langue (ou aux langues existantes), chaque modèle multilingue est enrichi avec la nouvelle langue. La langue de l'utilisateur est choisie lorsqu'une base est créée à partir du modèle, par exemple le courrier. L'annuaire Domino, les requêtes administratives... restent en anglais

Bases multilingues

Indépendamment des language packs Domino, le concepteur crée un modèle de base multilingue, par exemple allemand, anglais, espagnol, français et italien. Lorsqu'une base est créée depuis ce modèle, une ou plusieurs langues peuvent être choisies, par exemple allemand et français. Les utilisateurs Web verront également l'heure d'après leur fuseau horaire, la date selon le format qui leur est familier.

Interview de l'Expert

Lors de l'installation d'un « Language Pack », pensez toujours à prévoir une interruption de service. La tâche de « convert » et éventuellement « design », s'exécutera toujours beaucoup plus rapidement serveur coupé. Dans le cas le plus fréquent d'une plate-forme Windows, il vous suffira de lancer les exécutables depuis la ligne de commande.

Il faut également rappeler, dans le cas de bases non encore migrées en version 8, que l'ajout d'une langue supplémentaire provoque un doublement de la taille de la structure de la base.

Configuration du serveur Domino

- **Programme Java commun sur plates-formes Unix, Linux, Windows**
- **Configuration locale ou à distance**
- **Création de l'OU serveur en option**
- **Choix de toutes les tâches serveur**
- **Configuration réseau**
  - Chiffrement des données
  - Compression des données

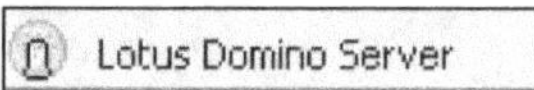

\Lotus\Domino\
Notes.ini

..\Domino\Data\
Names.nsf
Log.nsf
Cert.id
Server.id
..\Domino\DATA\MAIL\
pnom.nsf

Le chargement du logiciel a installé :

– Un fichier NOTES.INI réduit dans le répertoire *\Lotus\Domino*
– Le logiciel Domino dans le répertoire *\Lotus\Domino*
– Les bases d'aide et les modèles de bases dans le répertoire *\Lotus\Domino\Data*

La configuration est effectuée par un programme Java lancé localement ou à distance.

✎ Chargement du logiciel Domino.

Vous disposez du plan de nommage dont les éléments seront saisis ici. Les dialogues configurent le serveur, le domaine Domino et l'organisation Domino :

– Est-ce le premier serveur du domaine Domino ?
– Nom du domaine Domino et de l'organisation
– Nom du serveur et protocoles réseaux supportés
– Services Domino retenus : routeur de courrier, SMTP, réplication, HTTP, IMAP …
– Nom de l'administrateur
– Mots de passe du certificat et de l'administrateur

En fin de configuration, des bases et des fichiers sont créés ou mis à jour :

– L'Annuaire Domino du domaine (appelé aussi carnet d'adresses du domaine) – names.nsf – ainsi que des documents (personne et serveur)
– Le fichier ID de l'organisation : cert.id
– Le fichier ID de l'unité d'organisation serveur (option)
– Le fichier ID du serveur : server.id
– Le fichier ID de l'administrateur : user.id attaché dans le document personne
– Le journal du serveur : log.nsf
– Le NOTES.INI est complété

En cas de reprise d'un serveur précédent, les fichiers ID peuvent être réutilisés, les bases de données copiées dans le répertoire *Domino\Data*. Si l'installation s'est faite directement sur un serveur en version 7.x, les paramètres de la configuration précédente sont repris et les bases d'administration seront ensuite à migrer en version 8.x.

⊠ Configurer le serveur Domino

Le programme Java de configuration s'exécute aussi sur plates-formes Linux et UNIX. Les dialogues sont identiques. La configuration de Domino pour iSeries depuis Operations Navigator est similaire. Elle est équivalente à celle de la version 6.

- Lancer le serveur Domino avec la commande Windows *Démarrer/Programmes/Applications Lotus/Lotus Domino Server*.

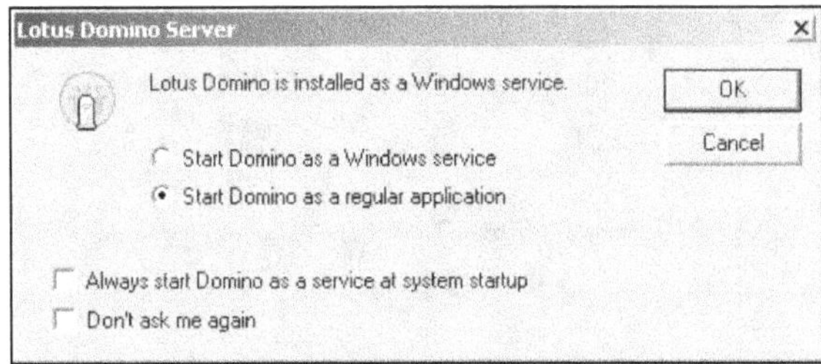

- Sélectionner ❍*Start Domino as a regular application*. Le démarrage comme service sera active lorsque la configuration sera reconnue correcte.

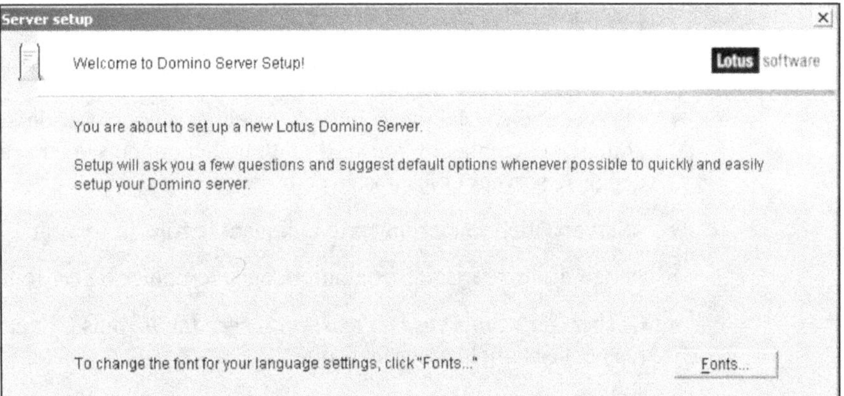

- Cliquer sur (Fonts…) pour modifier les polices si nécessaire, puis Cliquer sur (Next).

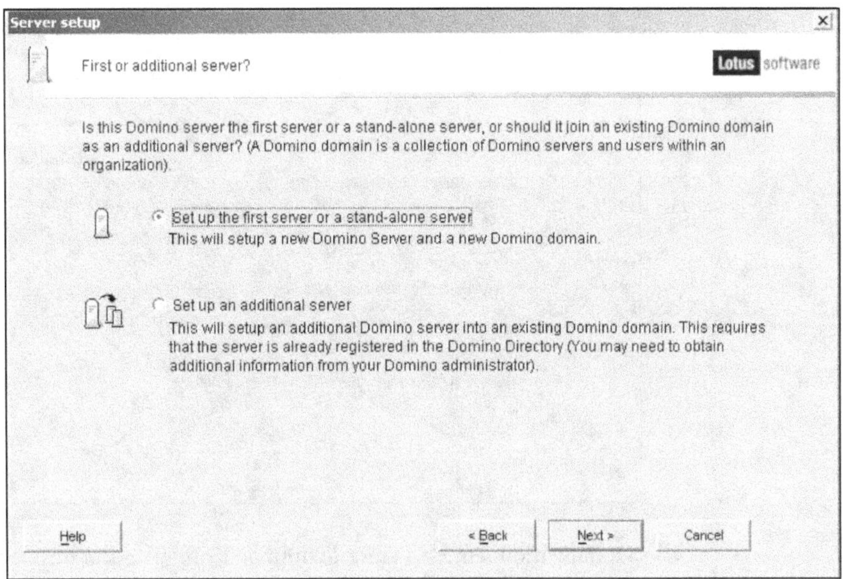

- Cliquer ❍ *Set up the first server or a stand-alone server.*

- Cliquer sur (Next).

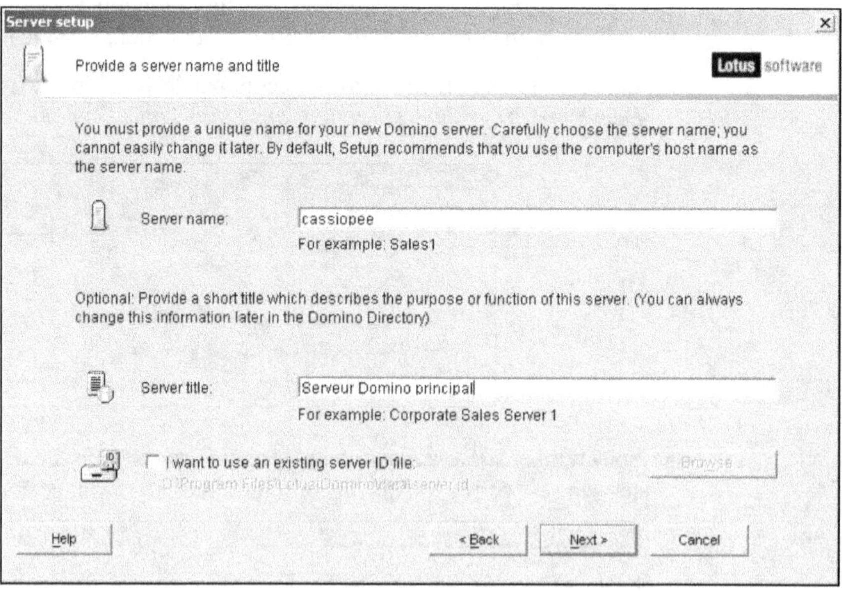

- <Server name> : laisser le nom de machine proposé par défaut ou taper un autre nom, par exemple *cassiopee*. Il faut que le nom puisse être résolu en adresse IP depuis le serveur et les postes de la salle.

- <Server Title> : taper un texte indiquant le rôle du serveur.

S'il s'agit d'une reprise d'installation, ou si le fichier ID est fourni :

- Cocher ☒*I want to use an existing server ID file* puis Cliquer sur (Browse…) pour rechercher le fichier sur le disque.

- Cliquer sur (Next).

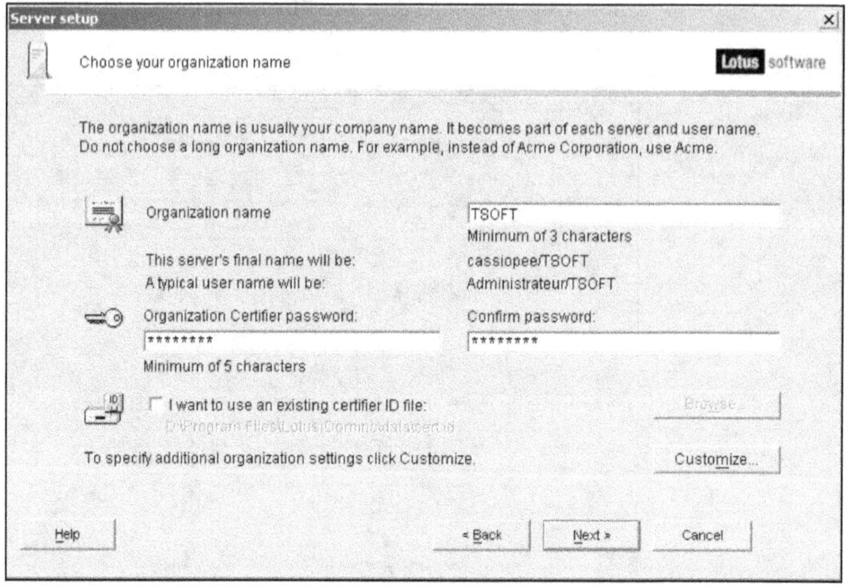

- <Organization name> : taper le nom de l'organisation utilisée dans le domaine Domino, par exemple *TSOFT*. Le nom par défaut est extrait de l'adresse réseau. Note : il est recommandé d'utiliser un nom court – trois caractères minimum – et sans espaces. Un nom générique du type *Corp* ou *Ste* peut aussi faire l'affaire (Module Concepts. Organisation et unité d'organisation).

- <Organization Certifier password> : taper le mot de passe pour le certificat d'organisation. Ce mot de passe devra être entré pour enregistrer les utilisateurs et doit être simple à retenir, par exemple *azertyui*.

- <Confirm password> : taper à nouveau le mot de passe, *azertyui* dans l'exempleCréation d'une unité d'organisation (facultatif).

L'étape qui suit est facultative et sert à illustrer le principe des unités d'organisation dans le cours. La configuration se poursuit ensuite ✎*Suite de la configuration*.

- Cliquer sur (Customize).

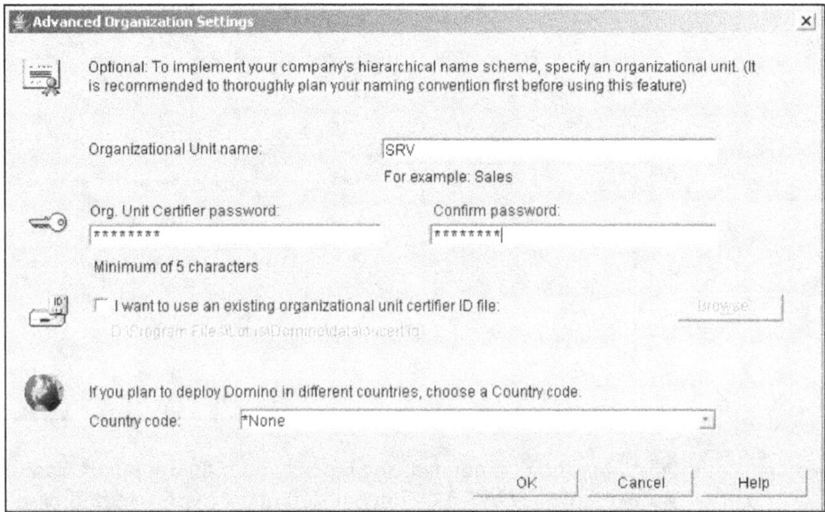

- <Organizational Unit name> : taper le nom de l'unité d'organisation à laquelle sera rattaché le serveur, par exemple *SRV*. ✎Module Concepts. Organisation et unité d'organisation.

- <Organization Certifier password> : taper le mot de passe pour le certificat d'organisation correspondant. Il doit être simple à retenir, par exemple *azertyui*.

- <Confirm password> : taper à nouveau le mot de passe, *azertyui* dans l'exemple.

S'il s'agit d'une reprise d'installation, ou si le fichier ID est fourni :

- Cocher ☒*I want to use an existing server ID file* puis Cliquer sur (Browse…) pour rechercher le fichier sur le disque.

- <Country code> : il est RECOMMANDÉ de laisser le défaut *None.

- Cliquer sur (OK).

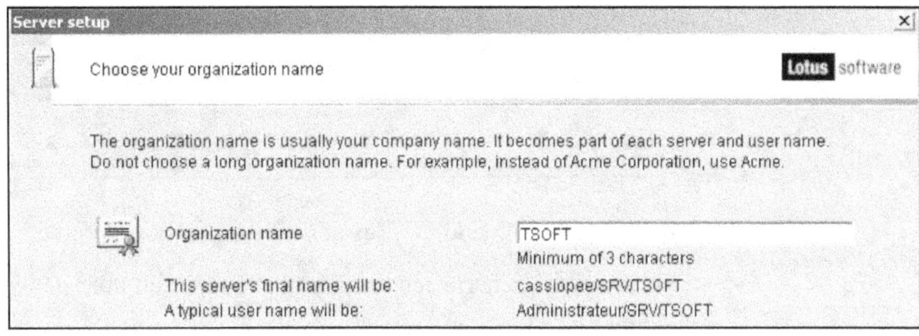

Le nom du serveur comprend maintenant l'unité d'organisation, par exemple
cassiopee/srv/jfri.

Suite de la configuration

La fenêtre *Choose your organization name* est affichée.

- Cliquer sur (Next).

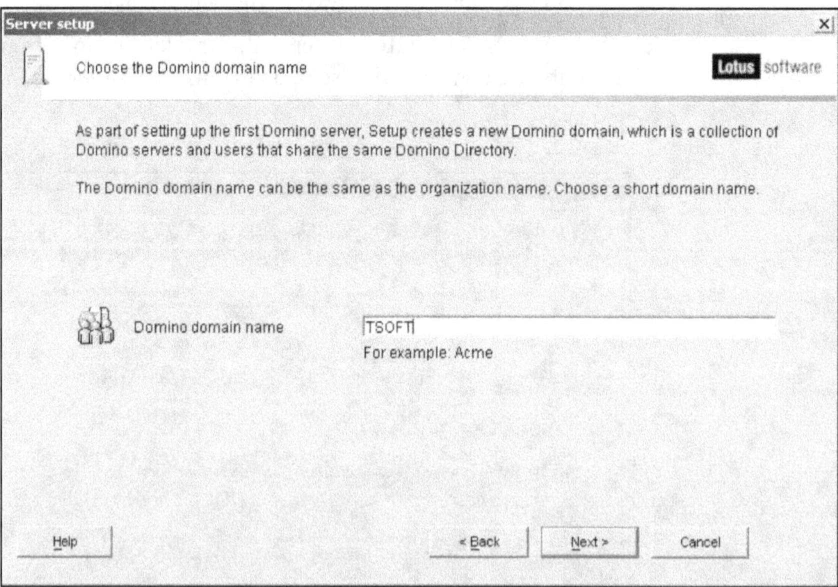

- <Domino domain name> : taper le nom du domaine de messagerie Domino, par
  exemple *TSOFT*. Le nom par défaut est extrait de l'adresse réseau. ⬥Module
  Concepts. Nom du domaine Domino.

- Cliquer sur (Next).

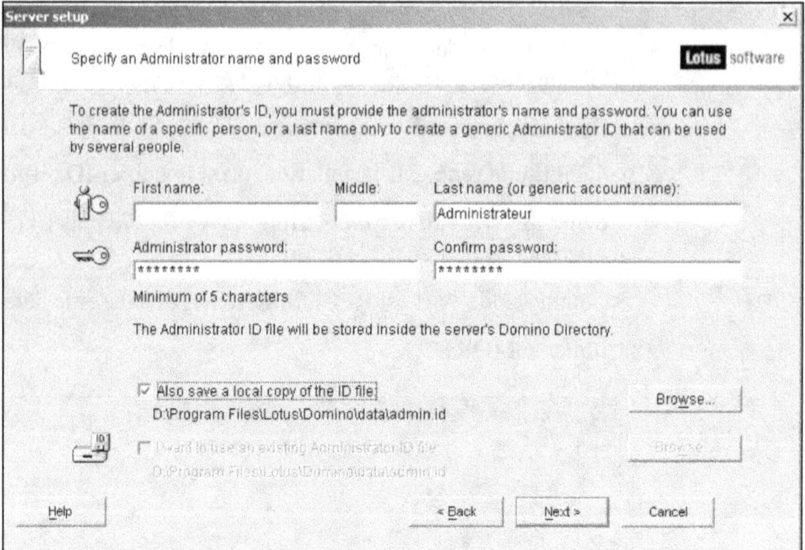

- <First name> et <Middle> : laisser vide ou taper un nom générique .

- <Last name (or generic account name)> : taper un nom générique, par exemple
  _Administrateur.

- <Administrator password> : taper le mot de passe pour l'administrateur. Ce mot de passe sera celui du poste instructeur. Il doit être simple à retenir, par exemple *azertyui.*

- <Confirm password> : taper à nouveau le mot de passe, *azertyui* dans l'exemple.

- Cocher ☒ *Also save a local copy of the ID file* par mesure de sécurité.

- Cliquer sur (Next).

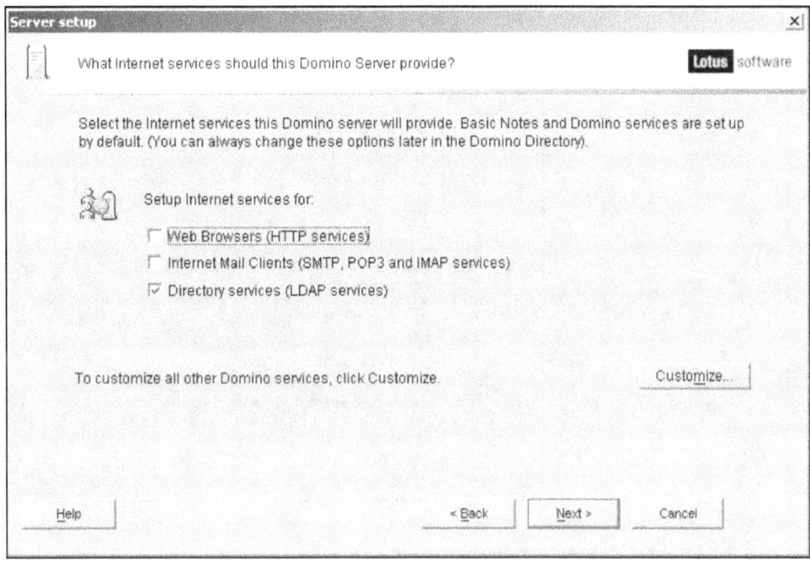

- Cliquer sur (Customize…).

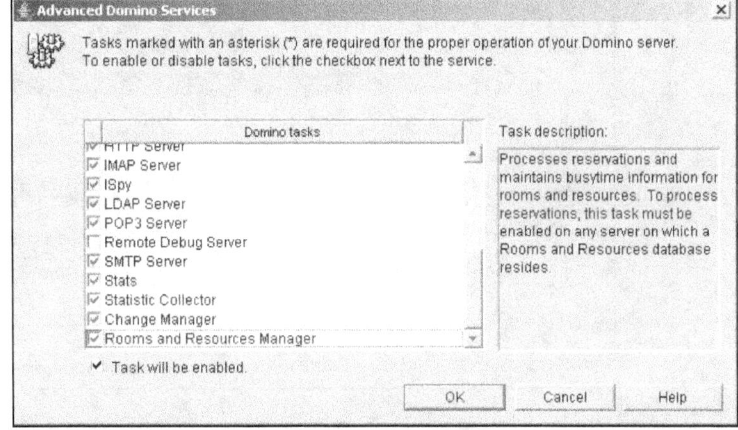

Tous les services pouvant s'exécuter sur un serveur Domino sont listés ici. Si un service n'est pas choisi maintenant, il pourra toujours être activé ultérieurement par modification du NOTES.INI – ligne ServerTasks= – ou du document du serveur dans l'annuaire Domino du domaine.

- Cocher les options suivantes qui sont nécessaires dans le cours et dans la plupart des installations, les services indispensables étant précédés de *
  - ☒*Mail Routeur,*
  - ☒*Agent Manager,*
  - ☒*Administration process,*
  - ☒*Schedule Manager,*
  - ☒*Statistics,*
  - ☒*Statistic collector,*

> – ☒*Ispy,*
> – ☒*LDAP,*
> – ☒*HTTP,*
> – ☒*SMTP Server,*
> – ☒*Rooms and Resources Manager.*

- Cliquer sur (OK), puis (Next).

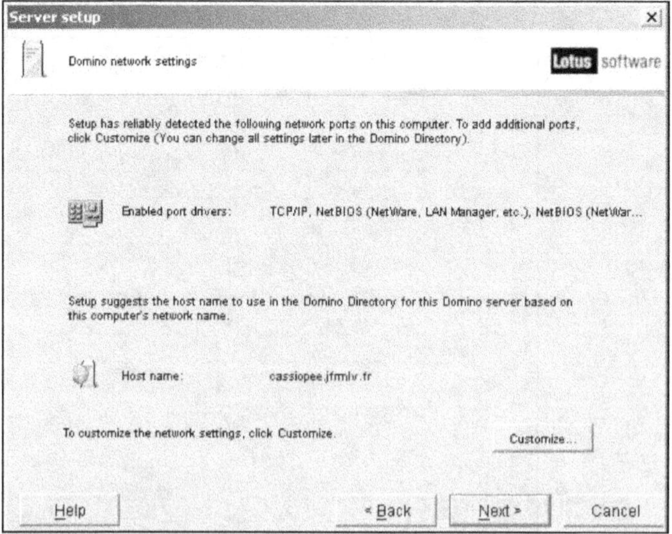

- Cliquer sur (Customize…).

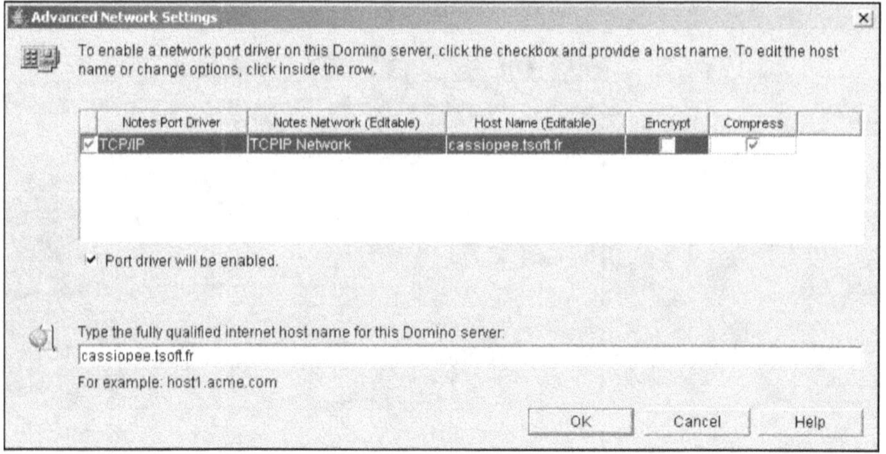

- <Notes Port Driver> : conserver uniquement TCP/IP et désélectionner les autres options si nécessaire.

- <Type the fully qualified internet host name for this Domino server> : vérifier que l'adresse indiquée – par exemple *cassiopee.jfrmlv.com* – peut être résolue en adresse IP ou taper une autre adresse.

```
C:\>ping cassiopee.jfrmlv.fr
Envoi d'une requête 'ping' sur cassiopee.jfrmlv.fr
[192.168.0.3] avec 32 octets de données :
Réponse de 192.168.0.3 : octets=32 temps<10 ms TTL=128
```

- Cocher ☒*Compress* pour bénéficier de la compression réseau.

- Cliquer sur (OK), puis (Next).

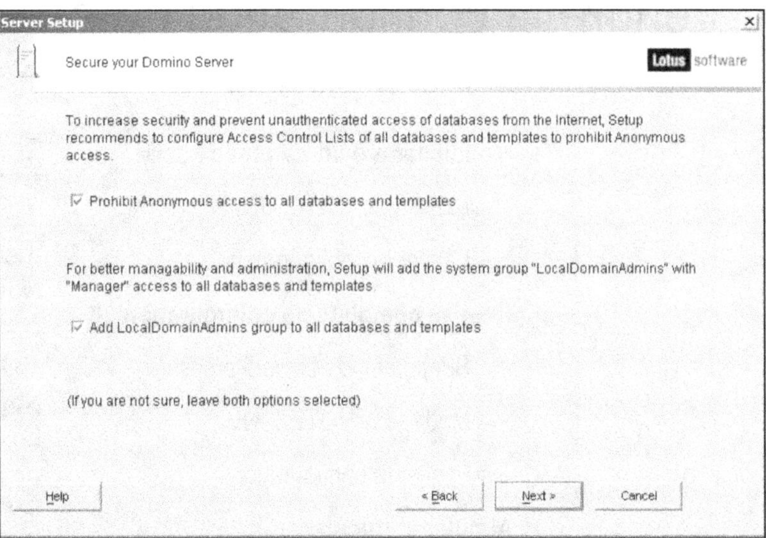

Deux règles de sécurité sont proposées :

- Le groupe *LocalDomainAdmins* est créé et ajouté à toutes les bases présentes dans \Domino\Data avec l'accès maximum. Il contient le nom de l'administrateur.
- L'accès aux bases est interdit à un surfeur non identifié – Anonymous.

- Laisser les options par défaut et Cliquer sur (Next).

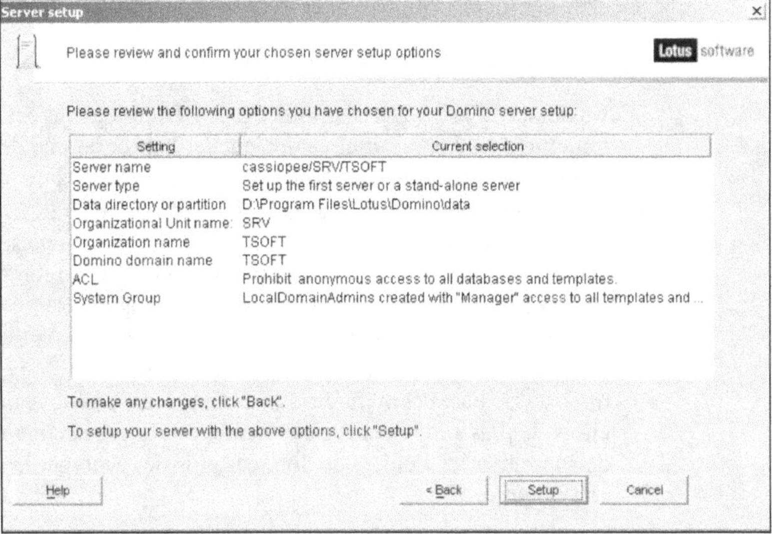

- Vérifier les choix, puis Cliquer sur (< Back) pour modifier une ou des options ou Cliquer sur (Setup).

Remarques

Il est indispensable de bien vérifier les noms et les choix affichés, notamment ceux du domaine Domino, de l'organisation Domino et du nom du serveur qu'il est difficile de modifier une fois que le serveur est opérationnel.

Il est également indispensable de s'assurer que le nom du serveur Domino est référencé dans la DNS. Dans le cas ou on envisage d'implémenter les services Sametime, la plateforme doit également appartenir à un Domaine (au sens Microsoft). Pour faciliter la configuration, le plus simple est d'utiliser comme nom de serveur, celui de la machine hôte. Le fait de disposer d'une unité d'organisation pour les serveurs facilitera grandement les opérations de certification croisée par la suite.

Reprendre la configuration du serveur Domino

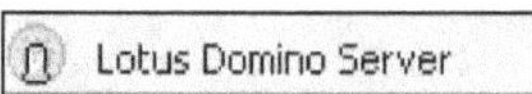

■ **Modification d'un paramètre saisi**

- Modifier le NOTES.INI

- Lancer la configuration

\Lotus\Domino\
Notes.ini

■ **Reprise complète de configuration**

- Supprimer les fichiers créés

- Modifier le NOTES.INI

- Lancer la configuration

■ **Annuler et remplacer**

- Désinstaller Domino

- Recharger le logiciel

..\Domino\Data\
Names.nsf
Log.nsf
Cert.id
Server.id
..\Domino\DATA\MAIL\
pnom.nsf

Le type des modifications (ou corrections) à apporter à la configuration du serveur détermine la méthode de reconfiguration utilisée. Toutes les méthodes tiennent compte des faits suivants :

– Le fichier NOTES.INI distribué sur le CD du logiciel est modifié et complété. Le remettre dans l'état initial va déclencher le programme de configuration qui propose de reprendre les paramètres précédents ou d'en saisir de nouveaux.

– La configuration crée les bases Domino d'administration du domaine, notamment l'annuaire du domaine names.nsf. La désinstallation ne supprime pas ces bases. La suppression des bases et la modification du notes.ini remettent l'installation dans un état identique à la fin du chargement du logiciel.

– L'installation d'un language pack aboutit à une installation multilingue – anglais, français – ou à langue unique – français –. Selon le choix effectué, les fichiers de modèles de bases sont modifiés ou remplacés. Si vous voulez revenir sur votre choix, le plus simple dans l'état actuel est de désinstaller complètement Domino, de supprimer les fichiers de données puis de recharger le logiciel et de refaire la configuration.

Remise NOTES.INI à l'état de départ

- Modifier *\Lotus\Domino\NOTES.INI* à l'aide d'un éditeur de texte de type Bloc-notes ou UltraEdit ne générant pas de caractères cachés de mise en page

- Laisser les premières lignes et supprimer toutes les autres

```
[Notes]
NotesProgram=:\Program Files\IBM\Lotus\Domino
Directory=C:\ Program Files\IBM\Lotus\Domino\data
KitType=2
InstallType=4
```

- Terminer par un retour à la ligne

Suppression des bases Domino créées par la configuration

La désinstallation ne supprime pas les bases créées lors de la configuration.

- Lancer l'explorateur Windows

- Ouvrir le dossier des fichiers Notes, habituellement *IBM\Lotus\Domino\Data*

- Afficher le détail des fichiers, puis classer les fichiers par *Type*

Remarques

Le serveur Domino crée des bases au premier démarrage. La liste qui est donnée ici est exhaustive. Si le serveur n'a pas démarré, la plupart des bases listées ici sont absentes.

Il ne faut jamais supprimer une base d'extension *.NTF* en appliquant cette procédure.

- Supprimer les fichiers ayant une extension .BOX s'ils sont présents : mail.box

- Supprimer les fichiers ayant une extension .NSF (sauf les bases d'aide)
  - activity.nsf : journal de l'activité du serveur
  - admin4.nsf : processus d'administration
  - AgentRunner.nsf : test des agents Java
  - bookmark.nsf
  - busytime.nsf : informations de disponibilités d'agendas
  - catalog.nsf : catalogue des bases du serveur
  - certlog.nsf : journal de certification
  - cppfbws.nsf : free time Web Service database
  - dbdirman.nsf : cache
  - ddm.nsf : Domino Domain Monitoring
  - decsadm.nsf : administration de DECS
  - doladmin.nsf : administration DOLS
  - domchange.nsf : gestion des modifications
  - events4.nsf : configuration des statistiques et alarmes
  - homepage.nsf
  - ispy50.nsf
  - lndfr.nsf : rapports de dysfonctionnements serveur
  - lndsutr.nsf : rapports de mise à jour de SmartUpgrade
  - log.nsf : journal du serveur
  - mailjrn.nsf : journal des messages
  - names.nsf : annuaire Domino du domaine
  - reports.nsf : états statistiques
  - schema.nsf : schéma LDAP
  - statmail.nsf
  - statrep.nsf : états statistiques
  - webadmin.nsf : administration depuis un navigateur

- Supprimer les bases courrier d'extension .NSF dans \mail\

- Supprimer les fichiers ID
  - cert.id : certificat d'organisation
  - server.id : certificat du serveur
  - user.id : certificat de l'administrateur

La procédure indiquée ici « efface tout et recommence ». Il est possible de conserver certains fichiers, par exemple des bases courrier si elles contiennent des informations importantes, ou les fichiers ID ou encore l'annuaire. Ces procédures de reprise partielle sont plus complexes et exigent une bonne connaissance de l'administration de Domino. Dans l'état actuel de la progression, la technique « efface tout et recommence » est la plus simple est recommandée si vous n'êtes pas sûr de vous.

Dans ce cas, penser à supprimer également les fichiers de journalisation transactionnelle, les bases Cache.Dsk ou Cache.Ndk selon la version, ainsi que vérifier la suppression de l'entrée LOTUS dans la branche HKEYLOCALMACHINE\SOFTWARE de la base de registre (cas des installations Windows).

Lancement du serveur

- **Manuellement** 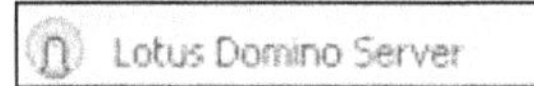

- **Service Windows**
- **Bases créées au premier démarrage** 

  - log.nsf : journal du serveur
  - admin4.nsf : requêtes d'administration
  - mail.box : remise et distribution de courrier
  - …
- **Utilitaire ntsvinst ou dialogue =>** 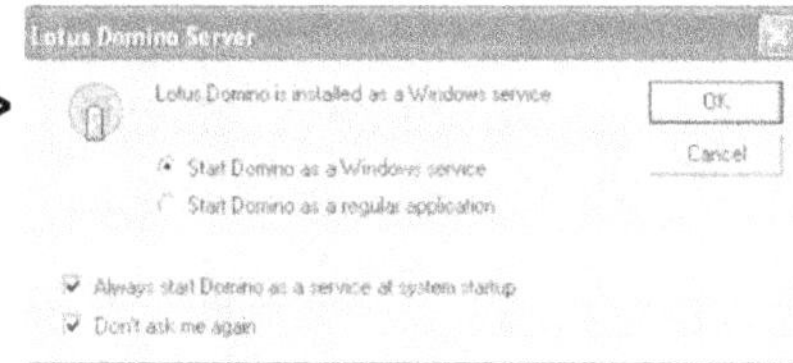

  - Modification du service
  - Suppression du service

Le serveur a été configuré et les vérifications post configuration ont été faites.

Lancement comme service Windows

Depuis la fenêtre Services Windows

Sur un serveur Windows 2003 Server, Windows 2000 Server ou Windows 2000 professional, Domino est installé comme service par défaut, ✋ Chargement du logiciel.

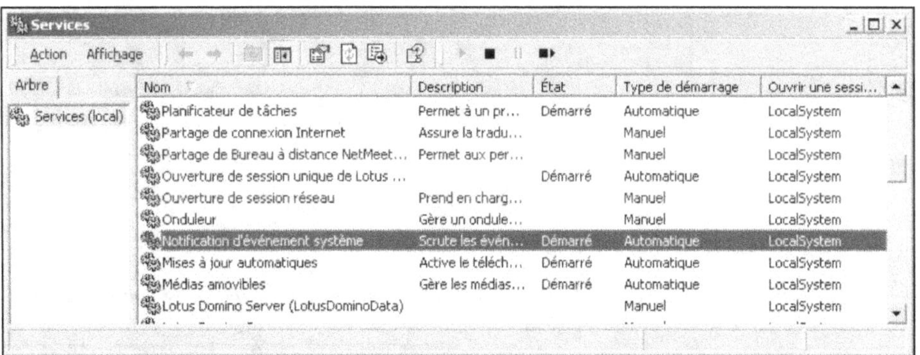

Remarque

Si le serveur Domino 8.5 doit être installé sur un serveur NT qui héberge un serveur Domino 5.x, il faut commencer par retirer Lotus Domino comme service NT en utilisant la commande *ntsvinst* avant le chargement de Domino 8.5.. Un passage par la version 6 est cependant vivement recommandé.

```
C:\notes>ntsvinst -d
```

- Clic droit sur Lotus Domino Server, puis *Propriétés*
- Sélectionner le type de démarrage

Depuis le dialogue de démarrage de Domino

- Lancer le serveur Domino avec la commande Windows
  Démarrer/Programmes/Applications Lotus/Lotus Domino Server

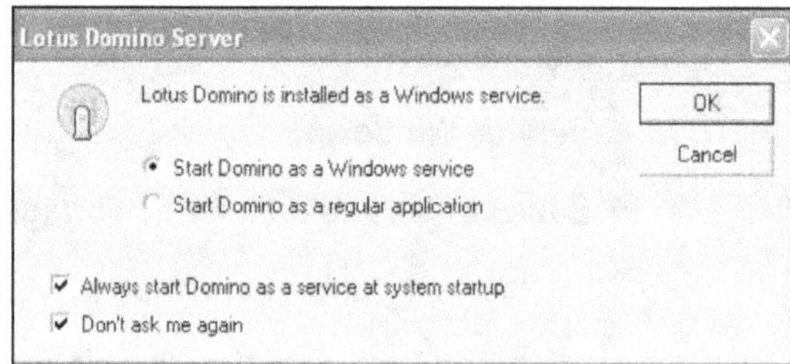

- Sélectionner O*Start Domino as a Windows service*

- Cocher ☒*Always start Domino as a service at system startup*

Utilitaire NTSVINST

L'utilitaire ntsvinst installe, désinstalle ou modifie le service Windows Lotus Domino.

- Ouvrir une invite de commandes Windows

- Taper la commande `ntsvinst` depuis le répertoire programme de Lotus Domino
  pour obtenir l'aide

```
C:\Program Files\IBM\Lotus\Domino>ntsvinst
Usage: ntsvinst [options]
options:
   -c   Create Notes Service
   -d   Delete Notes Service
   -t"Title for Notes Service"
        Example: -t"Domino Server - ALICE"
        Default: Notes_ServiceName from OS environment
                 or ServiceName from notes.ini
   -i"Full path to NOTES.INI"
        Examples: -ic:\notes\alice\data\notes.ini
                  -i"c:\Notes Domino\data\notes.ini"
C:\Program Files\Lotus\Domino>
```

Lancement manuel

- Commande *Démarrer/Programmes/Applications Lotus/Lotus Domino Server*

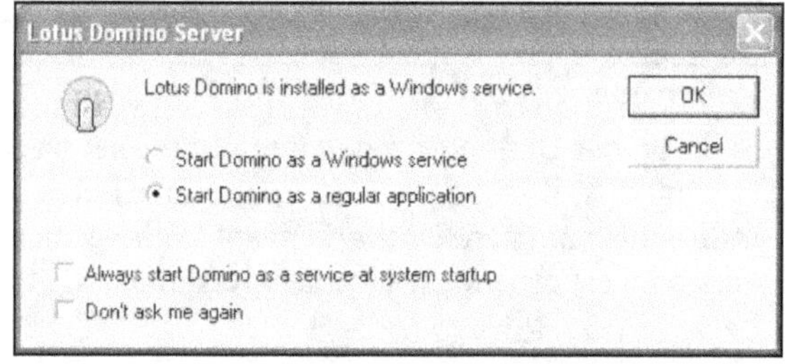

La console en mode caractère du serveur s'affiche. Le nom Domino du serveur
apparaît dans le bandeau supérieur de la fenêtre, par exemple *cassiopee/SRV/JFRI*.

Lors du premier démarrage, Domino crée des bases nécessaires à son fonctionnement. Si le serveur Domino est reconfiguré après un démarrage, ces bases sont listées dans la liste des bases à supprimer dans la procédure de reprise de configuration du serveur.

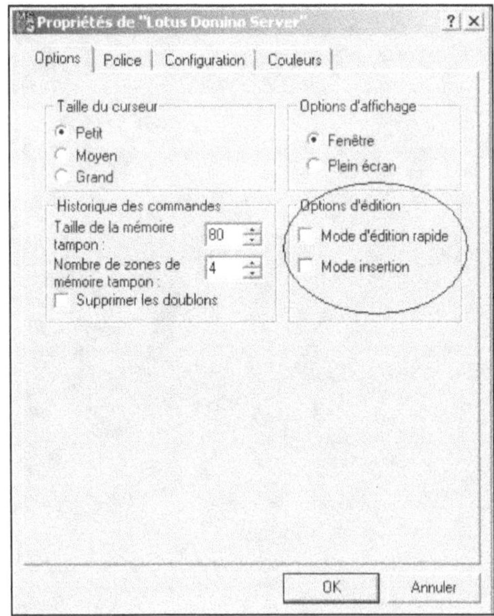

- Attendre la fin de l'initialisation (une dizaine de minutes) puis taper *LOAD UPDALL* en face de l'invite puis appuyer sur la touche ⏎. Cette commande met à jour les index de vues, ce qui accélère l'affichage à l'ouverture des bases.

- Afficher les propriétés de la fenêtre, puis désactiver les Options d'édition : ainsi, le serveur Domino ne se retrouvera pas bloqué suite à une action clavier intempestive

Interview de l'Expert

Lancez-le par le menu dans un premier temps. Si rien ne se passe, ne tentez pas de le lancer par la fenêtre. Faites immédiatement un check du fichier Notes.ini, du raccourci de lancement, ainsi que de l'intégrité de l'annuaire (nfixup names.nsf), et de la liste des processus en mémoire. Une instance est peut-être déjà verrouillée.

Éventuellement, procurez-vous, sur le site IBM, en cherchant dans votre moteur préféré, l'outil KILLDOMINO. Dans le cas d'une console déportée et si Domino est lancé en tant que service Windows (ce qui est préférable), on ajoutera directement les paramètres –jc –c au niveau de l'entrée Services de la base de registre.

La console du serveur

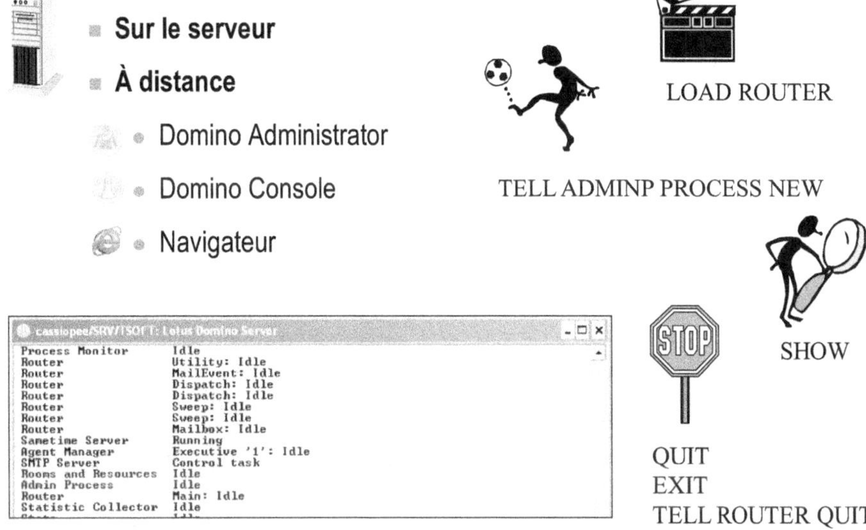

Le pilotage du fonctionnement du serveur se fait à partir de la console du serveur : des commandes permettent d'arrêter le serveur Domino ou une tâche déterminée, de démarrer une tâche, de communiquer une commande à une tâche particulière, d'afficher la liste des tâches actives, la liste des utilisateurs connectés, etc.

La console du serveur est accessible :

– Sur le serveur dans une interface en mode caractère sur toutes les plates-formes
– À distance depuis le client Domino Administrator installé sur un poste Windows
– À distance depuis le client Java Domino Console sur un poste Windows ou Unix
– À distance depuis un navigateur, sous condition de version

L'accès à distance est soumis à des droits d'administration ⭢Module Sécuriser Domino. Toutes ces consoles partagent une configuration commune.

Commandes courantes

Les commandes les plus courantes sont indiquées ici. La liste des commandes est dans l'annexe Commandes console.

BROADCAST	B "Arrêt du serveur à midi" Envoi d'un message à tous les utilisateurs. Si le message débute par (!), il apparaitra en pop up sur la console des utilisateurs.
DBCACHE SHOW	DBC S Affiche les bases contenues dans le cache du serveur
DBCACHE FLUSH	DBC F Vide le cache des bases et libère le verrou pris sur les bases
DROP	D "Jean Poulet/TSOFT" Ferme la session établie par un utilisateur D ALL

	Ferme toutes les sessions utilisateurs. *Un drop all devra être précédé par un SET CO SERVER_RESTRICTED=1 afin d'interdire toute réouverture de session par quiconque avant le prochain redémarrage.* *Toujours se souvenir que le DROP ALL inclus également la session de l'administrateur. On préférera donc en général une « suppression » de la session utilisateur depuis le client d'administration, ce qui permettra facilement de sélectionner les sessions à refermer.*
EXIT	E Arrêt du serveur Domino. Equivalent de QUIT.
HELP	H Liste des commandes.
LOAD *tache*	L ROUTER Chargement d'un programme. Ici, la tâche *router* qui distribue le courrier.
QUIT	Q Arrêt du serveur Domino. Equivalent de EXIT.
RESTART SERVER	RES SERVER Arrête et redémarre le serveur Domino.
ROUTE	ROUTE destination Route les messages en attente vers la destination indiquée.
SHOW PORT	SH PO TCPIP Affiche l'état d'un port de communication, ici TCPIP.
SHOW SCHEDULE	SH SC Liste des tâches planifiées.
SHOW SERVER	SH SE Affiche des informations de synthèse sur le serveur : nom, date et heure de démarrage, messages en attente de distribution, etc. En version 8, précise également si la fonction Domino Attachment and Object Service (DAOS) est activée.
SHOW STAT MAIL	SH ST MAIL Affiche les statistiques de messagerie
SHOW TASKS	SH TA Affiche les informations de SHOW SERVER et la liste des tâches chargées avec leur état (attente, active). En version 8 sont rajoutées : état de tâche d'unités d'exécution supplémentaires du routeur de courrier et détails sur l'activité du routeur.
SHOW USERS	SH U Affiche la liste des utilisateurs connectés.
TELL *tache* QUIT	T ROUTER Q Arrêt d'une tâche. Ici le router. Pour démarrer la tâche, utiliser la commande LOAD *tache*.

Les commandes peuvent s'abréger tant qu'il n'y a pas d'ambiguïté.

La plupart de ces commandes courantes ont une correspondance dans l'interface graphique de Domino Administrator.

Touches clavier

Les touches les plus courantes sont indiquées ici. La liste des touches utilisables est en annexe. Elle est également disponible dans la base d'aide d'administration.

↑	Rappel des commandes précédemment entrées
↓	Rappel des commandes les plus récentes
←	Déplacement du curseur à gauche sans effacement
→	Déplacement du curseur à droite sans effacement
←	Déplacement du curseur à gauche avec effacement
Echap	Annulation de la commande entrée

Redirection dans un fichier texte

Pour rediriger le résultat de l'affichage d'une commande dans un fichier texte, utiliser un espace suivi du caractère > suivi du nom du fichier texte :

SHOW USERS >USERS.TXT

Le fichier est créé dans le répertoire programme du serveur, habituellement *\Lotus\Domino*.

Personnalisation de la fenêtre

La fenêtre n'a pas de barre de défilement vertical, ce qui est particulièrement gênant lorsque certaines commandes affichent un résultat qui ne tient pas sur l'écran. Par exemple, le résultat de la commande SHOW USERS n'est pas utilisable s'il y a une centaine d'utilisateurs connectés. Sous Windows NT, il est possible d'ajouter une barre de défilement vertical.

Cliquer le coin supérieur gauche, puis commande *Propriétés...*

- Cliquer sur l'onglet (Configuration)

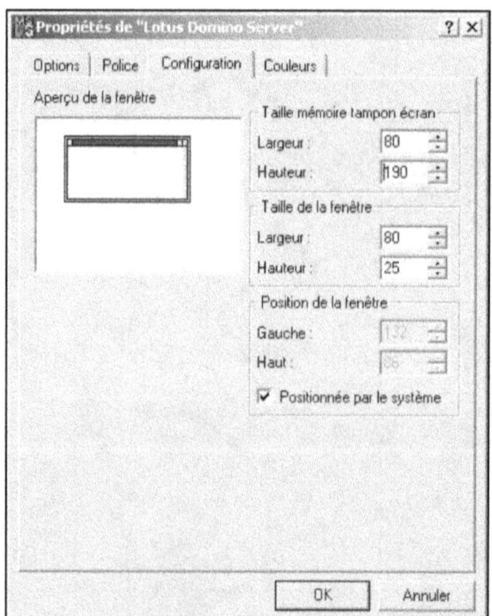
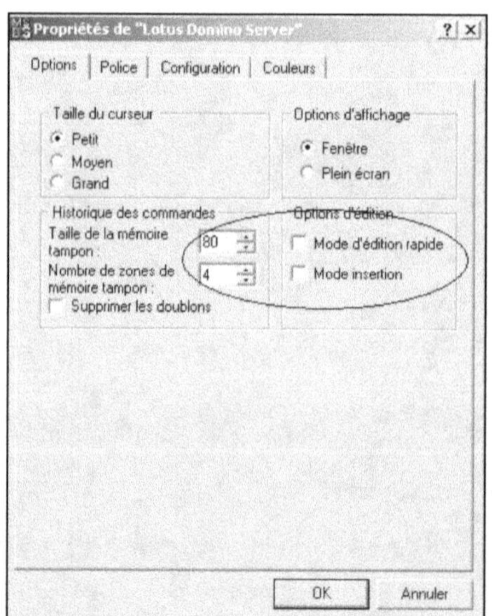

Selon la version de Windows, le dialogue de propriétés est disposé différemment.

- <Taille de la zone de mémoire tampon écran> ou <Historique des commandes> : augmenter la taille

- <Options d'édition> : désactiver le mode d'édition rapide et le mode insertion

---

Remarque

Si le mode d'édition rapide et le mode insertion restent activés – alors qu'ils n'ont pas réellement d'utilité ici –, ils peuvent provoquer un blocage des messages affichés sur la console et bloquer le serveur Domino. Le simple fait d'appuyer sur la touche ↵ débloque le serveur. Il est évident qu'il faut éviter ce genre de situation.

Interview de l'Expert

En la voyant apparaître, un ancien administrateur habitué la console Questar sur Bull Mini 6 m'avait dit « Enfin, ça c'est de l'informatique ! ».

Quelques commandes à connaître :

SET CO SERVER_RESTRICTED=1

BRODCAST "(!)Attention, coupure dans 3 minutes"

DROP ALL

DBCACHE FLUSH

REST SERV

*SH CO **

Installation des clients Lotus Notes 8

Avant d'aborder la configuration du client Lotus Administrator, il est nécessaire de bien différencier les différents types de clients ainsi que les précautions d'installation.

Contrôle à effectuer avant l'installation des clients

Avant de commencer à installer les clients Lotus Notes, veillez à effectuer les opérations suivantes, ou à les faire effectuer par les utilisateurs :

- Vérifiez la configuration matérielle.

- Vérifiez que vous disposez des droits nécessaires pour accéder en écriture et en lecture au dossier programme, aux dossiers de travail et à tous les dossiers associés. Il s'agit des droits affectés en standard à l'utilisateur d'administration, ou en général, des droits d'administrateur sur le système.

- Si les utilisateurs doivent lancer eux-mêmes la procédure d'installation, vérifiez qu'ils possèdent ces mêmes droits.

Remarques

Dans le cas où les droits d'administrateur ne sont pas disponibles, activez le paramètre <Toujours installer avec des droits élevés>. Il s'agit d'un paramètre Microsoft Windows qui fait partie des stratégies utilisateur de Microsoft Windows.

D'autres possibilités d'installation sans droits élevés sont décrites dans la documentation de Microsoft Windows Installer.

Options d'installation du client

À l'installation du client Lotus Notes 8, les logiciels ou options suivantes sont proposés :

- **IBM Domino Administrator**

Comme dans les versions précédentes, il s'agit du client utilisé par le ou les administrateurs pour administrer les serveurs et les utilisateurs.

- **IBM Lotus Domino Designer**

Comme dans les versions précédentes également, il s'agit du logiciel utilisé par des développeurs pour modifier des modèles ou applications existantes ou pour créer de nouvelles applications (bases de documents).

- **IBM Lotus Sametime**

Logiciel de messagerie instantané, il est désormais proposé automatiquement lors de l'installation du client Notes Standard et ne peut être désactivé au moment de l'installation.

- **Outils de productivité IBM**

Il s'agit d'une « Suite bureautique » qui propose traitement de texte, tableur et logiciel de PAO, intégrée au client et accessible dans le même environnement. Les fichiers créés avec ces outils peuvent être enregistrés au format Word, Excel ou Powerpoint par exemple, pour les rendre compatibles avec d'autres environnements.

- **Éditeur d'applications composites** (CAE)

Ce nouvel éditeur permet de créer des applications composites, c'est-à-dire un assemblage de diverses applications accessibles par une interface unique. Le principe des Applications composites est décrit dans le Module 5.

Remarque

Le client Basic ne propose ni les Outils de productivité IBM, ni l'Éditeur d'applications composites.

Les méthodes d'installation du client Notes

Toutes les méthodes d'installation Client des anciennes versions restent possibles :

- Installation de Notes dans un environnement mono-utilisateur

- Installation de Notes dans un environnement multi-utilisateurs

- Installation client automatisée (installation silencieuse)

- Installation personnalisée à l'aide de la fonction Tuner

- Installation à l'aide d'un fichier de commandes

- Installation avec des utilitaires de ligne de commande

- Configuration de Notes avec une installation par script

- Installation et exécution du client IBM Lotus Notes sur un lecteur USB

- Installation des clients Domino dans un répertoire réseau partagé

- Le déploiement des clients par le processus Smart Upgrade reste valable mais est développé dans le dernier chapitre qui concerne la migration

Une nouvelle possibilité est offerte pour contrôler le contenu de l'installation et l'affichage sur le panneau d'installation des fonctions, il s'agit de la personnalisation de l'installation Notes à l'aide du manifeste d'installation.

Les fonctions Eclipse standard, comme les outils de productivité et l'éditeur d'applications Composite, ainsi que les fonctions personnalisées ou d'éditeurs tiers, peuvent être installées à partir du panneau d'installation au cours de l'installation Lotus Notes.

Lotus Expeditor

À l'aide de la plate-forme Lotus Expeditor, il est possible de créer, assembler puis déployer des fonctions personnalisées ou d'éditeurs tiers pour l'exécution de Lotus Notes afin d'ajouter de nouvelles fonctions, après l'installation de Lotus Notes.

Cette plate-forme doit être utilisée par des développeurs qui ont une connaissance pratique du développement des fonctions Eclipse ainsi que du développement et des méthodes de déploiement de Lotus Expeditor.

Les kits d'installation

Vous pouvez procéder à l'installation de Lotus Notes à l'aide du kit pour client Notes uniquement ou Allclient. Le kit Allclient comprend IBM Lotus Domino Designer et IBM Lotus Domino Administrator, et est disponible pour des installations mono-utilisateur.

Lotus Notes est disponible sous la forme d'un kit média d'installation. Vous pouvez installer Lotus Notes en mode graphique, en mode silencieux ou à l'aide de Smart Upgrade.

Le kit média d'installation est composé des éléments suivants :

- fichier exécutable du programme d'installation (SETUP.EXE)

- répertoire updateSite compressé UPDATESITE.ZIP (contient le dossier des fonctions Eclipse, des plug-ins et le fichier SITE.XML)

- répertoire de déploiement (contient le manifeste d'installation Eclipse INSTALL.XML et PLUGIN_CUSTOMIZATION.INI)

- SETUP.INI

- Lotus Notes 8.0.msi

Si Lotus Notes version 6.5.x ou 7.x est détecté sur le client, le programme d'installation installe la dernière mise à niveau de la version Lotus Notes. Si vous exécutez une version de Lotus Notes antérieure à Notes 6.5, installez au minimum la mise à niveau Lotus Notes 6.5 avant d'installer et de mettre à niveau cette version de Lotus Notes.

Si une version existante d'IBM Lotus Domino Designer ou d'IBM Lotus Domino Administrator est installée, vous pouvez choisir de la mettre à niveau à l'aide du kit média d'installation Allclient. Notez que l'environnement multi-utilisateurs ne prend pas en charge le programme d'installation Allclient.

Utilisation du manifeste d'installation

Le manifeste d'installation réside dans le répertoire **Deploy** fourni dans le kit média d'installation des fonctions et dans le fichier **Install.xml**.

Pendant la personnalisation de l'installation Lotus Notes à l'aide du manifeste d'installation, vous travaillez également avec le répertoire **UpdateSite**, fourni au format Zip.

- Pour modifier les fonctions Eclipse à afficher dans le panneau d'installation des fonctions lors de l'installation, modifier le fichier INSTALL.XML, en y indiquant les fonctions à installer. Il est possible de l'utiliser pour autoriser l'utilisateur à sélectionner l'installation d'une fonction donnée, ainsi que les fonctions à installer, à mettre à jour ou à supprimer après l'installation initiale de Lotus Notes

- Utilisez le fichier PLUGIN_CUSTOMIZATION.INI situé dans le répertoire Deploy pour définir des préférences Eclipse

- Utilisez le fichier SITE.XML situé dans le répertoire UPDATESITE pour sélectionner également de nouvelles fonctionnalités à installer

Par défaut, les fonctions suivantes s'affichent dans le panneau d'installation des fonctions Lotus Notes. Vous pouvez en supprimer à l'aide du manifeste d'installation

- Éditeur d'applications composites

- Outils de productivité IBM Lotus

- Activités

- Sametime (intégré)

Voici un exemple de fichier Install.xml :

```xml
<?xml version="1.0" encoding="UTF-8"?>
...
<ibm-portal-composite>
  <domain-object name="com.ibm.rcp.installmanifest">
    <object-data>
      <install version="8.0.0.20080912.1130">
        <installfeature default="false" id="Notes.Admin.Install" name="Domino Administrator" required="false" show="true" version="8.0.0.20080912.1130">
          <requirements />
        </installfeature>
        <installfeature default="false" id="Notes.Designer.Install" name="Domino Designer" required="false" show="true" version="8.0.0.20080912.1130">
          <requirements>
        </installfeature>
        <installfeature default="true" id="Platform.XPD" required="true" show="false" version="8.0.0.20080912.1130">
          <requirements>
        </installfeature>
        <installfeature default="true" id="Platform.Rcp.Extensions" name="RCP Platform Extension" required="true" show="false" version="8.0.0.20080912.1130">
        <installfeature id="Platform.Notes.Extensions" name="Notes Platform Extension" required="true" show="false" version="8.0.0.20080912.1130">
        <installfeature default="true" id="Notes.Plugin" name="Notes Plugin Integration" required="true" show="false" version="8.0.0.20080912.1130">
        <installfeature default="true" id="PIM.Core" name="Notes Java Views and Search" required="true" show="false" version="8.0.0.20080912.1130">
        <installfeature default="true" id="Search" name="Search" required="true" show="false" version="8.0.0.20080912.1130">
        <installfeature default="false" description="%Activities.description" id="Activities" name="%Activities.name" required="false" version="8.0.0.20080912.1130">
        <installfeature default="true" id="Sametime" name="Sametime" required="true" show="false" version="8.0.0.20080912.1130">
        <installfeature default="true" description="%Sametime.description" id="SametimeUI" name="%Sametime.name" required="false" show="true" version="8.0.0.20080912.1130">
        <installfeature default="false" description="%Editors.description" id="Editors" name="%Editors.name" required="false" show="true" version="8.0.0.20080912.1130">
          <requirements>
        </installfeature>
        <installfeature default="false" description="%CAE.description" id="CAE" name="%CAE.name" required="false" show="true" version="8.0.0.20080912.1130">
          <requirements>
        </installfeature>
        <installfeature default="true" description="%Feedreader.description" id="Feedreader" name="%Feedreader.name" required="true" show="false" version="8.0.0.20080912.1130">
          <requirements>
        </installfeature>
        <installfeature default="true" description="Toolbox" id="Toolbox" name="Toolbox" required="true" show="false" version="8.0.0.20080912.1130">
          <requirements>
        </installfeature>
      </install>
    </object-data>
  </domain-object>
</ibm-portal-composite>
```

Chaque fonctionnalité est décrite entre deux balises : < installfeature >et </ installfeature>. Si l'attribut *required* est égal à *true*, la fonctionnalité sera installée.

Remarques

- L'installation sur un réseau partagé et à partir d'une clé USB n'est pas prise en charge par le client Lotus Notes Standard, mais elle reste disponible avec le client Lotus Notes Basic.

- Lotus Notes sous Windows peut être installé dans un environnement mono ou multi-utilisateur, néanmoins l'installation multi-utilisateur n'est pas disponible pour l'installation du client Domino Administrator ou Domino Designer.

- Dans le manifeste d'installation fourni dans le kit média d'installation Lotus Notes, ne modifiez pas les fonctions dont l'attribut *required* est par défaut défini sur *true*. Le manifeste d'installation est également utilisé pour la mise à jour des applications composites.

- L'installation de Lotus Notes 8 sous Windows prend en charge Microsoft Windows XP et Microsoft Windows Vista.

- Même si la capacité de mémoire minimum requiert 512 Mo, 1 Go au minimum est recommandé.

- Un panneau résumé affiche l'espace disque des éléments en cours d'installation. L'installation requiert également une capacité d'espace disque temporaire supplémentaire. L'espace disque temporaire requis est presque aussi important que l'espace d'installation requis. Si ces capacités d'espace disque disponible ne sont pas suffisantes, le programme d'installation n'aboutira pas.

- Si vous avez installé une version bêta 1 ou 2 de Lotus Notes 8, désinstallez-la avant d'installer la présente version de Lotus Notes 8. La mise à niveau à partir d'une version bêta 1 ou 2 n'est pas prise en charge.

- L'installation sur un réseau partagé n'est pas prise en charge dans Lotus Notes 8. Elle reste disponible avec la configuration de base de Lotus Notes 8.

- La fonction d'utilisateur itinérant n'est pas prise en charge dans Lotus Notes 8. Elle reste accessible avec la configuration de base de Lotus Notes 8.

- Une seule instance de Lotus Notes 8 doit être installée sur un poste de travail client.

Planifier l'installation de Domino Administrator

- **Station de travail de l'administrateur**
  - Recommandation : sur une machine séparée du serveur Domino
  - Développement et formation : sur le serveur Domino
- **Étapes**
  - Chargement du logiciel : Notes, Administration, Designer
  - Configuration du client Notes par connexion au serveur
  - Configurer les fonctions d'administration
  - Protéger l'accès à la station

Un serveur Domino s'administre avec le logiciel client Domino Administrator depuis une station Windows séparée. Il faut disposer au minimum d'une station Domino Administrator. L'administration pourra se faire aussi depuis un navigateur ou depuis Domino Console si les sous-ensembles de fonctions d'administration offerts sont satisfaisants.

L'environnement Windows client étant vérifié – il faut que le poste communique en TCP/IP avec le serveur Domino –, l'installation peut commencer :

- Chargement du logiciel client à partir d'un CD-ROM ou d'une copie de ce dernier sur serveur de fichiers : tous les types de clients – Notes, Administrateur, Designer – sont normalement installés sur une station d'administrateur.

- Configuration du client : une connexion est établie avec le serveur et la personnalisation du poste est effectuée. Le carnet d'adresses personnel de l'administrateur est créé à ce moment.

- Reprendre la configuration : en cas d'erreur, il est possible de reprendre la configuration sans être obligé de désinstaller puis de réinstaller complètement le logiciel.

- Prise en main de Domino Administrator : c'est une interface réservée à l'administrateur, à partir de laquelle il pourra accomplir toutes les tâches d'administration. Les principes de la navigation sont exposés dans ce module. Les fonctions disponibles seront détaillées au fur et à mesure du déroulement du cours. L'accès à distance à la console du serveur fait partie des fonctions disponibles.

- Protéger la station : une station d'administration doit être physiquement protégée au même titre que n'importe quelle station d'administration d'un OS.

Remarque

Lotus recommande de ne pas installer Domino Administrator sur la même machine physique que le serveur Domino pour des raisons de sécurité. Les configurations de développement, de tests et de formation s'accommodent fort bien de la cohabitation.

Chargement du logiciel Administrator

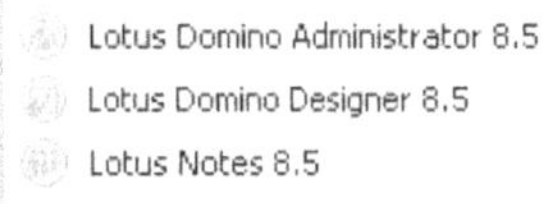

- **Désactiver** 

    - Ouverture de session unique Notes nslsvice.exe
    d'une installation précédente

    - Antivirus

- **Comprendre le client Notes**

- **Chemins d'installation par défaut**

    - \Program Files\IBM\Lotus\Notes

    - \Program Files\IBM\Lotus\Notes\Data

- **Choix normalisé des fonctions**

    - Notes, Designer

    - Administrator

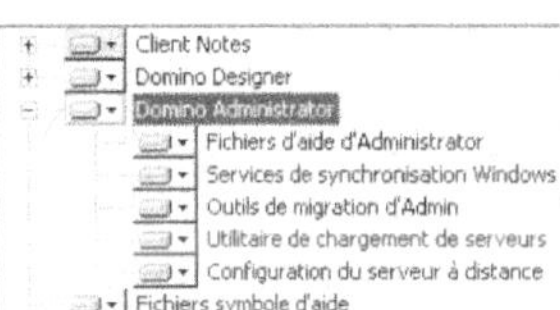

Le logiciel Domino Administrator comprend un client Notes et Lotus Designer. Il est livré sur un CD distinct du client Notes destiné aux utilisateurs. Il est recommandé d'installer les trois logiciels sur la station d'administration : la mise en production d'une base peut s'accompagner d'interventions sur les agents de la base, auquel cas Designer est nécessaire.

Il faut être administrateur de la station Windows 2000, Windows XP.

Le logiciel est disponible dans de nombreuses langues dont l'anglais et le français.

Suppression de l'installation précédente

Si une copie du logiciel existe déjà sur disque, il vaut mieux la supprimer complètement s'il ne s'agit pas d'une mise à jour : par exemple, si le poste était partagé entre des utilisateurs Notes. La procédure de désinstallation ne supprime pas les fichiers créés pendant la configuration et le lancement du client.

- Désactiver le service d'ouverture de session unique Notes s'il y a lieu

- Lancer la désinstallation de Lotus Notes depuis Windows

- Supprimer le dossier des fichiers Notes, habituellement *\Lotus\Notes\Data*

Vous pouvez aussi conserver les données et charger le logiciel, ✋Reprendre la configuration du client.

Chargement du logiciel

Le chargement du logiciel se fait avec la version 2 de Windows Installer.

Les répertoires par défaut diffèrent de ceux de la version 5 de Domino. Le répertoire des données est maintenant dans Program Files\IBM\Lotus\Notes\Data.

✋ Supplement. Charger les logiciels Notes, Designer, Administrator.

Configuration du client d'administration

- **Poste dédié à un administrateur**

  - Ne supporte pas l'installation partagée

- **Procédure standard de configuration**

- **Création des bases locales dans \Lotus\Notes\data**

  - names.nsf : carnet d'adresses personnel

  - log.nsf : journal du client Notes

  - …

- **Copie du fichier ID de l'utilisateur en local**

- **Création des signets courrier, agenda, carnet d'adresses**

Le client Domino Administrator de l'administrateur se configure comme le client Notes personnel d'un utilisateur. ⮩Référence. Configurer un poste personnel.

La procédure de configuration d'un poste crée des bases en local, notamment :

- names.nsf : le carnet d'adresses personnel qui contient outre les contacts personnels de l'utilisateur, les règles de fonctionnement du poste Notes,
- log.nsf : le journal dans lequel Notes inscrira les erreurs, notamment pendant l'exécution de fonctions d'administration (par exemple, des erreurs d'enregistrement d'utilisateurs),
- bookmark.nsf : la base contenant les signets vers des bases Notes, des URL, des fichiers,
- headline.nsf : les titres reçus d'abonnements à des bases Domino.

Le fichier ID de l'utilisateur, ici l'administrateur, est copié en local depuis l'annuaire du domaine.

Les données créées ou copiées devront être supprimées si le poste est reconfiguré pour une autre utilisation. ⮩Reprendre la configuration du client Notes.

Remarques

Le client Notes peut être utilisé pour un seul utilisateur sur une station Windows, ou pour plusieurs utilisateurs si le poste Windows le supporte : chaque utilisateur a son identifiant et son mot de passe, ainsi qu'un dossier où ranger ses fichiers personnels.

Domino Administrator ne prend pas en charge l'installation partagée.

Copie fichier ID

Le fichier ID de l'administrateur se trouve sur le disque du serveur si l'option ☒ *Also save a local copy of the ID file* a été prise lors de la configuration du serveur. Dans ce cas, il faut pouvoir y accéder soit par un partage de disque, soit par copie sur la station par un autre moyen. Si l'option n'a pas été utilisée, le fichier ID est dans l'annuaire et sa récupération est automatique.

⊠ Configurer un poste personnel

Le poste est personnel, ce qui signifie un seul utilisateur de Notes sur cet ordinateur.

La procédure est illustrée avec le poste de l'administrateur. Ce dernier est considéré ici comme un simple utilisateur. On peut donc lui substituer n'importe quel autre utilisateur pour lequel est exécutée la configuration d'un poste personnel.

- Vérifier que le serveur est bien démarré

- Lancer le client Notes avec *Démarrer/Programmes/Applications Lotus/Lotus Notes*

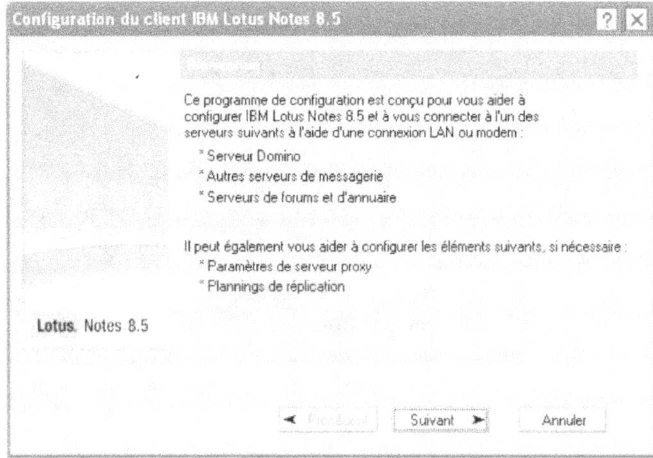

- Cliquer sur (Suivant >)

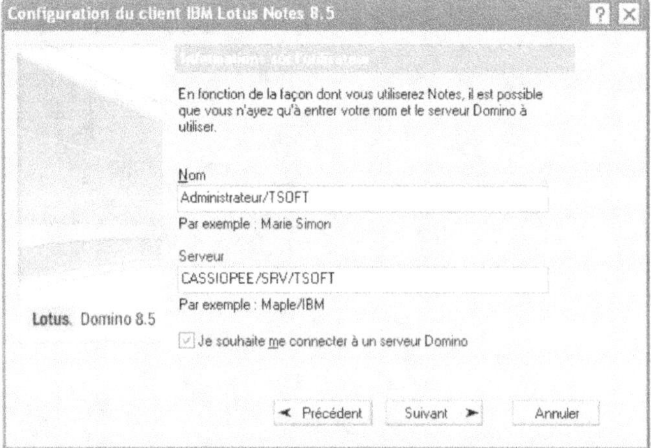

- \<Nom d'utilisateur\> : taper le nom de l'utilisateur tel qu'il a été défini à l'enregistrement ou à la configuration du premier serveur, par exemple *_Administrateur*

- \<Serveur Domino\> : taper le nom Domino du serveur, au choix
  - son nom propre, par exemple *CASSIOPEE*
  - son nom complet Domino sans omettre l'unité d'organisation si ce choix a été fait à la configuration du serveur, par exemple *CASSIOPEE/SRV/TSOFT*

- Laisser coché ⊠*Je souhaite me connecter à un serveur Domino*

- Cliquer sur (Suivant >)

La séquence des dialogues varie maintenant selon que le serveur peut être atteint ou non et selon l'emplacement du fichier ID de l'utilisateur.

Serveur non trouvé

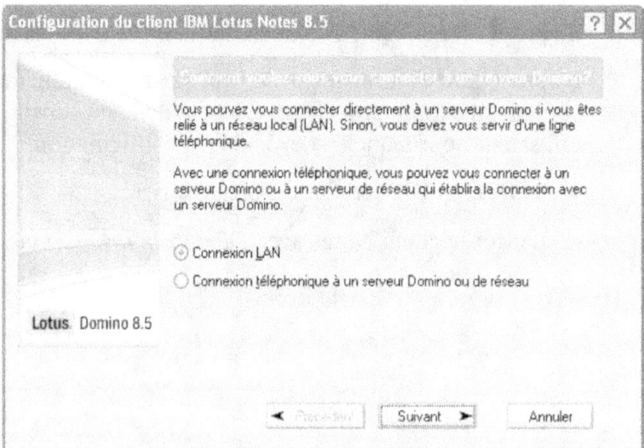

Le client Notes ne trouve pas le serveur Domino avec les protocoles réseau disponibles.

- Sélectionner
  – ○*Connexion LAN* dans la majorité des cas, même si le poste est relié au serveur par WAN, par exemple par VPN
  – ○*Connexion téléphonique à un serveur Domino ou de réseau* dans le cas peu fréquent d'une connexion modem gérée par les protocoles propriétaires Domino/Notes ou par RAS.

La connexion LAN est la seule présentée ici.

- Cliquer sur (Suivant >)

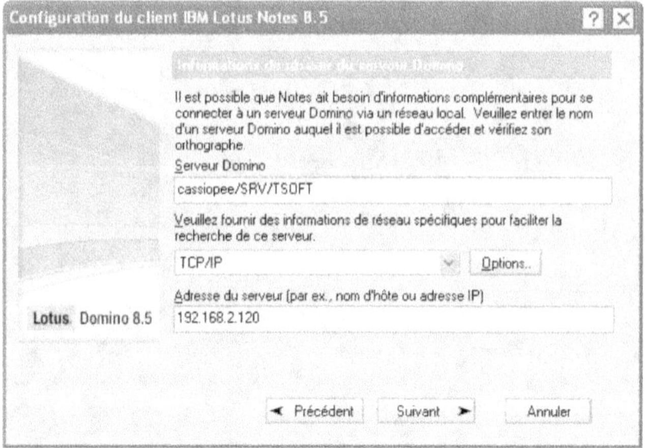

- <Serveur Domino> : corriger le nom du serveur s'il y a lieu. La casse – majuscules et minuscules – n'a pas d'importance, mais chaque caractère compte, y compris un espace malencontreux

- <Réseau> : sélectionner le protocole utilisable, le plus souvent *TCP/IP*

- <Adresse du serveur> : taper une adresse réseau ou une adresse IP qui puisse être résolue par le client Windows, par exemple *cassiopee.jfrmlv.com* ou *192.164.0.4*

L'adresse réseau ou IP du serveur sera mémorisée dans le carnet d'adresses personnel sur le poste. Normalement, la conversion du nom du serveur en adresse IP est assurée par la couche réseau de Windows : consultation DNS ou fichier HOSTS. La mémorisation d'une adresse réseau dans Notes n'est pas l'option standard.

- Cliquer sur (Suivant >)

Fichier ID non trouvé

Le fichier ID de l'utilisateur peut être dans l'annuaire ou sur un support disque : disquette, lecteur réseau. Lorsque le fichier ID est dans l'annuaire, il est **déplacé** sur le disque local. L'enregistrement du fichier ID dans l'annuaire n'est pas recommandé pour des raisons de sécurité qui seront exposées dans le module Clients Notes sédentaires.

Lorsque le premier serveur du domaine est configuré, l'administrateur est créé et son fichier ID est mis dans l'annuaire.

Dans le cas où la station configurée est celle de l'administrateur :

- La première configuration trouve le fichier ID dans l'annuaire et le mot de passe est réclamé,
- Une configuration de poste ultérieure pour le même utilisateur – ici l'administrateur – ne trouve pas l'ID dans l'annuaire et demande son emplacement.

Pour éviter la perte accidentelle du fichier ID de l'administrateur, l'option ☒ *Also save a local copy of the ID file* devrait avoir été cochée lors de la configuration du premier serveur Domino.

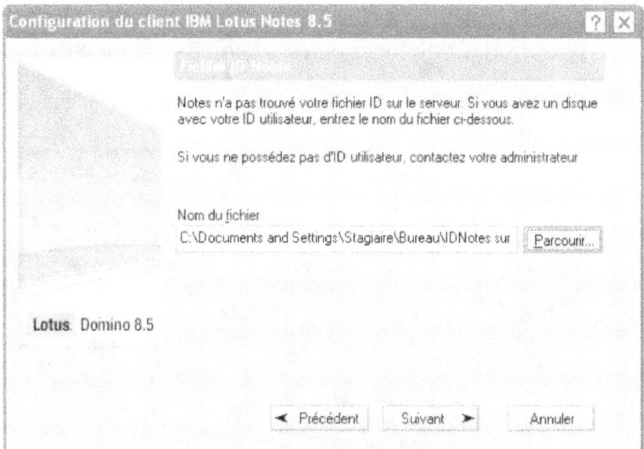

- Cliquer sur (Parcourir…), puis sélectionner le fichier

- Cliquer sur (Suivant >)

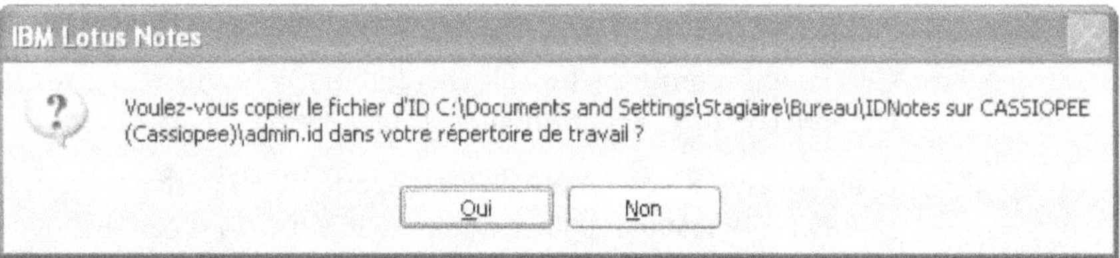

- Cliquer sur (Oui) pour que le fichier ID réside localement dans \Notes\data, ce qui est le cas standard

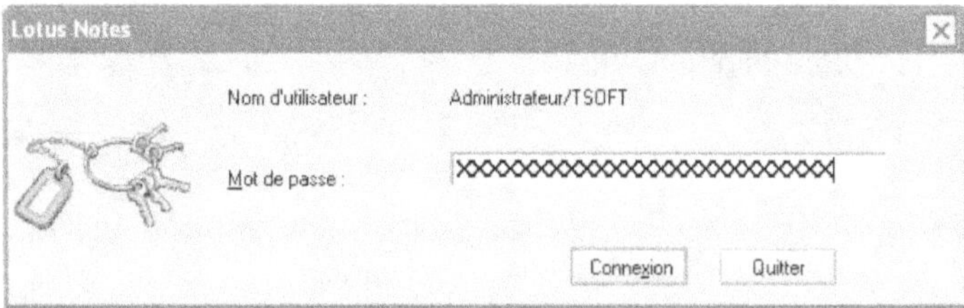

- <Mot de passe> : taper le mot de passe de l'utilisateur, ici l'administrateur

- Cliquer sur (OK)

Messagerie instantanée

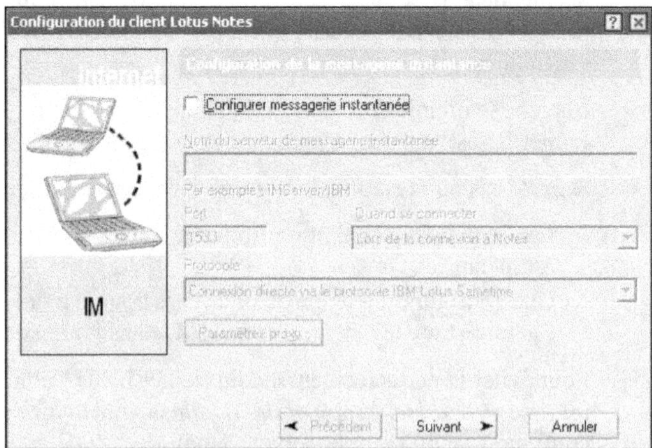

Le service de messagerie instantanée Sametime peut être configuré maintenant ou à posteriori. Cette fonction est abordée séparément dans cet ouvrage.

Services Internet

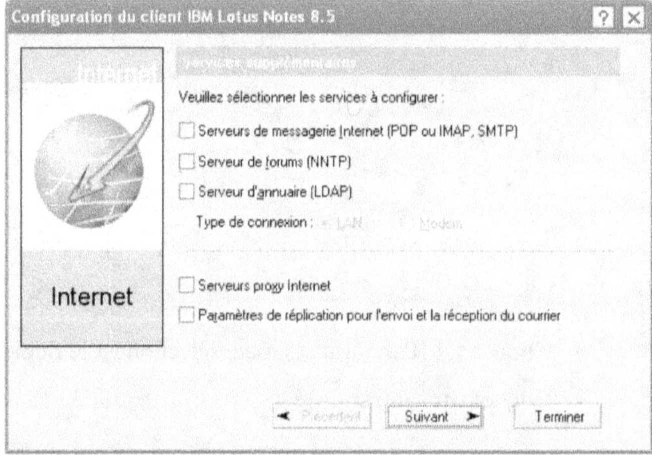

Ce dialogue configure les services Internet – Navigateur, messagerie – du client Notes. Un assistant de configuration post-installation est également disponible.

L'installation d'un compte de messagerie POP3 géré par un fournisseur d'accès Internet – Wanadoo, Yahoo… – est une solution recommandée pour l'administrateur qui a ainsi un moyen de communiquer avec un service de support même si la messagerie d'intranet est en panne.

- Ne rien sélectionner, puis Cliquer sur (Suivant >), puis Cliquer sur (OK)

Après avoir fermé la page de mise en route, la page de bienvenue s'affiche en fin de configuration.

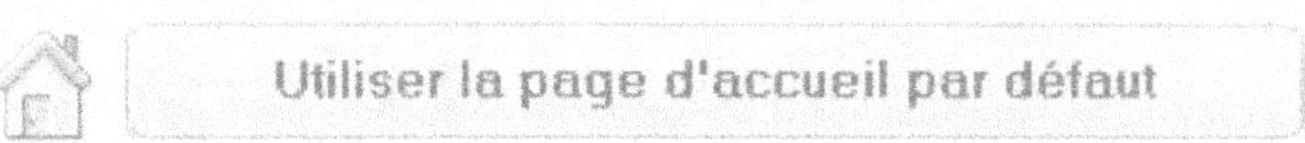

- Cliquer l'option (Utiliser la page d'accueil par défaut)

Reprendre la configuration du client

- ▪ **Relancer la configuration**
    - ● Modifier le NOTES.INI
    - ● Lancer la configuration
- ▪ **Reprise complète de configuration**
    - ● Supprimer les fichiers créés
    - ● Modifier le NOTES.INI
    - ● Lancer la configuration
- ▪ **Annuler et remplacer**
    - ● Désinstaller Notes
    - ● Recharger le logiciel

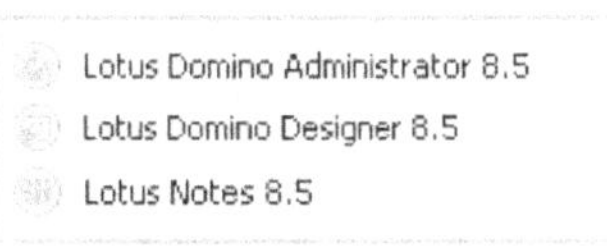

\Lotus\Notes\
Notes.INI 

\Lotus\Notes\DATA\
Names.nsf
Log.nsf 
user.id
...

La reprise de la configuration du poste client Notes est similaire à celle du serveur Domino. Le type des modifications (ou corrections) à apporter à la configuration du client détermine la méthode de reconfiguration utilisée. La configuration d'un poste effectue des modifications :

- Le fichier NOTES.INI distribué sur le CD du logiciel est modifié et complété. Le remettre dans l'état initial va déclencher le programme de configuration qui propose de reprendre les paramètres précédents ou d'en saisir de nouveaux,
- Les bases Notes personnelles de l'utilisateur sont créées, notamment le carnet d'adresses personnel names.nsf. La suppression des bases et la modification du notes.ini remettent l'installation dans un état identique à la fin du chargement du logiciel.

Modification du NOTES.INI

- Modifier *\Lotus\Notes\NOTES.INI* à l'aide d'un éditeur de texte de type Bloc-notes ou UltraEdit ne générant pas de caractères cachés de mise en page

- Laisser les premières lignes et supprimer toutes les autres

```
[Notes]
KitType=1
Directory=d:\Program Files\IBM\lotus\notes\data
InstallType=2
```

- Terminer par un retour à la ligne

Suppression des bases Notes

- Lancer l'explorateur Windows
- Ouvrir le dossier des fichiers Notes habituellement *\Lotus\Notes\Data*
- Afficher le détail des fichiers, puis classer les fichiers par Type

Remarques

Domino Administrator crée des bases au premier démarrage : domadmin.nsf et events4.nsf. L'enregistrement d'utilisateurs par l'administrateur utilise également une base : userreg.nsf. Ces bases ne sont pas nécessairement présentes.

Le client Notes mobile traite le courrier dans des bases locales. Ces bases sont absentes si le poste n'a jamais utilisé le site Local (non connecté).

Il ne faut jamais supprimer une base d'extension *.NTF* en appliquant cette procédure.

- Supprimer le fichier ayant une extension .BOX
  - mail.box : présente pour un poste mobile

- Supprimer les fichiers ayant une extension .NSF (sauf les bases d'aide)
  - AgentRunner.nsf : test des agents Java
  - bookmark.nsf : signets
  - busytime.nsf : informations de disponibilités d'agendas pour un poste mobile
  - domadmin.nsf : configuration d'administration locale
  - dommon.nsf : Domino Domain Monitoring (nouveau en version 7)
  - events4.nsf : configuration des statistiques et alarmes
  - headline.nsf : titres de documents venant par abonnement à des bases Domino
  - log.nsf : journal du client Notes
  - names.nsf : carnet d'adresses personnel
  - perweb.nsf : cache du navigateur Internet Notes
  - polcysyn.nsf : base d'affichage d'une synopsis de politique
  - statrep.nsf : états statistiques
  - userreg.nsf : enregistrement d'utilisateurs

- Supprimer les bases courrier d'extension .NSF dans
  - \mail\ : présent pour un poste mobile

- Supprimer les fichiers d'extension .NDK
  - cache.ndk
  - desktop8.ndk : il n'y a pas d'erreur sur le nom…

La procédure indiquée ici « efface tout et recommence ». Il est possible de conserver certains fichiers, par exemple le carnet d'adresses personnel de l'utilisateur, surtout s'il a saisi des contacts ! Dans l'état actuel de la progression, la technique « efface tout et recommence » est la plus simple et celle qui est recommandée si vous n'êtes pas sûr de vous.

Remarque

Le fichier *user.id* de l'utilisateur ne doit pas être systématiquement supprimé et c'est pourquoi il est absent de la liste.

- Si le poste est reconfiguré parce qu'il y a eu un incident lors de la première configuration et que le *user.id* a été détaché dans le dossier *\Lotus\Notes\Data*, alors il ne faut pas le supprimer.
- Si le poste est reconfiguré en utilisant un nouveau fichier *user.id*, alors ce dernier remplace l'ancien.

Naviguer dans le client Notes

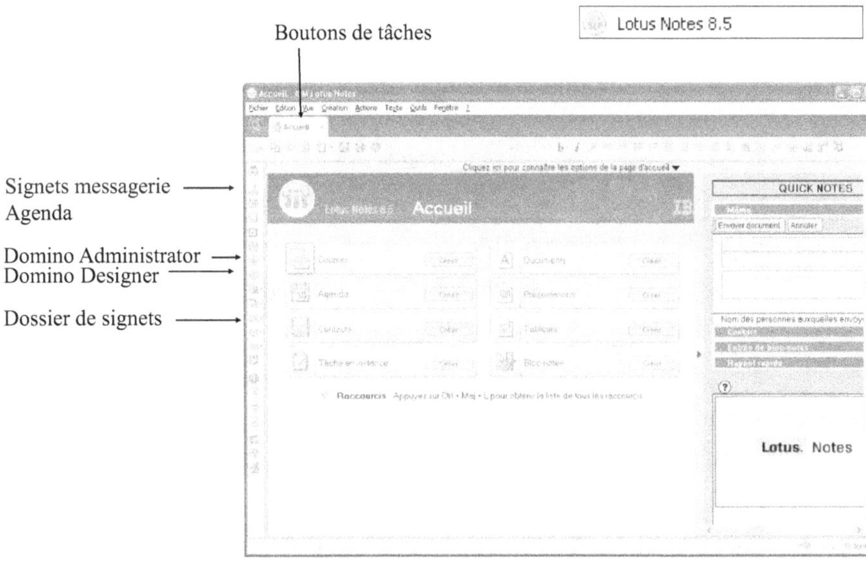

L'administrateur dispose maintenant d'un poste client Notes complet connecté au serveur à partir duquel il va accomplir la plupart des tâches administratives. Il n'interviendra qu'occasionnellement sur le serveur Domino.

L'administrateur travaille principalement sur le client Domino Administrator. Il utilise le client Notes pour ses besoins personnels de messagerie et l'accès aux bases de documents et de workflow Domino. Le client Domino Designer sert lors de la mise en production de bases d'applications.

Les trois clients partagent les mêmes paramètres de connexion au serveur, de droits d'accès, d'identifiant utilisateur actif, de cache local. Lorsque l'arrêt et le redémarrage du client est nécessaire, les trois clients sont concernés.

Environnement Notes

L'utilisation du client Notes ne devrait pas se cantonner à la messagerie. Les fonctions d'accès aux bases, de création de signets, leur organisation en dossiers de signets sont utiles à l'administrateur. Ces fonctions sont décrites succinctement dans le supplément téléchargeable : ♻ Supplément Charger les logiciels Notes, Designer, Administrator.

Poste avec identifiants multiples

L'administrateur va utiliser deux identifiants dans la pratique : son identifiant personnel qui aura des droits d'administration réduits et l'identifiant d'administration créé lors de la configuration qui a des droits étendus. Le poste d'administration est alors configuré en créant et en modifiant des documents de site dans le carnet d'adresses personnel sur la station. Cette technique n'est pas ce qui est appelé *poste partagé Notes* qui permet à plusieurs utilisateurs de travailler alternativement avec leur identifiant propre et leurs données personnelles.

Cette configuration sera vue ultérieurement lorsque l'administrateur aura créé son identifiant personnel.

Naviguer dans Domino Administrator

- **Navigation semblable au client Notes : exécution de tâches**
- **Outils spécifiques d'administration**

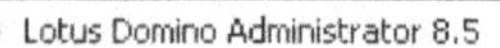

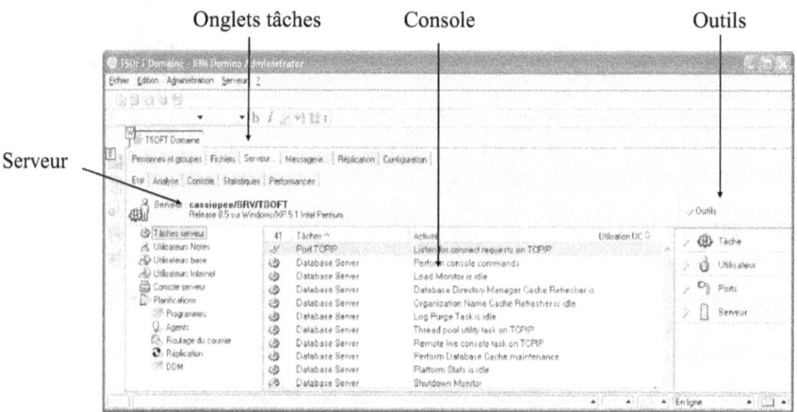

L'administrateur utilise principalement le client Domino Administrator pour gérer les serveurs et les personnes. Les principes de la navigation sont présentés plus loin : ⇘ ⊠ Environnement Domino Administrator. L'organisation générale des tâches par thèmes et onglets est présentée ici.

Gestion des personnes et des groupes

Onglet	Tâches
(Personnes et Groupes)	Gestion de l'annuaire : certificats, groupes, politiques appliquées aux utilisateurs Notes et Web.

Une part importante du travail d'administration est dédiée aux utilisateurs accédant Domino depuis Notes ou depuis un navigateur Web. Les utilisateurs et les groupes sont gérés dans l'annuaire Domino du domaine.

Configuration des serveurs

Onglet	Tâches
(Configuration)	Ensemble des règles gouvernant le domaine Domino : annuaires, alarmes, certificats, DECS (accès aux données externes), grappes de serveurs, messagerie, politiques utilisateurs, réplication, sécurité, services Internet, sites Web, statistiques, surveillance, tâches planifiées.

La configuration du fonctionnement du serveur consiste à créer des règles qui sont relativement stables. Les documents sont créés principalement dans l'annuaire Domino, mais aussi dans des bases annexes : events4.nsf, decsadm.nsf…

Configuration et maintenance des bases

Onglet	Tâches
(Fichiers)	Gestion des bases et modèle : LCA, taille…

La configuration d'une base consiste à régler sa liste de contrôle d'accès, à signer sa conception, à modifier ses propriétés. Les opérations de maintenance sont la copie, la compression, l'indexation, la réplication.

En dehors des bases Domino, l'onglet permet d'accéder à n'importe quel fichier géré par Domino : pages HTML, fichiers .GIF…

Suivi de l'activité des serveurs

Onglet	Tâches
(Serveur)/(Etat)	Console du serveur, arrêt et démarrage de tâches.
(Serveur)/ (Analyse)	Journaux d'activité, requêtes administratives en cours.
(Serveur)/ (Contrôle)	Tableau de bord du fonctionnement des serveurs.
(Serveur)/ (Statistiques)	Indicateurs statistiques en temps réel.
(Serveur)/ (Performances)	Analyses statistiques en temps réel et historiques.
(Messagerie)	Contrôle du fonctionnement de la messagerie.
(Réplication)	Contrôle du fonctionnement de la réplication.

Cet ensemble de tâches se trouve réparti sur les onglets situés entre les onglets (Personnes et groupes) et (Fichiers) à gauche et l'onglet (Configuration) à droite. Dès lors que la question posée est « Que se passe-t-il ? » il y a de fortes chances que la réponse se trouve ici.

– La console distante depuis (Etat) affiche les tâches actives, en attente, les utilisateurs connectés. Une tâche peut être arrêtée et démarrée ici ou recevoir une demande : exécution immédiate des requêtes administratives planifiées par exemple
– Les journaux du serveur, la base des requêtes administratives sont consultés depuis (Analyse). Cet onglet est fréquemment sollicité
– Les analyses de statistiques et de performances sont accédées ponctuellement pour une représentation macroscopique ou microscopique de l'activité d'un (ou de plusieurs) serveur(s). DDM – Domino Domain Monitoring – est l'outil de choix pour surveiller l'activité des serveurs. L'outil Tivoli Analyzer for Lotus Domino s'insère dans l'onglet (Performances) et fournit des analyses synthétiques ou des plans d'équilibrage de charge
– Le contrôle de l'activité de la messagerie se fait dans un espace dédié : visualisation des files d'attente de messages, de l'emplacement des bases courrier des utilisateurs par serveur, des rapports de suivi, et également les outils pour déplacer une base courrier d'un serveur vers un autre
– La réplication, deuxième activité majeure lorsque plusieurs serveurs Domino coopèrent dans un domaine, dispose également d'un espace dédié : visualisation des réplications planifiées, des journaux de réplication

Interview de l'Expert

Deux types de comptes, les utilisateurs et les serveurs. Les premiers sur le premier onglet, les seconds sur le dernier. Une symétrie parfaite dans l'interface. On se croirait dans Georges Perec. La tâche la plus ardue sera de se familiariser avec la terminologie.

Ne pas confondre un document « serveur » avec un document de configuration serveur. Ne pas confondre la vue serveur et l'onglet serveur. Dans le cas de personnes ayant besoin de réaliser du support sans avoir à disposition un client d'administration, il faut imaginer ce client comme une interface permettant de passer d'une base système à une autre. N'hésitez pas à cliquer sur des documents pris au hasard et à demander dans le menu contextuel les propriétés de la base associée afin d'en connaître son nom et son emplacement. Beaucoup d'opérations peuvent en effet être réalisées en ouvrant directement la base depuis un simple client Notes. On pourra citer par exemple NAMES.NSF, DDM.NSF, EVENTS4.NSF, ADMIN4.NSF.

⊠ Environnement Domino Administrator

Domino Administrator est organisé en fonction des tâches à accomplir. Ces tâches consistent souvent à créer ou modifier des documents dans les bases d'administration, et aussi à utiliser les outils propres à un type de tâche donné : gestion des utilisateurs, des serveurs, des bases…

Appel de Domino Administrator

Depuis Windows

- Commande *Démarrer/Programmes/Lotus Notes/Lotus Domino Administrator*

Depuis le client Notes

 Cliquer sur ce signet pour démarrer Domino Administrator.

La page d'accueil contient une présentation des nouveautés de la version 8.

- Ajouter les barres d'outils en suivant la procédure décrite dans le supplément téléchargeable, ↳ Supplément Environnement Notes.

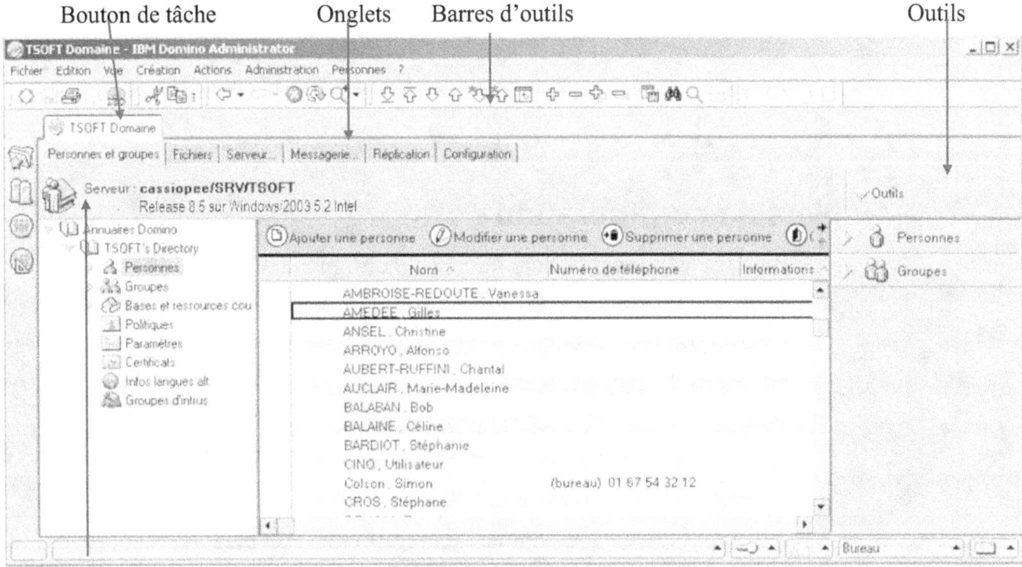

Prérequis

L'interface d'administration utilise des applets Java. Par défaut, le logiciel Notes est configuré pour supporter Java. Pour le vérifier :

- Commande *Fichier/Préférences/Préférences utilisateur…*

- Cliquer sur (Général)

- <Options supplémentaires> : l'option *Activer les applets Java* doit être sélectionnée

Les droits sur le serveur et les bases doivent être suffisants pour utiliser les fonctions de Domino Administrator ; le lancement de Domino Administrator n'est pas soumis à un droit d'accès.

Choix d'un serveur

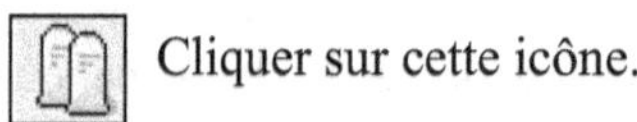

Cliquer sur cette icône.

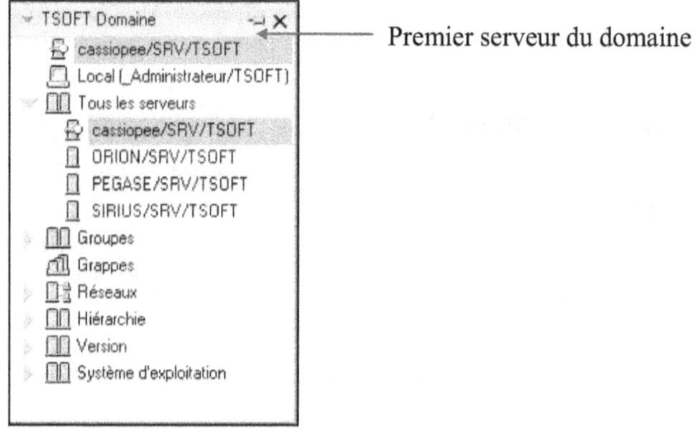

Premier serveur du domaine

- Cliquer sur le nom du serveur

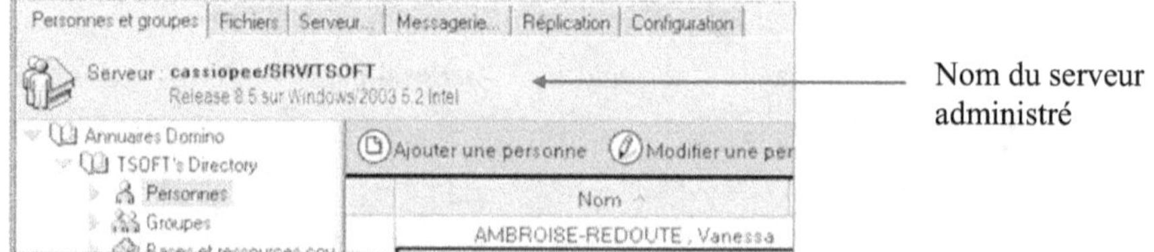

Nom du serveur administré

Onglets de configuration

Il faut sélectionner un serveur : *Local* désigne le disque de la sta   ;
accès au carnet d'adresses personnel de l'administrateur.

Une fois qu'un serveur est sélectionné, il faut cliquer sur un onglet pour effectuer une catégorie de tâches.

Onglet	Administration de
Personnes et groupes	Documents de l'Annuaire Domino relatifs à des personnes, des groupes… Outils d'enregistrement de personnes et groupes, de définition des adresses Internet…
Configuration	Documents de l'Annuaire Domino tels que le document Serveur, les connexions de messagerie et de réplication, les documents de configuration Web. Gestion des certificats, Domino Domain Monitoring...
Fichiers	Bases de documents, modèles, tout type de fichiers présents dans le répertoire de données – *\Data* – du serveur. Outils de contrôle de l'espace disque, de gestion des bases.
Serveur	Activité et tâches actuelles du serveur. Cet onglet appelle cinq sous-onglets : Statut, Analyse, Contrôle, Performances et Statistiques. Outils de gestion de l'activité du serveur, dont l'accès à la console.

Onglet	Administration de
Messagerie	Documents de l'Annuaire Domino relatifs à la messagerie : utilisateurs de messagerie, connexions… Cet onglet appelle deux sous-onglets : Messagerie et Centre de suivi : topologie du routage, suivi de message. Outils de trace de messages, de gestion du routeur.
Réplication	Vue de synthèse de la planification de réplication, de la topologie des serveurs.

Outils

À chaque onglet de tâche correspond une série d'outils.

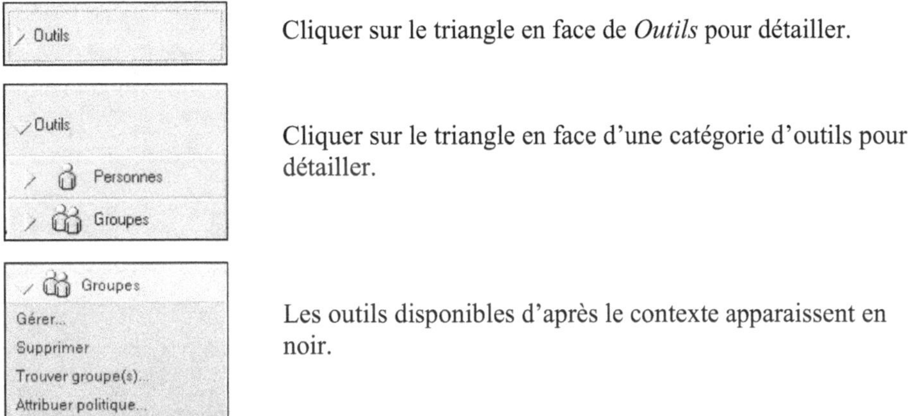

Cliquer sur le triangle en face de *Outils* pour détailler.

Cliquer sur le triangle en face d'une catégorie d'outils pour détailler.

Les outils disponibles d'après le contexte apparaissent en noir.

Accès à la console du serveur

- Cliquer sur l'onglet (Serveur), puis (Etat), puis *Console serveur*

- Cliquer sur *Console serveur*

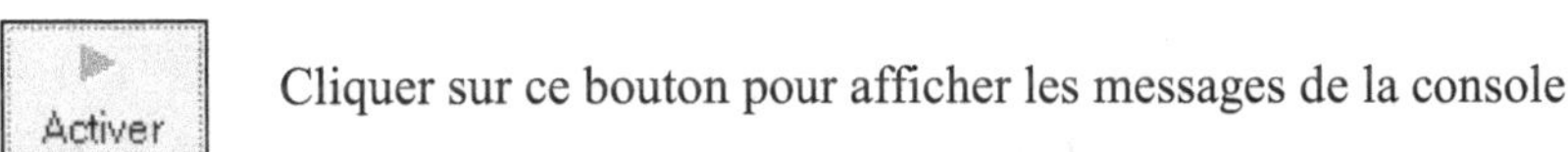

Cliquer sur ce bouton pour afficher les messages de la console.

Etat   Serveur   Activer

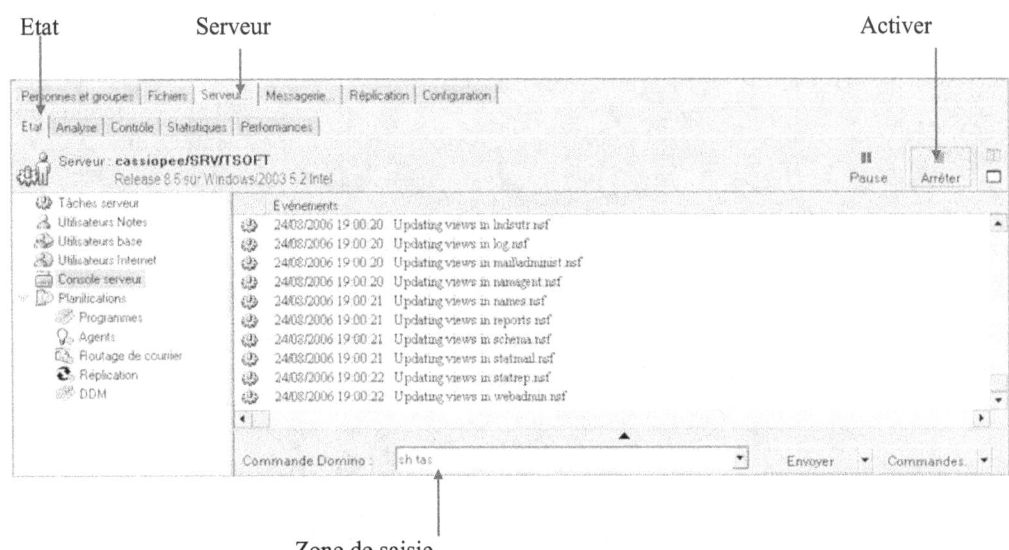

Zone de saisie

Accès aux bases d'administration

On y accède depuis Domino Administrator de différentes façons :

– Depuis un contexte (Recommandé) : Personnes et groupes, Messagerie…
– Depuis l'onglet (Fichiers)
– Commande Fichier/Base de documents/Ouvrir…

Onglet (Fichiers)

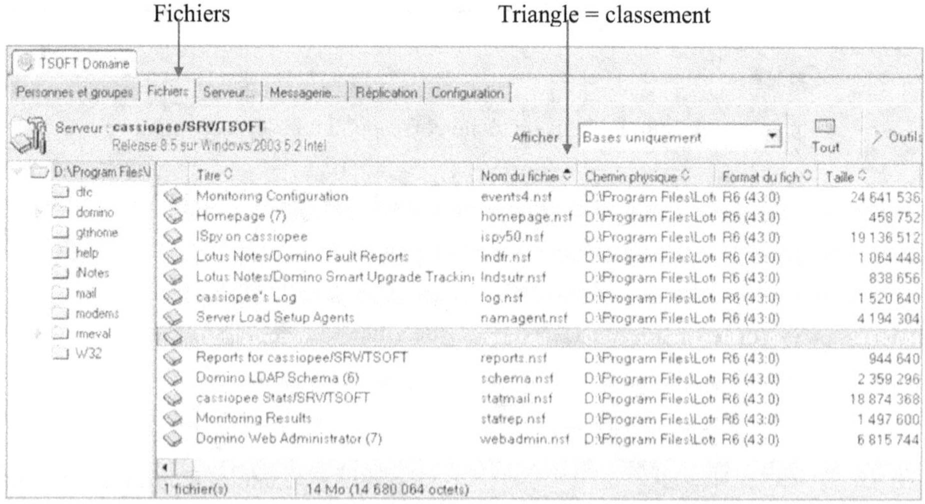

- Cliquer sur un triangle dans un titre de colonne pour classer les fichiers par Titre, Nom du fichier, Chemin physique, taille…

Les actions possibles sur une base sont :

– Double clic sur le nom de la base pour l'ouvrir
– Clic droit sur le nom de la base, puis commande *Propriétés…* ou une autre
– Choisir la base, puis cliquer sur (Outils), puis sur (Bases de doc.) et sélectionner une action

Onglet (Personnes et groupes)

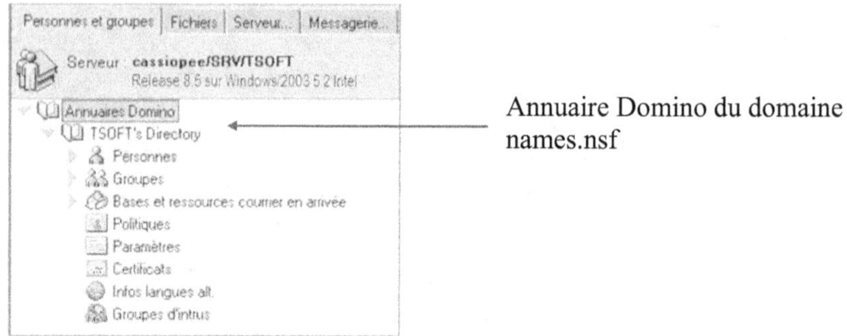

Annuaire Domino du domaine
names.nsf

Onglets (Serveur/Analyse)

Cet onglet donne accès aux bases :

– *nom du serveur's Log* : journal du serveur log.nsf,
– *Catalogue ()* : catalogue des bases sur le serveur catalog.nsf,
– *Monitoring Results* : rapports statistiques et alarmes statrep.nsf,
– *Requêtes Administratives()* : processus des requêtes administratives admin4.nsf,

- *Activity Trends(nom du serveur)* : rapports d'activité du serveur activity.nsf,
- *Lotus Notes/Domino Fault Reports* : rapports d'erreurs sévères lndfr.nsf.

Certaines bases ne sont pas traduites et restent en anglais.

Toutes ces bases sont en consultation exception faite de admin4.nsf dans laquelle intervient l'administrateur pour accepter, valider ou relancer une requête administrative. Certaines bases ne sont présentes qu'en option : par exemple, *Activity Trends* est créée lorsque la journalisation des activités est activée.

Onglets (Messagerie/Messagerie)

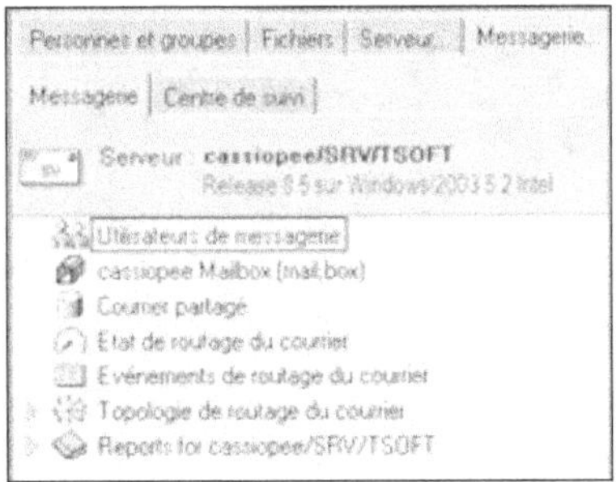

La gestion de la messagerie fait appel aux bases :

- *Utilisateurs de messagerie* : annuaire du domaine, names.nsf
- *nom du serveur Mailbox (mail.box)* : base de routage de courrier du serveur, mail.box
- *État de routage du courrier* : base de routage de courrier du serveur (en mode graphique)
- *Événements de routage de courrier* : journal du serveur limité aux seuls événements de messagerie, log.nsf
- *Topologie de routage de courrier* : annuaire du domaine, names.nsf
- *Reports for nom du serveur* : rapports de suivi de courrier, reports.nsf

Onglets (Réplication)

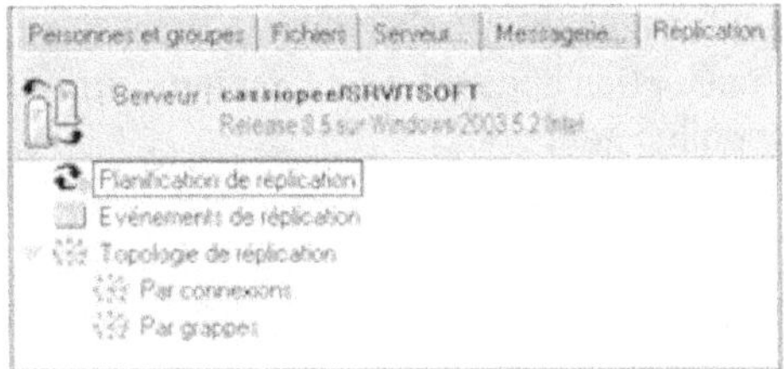

La gestion de la réplication fait appel aux bases :

- *Événements de réplication* : journal du serveur limité aux seuls événements de réplication, log.nsf,

– *Topologie de réplication :* annuaire du domaine, names.nsf.

La planification de la réplication interroge les tables en mémoire sur le serveur Domino.

Onglets (Configuration)

La configuration du domaine met en jeu plusieurs bases :

– *Nom du domaine's Directory* : l'annuaire du domaine, names.nsf,
– *Domino LDAP Schema ()* : schéma LDAP schema.nsf,
– *Catalogue d'annuaires condensé* : base rassemblant plusieurs annuaires pour l'adressage du courrier,
– *Monitoring Configuration* : configuration de la surveillance du serveur et du domaine (DDM) events4.nsf,
– *DECS Administrator* : administration des connexions externes, decsadm.nsf,
– *Offline services* : configuration de DOLS, doladmin.nsf.

Droits d'administration

Les droits d'administration consistent le plus souvent à disposer d'un accès suffisant aux bases d'administration. La liste de contrôle d'accès détermine si une base peut être ouverte pour consultation ou pour créer et modifier des documents. Ce n'est pas parce qu'une option apparaît dans Domino Administrator qu'elle est effectivement disponible pour vous.

Améliorations du client Lotus Domino Administrator en version 8.

Les options suivantes aideront les administrateurs en facilitant la visibilité sur les options activées et la surveillance du serveur :

Colonne Version du client

L'annuaire Domino contient une vue *Personnes - par version de client* qui peut être utilisée pour vérifier rapidement les versions du client Notes déployées sur les ordinateurs des utilisateurs d'un domaine.

Colonne d'Absence

Une colonne *Absence* figure dans l'onglet [Fichiers] et permet d'identifier les personnes actuellement absentes et qui ont activé le service Absence. Le mot *Oui* est associé au nom de ces utilisateurs.

Ouverture automatique de la base Domino Domain Monitor (DDM.nsf)

Utiliser une préférence d'administration pour ouvrir DDM.NSF lors du démarrage du client Domino Administrator.

Signets du serveur d'administration Web

Les signets du serveur d'administration Web permettent de se connecter à une console d'administration à distance pour administrer des serveurs à partir d'une interface d'administration unique. QuickR, Sametime, Portal et WebSphere, ainsi que des logiciels tiers peuvent être directement accessibles via ces signets. Le signet pointe vers l'URL de chaque console d'administration, défini pendant la configuration de la fonction Web Administration Server Bookmarks. Elle s'ouvre dans le navigateur spécifié dans le document Site.

Intégration avec CommonStore Archive Services

ICAS (IBM CommonStore Archive Services) est un outil d'archivage intégré à Lotus Domino.

Il possède sa propre base de configuration Domino CASCONFIG.NSF qui réside sur le serveur Domino et est créée lors de l'installation du processus ICAS. Il est possible d'utiliser le client Domino Administration pour accéder à la base en cliquant sur l'onglet [Configuration].

Empêchement de changer l'heure système

Lorsqu'un changement d'heure avancée se produit au niveau de l'horloge système, toutes les indications d'horodatage de tous les documents et bases changent également.

Utiliser les nombreux paramètres NOTES.INI permet d'éviter les changements d'heure avancée.

Gestion de la LCE d'administration

Les administrateurs peuvent gérer de manière plus efficace les listes de contrôle d'exécution (LCE) dans une nouvelle boîte de dialogue, lancée depuis le document de paramètres de politique de sécurité. Les LCE peuvent être créées, supprimées et sélectionnées pour édition dans cette boîte de dialogue.

Recertification des utilisateurs ou changement de nom par Organisation au niveau de la vue Expiration de certificat

La vue *Expiration de certificat* dans l'annuaire Domino permet de trier des certificats par organisation et date d'expiration, ce qui permet aux administrateurs de sélectionner plus facilement les utilisateurs pour une recertification ou un changement de nom.

Identification de la version client Notes d'un utilisateur

- Dans Domino Administrator, cliquez sur l'onglet [Fichiers]

- Ouvrez l'annuaire Domino (NAMES.NSF)

- Cliquez sur « Personnes » puis sur « version client »

Identification du statut de l'absence

- Identifiez la colonne Absence de Domino Administrator

- Procédez préalablement à l'activation du service Absence pour quelques utilisateurs

- Dans Domino Administrator, cliquez sur l'**onglet [Fichiers]**

- En vous déplaçant par la barre de défilement vers la droite, constatez la présence de la **colonne** *Absence* et la présence du mot « oui » associée aux utilisateurs qui ont déclaré leur absence.

Ouverture de DDM.NSF au démarrage du client Domino Administrator

- Dans Domino Administrator, cliquez sur le **menu** *Fichier* / *Préférences* / *Préférences d'administration*

- Dans la **section** *Général*, recherchez la section relative aux paramètres de démarrage de Domino Administrator

- Cliquez sur *Ouvrir base(s) de donnée(s) spécifique(s)* puis effectuez l'une des opérations suivantes :

- Pour utiliser le paramètre par défaut afin d'ouvrir DDM.NSF uniquement, laissez le champ vide. DDM.NSF a été entré comme valeur par défaut

- Pour ajouter d'autres bases, entrez les noms de fichier des bases séparés par une virgule

- Dans le champ <Serveur>, indiquez le nom du serveur sur lequel les bases spécifiées sont stockées et cliquez sur [OK]

Pour définir des liens vers les différentes applications que vous administrez :

- Dans Domino Administrator, cliquez sur le menu Administration / Ajouter serveur dans…/ Signets administration Web

- Renseignez les champs : <**Nom du serveur**>, <**URL de la console d'administration**>, <**Type d'administration**>, dans la boîte de dialogue *Signets du serveur d'administration Web* puis cliquez sur [OK]

Configuration des listes de contrôle d'exécution (LCE) d'administration

- Après avoir sélectionné un document de paramètres de sécurité, cliquez sur le bouton [**Modifier paramètres**]

- Cliquez sur l'onglet [Liste de contrôle d'exécution]

- Les boutons [Modifier] et [Gérer] s'affichent uniquement lorsque le document de paramètres de sécurité se trouve en mode *Modification*.

- Cliquez sur le bouton [Gérer]. La boîte de dialogue Sécurité des postes de travail : Liste de contrôle d'exécution s'affiche. Vous disposez des options suivantes : Créer une nouvelle LCE d'administration ou Supprimer une liste LCE d'administration

- Renseignez les champs de l'onglet [Liste de contrôle d'exécution] pour préciser la LCE associée à ce document de paramètre de sécurité ainsi que le mode et la fréquence de mise à jour

Les LCE d'administration sont enregistrées indépendamment des documents de paramètres de sécurité. Si vous modifiez une LCE d'administration, les modifications apportées seront utilisées par tous les documents de paramètres de sécurité se rapportant à cette LCE particulière. Si vous supprimez une LCE d'administration, tous les documents de paramètres de sécurité s'y rapportant utiliseront la LCE d'administration par défaut. La suppression d'une liste LCE ne peut plus s'annuler en cliquant sur Annuler.

Visualisation et tri des dates de recertification

- Dans Domino Administrator, cliquez sur l'**onglet [Fichiers]**

- Ouvrez l'annuaire Domino (NAMES.NSF)

- Cliquez sur l'onglet [Configuration] puis détaillez la vue *Certificats*

- Cliquez sur la vue *Expiration de certificat* et testez les différents tris possibles.

Compression de la structure des bases

- Dans Domino Administrator, cliquez sur l'**onglet [Fichiers]** puis ouvrez une base de documents

- Cliquez sur le menu ***Fichier / Application / Propriétés***

- Cliquez sur l'**onglet [Spécial]**

- Sélectionnez ☒ ***Compresser la conception de la base*** et fermez la boite de propriétés de la base

- Pour réaliser la compression des éléments de structure de la base, entrez la commande serveur : ***load compact –c** nomdelabase.**nsf***

⊠ Commandes console distante

La console distante est affichée dans Domino Administrator, le navigateur connecté sur webadmin.nsf ou Domino Console est démarré.

Boutons de gestion de la console

▶ Active	Activer l'affichage des messages du serveur. Cette fonction utilise beaucoup de ressources.
▌▌ Suspendre	Suspendre l'affichage des messages du serveur, pour entrer une commande par exemple.
■ Arrêter	Arrêter l'affichage des messages du serveur.
⟳ Tâches	Fermeture de la console et retour à la liste des tâches.

Taper une commande Domino

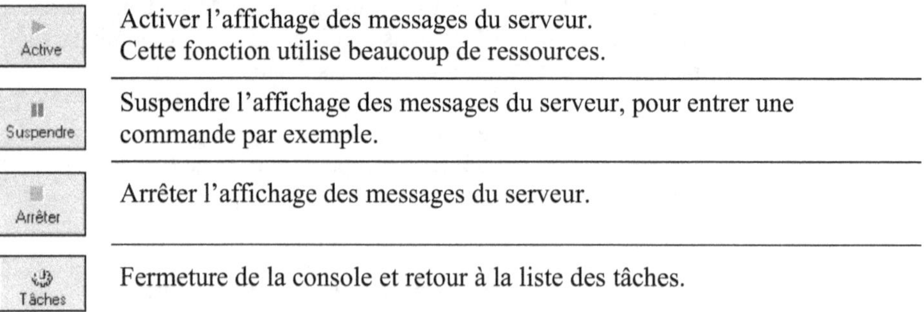

- Taper une commande dans la zone de saisie puis appuyer sur ⏎, ou

- Cliquer sur (Commandes…)

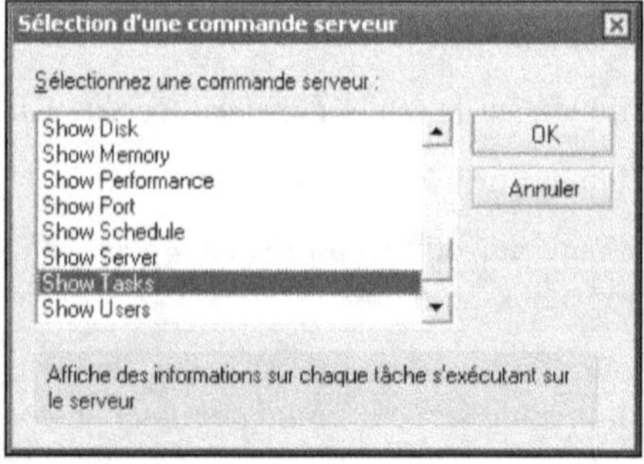

- Sélectionner une commande. Un texte d'aide s'affiche

- Cliquer sur (OK)

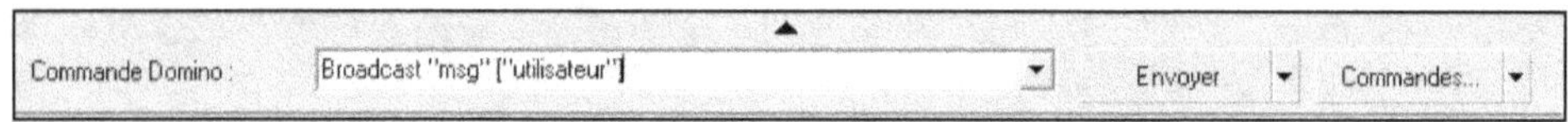

- Compléter la commande dans la zone de saisie

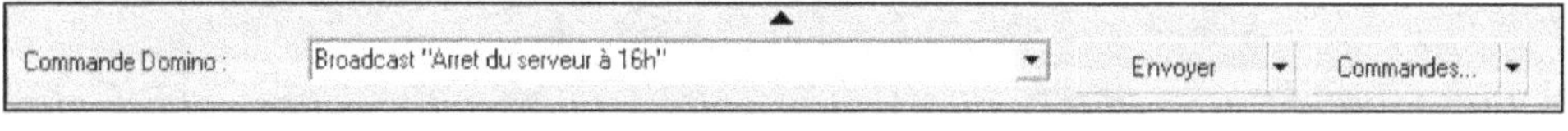

- Appuyer sur ⏎ ou Cliquer sur (Envoyer)

Remarque

Les paramètres des commandes obligatoires sont affichés entre guillemets : "msg".
Les paramètres de commandes optionnels sont entre crochets : ["user"].

Dialogue de commande

La console du serveur est d'utilisation rapide à condition de bien connaître la syntaxe des commandes. La plupart des commandes ont trait à l'exécution de tâches et peuvent être passées par une boîte de dialogue depuis la liste des tâches et en utilisant les outils. Le panneau de gauche remplace avantageusement les commandes `show users` et `show tasks`. Le résultat affiché peut être classé aisément en utilisant les flèches dans les titres.

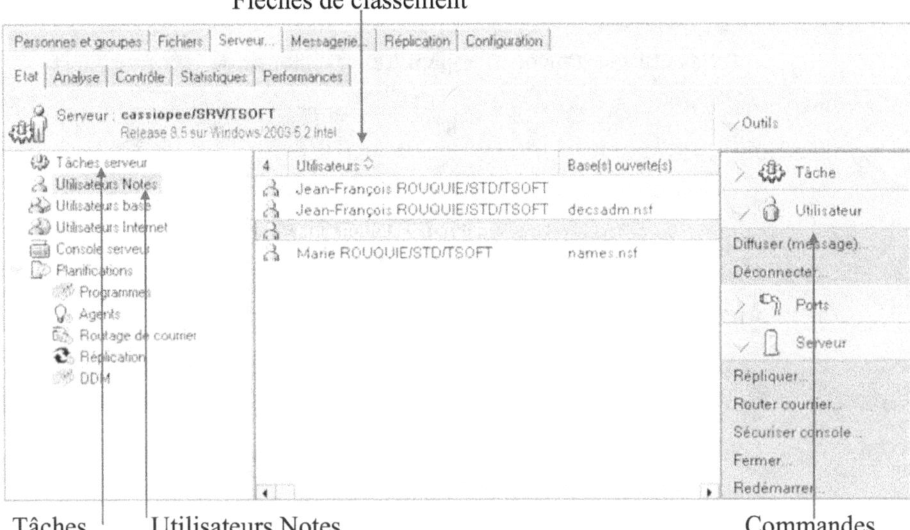

Flèches de classement

Tâches   Utilisateurs Notes   Commandes

Pour passer une commande depuis *Outils*

- Sélectionner un (ou des) objet(s) dans le panneau central : utilisateur, tâche

- Sélectionner la commande dans le panneau d'outils ou clic droit sur un objet puis sélectionner une commande

Envoyer un message aux utilisateurs connectés

- Sélectionner un (ou des) utilisateur(s)

- Clic droit puis commande *Diffuser message...*

Ou

- Cliquer sur (Outils) puis (Utilisateur)

- Commande *Broadcast (message)...*

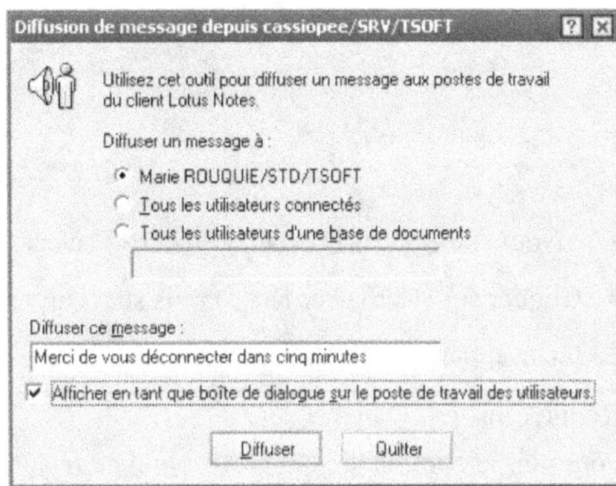

- <Diffuser ce message à> : sélectionner
  - ❍ *Utilisateur sélectionné*
  - ❍ *Tous les utilisateurs connectés*
  - ❍ *Tous les utilisateurs d'une base de documents* si une base a été sélectionnée

- <Diffuser ce message> : taper le texte

- Cocher ☒*Afficher en tant que boîte de dialogue sur le poste de travail des utilisateurs*, sinon le message apparaîtra dans la barre d'état du client Notes

- Cliquer sur (Diffuser)

Les utilisateurs voient apparaître un dialogue de la forme :

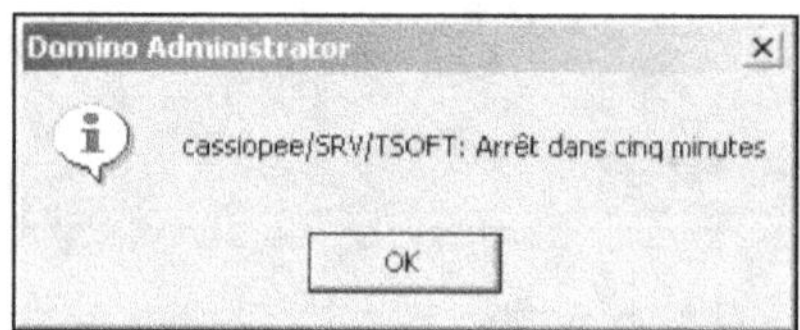

Arrêter une tâche

- Clic droit sur la tâche dans la liste des tâches, puis commande *Arrêter la tâche*

Ou

- Cliquer sur (Tâche), puis commande *Arrêter...*

- Cliquer sur (Oui) pour confirmer

Démarrer une tâche

- Clic droit dans la liste des tâches, puis commande *Démarrer nouvelle tâche...*

Ou

- Cliquer sur (Tâche), puis commande *Démarrer...*

- <Nouvelles tâches serveur à lancer> : sélectionner la tâche

- Cliquer sur (Démarrer tâche) puis sur (Quitter)

La tâche apparaît dans la liste des tâches.

Remarque

Pour voir la commande qui correspond au résultat d'un dialogue, accéder à la console du serveur Domino.

Interview de l'Expert

La grande majorité des commandes console peuvent désormais être lancées depuis l'interface et de manière beaucoup plus simple, et avec moins de risques.

Attention au fait que toutes les consoles ne sont pas strictement équivalentes. Si vous envisagez d'utiliser la console Webadmin pour renommer un utilisateur, par exemple, vous risquez d'être déçu. L'option n'est pas dans le menu.

Méfiez-vous également d'options qui peuvent sembler anodines.

Le bouton « Supprimer » par exemple, fait appel au processus d'administration et supprime toutes les occurrences d'un même objet (ne pas confondre avec la touche « Suppr. » du clavier qui se contentera de supprimer le document pointé).

Supprimer un utilisateur lorsqu'on se trouve dans la liste des personnes connectées, en revanche, ne fait que fermer la session de cette personne.

N'ayez pas peur de « mettre le serveur hors service » (onglet serveur – analyse) il ne s'agit dans ce cas que de faire une check list avant migration.

⊠ Configurer la console distante

La console du serveur Domino peut être utilisée directement sur le serveur Domino mais aussi à distance. La version 8 propose *Domino Console*, un programme Java multiplateforme d'accès distant à la console Domino. L'accès se fait aussi depuis Administrator et le navigateur. Quel que soit le client utilisé – Administrator, Domino Console, Navigateur –, les droits sont définis de façon unique : accès complet à la console ou visualisation seulement.

Les attributs de la console – couleurs, filtrage de messages – sont définis dans l'annuaire et partagés quel que soit le client ou encore définis localement sur le client.

Configuration des droits

Les droits sont définis dans l'onglet (Sécurité) du document du serveur, paragraphe *Administrateurs*.

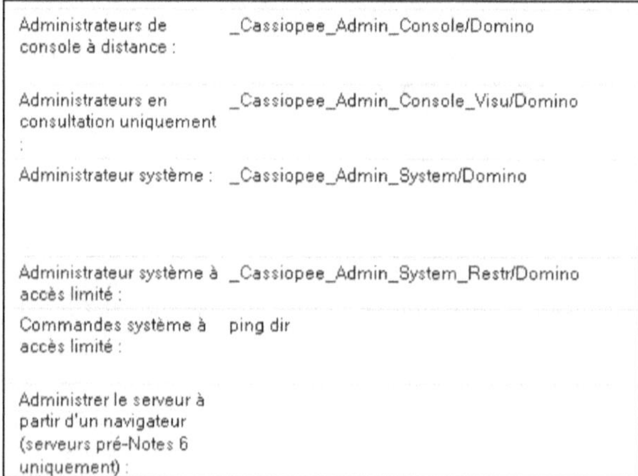

- <Administrateurs de console à distance> : le nom du groupe qui a plein accès à la console et peut taper n'importe quelle commande Domino
- <Administrateurs en consultation uniquement> : le nom du groupe qui peut seulement entrer des commandes de type show
- <Administrer le serveur à partir d'un navigateur> : ce champ n'est pas pris en compte par un serveur Domino 8. Il est conservé à des fins de compatibilité

Remarque

L'accès à la console depuis un navigateur demande aussi un réglage de la LCA de webadmin.nsf. Cet accès est examiné séparément.

Configuration des couleurs

Les attributs console définissent les couleurs – texte et arrière-plan – en fonction de la gravité des messages.

- Cliquer sur l'onglet (Configuration)

- Cliquer sur la vue *Contrôle de configuration/Console Attributes* ⊠

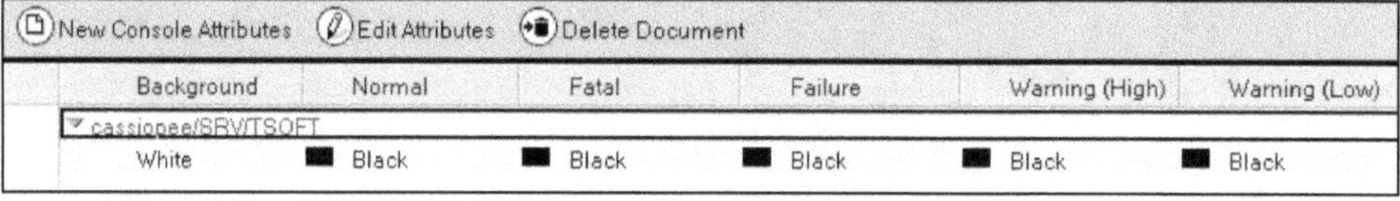

Background	Normal	Fatal	Failure	Warning (High)	Warning (Low)
▽ cassiopee/SRVITSOFT					
White	■ Black	■ Black	■ Black	■ Black	■ Black

- Cliquer sur (New Console Attributes) pour créer le document s'il y a lieu, ou ouvrir le document existant correspondant au serveur en mode modification

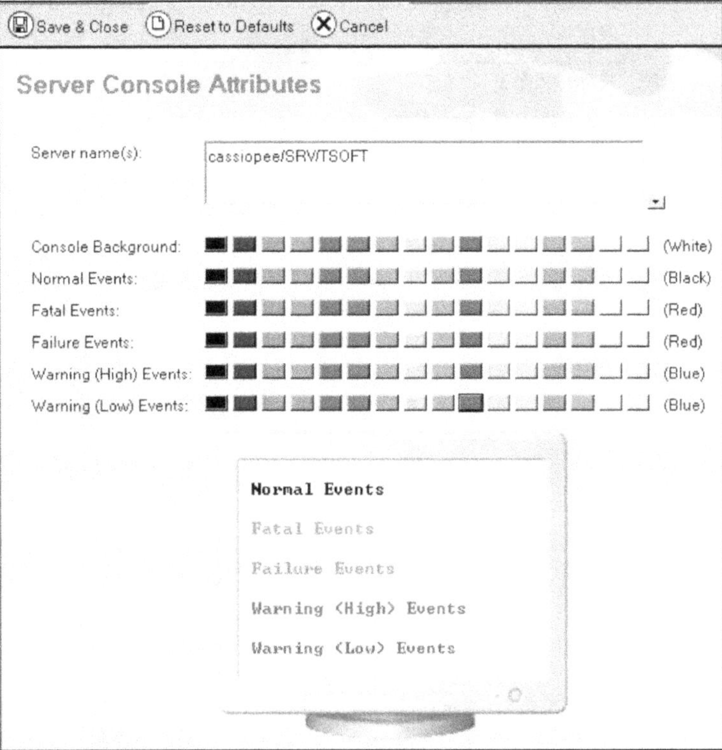

- Sélectionner la couleur d'arrière-plan et de texte, le défaut étant texte blanc sur fond noir pour chaque catégorie de gravité

- Enregistrer et fermer le document

Ces modifications sont applicables après un délai ou après arrêt puis démarrage du serveur Domino. Elles prennent également effet sur la console locale du serveur Domino.

Configuration des filtres

Des filtres définissent les événements envoyés vers la console Domino accédée en local ou depuis une console distante. Ils sont définis par serveur dans un document de l'annuaire Domino du domaine. Ces filtres s'appliquent aussi au journal du serveur log.nsf.

- Cliquer sur l'onglet (Configuration)

- Cliquer sur la vue *Contrôle de configuration/Log filters*

- Cliquer sur (New Event Filter) pour créer le document, ou ouvrir le document existant correspondant au serveur en mode modification

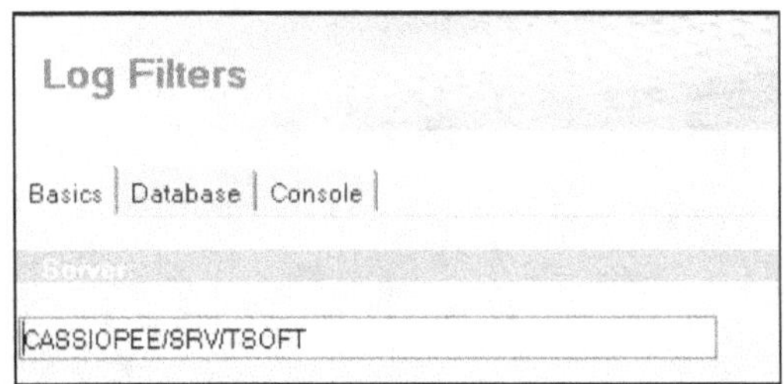

- <Server> Taper le nom Domino du serveur

L'onglet (Console) définit les filtres des messages envoyés à la console Domino.
L'onglet (Database) définit les filtres des messages envoyés dans le journal log.nsf du
serveur.

Remarque

Les filtres définis ici indiquent ce qui ne doit PAS passer.

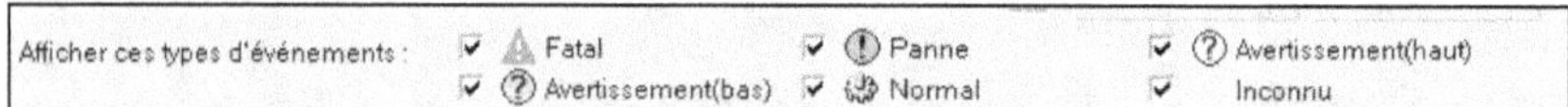

Les filtres présents sur la console Domino indiquent ce qui doit passer. Les filtres
définis dans Domino Domain Monitoring indiquent aussi ce qui doit passer.

Filtre unique

Les niveaux de gravité filtrés ne dépendent pas de l'origine du message.

- Cocher ○*Log All types*

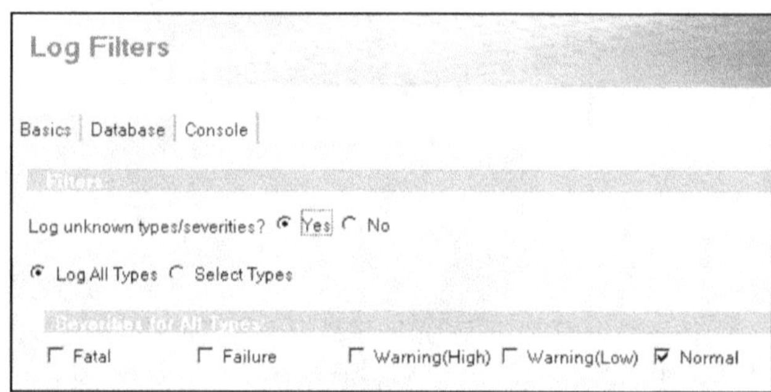

- Sélectionner les degrés de gravité qui ne doivent PAS apparaître. Ici, les messages
  de sévérité *Normal* n'apparaîtront PAS

Filtre par type

Les niveaux de gravité filtrés dépendent de l'origine du message : réplication,
messagerie...

- Cocher ○*Select types*

- Sélectionner les types de messages devant apparaître à la console. Des onglets
  apparaissent pour chaque type sélectionné

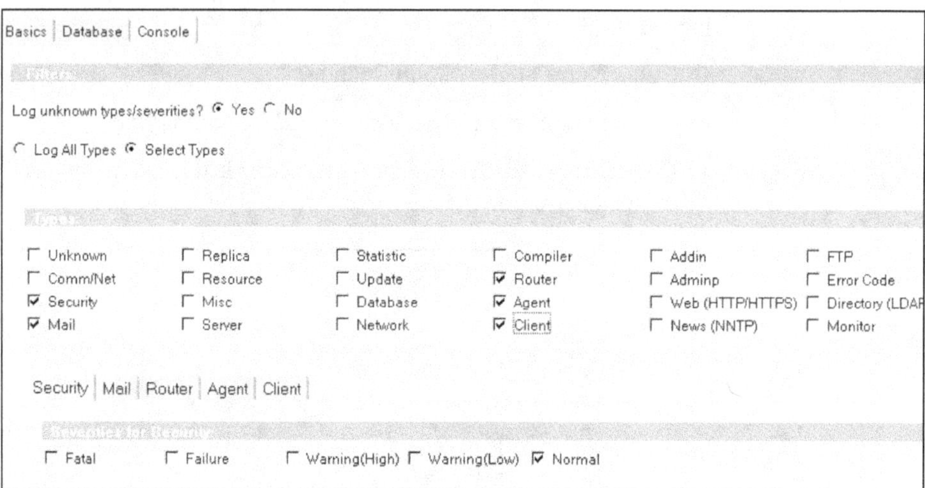

- Cliquer sur un onglet, par exemple (security)

- Sélectionner les degrés de gravité qui ne doivent PAS apparaître

- Répéter l'opération pour les onglets qui suivent

Personnaliser les couleurs sur le poste

- Commande *Console à distance/Propriétés de la console...*

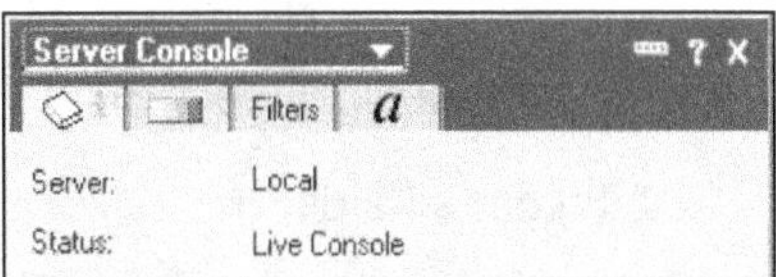

- Cliquer sur l'onglet (Couleurs)

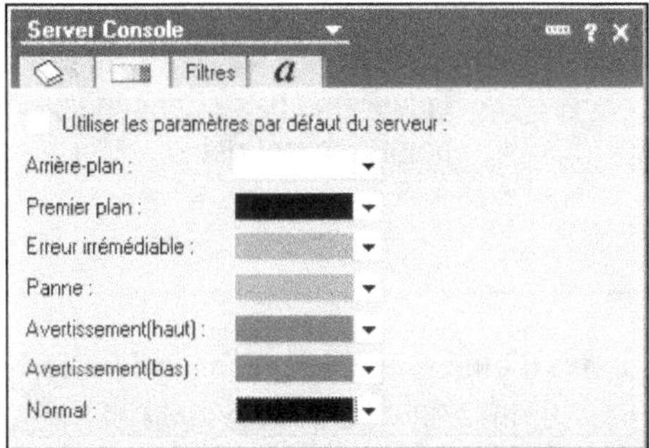

- Ne pas cocher □*Utiliser les paramètres par défaut du serveur* pour définir une préférence locale

- Cliquer sur une couleur

- Sélectionner une couleur prédéfinie

- Répéter l'opération

Aide Domino Administrator

■ **Bases d'aide** 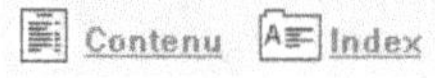  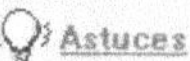

- En local et sur serveur 

- Dans le dossier Data\help\

- Indexées pour recherche plein texte 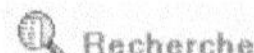

■ **Accéder à l'aide**

- Commande *?/Rubriques d'aide*

- Touche F1 : aide contextuelle

- ? Dans dialogue

- Ouvrir une base dans \help : help85_admin.nsf, readme.nsf, help85_client.nsf...

Les bases d'aide se trouvent dans le dossier *help* sur le serveur. Il est recommandé de disposer d'une copie de ces bases sur le poste de l'administrateur, ↳ Tome 2- Charger le logiciel sur un poste personnel. Une aide spécifique à l'administration est disponible.

Aide contextuelle

Pour appeler l'aide contextuelle dans une fenêtre ou une boîte de dialogue Notes :

- Appuyer sur F1

Ou

[?] Cliquer sur cette icône en haut à droite d'une fenêtre ou d'un dialogue.

Indexer les bases d'aide

La première ouverture d'une base d'aide locale déclenche son indexation.

Si la base n'est pas indexée, ou si l'index doit être supprimé ou reconstruit :

- Sélectionner le serveur, ou Local pour indexer les bases d'aide sur le poste

- Cliquer sur l'onglet (Fichiers), puis cliquer *Help* dans le panneau de navigation

- Sélectionner une (ou des) base(s)

- Clic-droit puis commande *Indexer...*

- <Sélectionner les options d'indexation> : cliquer sur l'une des options :
  - ○ *Créer*
  - ○ *Mettre à jour*
  - ○ *Supprimer*

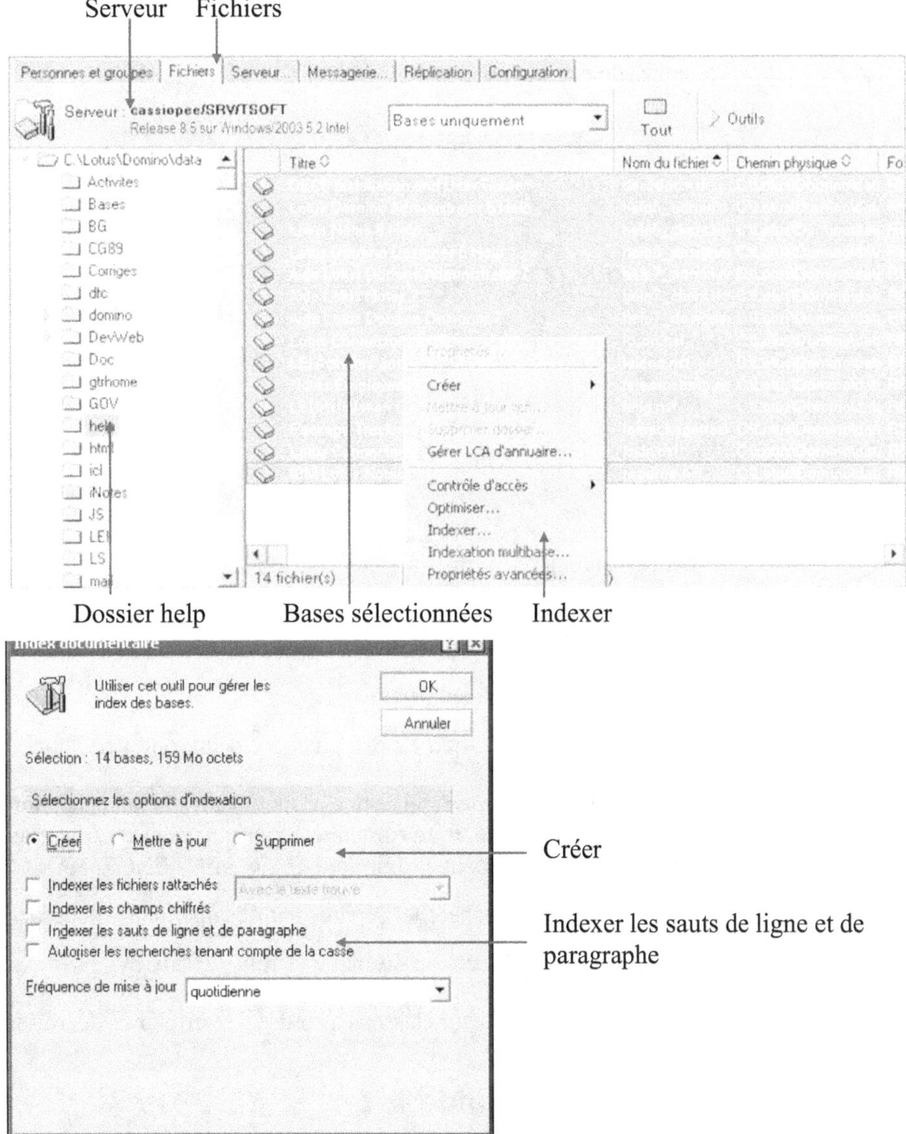

- Cocher ☒*Indexer les sauts de ligne et de paragraphe* pour pouvoir utiliser des opérateurs de proximité

Les opérateurs de proximité permettent de chercher deux mots dans la même phrase – SENTENCE – ou dans le même paragraphe – PARAGRAPH – ou encore de donner la préférence aux documents dans lesquels ils sont aussi proches que possible – NEAR. Cette option n'est pas sélectionnée par défaut dans les index des bases d'aide. Pour l'activer sur une base, il faut supprimer l'index puis le créer.

- Cliquer sur (OK)

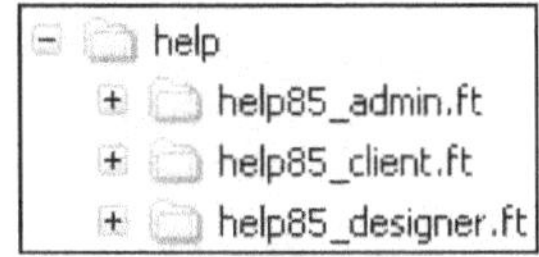

Les index de recherche sont créés dans des dossiers portant le nom de la base et d'extension .fr. Pour supprimer ces dossiers, il faut supprimer l'index.

Recherche dans une base d'aide

L'aide est ouverte depuis la commande *?/Rubrique* d'aide depuis l'aide contextuelle.

Nombre de documents trouvés   Indexé

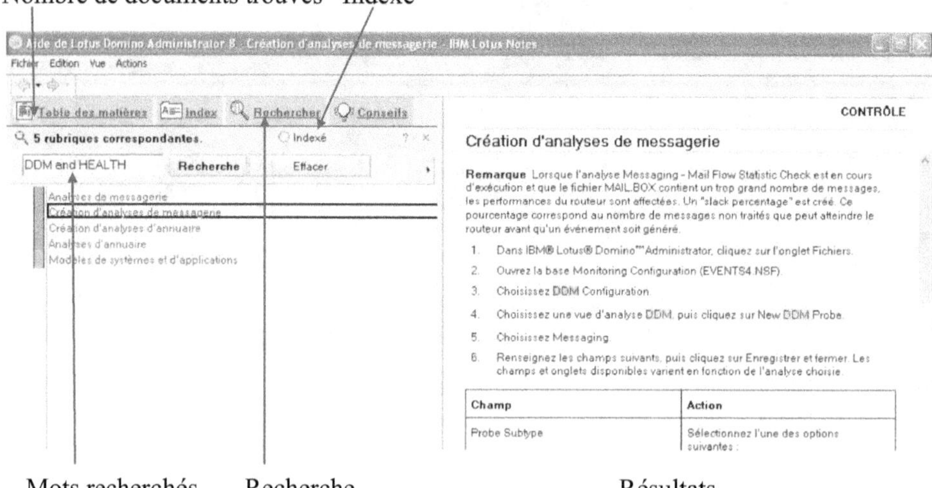

Mots recherchés   Recherche   Résultats

- Cliquer sur (Rechercher) dans la barre d'outils

Le module de recherche s'affiche.

- Vérifier que l'indication Indexé précédée d'un rond vert apparaît bien

L'aide indiquant comment saisir une requête s'affiche dans le panneau de droite : recherche d'une phrase, d'un caractère générique avec ?, utilisation des opérateurs AND et OR, opérateurs de proximité NEAR, SENTENCE, PARAGRAPH…

- Taper les mots à rechercher séparés par des opérateurs documentés dans l'aide

- Cliquer sur (Recherche) à droite de la zone de saisie

Les documents s'affichent classés par ordre de pertinence décroissante.

Dossier des bases d'aide

Un dossier de signets vers les bases d'aide peut également être créé dans Notes.

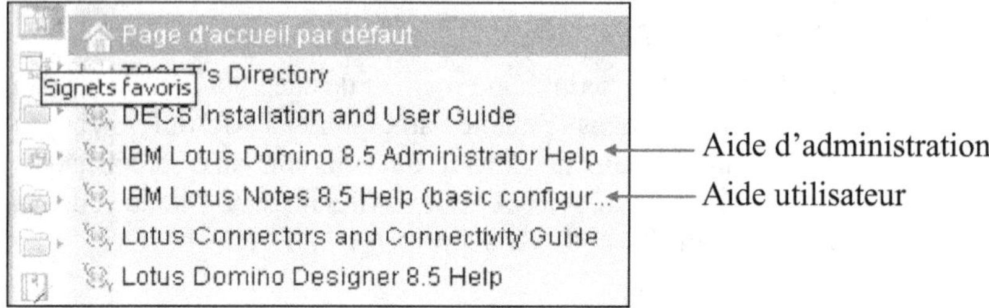

Aide d'administration

Aide utilisateur

Rappel des objectifs

- **Connaissances**
  - Distribution du logiciel et des mises à jour
- **Savoir-faire**
  - Installer et configurer le premier serveur Domino
  - Installer et configurer la station de l'administrateur
  - Utiliser les commandes console de base
  - Naviguer dans Domino Administrator

Ce module couvre l'installation du premier serveur du domaine et du poste client de l'administrateur.

Planifier l'installation de Domino

Avant d'installer le logiciel Domino, il faut vérifier les prérequis matériel et logiciel sur le fichier readme.nsf.

Il est recommandé d'installer Domino sur un serveur d'applications dédié, et non pas sur un serveur faisant office de contrôleur principal de domaine Windows ou de serveur de fichiers et d'impression.

L'installation et la configuration du premier serveur sont l'amorce d'un nouveau domaine :

- Le nom du domaine
- L'annuaire Domino du domaine (ou carnet d'adresses du domaine)
- L'organisation et son certificat
- Le serveur
- L'administrateur qui est le premier utilisateur du domaine

Chargement du logiciel Domino

Le logiciel en anglais est chargé dans un premier temps. La version française – language pack – est chargée ensuite.

Il faut être administrateur du serveur Windows 2003.

Le chargement du logiciel correspond le plus souvent à une instance unique de Domino sur la machine physique, sinon, il s'agit d'un serveur partitionné.

Le type de licence – Domino Utility Server, Domino Messaging Server ou Domino Enterprise Server – détermine les fonctions disponibles et la tarification d'utilisation.

Le chargement du logiciel copie sur disque :

- Un fichier NOTES.INI réduit dans le répertoire *Lotus**Domino*\\
- Le logiciel Domino dans le répertoire *Lotus**Domino*\\
- Les bases d'aide et les modèles de bases dans le répertoire *Lotus**Domino**Data*\\

Language pack

Les utilisateurs peuvent travailler dans leur langue sur un serveur Domino. Ce dernier prend en charge autant de langues qu'il y a de *language packs* installés. Le *language pack* contient des modèles de bases traduits et des fichiers binaires. L'installation d'un *language pack* ajoute la langue dans les modèles de bases destinés aux utilisateurs et remplace partiellement la langue anglaise.

Configuration du serveur Domino

La configuration est effectuée par un programme Java lancé localement ou à distance.

Vous disposez du plan de nommage dont les éléments seront saisis ici. Les dialogues configurent le serveur, le domaine Domino, l'organisation Domino, les services Domino, le nom de l'administrateur.

En fin de configuration, des bases et des fichiers sont créés ou mis à jour :

- L'Annuaire Domino du domaine (appelé aussi carnet d'adresses du domaine) – names.nsf – ainsi que des documents (personne et serveur)
- Le fichier ID de l'organisation : cert.id
- Le fichier ID de l'unité d'organisation serveur (option)
- Le fichier ID du serveur : server.id
- Le fichier ID de l'administrateur : user.id attaché dans le document personne
- Le journal du serveur : log.nsf
- Le NOTES.INI est complété

Reprendre la configuration du serveur Domino

Le type des modifications (ou corrections) à apporter à la configuration du serveur détermine la méthode de reconfiguration utilisée. Toutes les méthodes tiennent compte des faits suivants :

- Le fichier NOTES.INI distribué sur le CD du logiciel est modifié et complété. Le remettre dans l'état initial va déclencher le programme de configuration qui propose de reprendre les paramètres précédents ou d'en saisir de nouveaux ;
- La configuration crée les bases Domino d'administration du domaine, notamment l'annuaire du domaine names.nsf. La suppression des bases et la modification du notes.ini remettent l'installation dans un état identique à la fin du chargement du logiciel ;
- L'installation d'un *language pack* aboutit à une installation multilingue – anglais, français – ou à langue unique – français –. Selon le choix effectué, les fichiers de modèles de bases sont modifiés ou remplacés. Si vous voulez revenir sur votre choix, le plus simple dans l'état actuel est de désinstaller complètement Domino, de supprimer les fichiers de données puis de recharger le logiciel et de refaire la configuration.

Lancer le serveur Domino

Le serveur Domino est lancé manuellement ou comme service Winsows. Le premier démarrage crée des bases supplémentaires : Administration Requests () admin4.nsf, Server's Log log.nsf, Server Mailbox mail.box, Monitoring Configuration events4.nsf, Monitoring Results statrep.nsf , Domino Web Administrator () webadmin.nsf.

La console du serveur

Le pilotage du fonctionnement du serveur se fait à partir de la console du serveur : des commandes permettent d'arrêter le serveur Domino ou une tâche déterminée, de démarrer une tâche, de communiquer une commande à une tâche particulière, d'afficher la liste des tâches actives, la liste des utilisateurs connectés, etc.

La console du serveur est accessible :

– Sur le serveur dans une interface en mode caractère sur toutes les plates-formes
– À distance depuis le client Domino Administrator installé sur un poste Windows
– À distance depuis le client Java Domino Console sur un poste Windows ou Unix
– À distance depuis un navigateur, sous condition de version

L'accès à distance est soumis à des droits d'administration. Toutes ces consoles partagent une configuration commune.

Planifier l'installation de Domino Administrator

Un serveur Domino s'administre avec le logiciel client Domino Administrator depuis une station Windows séparée. Il faut disposer au minimum d'une station Domino Administrator. L'administration pourra se faire aussi depuis un navigateur ou depuis Domino Console si les sous-ensembles de fonctions d'administration offerts sont satisfaisants.

Chargement du logiciel Administrator

Le logiciel Domino Administrator comprend un client Notes et Lotus Designer. Il est livré sur un CD distinct du client Notes destiné aux utilisateurs. Il est recommandé d'installer les trois logiciels sur la station d'administration : la mise en production d'une base peut s'accompagner d'interventions sur les agents de la base, auquel cas Designer est nécessaire.

Il faut être administrateur de la station Windows 2003.

Le logiciel est disponible dans de nombreuses langues dont l'anglais et le français.

Configuration du client d'administration

Le client Domino Administrator de l'administrateur se configure comme le client Notes personnel d'un utilisateur. Domino Administrator ne prend pas en charge l'installation partagée.

La procédure de configuration d'un poste crée des bases en local, notamment :

– names.nsf : le carnet d'adresses personnel qui contient outre les contacts personnels de l'utilisateur, les règles de fonctionnement du poste Notes ;
– log.nsf : le journal dans lequel Notes inscrira les erreurs, notamment pendant l'exécution de fonctions d'administration (par exemple, des erreurs d'enregistrement d'utilisateurs) ;
– bookmarks.nsf : la base contenant les signets vers des bases Notes, des URL, des fichiers ;

– headline.nsf : les titres reçus d'abonnements à des bases Domino.

Le fichier ID de l'utilisateur, ici l'administrateur, est copié en local depuis l'annuaire du domaine.

Reprendre la configuration du client

La reprise de la configuration du poste client Notes est similaire à celle du serveur Domino. Le type des modifications (ou corrections) à apporter à la configuration du client détermine la méthode de reconfiguration utilisée. La configuration d'un poste effectue des modifications :

– Le fichier NOTES.INI distribué sur le CD du logiciel est modifié et complété. Le remettre dans l'état initial va déclencher le programme de configuration qui propose de reprendre les paramètres précédents ou d'en saisir de nouveaux,
– Les bases Notes personnelles de l'utilisateur sont créées, notamment le carnet d'adresses personnel names.nsf. La suppression des bases et la modification du notes.ini remettent l'installation dans un état identique à la fin du chargement du logiciel.

Aide Domino Administrator

Les bases d'aide se trouvent dans le dossier *help* sur le serveur. Il est recommandé de disposer d'une copie de ces bases sur le poste de l'administrateur (✎ Chargement du logiciel Notes, Personnalisation). Une aide spécifique à l'administration est disponible.

- *Accès complet*
- *Accès serveur*
- *DMZ*
- *Fichiers ID*
- *Groupes*
- *LCA*
- *Paramètres de sécurité*
- *Restrictions de programmabilité*

Sécuriser le serveur

Objectifs

Ce module est consacré à la sécurité Domino et à son application pour sécuriser le serveur. La mise en œuvre pratique proposée cherche à rester simple.

Connaissance

- La sécurité Lotus Domino
- La hiérarchie des droits d'administration
- Sécurisation du réseau

Savoir-faire

- Créer des groupes
- Configurer l'accès complet à un serveur Domino
- Configurer les restrictions et autorisations d'accès au serveur
- Configurer les droits d'exécution des agents
- Régler la LCA des bases d'administration

Progression

Authentification Domino/Notes
Planification
Hiérarchie des accès administratifs
⊠ Accès administrateurs
Nomenclature des groupes
Créer les groupes
⊠ Organiser et gérer les groupes
Contrôler l'accès au serveur
Contrôler les accès d'administration
Configuration de l'accès complet
Contrôler l'utilisation des fonctions
Contrôler les agents

© **Atelier** 1
Sécuriser les fichiers ID
Mots de passe multiples
© **Atelier** 2
Liste de Contrôle d'Accès (LCA)
© **Atelier** 3
Modifier la LCA
Régler la LCA des bases administratives
© **Atelier** 4
Accès sécurisé à Internet

Interview de l'Expert

Ne jamais laisser de champ vide dans l'onglet sécurité du document serveur, en effet, dans bon nombre de cas, lorsque le champ est vide, c'est la variable du fichier Notes.ini qui est prise en compte (accessible à toute personne pouvant éditer le fichier texte depuis la machine serveur, voire modifiable au moyen d'un SET CO XXXX= à la console).

Exemple, la variable Create_Replica_Access, qui est prise en compte si le champ « Autorisés à créer des répliques » est vide.

Authentification Domino/Notes

- **Repose sur le contenu du fichier ID**
  - Certificats d'organisation Domino
  - Couple clé publique/clé privée
  - Échange de certificats et de clés publiques
- **Je – serveur Domino ou client Notes – fais confiance à la clé publique reçue si l'une des conditions est remplie**
  - Elle est fille d'un ancêtre commun à ma propre clé publique
  - Je lui ai accordé une certification croisée
  - J'ai accordé une certification croisée à un ancêtre

Un client Notes qui se connecte à un serveur Domino doit d'abord s'authentifier. Ce mécanisme aboutit lorsque le fichier ID du client et celui du serveur appartiennent à la même organisation Domino. L'authentification est un processus complexe :

1. Le client Notes envoie des informations du fichier ID de l'utilisateur au serveur

2. Le serveur lit le certificat d'unité d'organisation (OU) de l'utilisateur, signé par le certificateur d'organisation (O) qu'il a reçu du client.

3. Le serveur lit la clé publique de l'organisation (O) dans son propre fichier ID à laquelle il fait confiance a priori.

4. Le serveur utilise cette clé publique pour vérifier la validité du certificat (OU), à qui il fera confiance du fait de l'ancêtre commun (O).

5. Le serveur lit le certificat de l'utilisateur (Util) signé par le certificateur d'unité d'organisation (OU) à qui il fait maintenant confiance.

6. Le serveur vérifie la validité du certificat de l'utilisateur (Util) à l'aide de la clé publique de (OU).

7. Le serveur sait qu'il peut faire confiance à la clé publique de l'utilisateur.

8. Le serveur génère un nombre aléatoire et une clé de session et les chiffre avec la clé publique de l'utilisateur.

9. Le serveur envoie le nombre chiffré au client.

10. Le client déchiffre le nombre avec la clé privée du fichier ID de l'utilisateur et le retourne au serveur.

11. Le serveur constate que le nombre reçu est bien celui qui a été généré.

12. Le serveur sait que l'utilisateur a un couple clé publique/clé privée qui est valide.

13. Le client Notes valide à son tour les informations du fichier ID du serveur.

14. L'authentification a abouti.

 **Interview de l'Expert**

L'authentification est la première phase permettant d'assurer la sécurité lors de l'accès à un serveur. La phase critique de l'authentification consiste en l'échange des clés publiques qui seront utilisées pour le chiffrage des certificats.

On peut en effet imaginer que ces clés publiques soient interceptées par un tiers et remplacées par la sienne.

C'est la raison pour laquelle le serveur détient dans l'annuaire une copie de la clé publique de chaque utilisateur.

Par défaut, cependant, la clé publique envoyée vers le serveur n'est pas confrontée à sa copie stockée dans l'annuaire (cf. Infra, l'onglet sécurité du document serveur).

On estime en effet que le risque d'interception est faible (nécessiter d'isoler les trames sur le réseau, de les analyser…).

Dans le cas où l'option de comparaison des clés publiques est activée, elle interdit par ailleurs le fonctionnement de la certification croisée (laquelle échange des certificats, et non des clés).

Une solution de contournement peut être trouvée, lorsque les domaines appartiennent à la même entreprise, qui consiste à dupliquer manuellement les enregistrements des serveurs, par exemple d'un annuaire dans l'autre. Mais cela peut alourdir considérablement la maintenance.

Planification

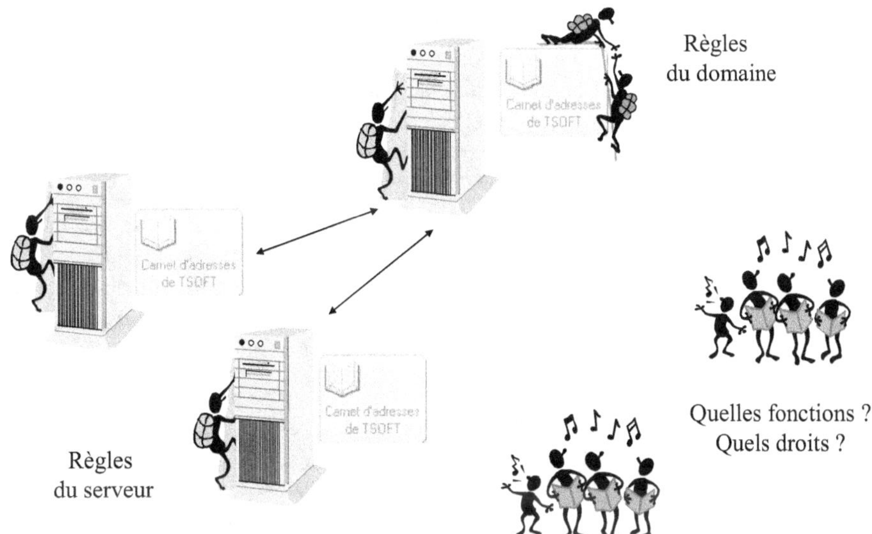

Les règles de gestion des serveurs ont été abordées dans un autre module,
✎Concepts/Règle de gestion des serveurs. Le modèle d'administration peut être
complètement centralisé ou partiellement décentralisé. Depuis la version 6 de Lotus
Domino, les outils de mise en place d'une administration centralisée sont disponibles.
Dans la majorité des cas, les opérations de maintenance telles que le changement de
nom d'une personne ou d'un groupe font l'objet de requêtes administratives exécutées
principalement sur le serveur d'administration de l'Annuaire Domino. Le serveur
d'administration est unique par défaut ce qui induit une centralisation de facto.

Remarque

La version 6 a introduit la possibilité de répartir la charge d'exécution des requêtes
administratives propres à l'Annuaire sur plusieurs serveurs en ayant recours à la LCA
étendue. Cette option est adaptée à un domaine Domino important pour lequel un
point de traitement unique est lourd à gérer.

Le modèle proposé dans cet ouvrage est un modèle centralisé autorisant la
décentralisation de certaines opérations administratives. Deux options sont proposées
dans le déroulement des ateliers :

– Administration effectuée entièrement par un seul groupe d'administrateurs qui
  peuvent effectuer n'importe quelle tâche d'administration,
– Administration effectuée avec plusieurs groupes d'administrateurs ayant chacun
  des tâches précises à effectuer.

La planification de la sécurité du domaine Domino part d'une réflexion sur :

– La typologie des tâches d'administration,
– Les règles de gestion applicables à tout le domaine,
– Les règles de gestion applicables à un serveur,
– La hiérarchie des accès administratifs,
– Les particularités du serveur d'intranet, d'extranet et d'Internet.

Typologie des tâches d'administration

Lotus Domino offre une très grande souplesse pour organiser l'administration d'un domaine, ce qui est appréciable du fait que la complexité de l'administration est très variable de la PME au grand groupe international.

La typologie qui est proposée ici correspond à une entreprise ayant un domaine Domino étoffé et une dizaine de personnes participant à l'administration. Elle a un objectif pédagogique : mettre en regard une tâche et les droits d'administration requis.

Intitulé de la tâche	Descriptif
1. Définir les règles de gestion du domaine Domino	– Créer des documents de serveurs Domino, – Modifier les documents de serveurs, – Créer, modifier des documents de connexion, – Créer et modifier des groupes destinés à gérer la sécurité, – Créer, modifier des documents de configuration serveur…
2. Définir l'accès à une base, ses paramètres de fonctionnement	Détermination et mise en place : – des droits d'accès des utilisateurs aux documents de la base, – des mesures de sécurité particulières (chiffrement…), – des administrateurs pouvant modifier ces règles, – des paramètres de réplication influant sur le fonctionnement de l'application.
3. Enregistrer des utilisateurs	– Créer des documents Personnes dans l'annuaire, – Créer un fichier ID pour chaque utilisateur Notes.
4. Créer, modifier des groupes de messagerie	– Créer des groupes de messagerie, – Modifier le contenu de groupes de messagerie.
5. Pupitrer le serveur Domino	– Arrêter, redémarrer le serveur Domino, – Arrêter, démarrer une tâche Domino, – Passer des commandes à une tâche Domino, – Déclencher une réplication non planifiée entre serveurs, – Déclencher un routage de courrier non planifié…
6. Pupitrer l'OS du serveur Domino	– Arrêter, démarrer un service Windows, – Arrêter un processus Windows.
7. Gérer une base au quotidien	– Créer la base, – Signer la structure de la base, – Créer une réplique de la base sur un autre serveur, – Déplacer la base sur un autre serveur, dans une grappe, – Désactiver la réplication, – Compacter la base, – Corriger un document endommagé, – Créer ou reconstruire un index de recherche documentaire, – Inclure la base dans un index de recherche multibases, – Modifier les paramètres influant sur les performances, – Affecter un quota d'espace disque, – Modifier les paramètres de réplication.

La séparation du tableau en trois parties met en évidence trois groupes de tâches :

– Organisation, configuration (1 et 2) du domaine, des applications (les bases),
– Gestion des utilisateurs (3 et 4),
– Pupitrage du serveur et des bases (5 à 7) qui consistent à en assurer le fonctionnement. Le terme de « pupitrage » est un écho des temps lointains où un ordinateur se pilotait par un tableau de voyants lumineux et l'enfoncement de

boutons. Aujourd'hui on tape des commandes sur un écran avec le même objectif : assurer le bon fonctionnement global du serveur.

Cette reconnaissance de la variété des tâches d'administration demandant des compétences très diverses est à l'origine des améliorations apportées par la version 6 de Lotus Domino. Il est recommandé de conserver in fine une organisation aussi simple que possible : il se trouve souvent que la même personne s'occupe de tout !

Règles du domaine

Ce sont des règles valables sur l'ensemble du domaine quel que soit le serveur. Elles concernent essentiellement les droits d'accès aux bases d'administration, lesquels sont uniformes dans le domaine pour une base déterminée. Une base d'administration est répliquée sur l'ensemble des serveurs du domaine.

- **Annuaire Domino du domaine** : les administrateurs doivent avoir les droits d'accès nécessaires pour enregistrer des personnes et des serveurs, créer des groupes, déterminer les tâches tournant sur les serveurs… Les utilisateurs doivent avoir accès en lecture à cette base pour rechercher le nom d'un correspondant ou d'un groupe de diffusion de messagerie. Si les utilisateurs mettent à jour leurs informations personnelles (n° de téléphone, nom du service…), ils doivent avoir un accès *Auteur* sans pouvoir créer de documents.
- **Demandes d'administration (8)** : les administrateurs soumettent des demandes de travaux administratifs dans cette base et interviennent dans le cours du processus. Les utilisateurs utilisent indirectement cette base pour déclarer une absence ou donner une délégation à leur base courrier ou agenda.
- **Autres bases administratives** : les administrateurs ont accès en lecture et en écriture à d'autres bases en dehors de l'Annuaire Domino et de Administration Requests pour gérer le domaine. Les utilisateurs n'y ont pas accès.
- **Bases d'applications** : les administrateurs mettent en production des bases sur les serveurs – bibliothèques, suivi d'activité, kiosque, workflow, conférence – et définissent les droits d'accès. Les utilisateurs accèdent à ces bases – en lecture ou en écriture – ou sont interdits d'accès selon les règles déterminées par les administrateurs.

Règles des serveurs

La sécurité au niveau des serveurs peut être gérée par un ensemble de règles unique, ou individualisée pour chaque serveur. Il est préférable de mettre en place tout de suite une politique d'individualisation des règles de sécurité des serveurs : il est assez rare que tous les serveurs d'un domaine soient banalisés et fournissent tous le même service, à l'exception d'une organisation ne disposant que d'un seul serveur Domino. Lorsqu'il y a plusieurs serveurs, ils sont souvent spécialisés : messagerie, applications, serveur Web, pivot servant également aux sauvegardes… La spécialisation induit des règles particulières au type de serveur.

Les règles de gestion des serveurs se répartissent en contrôle de l'accès au serveur et contrôle des fonctions autorisées à l'administrateur, à un utilisateur.

Intranet, extranet et Internet

Il est conseillé de séparer ces trois environnements dans autant de domaines Domino distincts. En effet, l'utilisateur "standard" n'est pas le même dans chaque cas : nous avons affaire respectivement à une personne de la société (Intranet), un fournisseur ou un client (Extranet), un internaute (Internet). Les droits par défaut, les bases d'informations accédées ne sont pas les mêmes. Les règles de protection de l'information diffèrent. Les dispositifs de sécurité réseau (pare-feu) sont plus simples à gérer en séparant les domaines Domino : serveur d'intranet et serveur en DMZ.

Hiérarchie des accès administratifs

Les droits d'administration sont hiérarchisés

- Accès total (ou complet) Domino : comparable à « root » sous Unix

- Administrateur : correspond à administrateur versions antérieures

- Administrateur Database

- Accès à la console Domino

**Administrateur « Système » :
accès aux services de l'OS**

**Droits communs à tous les
clients d'administration**

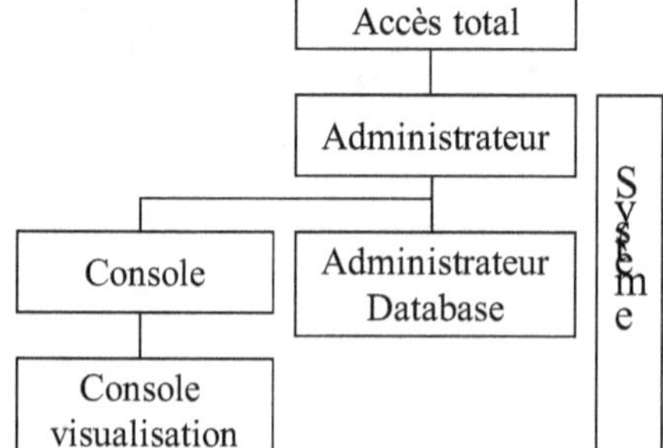

« Les » niveaux d'accès d'administration d'un serveur sont hiérarchisés. Chaque niveau a une série de droits déterminés. Ces droits se combinent à ceux définis au niveau du domaine : les droits d'accès aux bases d'administration, notamment l'annuaire.

L'accès total au serveur Domino – également appelé accès complet – est une facilité qui permet de réparer une erreur de configuration de la sécurité (accès au serveur ou à une base) sans avoir besoin d'arrêter le serveur Domino ou d'intervenir physiquement sur le serveur.

Ce paragraphe aborde :

– La définition des accès administratifs,
– La définition des droits d'accès.

Définition des accès administratifs

Accès	Définition
Accès complet	Accès à toutes les bases et à tous les serveurs Domino.
Administrateur	Tous les droits attachés à l'administrateur de bases et à l'accès console.
Administrateur de bases	Gestion courante des bases.
Administrateur console	Accès à la console distante Domino.
Administrateur console visualisation	Accès à la console Domino pour de la visualisation.
Administrateur système	Accès aux commandes, services, processus de l'OS du serveur Domino.
Administrateur système restreint	Accès restreint aux commandes, services et processus de l'OS du serveur Domino.

Les accès administratifs sont gérés par serveur dans le document du serveur.

Le tableau des *Accès administratifs* recoupe la typologie des tâches administratives – le numéro renvoie à une tâche – décrite précédemment :

Accès	Typologie de tâches
Accès complet (ou total)	Accès à toutes les bases, et à tous les serveurs Domino.
Administrateurs	1. Définir les règles de gestion du domaine Domino 2. Définir l'accès à une base, ses paramètres de fonctionnement 3. Enregistrer des utilisateurs 4. Créer et modifier des groupes de messagerie Tous les droits attachés à l'administrateur de bases et à l'accès console.
Administrateurs de bases	7. Gérer une base au quotidien
Administrateurs console	5. Pupitrer le serveur Domino
Administrateurs console consultation	Accès à la console Domino pour de la visualisation.
Administrateurs système	6. Pupitrer l'OS du serveur Domino
Administrateurs système à accès limité	Accès restreint aux commandes, services et processus de l'OS du serveur Domino.

L'analyse du tableau de correspondance montre clairement que :

– Accès complet est destiné au dépannage (les administrateurs n'ont plus accès au serveur suite à une erreur) et ne doit pas être utilisé de façon courante,
– Administrateur englobe un grand nombre de tâches. Une spécialisation peut être pensée et mise en place notamment pour l'enregistrement des personnes et la gestion des groupes de messagerie,
– Administrateur de bases correspond à un type bien identifié qui sera couplé assez souvent avec administrateur console,
– Administrateur console correspond bien à ce qui est attendu du personnel qui gère l'exploitation des serveurs,
– Administrateur système sera souvent couplé à administrateur console et également à accès complet.

Mise en place dans le document du serveur

Depuis Domino Administrator :

- Vérifier que le serveur administré n'est pas *Local*
- Cliquer sur l'onglet (Configuration), puis *Serveur/Document Serveur actuel*
- Cliquer sur (Modifier serveur), puis sur l'onglet (Sécurité)

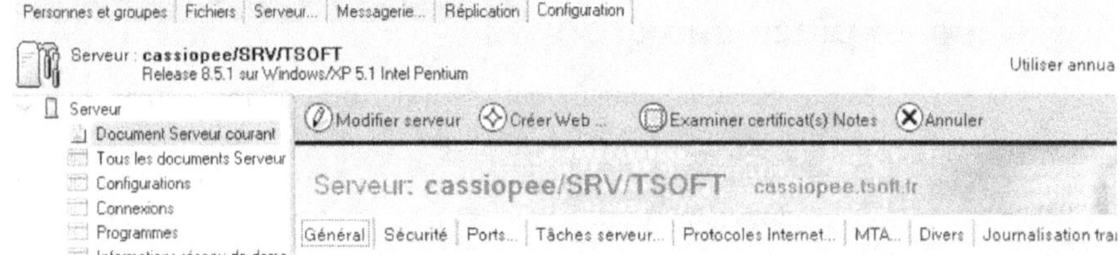

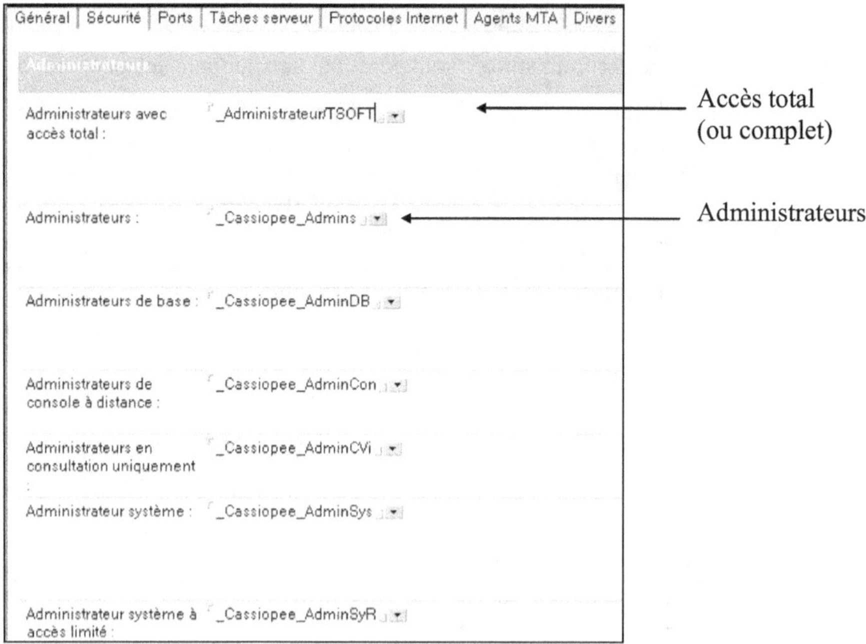

L'exemple montre où se trouvent les champs contrôlant les accès administratifs.

- <Administrateur avec accès total> : le nom du premier administrateur *_Administrateur/TSOFT* a été placé ici manuellement. Accès total est synonyme d'accès complet. Il est conseillé de renseigner ce champ avec un identifiant spécialisé,
- Autres champs : ils contiennent des noms de groupes et correspondent aux autres lignes du tableau *Accès administratifs*.

Il n'est pas obligatoire d'utiliser tous les accès : ainsi, on peut se contenter d'utiliser pour l'administration courante l'accès *Administrateur* puisqu'il dispose aussi des accès *administrateur de bases* et *administrateur console*. Cet accès correspond au champ <Administrateurs>. Un panachage peut aussi être opéré : en jouant sur le contenu des groupes, un administrateur peut avoir l'accès *administrateur de bases* et *administrateur de console à distance*.

La définition des droits

L'accès *administrateur* et *administrateur de bases* doit être couplé à d'autres droits principalement sur les bases pour pouvoir mener à bien toutes les tâches attendues. Ainsi, pour pouvoir enregistrer des utilisateurs, il faut avoir le droit d'écrire dans l'annuaire des documents de personnes ce que l'accès administrateur ne donne pas automatiquement.

Les droits sont donnés à des groupes d'administrateurs et d'utilisateurs pour faciliter la gestion de la sécurité : l'appartenance d'une personne à un groupe détermine ses droits. Lorsqu'un utilisateur n'est pas inscrit dans un groupe, il a un droit d'accès par défaut. Une exception : l'accès complet est donné à un identifiant réservé.

Mise en place des groupes

Les groupes d'administrateurs sont définis : au minimum, il y aura un seul groupe avec une personne ayant l'accès *Administrateurs* ce qui permettra les évolutions futures : administrateur supplémentaire, remplacement pendant les congés, succession. Les groupes sont ensuite créés et inscrits dans le document du serveur.

⊠ Accès administrateurs

Le tableau qui suit indique par accès administratif quels sont les droits
complémentaires à configurer :

- (*) : droits dans la Liste de contrôle d'accès de la base, généralement *Gestionnaire*
- (**) : droits au niveau du serveur, par exemple création de base et de réplique
- (***) : droits dans la LCA de l'annuaire du domaine names.nsf

	Adm	DB adm	Cons	Cons Visu	Syst	Syst restr	Accés compl.
Création base	(**)	(**)					Oui
LCA Base	(*)	(*)					PB
Création réplique	(**)	(**)					Oui
Compact	Oui	Oui					Oui
FTI	Oui	Oui					Oui
MD Index	Oui	Oui					Oui
Ptés avancées	Oui	Oui					Oui
Quotas	Oui (pb IE)	Oui (pb IE)					PB
Move	(*) (**)	(*) (**)					(*)
Sign	Oui (IE)						Oui
Replication A/D	Oui	Oui					Oui
Fixup	Oui	Oui					Oui
Cluster							
Delete	(*)	(*)					PB
Param Repli (DA)	(*)	(*)					Non
Personnes	(***)	(***)					PB
Groupes	(***)	(***)					
Console FA	Oui		Oui				Oui
Console view		Oui			Oui	Oui	
http Stats	Oui	Oui	Oui		Oui	Oui	Oui
Stats OS	Oui	Oui	Oui		Oui	Oui	Oui
Services OS (Visu)	Oui	Oui	Oui		Oui	Oui	Oui
Services OS					Oui		
Processes OS (Visu)	Oui	Oui	Oui		Oui	Oui	Oui
Processes OS					Oui		
Application Log					Oui	Oui	Oui
Security Log					Oui	Oui	Oui
System Log					Oui	Oui	Oui

Nomenclature des groupes

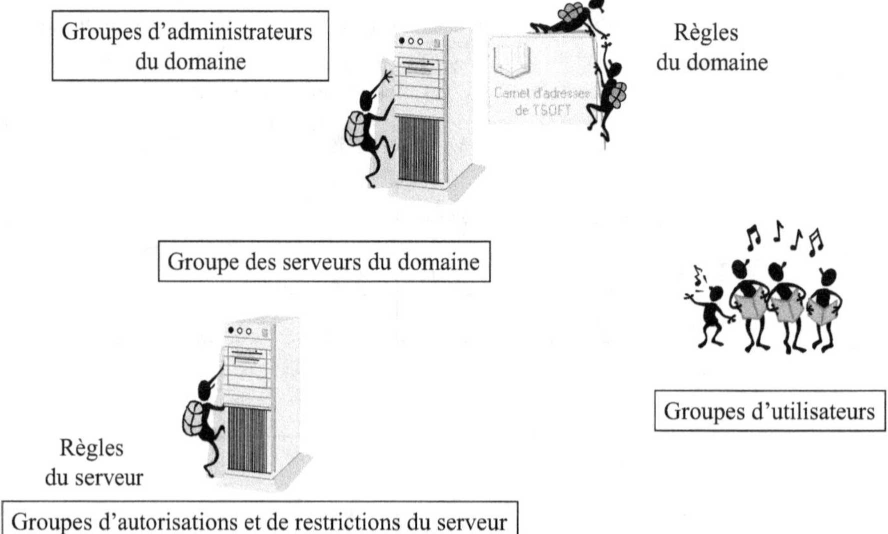

Les groupes servent à gérer la sécurité et sont utilisés également par la messagerie comme listes de diffusion. Il est recommandé de séparer les groupes destinés à gérer la sécurité des groupes destinés à la messagerie.

Si une personne est présente dans deux groupes, c'est en principe le droit le plus élevé qui l'emporte. Il y a deux exceptions à cette règle :

— L'interdiction d'accès l'emporte sur tous les autres droits
— Les droits de l'individu, lorsqu'il est nommé explicitement, l'emportent sur les droits du groupe auquel il appartient
— Les droits de l'identifiant ayant accès complet ne tiennent pas compte des groupes

Administrateurs du domaine

Les administrateurs du domaine ajoutent ou retirent des serveurs dans le domaine et déterminent les connexions vitales entre serveurs : par exemple, la réplication de l'Annuaire Domino. Ils sont gestionnaires des bases répliquées sur les serveurs du domaine. Ils déterminent les droits locaux sur les serveurs.

Administrateurs du serveur

Dans une organisation agissant par délégation, des groupes d'administrateurs locaux sont responsables d'un ou de plusieurs serveurs déterminés. Ils ont accès à la console distante du serveur du site, gèrent les bases, modifient les paramètres du serveur du site, sont les gestionnaires des bases locales non répliquées dans le domaine. Ils peuvent généralement créer des groupes et enregistrer des personnes.

Serveurs

Les serveurs du domaine doivent avoir des droits suffisants pour répliquer les bases et effectuer des tâches administratives.

Utilisateurs

Les utilisateurs appartiennent à des groupes déterminant leurs droits sur les serveurs, l'Annuaire et les bases d'applications groupware ou d'intranet. Ils appartiennent aussi à des groupes de messagerie qui sont habituellement distincts des groupes de sécurité.

Interview de l'Expert

Par défaut, sur Notes, l'annuaire personnel est prioritaire sur l'annuaire principal. Il est hors de question qu'un utilisateur puisse avoir dans son carnet personnel une entrée qui puisse être en homophonie avec le nom d'un groupe interne. Pensez-toujours à préfixer les noms de groupe afin qu'ils ne puissent être confondus avec un alias que l'utilisateur aurait créé en local.

J'ai parfois eu, à titre personnel, la mission de traquer des fuites d'informations confidentielles à l'entreprise. Environ cinq pour cent étaient liées à un problème de ce type : une erreur de correspondant.

En dépit du fait que les noms de groupes contenant des slash ne sont pas préconisés par IBM, ils présentent l'avantage de former des pseudo unités d'organisations, en tout cas reconnues comme telles dans la liste de contrôle d'accès étendu (xACL) de l'annuaire.

Créer les groupes

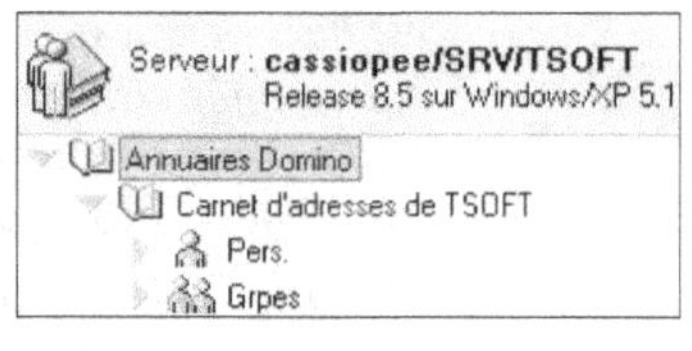

- **Documents dans l'annuaire**
- **Types de groupes**
  - Multifonction
  - Messagerie uniquement
  - Liste de contrôle d'accès uniquement
  - Liste des intrus uniquement
- **Groupes créés/affichés dans les vues**
  - Groupes
  - Groupes/par organisation
  - Groupes d'intrus

Les groupes sont enregistrés dans l'Annuaire Domino du domaine depuis Domino Administrator.

Cliquer sur cette icône pour afficher la liste des serveurs.

- Cliquer sur le nom du serveur

Il faut vérifier le serveur administré à chaque appel de Domino Administrator. Le serveur *Local* correspond au carnet d'adresses personnel du poste. Si un groupe est créé par mégarde dans ce dernier, il faut le couper/coller vers l'Annuaire Domino du domaine.

- Cliquer sur l'onglet (Personnes et groupes)
- Cliquer sur la vue

Personnes et groupes   Ajouter groupe

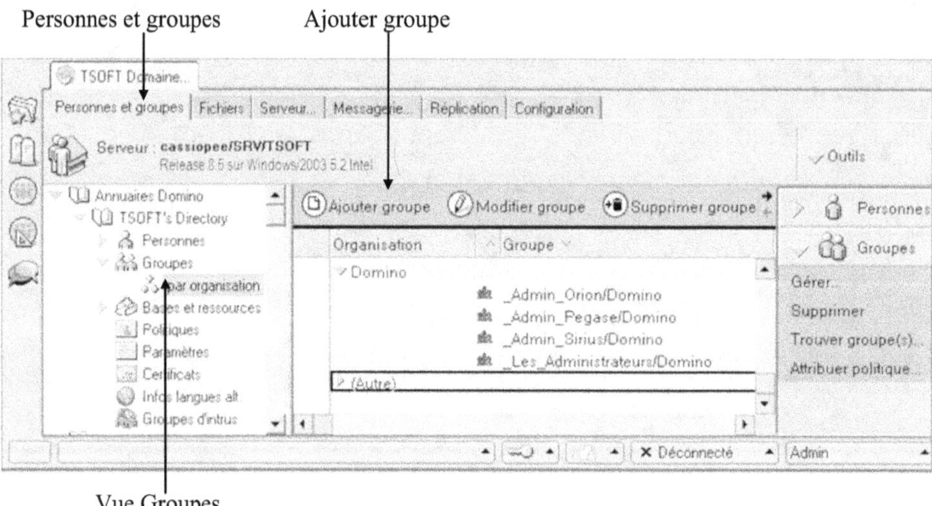

Vue Groupes

- Cliquer sur (Ajouter groupe)

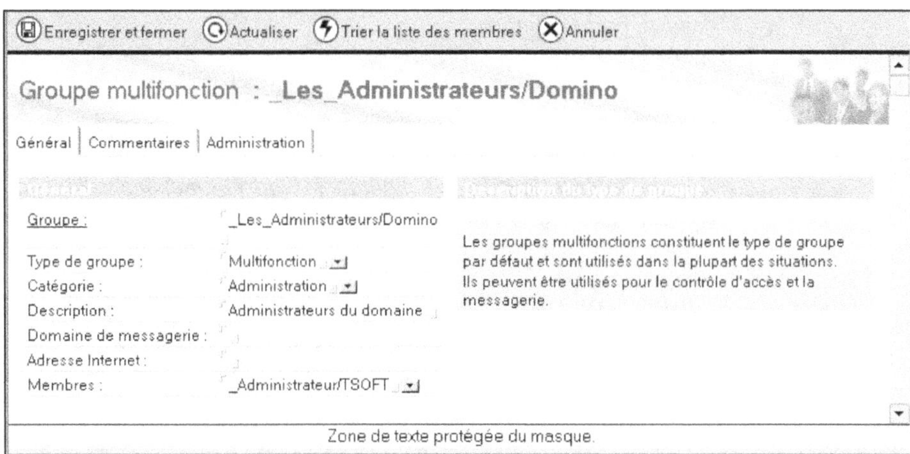

- <Nom du groupe> : taper le nom du groupe, par exemple
  _Les_Administrateurs/Domino

- <Type de groupe> : sélectionner un type, ici *Multifonction*
  - *Multifonction* : groupe servant pour la messagerie et aux contrôles d'accès
  - *Liste de contrôle d'accès uniquement* : groupe utilisé dans la LCA des bases et
    dans les restrictions d'accès au serveur
  - *Messagerie uniquement* : groupe servant uniquement en messagerie
  - *Serveurs uniquement* : groupe ne contenant que des serveurs Domino, utilisé dans
    les documents de configuration et les documents de connexion (pour la
    réplication et le routage du courrier)
  - *Liste des intrus uniquement* : liste des personnes et serveurs interdits d'accès à un
    serveur ou à tous les serveurs du domaine. Ils apparaissent dans la vue
    Groupes Intrus

- <Catégorie> : sélectionner ou créer un mot clé caractérisant ce groupe

- <Description> : taper un texte décrivant l'objet du groupe

- <Membres> : sélectionner le(s) membre(s) – personnes ou serveurs – dans
  l'Annuaire Domino du domaine ou taper le nom s'il est absent de l'Annuaire

- Cliquer sur (Trier la liste des membres) pour avoir les membres par ordre
  alphabétique

- Cliquer sur (Enregistrer et fermer) ou appuyer sur Echap

Des conseils sur le choix du nom d'un groupe et de la catégorie sont fournis dans le
supplément à télécharger, ✎⊠ - Organiser et gérer les groupes.

Groupes par défaut

La configuration du premier serveur crée trois groupes :

- LocalDomainAdmins : les administrateurs avec l'accès *Administrateur* au serveur,
  l'accès *Gestionnaire* (maximum) à toutes les bases du serveur,
- LocalDomainServers : les serveurs du domaine, avec l'accès Gestionnaire à toutes
  les bases du serveur,
- OtherDomainServers : les serveurs des autres domaines Domino, avec un accès
  restreint aux bases du serveur.

La configuration du premier serveur du domaine place l'administrateur dans le groupe LocalDomainAdmins. Il est conseillé de conserver ces noms de groupes au moins dans un premier temps.

Interview de l'Expert

Il faut garder à l'esprit que le nombre d'entrées maximum dans un groupe s'exprime en nombre de caractères stockés. Plus les noms d'utilisateur seront long, moins on pourra en placer dans chaque groupe. Dans la phase de création des unités d'organisation, évitez les noms de type DIRECTION_DE_LA_RECHERCHE_ET_DU_DEVELOPPEMENT, préférez de loin DRD, par exemple.

⊠ Organiser et gérer les groupes

Nom du groupe

Le nom du groupe doit être explicite et UNIQUE. Il devrait suivre quelques règles qui en faciliteront l'usage. Les règles qui suivent sont des exemples à adapter.

– Il ne faudrait pas utiliser d'espace dans un nom de groupe : il est difficile à la lecture de savoir s'il y a un espace ou deux et les fautes de frappe seront difficiles à détecter.

– Le nom d'un groupe non destiné à la messagerie et à caractère administratif (gestion de la sécurité) devrait commencer par un caractère espace souligné (_) ; le groupe se trouve ainsi en fin de liste de l'Annuaire Domino et ne peut être confondu avec un groupe de messagerie.

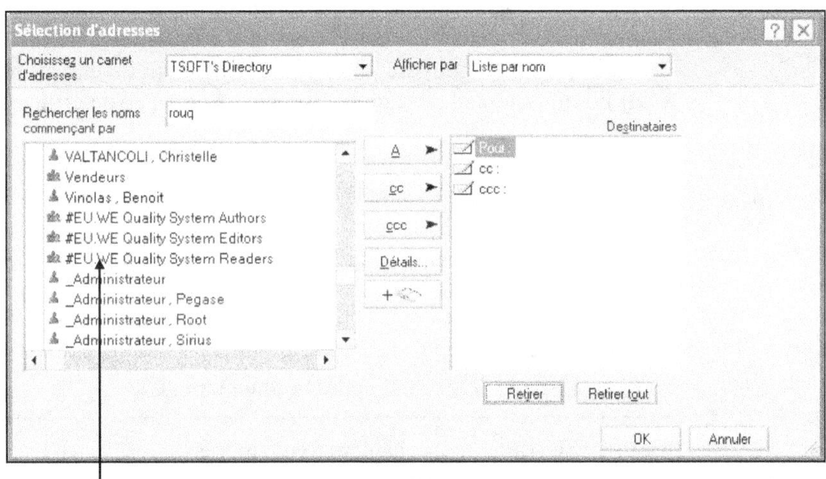

Objets d'administration en fin de liste

– Le nom du groupe des administrateurs du domaine est par exemple *_Les _Administrateurs*.

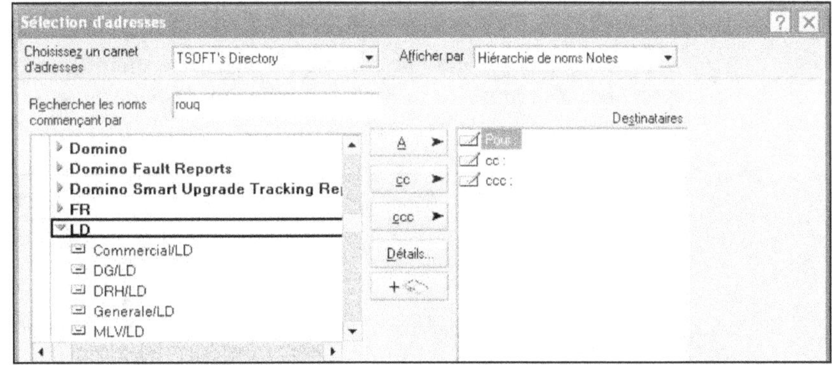

– Les noms de groupes peuvent être hiérarchisés. Par exemple, le nom des groupes destinés à l'administration peut se terminer par */Admin* ou */Domino*. Ainsi, les utilisateurs peuvent utiliser l'option *Afficher par hiérarchie de noms Notes* pour naviguer dans le dialogue de *Sélection d'adresses*. La vue *Groupes* a une variante *Par organisation* qui classe les groupes d'après le nom hiérarchique.

– Le nom du groupe d'administration d'un serveur est construit selon le modèle *_nomduserveur_* Admins, par exemple *_CASSIOPEE_Admins*.

- Les groupes de messagerie devraient avoir un préfixe commun ce qui permet de les localiser rapidement dans le carnet d'adresses du domaine, par exemple : *DIF_* (Diffusion) ou *LD_* (Liste de diffusion).
  Ce préfixe ne commence pas par un espace souligné ce qui le distingue des groupes de sécurité et classe tous les groupes de messagerie ensemble dans l'annuaire.

Remarques

S'il faut rectifier le nom du groupe suite à une erreur de frappe, il suffit de modifier le document tant que le groupe n'a pas été utilisé dans d'autres documents ou dans une liste de contrôle d'accès de base.

En phase opérationnelle du domaine, le groupe est utilisé à plusieurs endroits ; il faut utiliser la commande *Actions/Renommer groupe...* dans la vue *Groupes* de l'Annuaire. Domino se charge de renommer le groupe, ⁑Tome 2 – Module Gérer les utilisateurs/ Renommer, supprimer un groupe.

Le choix des règles dépend du nombre de groupes et d'utilisateurs à gérer dans l'annuaire. L'organisation la plus simple est toujours la meilleure car facile à expliquer. Un GIE qui partage un serveur Domino ou une grande organisation peuvent avoir besoin d'un jeu de règles élaborées. À vous de déterminer ce qui est utile à votre entreprise.

Types de groupe

Les types de groupes sont représentés par une icône dans l'Annuaire Domino.

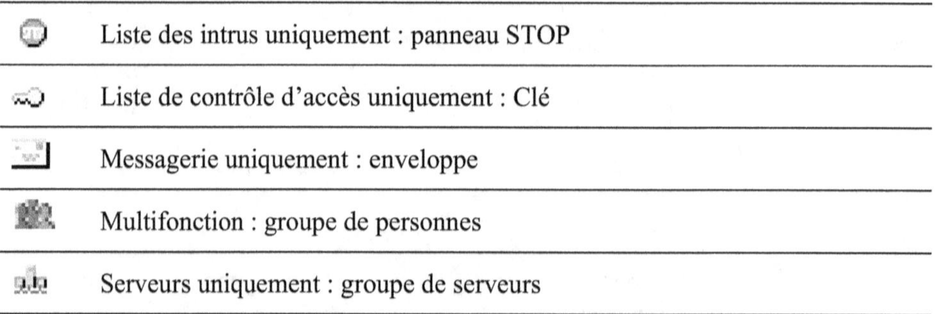

	Liste des intrus uniquement : panneau STOP
	Liste de contrôle d'accès uniquement : Clé
	Messagerie uniquement : enveloppe
	Multifonction : groupe de personnes
	Serveurs uniquement : groupe de serveurs

Le type de groupe par défaut est *Multifonction*. Il est recommandé d'associer à un type de groupe une partie du nom du groupe pour éviter les erreurs à l'utilisation.

Si un utilisateur sélectionne comme destinataire d'un message un groupe qui est de type *Liste de contrôle d'accès uniquement* ou *Liste des intrus uniquement* ou *Serveurs uniquement*, il voit le message suivant :

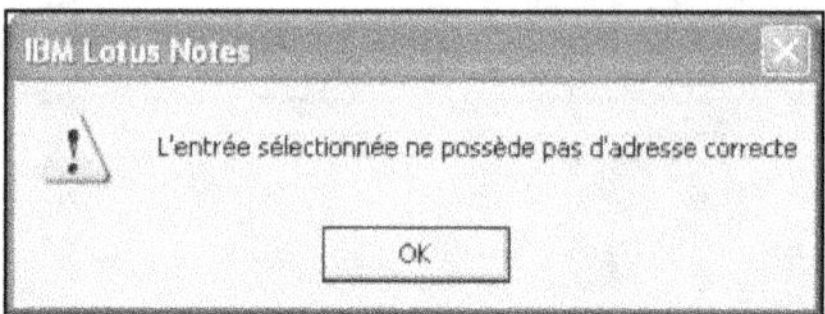

Ce qui est difficile à interpréter !

Si un utilisateur de messagerie sélectionne un groupe de serveurs qui est de type *Multifonction*, il recevra un avis de non-distribution pour chacun des serveurs membres du groupe. *LocalDomainServers* est un groupe de serveurs créé automatiquement par Notes avec le type *Multifonction*.

Le message est correct – les serveurs n'ont pas de base courrier – mais l'origine de l'erreur plus difficile à trouver !

Remarque

Si un administrateur utilise un groupe de type *Messagerie uniquement* dans la LCA d'une base, Notes ne dit rien et ne tient pas compte de ce groupe !

En conclusion, il est conseillé de donner un type autre que *Multifonction* aux groupes. Le groupe des administrateurs fait exception car il sert à gérer la sécurité et aussi parce que Domino envoie des messages au groupe des administrateurs.

Il est clair que la norme du nom de groupe doit être mise en place dès le départ et qu'elle doit être respectée !

Catégorie

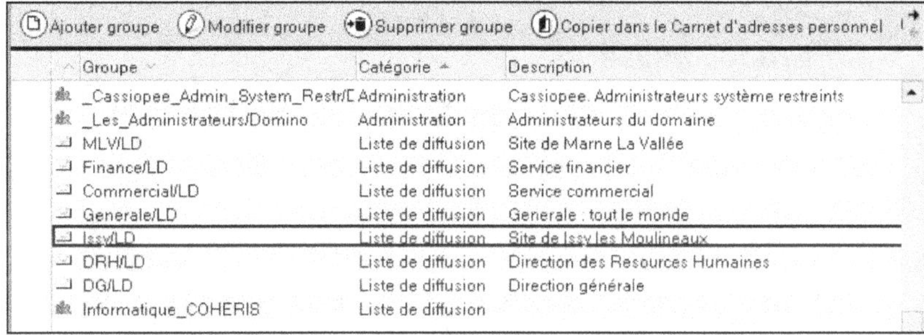

Les mots clés de la catégorie sont également un moyen commode de classer les groupes dans la vue *Groupes* :

- Cliquer sur l'en-tête de la colonne Catégorie pour classer les groupes en ordre croissant de catégorie

Membres

Les membres d'un groupe sont :

- Des personnes
- Des serveurs
- Des groupes

Les limites sont les suivantes :

- La liste des membres n'est pas limitée, mais toutefois le nombre total de caractères utilisés pour les noms au sein d'un groupe ne peut pas dépasser 32 Ko. Au-delà de cette valeur, il est préférable de créer plusieurs groupes de taille inférieure. Le nombre d'imbrications – groupe contenant des groupes, qui contiennent des groupes… – est limité à six.

Remarque

En règle générale, il est conseillé de ne pas mêler des serveurs et des personnes dans les groupes.

Modifier un groupe

- Cliquer sur l'onglet (Personnes et groupes)
- Cliquer sur la v6 av de Ségur : Une personne est prisonnière de l'ascenseur au 6 avenue de Ségur - Appeler d'urgent le dépanner OTISue *Groupes* puis sur le groupe à modifier
- Cliquer sur (Modifier groupe)

- Modifier le titre, les membres, la catégorie
- Enregistrer et fermer

Renommer un groupe

Groupe non encore utilisé

- Sélectionner le groupe dans la vue *Groupes*
- Cliquer sur (Modifier groupe)
- <Nom du groupe> : taper le nouveau nom
- Enregistrer et fermer

Groupe utilisé

Si le groupe est déjà utilisé dans la LCA d'une base ou dans un document groupe, serveur … de l'annuaire, il faut qu'il soit renommé partout où il apparaît.

- Sélectionner le groupe dans la vue *Groupes*
- Commande *Actions/Nouveau nom de groupe*

Les requêtes administratives prennent en charge ce travail. Un délai est à prévoir avant la fin du travail, ⬦ Tome 2 - Gérer les utilisateurs/Gérer les groupes.

Supprimer un groupe

Groupe non encore utilisé

- Sélectionner le groupe dans la vue *Groupes*
- Appuyer sur Suppr

Groupe utilisé

Si le groupe est déjà utilisé dans une LCA et/ou dans l'Annuaire Domino, il doit être supprimé partout où il apparaît.

- Sélectionner le groupe dans la vue *Groupes*, puis cliquer sur (Supprimer groupe)

Les requêtes administratives prennent en charge ce travail. Un délai est à prévoir avant la fin du travail, ⬦ Tome 2 – Module Gérer les utilisateurs/Renommer, supprimer un groupe.

Groupe de type Intrus

La vue *Groupes d'intrus* comprend tous les groupes de *type Liste des intrus uniquement*. L'ajout ou la modification d'un groupe se fait indifféremment depuis la vue *Groupes* ou la vue *Groupes d'intrus*. Son type détermine la vue dans laquelle il apparaît après enregistrement.

- Cliquer sur l'onglet (Personnes et groupes), puis Ouvrir la vue *Groupes d'intrus*

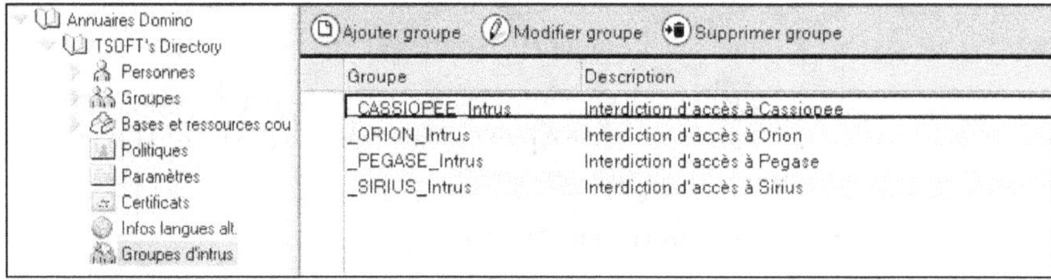

Contrôler l'accès au serveur

- **Document du serveur**
- **Onglet (Sécurité)**
- **Accès serveur**
  - Accès autorisé
  - Annuaires accrédités
  - Accès interdit
- **Paramètres de sécurité**
  - Vérification du mot de passe
  - Vérification des clés publiques
  - Authentification Internet

Les paragraphes *Paramètres de sécurité* et *Accès serveur* du document du serveur dans l'Annuaire Domino du domaine contiennent les règles d'accès au serveur :

- Qui peut accéder : liste d'utilisateurs et de serveurs
- Qui ne peut pas accéder : habituellement le groupe des Intrus
- Est-ce que les connexions anonymes sont autorisées : des utilisateurs Notes non authentifiés accèdent-ils au serveur ?
- Est-ce que l'accès au serveur est autorisé uniquement aux utilisateurs répertoriés dans l'Annuaire Domino du domaine et dans des annuaires accrédités ?
- Est-ce que le mot de passe entré par l'utilisateur Notes est correct ?
- Est-ce que la clé publique de l'utilisateur Notes correspond à celle qui est enregistrée dans l'Annuaire Domino du domaine ?

Le contrôle de l'accès au serveur proposé par Domino est complété par les contrôles existant sur le réseau. Un serveur Domino dans un intranet est protégé de l'extérieur par un pare-feu : si les trames TCP/IP destinées au port 1352 sont interdites par le pare-feu, un client Notes extérieur ne peut atteindre le serveur Domino.

Groupes à créer

Groupe	Type	Membres
*_NomduDomaine_*Intrus	Liste des intrus uniquement	Vide à la création
*_NomduServeur_*Intrus	Liste des intrus uniquement	*_NomduDomaine_*Intrus
*_NomduServeur_*Acces	Liste de contrôle d'accès uniquement	**/nomOrganisation*

Le groupe *_NomduServeur_*Acces permet de lister explicitement les personnes et serveurs ayant accès au serveur. **/nomOrganisation* désigne toutes les personnes et tous les serveurs de l'organisation Domino, par exemple **/TSOFT*.

Les membres du groupe _NomduServeur_Intrus ne peuvent accéder au serveur même s'ils sont présents dans _NomduServeur_Acces, à l'exception de l'identifiant d'administration *accès complet*.

Remarques

L'interdiction d'accès ne remplace pas l'authentification. Elle vient APRES. Un utilisateur ou un autre serveur ne peut communiquer avec un serveur que s'il y a eu authentification, ↳ Module Concepts/Organisation et certificat.

Il n'est pas nécessaire de créer un groupe _NomduServeur_Acces qui contient */nomOrganisation s'il n'est pas prévu de restreindre cette liste dans le futur.

Modification du document serveur

- Lancer le client Domino Administrator et sélectionner le serveur

- Cliquer sur l'onglet (Configuration)

- Cliquer *Serveur/Document serveur actuel* dans le panneau de navigation

- Cliquer sur (Modifier serveur)

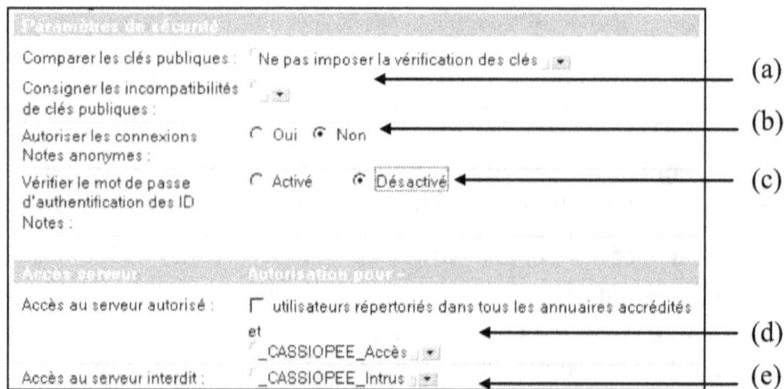

- Sélectionner *Ne pas imposer la vérification des clés* en (a) : qui convient à un serveur d'Intranet. Les autres options ajoutent une charge supplémentaire sur le serveur Domino et sont utiles si le serveur contient des informations à sécuriser

- Laisser ○*Non* en (b) : cette option correspond à l'accès non authentifié par des clients Notes et n'est pas applicable aux navigateurs

- Laisser ○*Désactivé* en (c) pour le moment. L'activation de cette option va de pair avec un paramètre dans le document *Personne* de chaque utilisateur et une procédure de restitution du mot de passe perdu

- <Accès au serveur autorisé> : sélectionner le groupe _NomduServeur_Acces en (d)

L'option ☒*Utilisateurs répertoriés dans tous les annuaires accrédités* est utilisable lorsque des annuaires LDAP et/ou Domino sont déjà en place. Par exemple, le serveur Domino est dans une DMZ et dans un domaine Domino séparé du domaine Domino de l'intranet. L'authentification d'utilisateurs mobiles Notes sur ce serveur peut être vérifiée en utilisant l'annuaire Domino du domaine d'intranet par LDAP ou depuis une copie réplique sur le serveur Domino de la DMZ.

- <Accès au serveur interdit> : sélectionner _NomduServeur_Intrus en (e)

- Enregistrer et fermer

Il faut arrêter et redémarrer le serveur Domino – la tâche ou le service Domino et non pas Windows 2000/2003 – pour que les modifications soient prises en compte.

Contrôler les accès d'administration

- **Document du serveur**

- **Onglet (Sécurité)**

- **Administrateurs**

  - Administrateurs avec accès total

  - Administrateurs

  - Administrateurs de bases

  - Administrateurs de console à distance

  - Administrateurs en consultation uniquement

  - Administrateurs système

  - Administrateurs système à accès limité

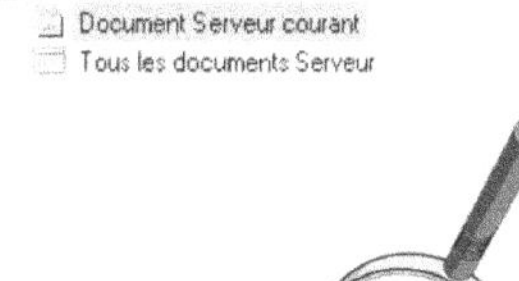

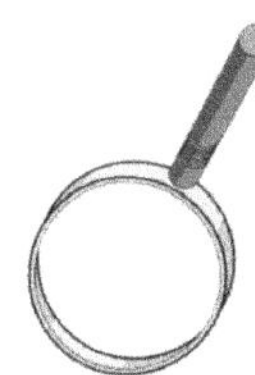

Le paragraphe *Administrateurs* du document du serveur dans l'Annuaire Domino du domaine contient les rôles dévolus aux administrateurs du serveur :

- Qui est l'administrateur avec accès complet : un identifiant spécial
- Qui est l'administrateur du serveur : un groupe d'une ou plusieurs personnes
- Qui peut utiliser la console Domino : un groupe d'une ou plusieurs personnes
- Qui peut passer des commandes système : un groupe d'une ou plusieurs personnes

Groupes à créer

Groupe	Type	Membres
Administrateurs du serveur		
_*NomduServeur*_Admins	Multifonction	_Les_Administrateurs
Administrateurs de base du serveur		
*NomduServeur*_AdminDB	Liste de contrôle d'accès uniquement	-vide-
Administrateurs de console à distance Domino, toutes les commandes		
_*NomduServeur*_AdminCon	Liste de contrôle d'accès uniquement	-vide-
Administrateurs en consultation uniquement de la console à distance Domino		
_*NomduServeur*_AdminCVi	Liste de contrôle d'accès uniquement	-vide-
Administrateur système pour l'utilisation de commandes de l'OS		
_*NomduServeur*_AdminSys	Liste de contrôle d'accès uniquement	_Les_Administrateurs

Groupe	Type	Membres
Administrateur système à accès limité aux commandes de l'OS		
*_NomduServeur_*AdminSyR	Liste de contrôle d'accès uniquement	-vide-

Deux groupes sont renseignés et les autres sont vides. Ces derniers pourront être renseignés dans le futur en cas de besoin. Le groupe *Les_Administrateurs* doit être présent aussi comme Administrateur système pour pouvoir interagir avec l'OS Windows ou Unix.

Modification du document serveur

- Accéder au document serveur comme indiqué dans le paragraphe précédent

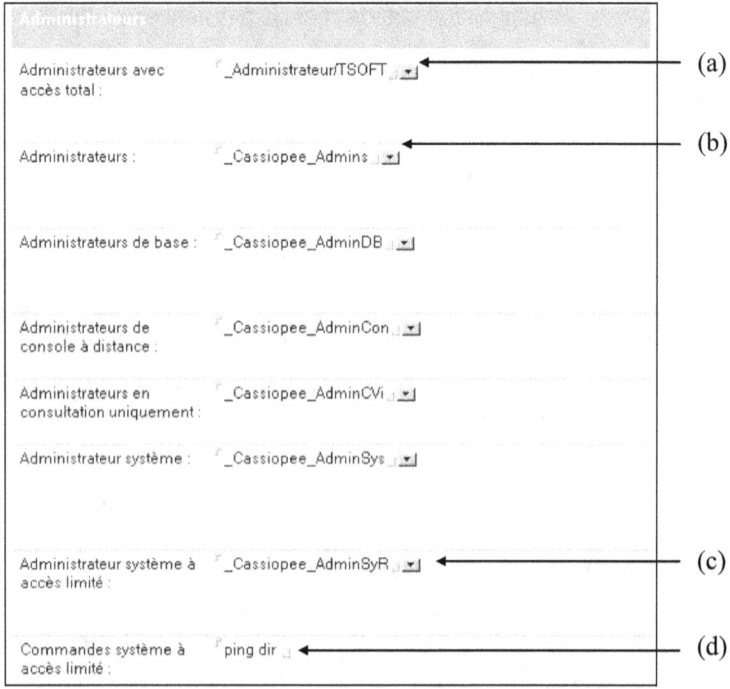

L'administrateur créé lors de la configuration du serveur est dans le champ <Administrateurs avec accès total> en (a) et fait donc figure maintenant d'identifiant de dépannage. Il a aussi l'accès *Administrateurs* en (b) du fait de sa présence dans le groupe *Les_Administrateurs*. Lorsque vous aurez créé votre propre identifiant, vous vous ajouterez dans le groupe *Les_Administrateurs* ce qui vous donnera la faculté de faire l'administration au quotidien et de réserver le premier administrateur à des tâches de dépannage.

Le groupe d'administrateur système à accès limité en (c) est facultatif pour des domaines n'ayant qu'un (ou quelques) administrateur(s). S'il est renseigné, il faut préciser les commandes système autorisées en (d), le défaut étant aucune commande.

- <Commandes système à accès limité> : saisir les commandes en respectant la syntaxe du système hôte d'hébergement de Domino. Par exemple, pour un système Unix/Linux, il faut saisir des commandes du type *ls*, *cat*, *cd*…

Configuration de l'accès complet

- **Préparation**
  - Champ <Administrateurs avec accès total> : Identifiant réservé
- **Activation**
  - S'authentifier avec l'identifiant
  - Commande *Administration/Accès complet aux fonctions d'administration*
- **Sécurité supplémentaire**
  - Identifiant protégé par mots de passe multiples
  - Pas de mot de passe Internet
  - <Administrateurs avec accès total> : accès Editeur et xACL
  - Désactivation par notes.ini SECURE_DISABLE_FULLADMIN=1

L'accès complet au serveur Domino est réservé aux dépannages et ne peut en aucun cas être considéré comme une façon ordinaire d'administrer.

Un identifiant réservé est préférable à l'utilisation d'un groupe dont la modification est difficile à contrôler. L'identifiant d'administrateur créé lors de la configuration du premier serveur fait l'affaire dans un domaine ne comportant que quelques serveurs.

Pour avoir l'accès complet au serveur depuis Domino Administrator :

- Commande *Fichier/Sécurité/Changer ID…* et prendre l'ID ayant l'accès complet, par exemple *_Administrateur/TSOFT*
- Commande *Administration/Accès complet aux fonctions d'administration*

Sécurité supplémentaire

Des précautions contrecarrent l'utilisation malveillante de l'accès complet :

- Mots de passe : son utilisation devrait nécessiter l'entrée de plusieurs mots de passe, ✎Mots de passe multiples. Il vaut mieux qu'il n'y ait pas de mot de passe Internet.
- Protection du champ <Administrateurs avec accès total> : il suffit de renseigner ce champ pour donner l'accès étendu à un utilisateur ou un groupe. Il est modifiable par toute personne ayant un accès *Editeur* au minimum, ✎Réglage de la LCA des bases administratives.
- Liste de contrôle d'accès de l'annuaire : sa modification est réservée à l'identifiant ayant l'accès complet minimum, ✎Réglage de la LCA des bases administratives.
- LCA étendue : c'est un moyen supplémentaire de contrôler la visibilité et la modification d'un champ pour un masque donné.
- Désactivation : lorsque cette fonction n'est pas activée pour un serveur, il est conseillé de modifier le fichier notes.ini du serveur.

La mise en place des précautions est décrite dans la suite de l'ouvrage.

Il faut conserver à l'esprit que cette fonction de dépannage doit aussi être disponible quand on en a besoin, généralement dans l'urgence.

Interview de l'Expert

Rappelons que l'accès complet implique que l'administrateur Domino obtient des droits sur le système hôte, qui sont ceux avec lesquels le service Domino s'exécute. On le réservera aux cas dans lesquels l'administrateur Domino est également un administrateur système.

Contrôler l'utilisation des fonctions

- **Document du serveur**
- **Onglet (Sécurité)**
- **Accès serveur**
  - Créer bases et modèles
  - Créer de nouvelles répliques
  - Créer des modèles maîtres
  - Autorisé(s) à utiliser les contrôles
  - Serveurs accrédités

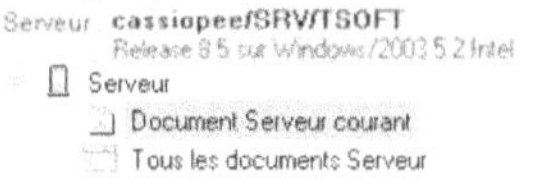

Le paragraphe *Accès serveur* du document du serveur dans l'Annuaire Domino du domaine contient les règles d'utilisation des fonctions du serveur :

- Qui peut créer des bases : administrateurs et serveurs
- Qui peut créer des modèles maîtres : administrateurs
- Qui peut créer des répliques : administrateurs et serveurs
- Qui peut utiliser des contrôles : tous les utilisateurs, certains ou aucun
- Quels serveurs sont accrédités pour accéder à une base locale depuis un agent : serveurs

Par défaut, Domino autorise tout le monde à créer des bases sur un serveur. Un utilisateur peut très bien créer une base d'archives de son courrier sur serveur pour alléger sa base courrier, sans alléger pour autant la place disque sur serveur ! Il faut donc réserver ce droit aux administrateurs et aux serveurs.

Les répliques sont créées depuis un serveur vers un autre serveur, ou depuis un poste client vers le serveur. Par défaut, Domino interdit à quiconque de créer des répliques de bases, même au premier administrateur ! Il est indispensable de créer un groupe contenant les serveurs et les administrateurs. Il faut être autorisé à créer des bases pour pouvoir créer des répliques.

Les modèles maîtres sont les bases d'extension .NTF – Notes Template File – à partir desquelles sont créées les bases sur le serveur Domino. La tâche Design du serveur accède les modèles maîtres pour mettre à jour ou corriger la conception des bases. La maîtrise de ces bases est du ressort de l'administrateur du serveur : le concepteur d'application n'a normalement pas accès au serveur d'exploitation. Il faut être autorisé à créer des bases pour pouvoir créer des modèles maîtres.

L'utilisation des contrôles correspond à une fonction à la disposition des utilisateurs qui peuvent s'abonner à des bases : ils définissent leurs titres pour rechercher automatiquement les documents nouveaux et modifiés qui les intéressent. Cette fonctionnalité utilise des ressources sur le serveur.

L'accréditation de serveurs se fait au cas par cas lorsque des applications l'exigent.

Groupes à créer

Groupe	Type	Membres
Créer bases et modèles (par défaut tout le monde)		
*_NomduServeur_*CreBase	Liste de contrôle d'accès uniquement	*_NomduServeur_*Admins_ *_NomduServeur_*AdminDB LocalDomainServers
Créer de nouvelles répliques de bases (par défaut personne)		
*_NomduServeur_*CreRepl	Liste de contrôle d'accès uniquement	*_NomduServeur_*Admins_ *_NomduServeur_*AdminDB LocalDomainServers
Créer des modèles maîtres		
*_NomduServeur_*CreMM	Liste de contrôle d'accès uniquement	*_NomduServeur_*Admins_ *_NomduServeur_*AdminDB LocalDomainServers
Autorisé(s) à utiliser les contrôles		
*_NomduServeur_*UtilCtl	Liste de contrôle d'accès uniquement	-vide-
Non autorisé(s) à utiliser les contrôles		
*_NomduServeur_*RefusCtl	Liste de contrôle d'accès uniquement	**/nomOrganisation*

Le groupe *LocalDomainServers* est présent dans les groupes *_NomduServeur_*CreBase, *_NomduServeur_*CreRepl et *_NomduServeur_*CreMM parce que les serveurs effectuent des opérations à la place de l'administrateur. Ces opérations – les requêtes administratives – seront étudiées tout au long du cours (voir aussi ✣ Annexe Requêtes administratives).

Le groupe *_NomduServeur_*AdminDB apparaît aussi dans ces trois groupes. Ce choix est dicté par le type de tâches attendues par les administrateurs ayant cet accès. Les domaines importants exigent une spécialisation plus poussée qui affine ces droits.

Modification du document serveur

- Accéder au document serveur comme indiqué dans le paragraphe précédent

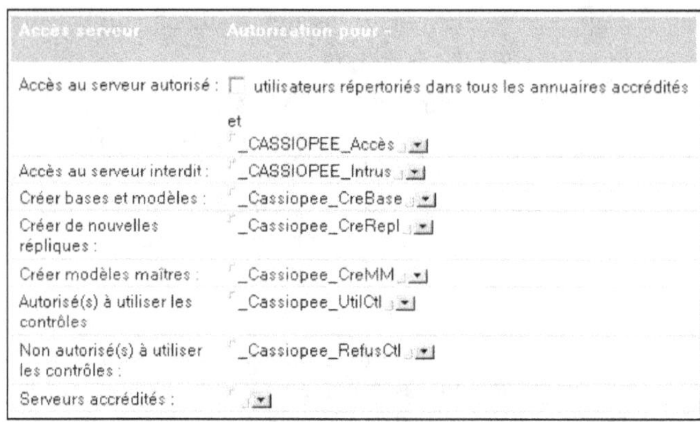

Le champ <Autorisé(s) à utiliser les contrôles> contient un * par défaut. Il est préférable de restreindre cette fonction aux seuls utilisateurs authentifiés.

Contrôler les agents

- **Document du serveur**
- **Onglet (Sécurité)**
- **Restrictions de programmabilité : exécuter**
  - Des méthodes et des opérations non restrictives
  - Les agents LotusScript/Java restrictifs
  - Les agents simples et de formules
- **Restrictions de programmabilité : signer**
  - Des agents
  - Des bibliothèques de scripts

Un agent est un programme contenu dans une base. Il peut être lancé manuellement ou automatiquement sur le serveur par planification ou suite à un événement (des documents nouveaux ou modifiés par exemple).

Le document du serveur contient les règles et droits d'exécution des agents. Chaque agent est signé par la dernière personne qui l'a modifié. D'après cette signature Domino détermine le droit de lancer l'exécution de l'agent selon le style de programmation utilisé :

- Les agents simples et de formules : agents écrits en langage simple de formules ayant accès à peu de fonctions sur une base, par défaut tout le monde.
- Les agents LotusScript/Java restrictifs : agents écrits dans des langages puissants n'utilisant pas des fonctions sensibles, par défaut personne.
- Des méthodes et des opérations non restrictives : agents pouvant utiliser n'importe quelle fonction disponible – par exemple, l'accès au système de fichier du serveur, lancer un exécutable. Par défaut personne.

Il est indispensable de modifier les options par défaut et de donner le droit d'exécuter des agents aux personnes – dans certains cas sur un serveur de messagerie – et aux serveurs de l'organisation.

Agent d'absence

Un agent est signé par la dernière personne qui l'a modifié. Toutes les bases Domino sont signées avec *Lotus Notes Template Development/Lotus Notes* pour en simplifier l'administration : la connaissance du nom des développeurs Lotus n'est pas une donnée pertinente sur un serveur d'exploitation. L'agent d'absence est donc livré avec cette signature.

Un utilisateur déclare une absence en activant l'agent d'absence ce qui le modifie. Ceci a pour effet de changer la signature de l'agent d'absence qui dépend des conditions dans lesquelles s'est effectuée son activation. À partir de la version 8, l'agent d'absence peut être remplacé par un service (Service absence), ce qui simplifie l'administration et donne à l'administrateur un bien meilleur contrôle sur son bon fonctionnement.

Deux scénarios sont possibles selon les droits de l'utilisateur :

– L'utilisateur est *Gestionnaire* – il a le maximum de droits sur sa base courrier – ou *Concepteur*, auquel cas l'agent est signé de son nom,
– L'utilisateur est *Éditeur* de sa base courrier, auquel cas l'agent sera modifié et signé par son serveur de messagerie.

Le niveau d'accès de l'utilisateur sur sa base courrier est déterminé par l'administrateur à l'enregistrement. L'agent d'absence est du type LotusScript/Java restrictif. Il est conseillé de permettre aux utilisateurs d'exécuter ce type d'agents au démarrage du serveur de messagerie. Ce choix pourra être révisé ultérieurement.

Groupes à créer

Groupe	Type	Membres
Exécuter les agents simples et de formules		
*_NomduServeur_*AgPer	Liste de contrôle d'accès uniquement	*_Administrateur/nomOrganisation* *nom du serveur* *Lotus Notes Template Development/Lotus Notes*
Exécuter les agents LotusScript/Java restrictifs		
*_NomduServeur_*AgRest	Liste de contrôle d'accès uniquement	**/nomOrganisation* *Lotus Notes Template Development/Lotus Notes*
Exécuter des méthodes et des opérations non restrictives		
*_NomduServeur_*AgNRest	Liste de contrôle d'accès uniquement	*_Administrateur/nomOrganisation* *nom du serveur*

La signature de l'identifiant *_Administrateur/Organisation* est présente pour les agents de type *Exécuter des méthodes et des opérations non restrictives* parce que les bases mises en exploitation seront signées avec cet identifiant, ⭢Tome 2-Module Gérer les bases d'applications.

Le nom complet du serveur – par exemple *CASSIOPEE/SRV/TSOFT* – est également présent car l'identifiant du serveur sert à signer l'agent d'absence lorsque l'utilisateur a un accès Éditeur sur sa base courrier. Il peut également servir à signer une base en exploitation, ⭢Tome 2-Module Gérer les bases d'applications.

Il y a peu de chances qu'un utilisateur puisse lancer l'exécution d'un agent écrit en LotusScript ou en Java et utilisant des méthodes et des opérations non restrictives. Néanmoins, les signatures de l'identifiant d'administration et du serveur devraient être les seules présentes : les bases suivent un processus de mise en exploitation qui élimine normalement les risques liés à la malveillance ou à la maladresse, ⭢Tome 2-Module Gérer les bases d'applications /Mise en production d'une base.

Lotus Notes Template Development/Lotus Notes identifie les agents écrits par Lotus, société à laquelle vous faites confiance a priori.

Remarque

Les réglages suggérés sont valables pour un intranet protégé correctement. Ils sont différents pour un serveur Domino en extranet ou en Internet. Le principe reste le même mais le contenu des groupes change.

Modification du document serveur

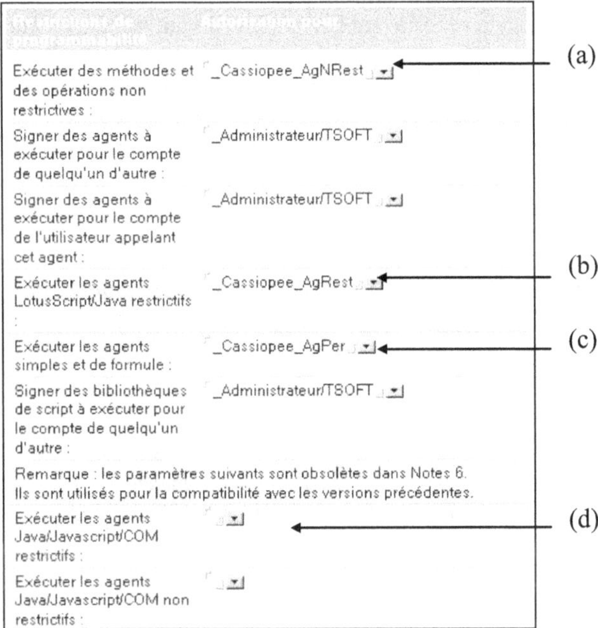

- Accéder au document serveur comme indiqué dans le paragraphe précédent
- Cliquer sur l'onglet (Sécurité)
- Aller au paragraphe *Restrictions de programmabilité*
- Sélectionner *_NomduServeur_*AgPer en (c)
- Sélectionner *_NomduServeur_*AgRest en (b)
- Sélectionner *_NomduServeur_*AgNRest en (a)

Les champs en (d) correspondent à des programmes Java distants accédant aux bases Domino par CORBA, ou à des programmes accédant à Domino par DCOM. Ces champs utilisés en version 5 sont déplacés en (a) et (b).

Il faut arrêter et redémarrer le serveur Domino pour que les modifications soient prises en compte.

Vérifier également dans le document du serveur, au niveau des paramètres du moteur Web, l'autorisation d'exécution asynchrone (dans le cas d'applications AJAX)

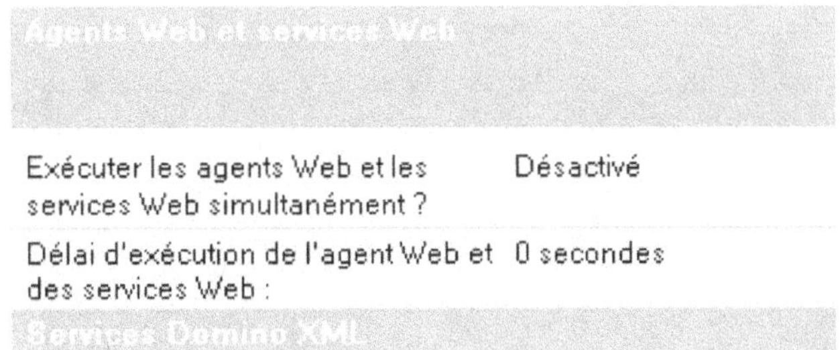

Groupes et sécurité

Une modification du document serveur nécessite dans la plupart des cas un arrêt suivi d'un redémarrage de Domino. C'est indispensable pour toutes les informations qui ont été passées en revue. En revanche, la modification du contenu d'un groupe permet de modifier les règles d'accès ou les restrictions sans redémarrage. C'est pourquoi il est préférable de concevoir une nomenclature de groupes évitant les arrêts du serveur Domino, donc, une baisse du taux de disponibilité.

Lorsque des règles de sécurité sont sensibles, il vaut mieux les écrire dans le document du serveur quitte à arrêter et à redémarrer le serveur ou le gestionnaire d'agents. La surveillance du contenu d'une famille de groupes est difficile. La liste des signatures sous l'autorité desquelles les agents exécutant des *Méthodes et des opérations non restrictives*, peut être considérée comme sensible, auquel cas elle sera présente dans le document du serveur et le droit de modifier ce document restreint à des personnes de confiance. C'est aussi vrai pour la signature d'*agents à exécuter pour le compte de*.

La mise en place de normes de sécurité ne se résume pas à cet aperçu. Elle s'accompagne aussi d'outils permettant de tracer les modifications, de détection, d'analyse et de correction des anomalies.

Interview de l'Expert

L'administrateur aura tout intérêt à mettre à disposition une base fondée sur le modèle AgentLog, afin que les développeurs bénéficient d'un point central de journalisation des activités et des erreurs éventuelles.

Sécuriser les fichiers ID

- **Rangement**
  - Sur serveur de fichiers
  - Dans base Domino
- **Sauvegarde au coffre**
- **Mots de passe multiples**
  - Accès partagé à un identifiant d'administration
  - Accès restreint à un certificateur
- **Perte de mot de passe**
  - Procédure de restauration du fichier
- **Certification Log : trace de l'utilisation des certificats**

La configuration du premier serveur du domaine a généré trois ou quatre fichiers ID :

- Le certificat d'organisation : cert.id
- Le certificat d'unité d'organisation pour le serveur : certOU.id (en option)
- Le fichier ID du serveur : server.id
- Le fichier ID de l'administrateur : user.id

Tout fichier ID doit être protégé d'une perte de mot de passe. Les fichiers ID d'administration doivent être protégés d'une utilisation frauduleuse :

- **Mot de passe** : un fichier ID est accédé par un mot de passe qui est inscrit à l'intérieur du fichier et sert à en chiffrer le contenu. La perte du mot de passe d'un fichier ID équivaut à la perte physique du fichier comme cela se produirait après le formatage d'un disque ou sa suppression depuis Windows.
- **Certificat d'organisation ou d'unité d'organisation** : il sert à créer des utilisateurs et des serveurs. Son utilisation doit être protégée et enregistrée dans un journal à des fins de traçabilité.
- **Identifiant d'administration** : l'identifiant qui a le droit accès complet à un serveur et/ou qui sert à signer les bases ne peut être perdu et son utilisation devrait être enregistrée dans un journal.

Il est donc important de prévoir tout de suite :

- Un rangement des fichiers ID – avec les mots de passe – pour les restituer en cas de besoin. Une méthode plus élaborée de sauvegarde dans une base Domino sera vue ultérieurement, ⬎Module Clients Notes sédentaires.
- De donner à plusieurs personnes – de profil administrateur ou appartenant à des fonctions telles que la DRH – l'accès aux fichiers ID sensibles (cert.id, user.id de l'administrateur) en utilisant des mots de passe propres à chaque personne (mots de passe multiples).
- De mettre en place les journaux conservant la trace d'utilisation des fichiers sensibles.

Remarques

Il est impossible d'administrer un domaine Domino sans le certificat d'organisation. La perte du certificat – perte physique ou perte du mot de passe – n'est pas irréparable mais conduit à un processus très lourd de recertification manuelle de chacun des fichiers ID émis dans l'organisation : les certificats d'unités d'organisation, les ID de serveurs et les ID de tous les utilisateurs Notes.

Il est donc indispensable que la connaissance d'un mot de passe ne reste pas dans la tête d'un seul individu !

Dossier partagé pour ID

Création d'un dossier partagé

Il faut créer un dossier partagé devant recevoir les ID sur un serveur de fichiers. Dans une petite organisation, ce peut être le serveur hébergeant Domino, à condition que le dossier partagé soit séparé du dossier programme Notes *\Lotus\Domino* et du dossier fichiers Notes *\Lotus\Domino\Data* du serveur.

Il est conseillé de créer des sous-dossiers pour séparer les ID utilisateurs, serveurs et certificat.

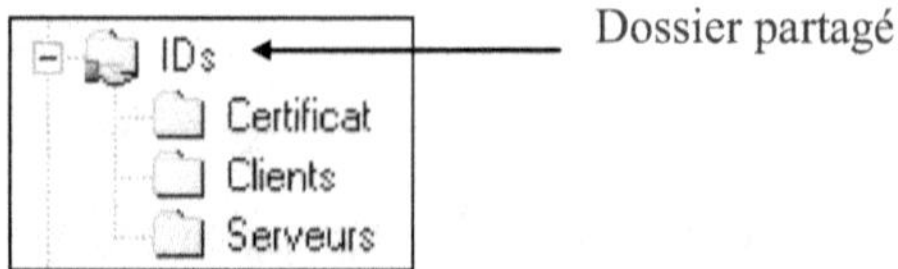

L'accès au dossier est limité aux administrateurs avec type d'accès *Modifier* géré par Windows 2000/2003.

Alimentation dossiers

- <u>Déplacer</u> le fichier *cert.id* du dossier *\Lotus\Domino\Data* du serveur Domino dans le dossier *\IDs\Certificat*

- Renommer le *cert.id* en rappelant le nom de l'organisation, par exemple *certTSOFT.id*

- <u>Copier</u> le fichier *server.id* du dossier *\Lotus\Domino\Data* du serveur Domino dans le dossier *\IDs\Serveurs*

- Renommer le *server.id* en reprenant le nom du serveur, par exemple *cassiopee.id*

- <u>Copier</u> le fichier *user.id* du dossier *\Lotus\Notes\Data* de la station de l'administrateur dans le dossier *\IDs\Clients*

- Renommer le *user.id* en *admin.id* si le premier utilisateur a été appelé *_Administrateur* ou *pnom.id* (initiale du prénom et nom du premier utilisateur, le tout abrégé en huit caractères)

Pendant la procédure d'enregistrement des clients et des serveurs additionnels, les fichiers ID créés seront stockés dans les sous-dossiers *Clients* et *Serveurs*. La procédure de configuration des postes clients et des serveurs aura besoin d'accéder aux fichiers ID dans ce dossier partagé.

Les ID sont sauvegardés régulièrement sur disquette et placés en lieu sûr avec les mots de passe d'accès écrits sur papier.

Accès au dossier partagé ID

La station sur laquelle est installé Domino Administrator et à partir de laquelle se fera l'enregistrement des utilisateurs doit avoir un accès réseau au dossier partagé.

Boîte aux lettres des fichiers ID

Domino offre une solution permettant de stocker un fichier ID et de restituer le mot de passe : les ID sont enregistrés dans une base courrier spéciale à la création et à chaque modification majeure du contenu du fichier. Cette sauvegarde est associée à une procédure de restitution d'un fichier ID avec un mot de passe provisoire en cas de perte du mot de passe d'origine. La procédure exige une modification des certificats servant à créer les fichiers ID, ✋Module Clients Notes sédentaires.

Remarque

La solution « Boîtes aux lettres » s'appelait *Escrow Agent* dans la version 4.x de Domino. La méthode proposée est disponible depuis version 5.x de Domino. Bien que l'Escrow Agent n'existe plus, un message en rappelle toujours l'existence.

La mise en place de la boîte aux lettres pour fichier ID est abordée plus loin, ✋Module Clients Notes sédentaires. En situation opérationnelle, elle devrait se faire maintenant.

Certification Log

L'utilisation du certificat est une partie sensible de la sécurité Notes. La base Certification Log – Journal de certification – est l'outil indispensable pour suivre l'utilisation des certificats d'organisation et la création/modification des fichiers ID serveurs et clients. Cette base est créée automatiquement lors de la configuration et du démarrage du premier serveur.

Les requêtes administratives exigent qu'il y ait au moins un serveur hébergeant le Journal de certification. Cette base est donc obligatoire en dehors du fait qu'elle peut servir à l'administrateur. Lorsqu'un serveur additionnel est créé, il faut créer une réplique de Certification Log sur ce serveur si l'administrateur s'y connecte pour créer ou modifier des utilisateurs Notes.

Deux vues de l'annuaire Domino du domaine listent les certificats d'organisation et d'unité d'organisation – certificateurs – ainsi que les certificats émis pour des utilisateurs Notes avec les dates de validité.

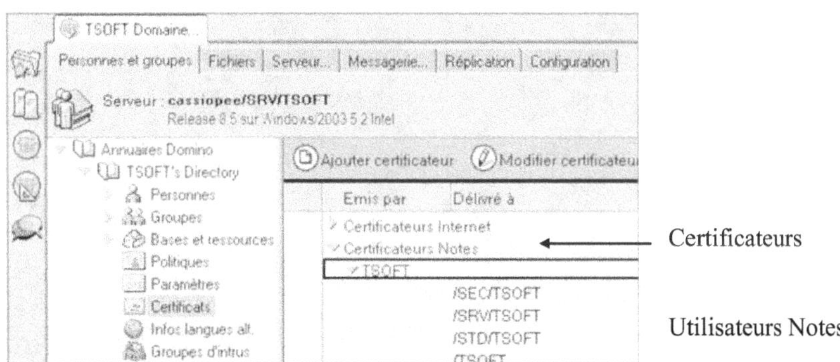

Interview de l'Expert

Une des premières mesures à prendre, pour un niveau de sécurité maximum, est de renoncer à l'extension « id » pour les fichiers ID (cela ne les empêche pas de fonctionner)

Mots de passe multiples

Une solution possible pour

- **Assurer la centralisation de l'administration**
    - Règles déterminées par un groupe restreint
    - Concentration de pouvoirs sur quelques fichiers ID
- **Assurer la sécurité**
    - Sécurité d'accès aux fichiers ID renforcée
    - Liste de mots de passe gérés dans le fichier ID
    - Plusieurs mots de passe nécessaires pour accéder à l'ID
- **Limiter cette fonction aux fichiers ID utilisés ponctuellement**
- **Journaliser l'accès aux fichiers ID sensibles**

Les mots de passe multiples permettent à plusieurs personnes utilisant chacune son mot de passe personnel d'accéder au même fichier ID. Deux types de fichiers ID sont candidats actuellement :

- Le certificat d'organisation : cert.id
- Le fichier ID de l'administrateur : admin.id

- Ouvrir Domino Administrator
- Cliquer sur l'onglet (Configuration)
- Cliquer sur (Outils) puis (Certification) puis *Modifier mots de passe multiples…*

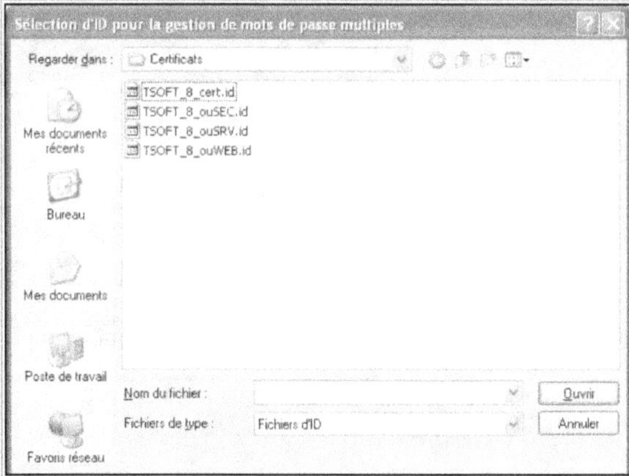

- Sélectionner le dossier ID/Certificats
- Sélectionner le cert.id, par exemple TSOFT_8_cert.id, puis cliquer sur (Ouvrir)

- Taper le mot de passe d'origine (donné à la configuration du premier serveur), (OK)

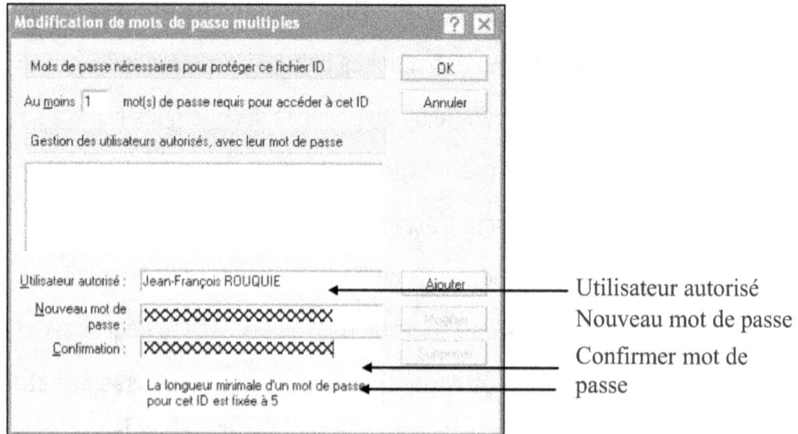

Utilisateur autorisé
Nouveau mot de passe
Confirmer mot de passe

- <Utilisateur autorisé> : la personne autorisée tape son nom. C'est un simple commentaire et il n'y a aucun rapprochement avec l'Annuaire Domino

- <Nouveau mot de passe> : la personne autorisée tape son mot de passe, connu d'elle seule, pour accéder à ce fichier ID

- <Confirmer mot de passe> : le mot de passe est entré à nouveau pour vérification

- Cliquer sur (Ajouter)

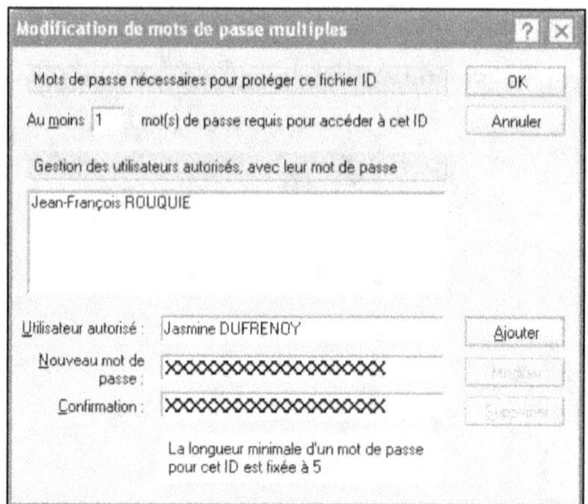

Le nom de la première personne autorisée apparaît dans la liste. La deuxième personne autorisée entre son nom et son mot de passe connu d'elle seule.

- Cliquer sur (Ajouter) puis (OK) pour terminer

À partir de maintenant, deux personnes ont accès séparément au fichier *cert.id* :

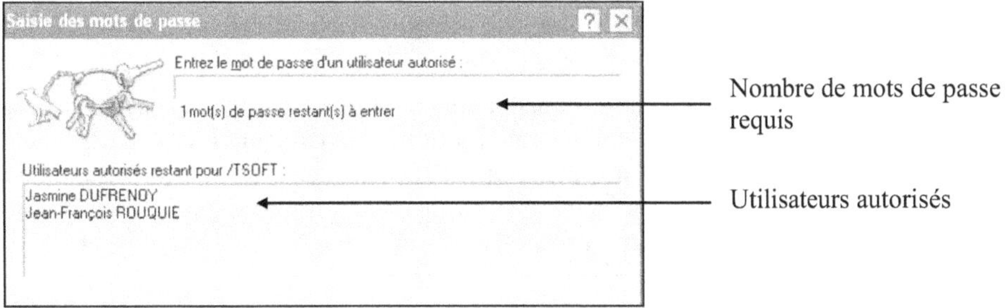

Nombre de mots de passe requis

Utilisateurs autorisés

Par défaut, il suffit qu'une seule personne autorisée tape son mot de passe pour accéder au fichier *cert.id*.

Fichier ID à haut niveau de protection

Il est possible de protéger davantage le fichier ID en exigeant que deux personnes ou plus tapent leur mot de passe pour ouvrir un fichier *ID* d'identifiant ou de certificat :

– Le certificat d'organisation utilisé pour créer des unités d'organisation de serveurs et de clients

– Le certificat d'une unité d'organisation réservée aux personnes manipulant de l'information confidentielle et utilisant le chiffrement Notes

– Un identifiant servant à ouvrir le journal de tous les messages envoyés et reçus par l'entreprise en direction d'Internet ⮡Messagerie

– Ajouter ou retirer des personnes de la liste des personnes autorisées

Les personnes n'ont pas besoin d'être des administrateurs. Il est pertinent qu'un fonctionnel, DRH par exemple, intervienne pour utiliser un identifiant conjointement avec un administrateur Domino permettant d'accéder au journal du courrier.

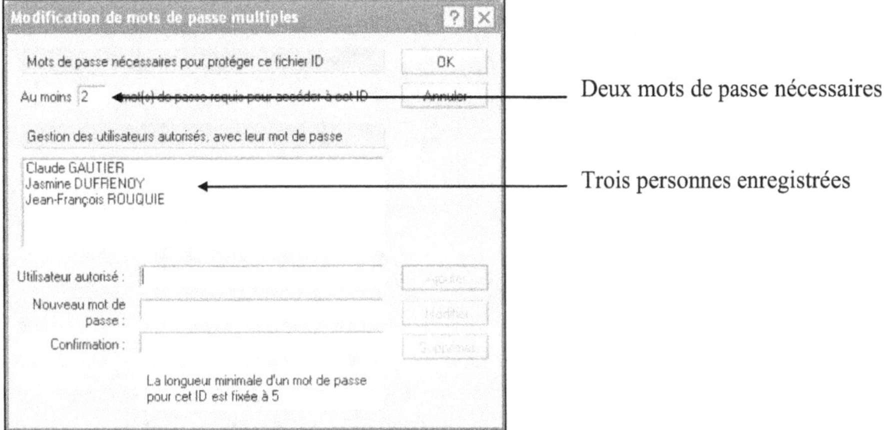

Deux mots de passe nécessaires

Trois personnes enregistrées

Un fichier ID avec mots de passe multiples utilisé pour accéder au journal de tous les messages envoyés et reçus de l'extérieur sera correctement protégé en respectant quelques règles élémentaires :

– Le nombre de personnes autorisées est supérieur au nombre de personnes devant entrer un mot de passe pour en débloquer l'utilisation,

– Le fichier ID n'est pas copié (en dehors de la sauvegarde au coffre) : les personnes autorisées ne détiennent pas une copie de ce fichier ID,

– Chaque utilisation du fichier ID est inscrite dans un journal,

– Un audit périodique vérifie que l'ID n'a pas été utilisé sans inscription au journal,

– Lorsqu'une personne n'est plus autorisée à accéder au fichier ID, son nom est retiré de la liste immédiatement avec inscription au journal.

La liste des précautions montre que la sécurité bien comprise utilise un peu de technique et beaucoup d'organisation, et a son prix.

Recommandation : rester simple et se limiter à ce qui est nécessaire. Par exemple, lorsque deux administrateurs au moins partagent l'accès aux fichiers ID sensibles – le certificat de l'organisation et l'ID de l'administrateur –, chacun peut partir tranquillement en vacances sans risquer d'être appelé en catastrophe parce que le mot de passe d'administration est égaré.

Remarque

Les mots de passe multiples sont incompatibles avec le mot de passe de reprise, ⮎Module Clients Notes sédentaires/Sauvegarde des fichiers ID.
Ils sont donc réservés aux fichiers ID de type certificat ou utilisateur d'administration.
Par essence, un ID utilisateur est personnel et n'a qu'un seul mot de passe.

Interview de l'Expert

Les mots de passe multiples sont surtout utilisés dans de rares cas, tels que des applications stratégiques gérées par un collectif (un mot de passe par membre du conseil d'administration par exemple).

Liste de contrôle d'accès

- **Contrôle de l'accès à une base**
- **Intervient après**
  - Contrôles réseau
  - Authentification
  - Restrictions d'accès au serveur
- **Droits hiérarchisés**
- **Accès *Gestionnaire* pour modifier la LCA**
- **L'identifiant *accès complet* est Gestionnaire de toutes les bases**
- **Journal de suivi des modifications**

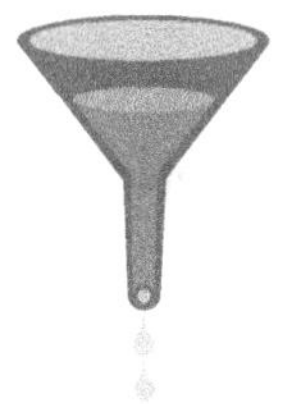

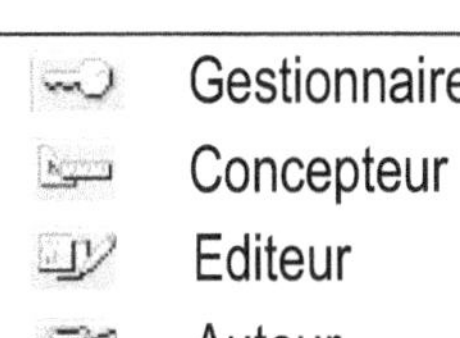

La LCA (Liste de Contrôle d'Accès) protège une base Notes. La LCA est consultée lorsqu'un utilisateur – administrateur ou non – ouvre une base sur le serveur.

Place de la LCA dans la sécurité Notes

Avant d'accéder à une base, l'utilisateur (ou un autre serveur) a passé les contrôles du réseau et du serveur hébergeant la base : authentification, contrôle de la clé publique (option), du mot de passe (option), restrictions d'accès (autorisations/refus).

Niveau	Contrôles
Réseau	**Pare-feu** Contrôle des auteurs et du contenu : filtrage des adresses IP, des services demandés. Le port TCP/IP 1352 est réservé aux RPC – *Remote Procedure Call* – Notes.
Serveur	**Authentification** L'authentification entre deux serveurs Domino ou entre un serveur Domino et un client Notes vérifie l'appartenance à une organisation Domino commune, ainsi que l'identité des partenaires. Les informations mises en jeu viennent des fichiers ID serveur et client.
	Document serveur Autorisation/refus d'accès : ➢ Accès au serveur autorisé ➢ Accès au serveur interdit ➢ Autoriser les connexions Notes anonymes ➢ Utilisateurs répertoriés dans tous les annuaires accrédités ➢ Vérifier le mot de passe d'identification des ID Notes ➢ Comparer les clés Notes publiques avec celles enregistrées dans l'annuaire

Base	LCA
	Le nom de l'utilisateur ou du serveur accédant à la base est connu. Les droits sont déterminés d'après le contenu de la LCA et l'appartenance de l'utilisateur ou du serveur à un ou des groupes inscrits dans l'Annuaire Domino.

Droits d'accès dans la LCA

Les droits d'accès à une base sont définis dans le tableau.

Icône	Accès	Signification
	Gestionnaire	L'accès *Gestionnaire* permet de modifier la LCA de la base et les paramètres de réplication, de supprimer la base. Il comprend aussi l'accès *Concepteur*.
	Concepteur	L'accès *Concepteur* permet de modifier la programmation de l'application – masques, vues, agents… – et de créer et mettre à jour les index de recherche documentaire. Il comprend aussi l'accès *Éditeur*.
	Éditeur	L'accès *Éditeur* permet de créer des documents et de modifier n'importe quel document de la base.
	Auteur	L'accès *Auteur* permet habituellement de créer des documents. Un *Auteur* ne peut modifier que les documents qu'il a en charge (ceux qu'il a créés le plus souvent).
	Lecteur	L'accès *Lecteur* permet de lire les documents d'une base.
	Déposant	L'accès déposant permet d'écrire mais non de lire des documents.
	Pas d'accès	Aucun accès possible aux documents autres que *publics*.

L'icône est celle qui est affichée à gauche du nom du site en bas à droite de la fenêtre Notes, lorsque la base est ouverte.

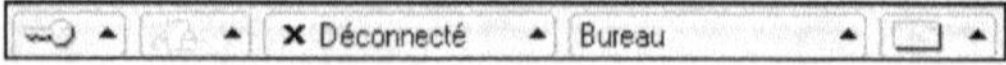

Hiérarchie des droits

Le droit d'accès *Gestionnaire* contient tous les autres droits dont celui d'*Editeur* qui permet de modifier n'importe quel document de la base.
Le droit de *Concepteur*, normalement dévolu à celui qui a développé l'application, contient également le droit *Éditeur*.

Pour éviter les erreurs de manipulations, il est recommandé :

– D'utiliser un identifiant spécial pour modifier la LCA de la base, d'où l'intérêt de disposer d'un ID « super administrateur » tel que *_Administrateur*.
– De séparer les environnements d'exploitation et de développement : le concepteur de l'application n'a pas l'accès *Concepteur* sur la base en exploitation.

Accès complet

L'identifiant nommé dans le champ <Administrateurs avec accès total> dans le document du serveur accède à n'importe quelle base comme *Gestionnaire* même s'il n'est pas listé dans la LCA.

Il faut passer la commande *Administration/Accès complet aux fonctions d'administration* depuis Domino Administrator après s'être identifié.

Interview de l'Expert

Rappelons une fois de plus que la liste de contrôle d'accès ne valide que des noms d'utilisateur, et que le premier venu peut construire un ID homonyme d'un des membres de la liste d'une base. Par conséquent, la seule véritable protection en local reste le chiffrement de la base. Cela est d'autant plus vrai qu'à défaut de client Notes, une base reste un fichier, et peut être ouverte avec un éditeur hexadécimal, par exemple.

Attention également aux faux amis. Ne pas cocher l'autorisation de création de dossiers personnels, par exemple, ne revient pas à l'interdire mais à provoquer leur création dans la base Desktop de l'utilisateur.

Dans ce cas, les procédures de support seraient à revoir si le poste de la personne devait être régénéré.

Toute base Notes devra disposer d'au moins un serveur d'Administration. Si elle met en œuvre des protections individuelles sur les documents (champs lecteur et auteur), la documentation fournie par le développeur permettra de déterminer jusqu'où le rôle du serveur d'administration doit aller.

En cas de changement de nom, étant seulement lisibles par ceux mentionnés dans un champ texte de type lecteur, les documents ne seraient plus accessibles.

En cas de suppression de nom, les documents protégés peuvent devenir publics.

Rappelons également qu'en cas d'erreur ou d'omission d'un type d'utilisateur, ce dernier n'aura que les droits spécifiés par défaut.

Cela étant, ayant eu tant de fois l'occasion de voir des mises en production qui se soldent par le simple dépôt de la base sur le serveur « en vrac », comme l'écrivait Goran Lyubovki, « Mes mots se comptent ainsi que des pas sur la grève, le vent les soufflera si l'eau ne les enlève.»

Modifier la LCA

- **Accès** 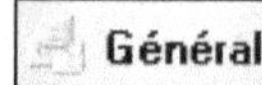
  - Gestionnaire, Concepteur, Editeur, Auteur, Lecteur, Déposant
  - Maximum Editeur (défaut) depuis Internet
- **Type**
  - Personne, serveur, groupe
- **Privilèges**
  - Création, suppression de documents
- **Rôles** 
  - Propres à chaque base, par exemple l'annuaire
- **Serveur d'administration** 

Le paramétrage de la LCA consiste à définir le niveau d'accès pour des personnes et des groupes en association avec des privilèges qui précisent les droits vis-à-vis des documents et des éléments de conception (agents, vues et dossiers). L'accès depuis Internet peut être restreint.

Les rôles attribués aux personnes et aux serveurs dépendent de la base : c'est le concepteur qui les définit. L'annuaire utilise les rôles pour déléguer l'administration à des niveaux très fins.

Le serveur d'administration d'une base est celui sur lequel les requêtes administratives mettront à jour la LCA de la base et les documents. Ce serveur est unique dans un domaine. Le premier serveur du domaine est le serveur d'administration de l'annuaire.

Accès à la LCA d'une base

- Ouvrir la base, puis commande *Fichier/Base de documents/Contrôle d'accès...*, ou cliquer sur l'onglet (Fichier)
- Clic droit sur la base, puis commande *Contrôle d'accès/Gérer...*

Ajouter, retirer une entrée

- Cliquer sur (Ajouter) pour ajouter un serveur, une personne, un groupe

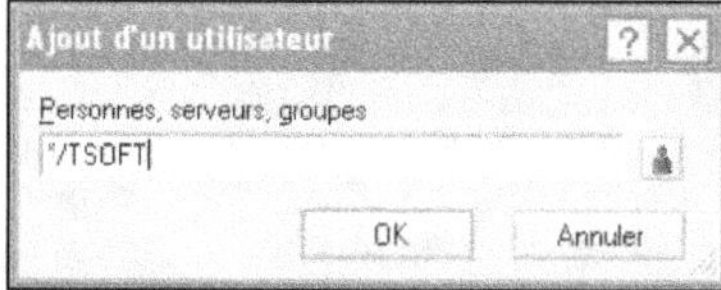

- Taper un nom absent des annuaires ou un nom générique, par exemple */TSOFT pour désigner tous les serveurs et utilisateurs de l'organisation, puis cliquer sur (OK)

ou

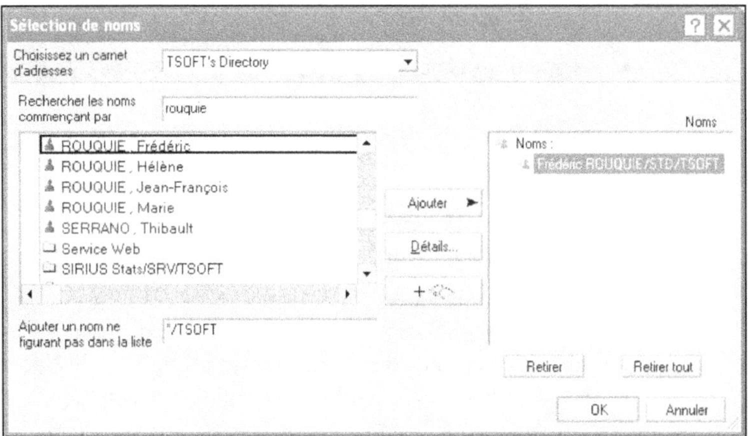

Cliquer sur ce bouton pour accéder aux annuaires.

Les boutons donnent accès aux annuaires – Domino et LDAP – et au carnet d'adresses personnel. A priori, le choix d'une personne, d'un serveur ou d'un groupe se fera dans l'annuaire Domino du domaine ce qui est le cas le plus fréquent en Intranet.

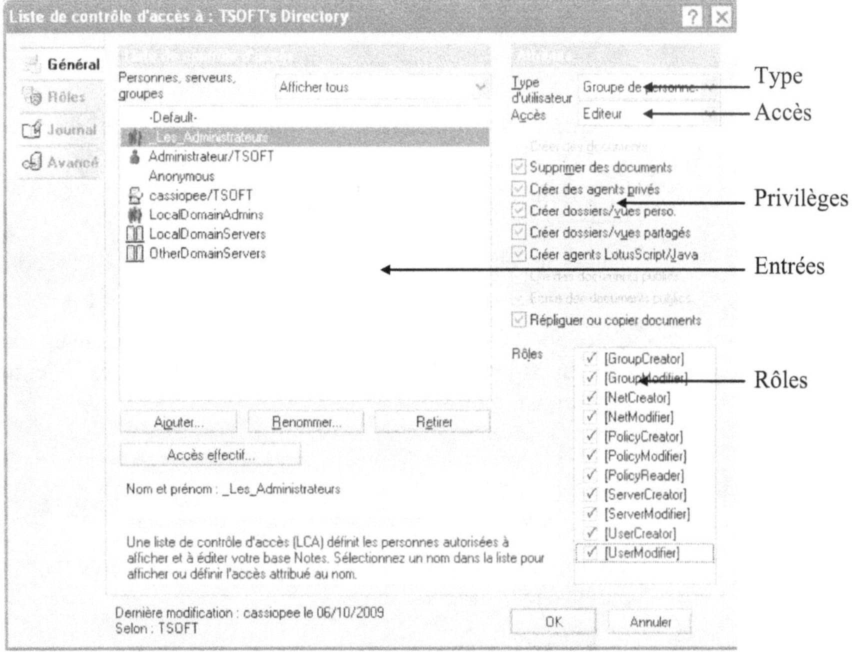

Accès

- Cliquer sur une entrée

- <Accès> : sélectionner un niveau dans la liste

Pour fixer le niveau maximum d'accès depuis un navigateur :

Cliquer sur ce bouton.

- <Accès maximum au nom et mot de passe Internet> : sélectionner un niveau. Cette option dépend de la conception de la base, notamment des agents qui sont invoqués depuis le navigateur

Type d'utilisateur

Le type d'utilisateur indique à quoi correspond une entrée dans la liste des *Personnes, serveurs, groupes.*

- <Type d'utilisateur> : sélectionner une entrée
  - *Non spécifié*
  - *Personne*
  - *Serveur*
  - *Groupe mixte*
  - *Groupe de personnes*
  - *Groupe de serveurs*

Il est recommandé de toujours typer une entrée, surtout lorsqu'il s'agit de serveurs. Les ID serveurs ne sont pas protégés par mot de passe et il vaut mieux qu'un serveur soit identifié comme tel : Domino restreint ou interdit l'accès à une base avec un ID serveur depuis le client Notes ou Domino Administrator.

Inversement, une erreur de typage limite sérieusement l'accès à une base : si le groupe des administrateurs avec un accès Gestionnaire est typé comme « Personne » au lieu de « Groupe de personnes », alors les administrateurs perdent l'accès Gestionnaire…

Notes peut faire des recherches pour les entrées non typées.

- Cliquer sur l'onglet (Avancé)

 Cliquer sur ce bouton.

- Cliquer sur (Rechercher les utilisateurs de type Non spécifié)

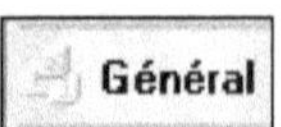 Cliquer sur ce bouton.

Toutes les entrées qui étaient non typées le sont, à l'exception de -Default- et *Anonymous.*

Cette option est particulièrement utile lors de la mise en place de la sécurisation du serveur parce que Notes ne type pas toujours toutes les entrées des LCA des bases d'administration.

Privilèges

Un droit d'accès donné – de *Gestionnaire* à *Pas d'accès* – est associé à des privilèges déterminant les droits sur les documents et les éléments de conception privés ou publics de la base :

- ☒ Créer des documents
- ☒ Supprimer des documents
- ☒ Créer des agents privés
- ☒ Créer des dossiers/vues personnels
- ☒ Créer des dossiers/vues partagés
- ☒ Créer des agents LotusScript/Java
- ☒ Lire des documents publics
- ☒ Écrire des documents publics
- ☒ Répliquer ou copier des documents

Un élément est grisé lorsqu'il est attribué de facto. L'accès *Gestionnaire* donne le privilège de création de documents, le privilège de suppression de documents pouvant être retiré. Ainsi, l'administrateur pourra modifier la LCA d'une base de workflow ou de gestion de documents, mais il ne pourra pas supprimer accidentellement un document. Ces privilèges sont vus au cas par cas pour les bases d'administration.

Rôles

Les rôles dépendent des bases car ils sont définis par le concepteur : ils sont associés à des fonctions spécifiques à la base. Il faut donc que la signification des rôles soit documentée pour la mise en exploitation d'une base. L'administrateur rencontre les rôles dans certaines bases administratives, particulièrement l'Annuaire Domino du domaine où les rôles sont organisés comme suit :

Accès	Rôle	Droit
Gestionnaire Concepteur Éditeur Auteur avec droit de création de documents	[GroupCreator]	Créer un document groupe
	[ServerCreator]	Enregistrer un serveur
	[UserCreator]	Enregistrer une personne
	[PolicyCreator]	Enregistrer une politique
	[NetCreator]	Créer tout document n'entrant pas dans les catégories précédentes
Auteur	[GroupModifier]	Modifier tout document groupe
	[ServerModifier]	Modifier tout document serveur
	[UserModifier]	Modifier tout document personne
	[PolicyModifier]	Modifier tout document politique
	[NetModifier]	Modifier tout document n'entrant pas dans les catégories précédentes

Le rôle [PolicyReader] doit être donné à toutes les entrées à l'exclusion de serveurs Domino d'une version antérieure à la 4.6.7a.

Remarque

Les rôles dans l'Annuaire ont été conçus pour décentraliser et spécialiser l'administration. Un groupe d'administrateurs réduit – une ou deux personnes – a tous les rôles. Un administrateur spécialisé dans l'enregistrement d'utilisateurs ou dans la gestion des groupes de messagerie n'aura que certains rôles, ✎ Module Clients Notes itinérants et ✎ Tome 2-Module Organismes de certification.

Serveur d'administration

Les requêtes administratives modifient le contenu d'une base sur le serveur d'administration de cette base. Son rôle est étudié dans un autre module ✎ Tome 2-Module Gérer les utilisateurs.

Pour affecter un serveur d'administration à une base :

Cliquer sur ce bouton.

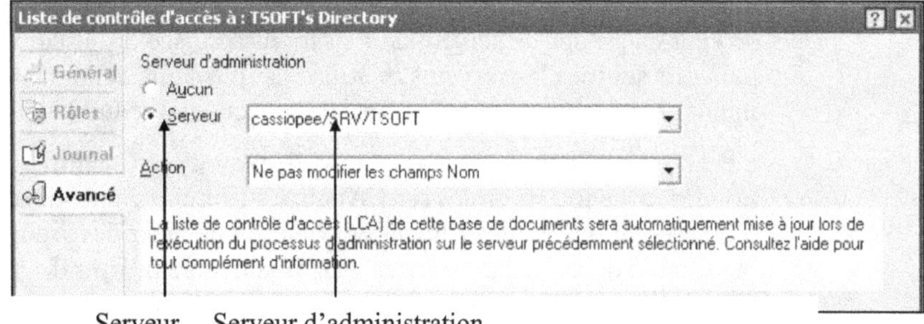

  Serveur Serveur d'administration

Régler la LCA des bases administratives

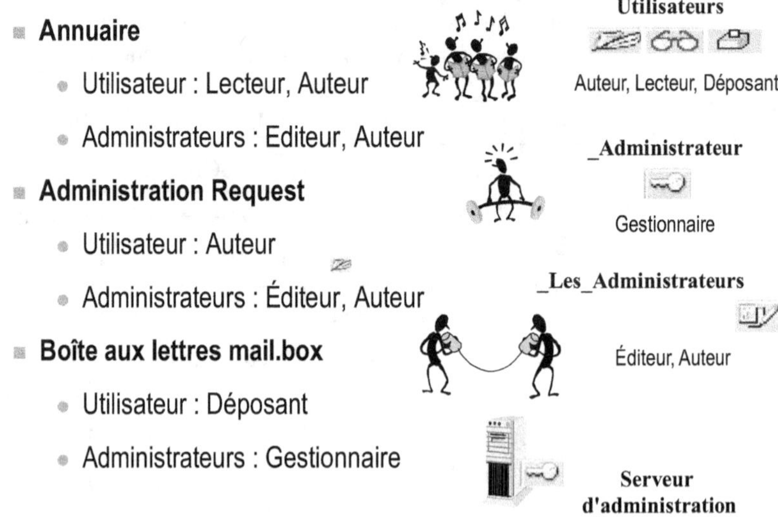

Domino a inséré le nom de l'administrateur – par exemple *_Administrateur/TSOFT* – et du groupe d'administrateurs par défaut *LocalDomainAdmins* dans la LCA de chacune des bases du serveur avec l'accès Gestionnaire. Il faut maintenant vérifier et normaliser la LCA de chaque base administrative.

Groupe utilisé

Groupe	Contenu	Droits
Les Administrateurs	Administrateurs du domaine	Gestionnaire, Éditeur ou Auteur des bases

Domaine de petite taille

Dans un petit domaine, il est plus simple d'utiliser l'identifiant d'administrateur d'accès complet *_Administrateur* pour gérer la LCA des bases administratives : cette tâche se fait à la création du domaine et requiert peu d'interventions ultérieures. L'identifiant personnel de (ou des) l'administrateur(s) est dans le groupe *_Les_Administrateurs* qui dispose de l'accès Éditeur dans la plupart des bases administratives, ce qui est largement suffisant.

Domaine important

La modification de la LCA des bases peut être effectuée à l'aide d'identifiants d'administration spécialisés. Les identifiants d'accès complet sont créés pour chaque serveur ou groupe de serveurs. La gestion sécurisée d'un seul identifiant ayant tous les pouvoirs sur tous les serveurs et utilisé par plusieurs administrateurs est pratiquement impossible. Un ensemble d'identifiants spécialisés réduit les risques.

Les administrateurs du domaine travaillent avec leur identifiant personnel et sont Éditeurs avec tous les rôles sur l'Annuaire Domino du domaine. Les administrateurs d'un serveur ont l'accès Auteur avec le droit de créer des groupes, des personnes et de modifier le document de leur serveur. Il faut alors prévoir des groupes d'administrateurs locaux.

Serveur d'administration

Il est recommandé que chaque base d'administration et d'application ait un serveur d'administration. C'est indispensable pour l'annuaire Domino du domaine : si ce n'est pas le cas, le domaine ne fonctionnera pas correctement. Le serveur d'administration est par défaut le premier serveur du domaine. Il peut être modifié par la suite.

Le serveur d'administration est repéré par une icône spécifique dans la LCA.

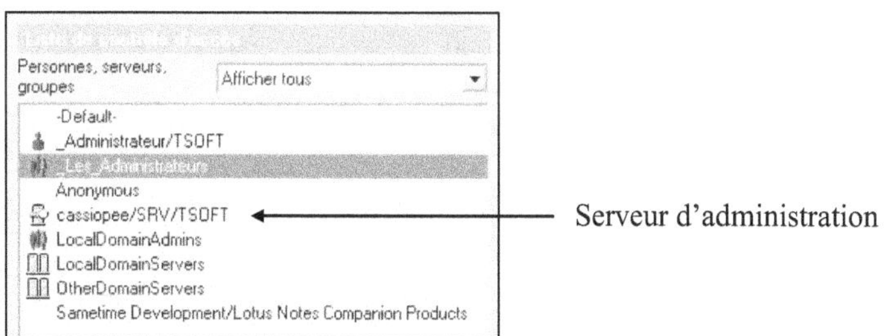

Serveur d'administration

Tableau de réglage des LCA dans un domaine simple Bases d'administration vitales

L'accès donné à *-Default-* est généralement trop élevé dans la LCA des bases administratives et il faut l'abaisser. Le tableau indique les réglages recommandés. C'est un exemple type qui est utilisable en l'état ou adapté si le contexte de l'entreprise l'exige. Seules les entrées à modifier (M) ou à ajouter (A) sont signalées.

Base	Entrée	Droits
Toute base d'administration de la liste	*_Administrateur/Org*	Gestionnaire
	Anonymous	Pas d'accès
	LocalDomainServers	Éditeur
	OtherDomainServers	Pas d'accès
Annuaire Domino du domaine names.nsf	-Default- (M)	Lecteur
	Les Administrateurs (A/M)	Éditeur Tous les rôles
Requêtes administratives admin4.nsf	-Default-	Auteur (a)
	Les Administrateurs (A/M)	Éditeur
nomduServeur Mailbox mail.box	-Default-	Déposant
	Les Administrateurs (A)	Gestionnaire (b)
nomDomaine Certification Log certlog.nsf	-Default-	Pas d'accès
	Les Administrateurs (A/M)	Éditeur
Domino Web Administrator webadmin.nsf	-Default- (M)	Pas d'accès
	Les Administrateurs (A/M)	Gestionnaire (c) Tous les rôles

(a) : les utilisateurs soumettent des requêtes dans la base admin4.nsf pour créer une délégation de courrier ou déclarer une absence.

(b) : il faut être Gestionnaire pour voir le contenu de la boîte aux lettres du serveur. Ceci ne donne pas pour autant l'accès au contenu des messages.

(c) : il faut être Gestionnaire sur cette base pour pouvoir administrer le serveur Domino depuis un navigateur.

Journaux et surveillance

Les autres bases d'administration sont très utiles sans avoir le caractère vital des bases du tableau précédent. Ce sont des journaux d'activité et de paramètres de surveillance du serveur.

Base	Entrée	Droits
Catalogue (7) catalog.nsf	-Default- (M)	Lecteur
	Les Administrateurs (A/M)	Éditeur
Contrôleur de domaine Domino (7) ddm.nsf	-Default-	Pas d'accès
	Les Administrateurs (A/M)	Éditeur
Monitoring Configuration events4.nsf	-Default- (M)	Pas d'accès
	Les Administrateurs (A/M)	Éditeur
Monitoring Results statrep.nsf	-Default- (M)	Pas d'accès
	Les Administrateurs (A/M)	Éditeur
Journal Notes du serveur log.nsf	-Default- (M)	Pas d'accès
	Les Administrateurs (A/M)	Éditeur
Reports for *nomduServeur* reports.nsf	-Default- (M)	Pas d'accès
	Les Administrateurs (A/M)	Éditeur

Droits des serveurs

La configuration du domaine Domino défint trois groupes par défaut.

Groupe	Accès	Membres
LocalDomainServers	Gestionnaire	Tous les serveurs du domaine Domino
LocalDomainCatalogServers	Éditeur	Les serveurs exécutant la tâche d'indexeur du domaine
OtherDomainServers	Pas d'accès	Serveurs des autres domaines Domino

Les droits par défaut des serveurs permettent aux bases de répliquer correctement entre serveurs. L'organisation du travail des administrateurs et du rôle des serveurs dans l'architecture pivot/satellite amène une modification des droits des serveurs. Le tableau propose un réglage suffisant dans un domaine ayant quelques serveurs.

Le groupe LocalDomainCatalogServers est propre à la base Catalog.nsf. Ce groupe joue un rôle dans la mise en place d'un index de recherche centralisé dans le domaine.

Droits complémentaires du groupe d'administrateurs

Les administrateurs du groupe _Les_ Administrateurs pourront effectuer le travail administratif consistant à créer et modifier des documents dans ces bases. Ils auront également des opérations de maintenance à effectuer (compactage, indexation, correction d'incidents) sur ces bases. Ils sont autorisés à le faire parce que présents dans le champ <Administrateurs> du document du serveur. Néanmoins, certaines opérations demandent un accès Gestionnaire et il faudra alors prendre un identifiant d'administration spécialisé, ☞Référence. Accès administeurs.

Accès sécurisé à Internet

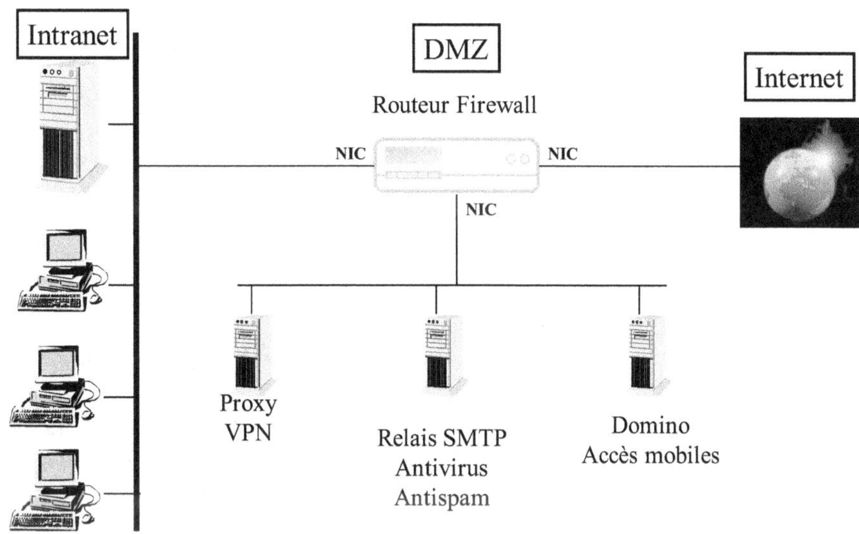

La sécurité proposée par Domino n'est efficace qui si elle fait partie d'une architecture globale de protection des serveurs et des clients : un serveur installé dans un couloir n'est pas sécurisé. La plupart des réseaux d'entreprise sont reliés à Internet pour des flux entrants et sortants, messagerie et navigation notamment.

L'objectif ici est de décrire brièvement quel rôle peut jouer Domino dans un réseau sécurisé. La multiplicité des solutions possibles demande des développements sortant du cadre de cet ouvrage et l'exemple donné a été volontairement limité.

– Un routeur firewall muni de trois cartes d'interface réseau – NIC – est placé entre l'intranet et Internet et au réseau local DMZ.
– Chaque réseau a son propre plan d'adressage IP : le routeur a une adresse externe publique nécessaire pour recevoir le courrier depuis Internet. Le plan d'adressage de la DMZ est distinct de celui de l'intranet.
– Des filtres sont configurés sur chaque NIC pour les flux entrants et sortants.
– L'intranet comprend les clients connectés au serveur Domino. Ils accèdent à Internet pour surfer.
– Le serveur relais SMTP passe les messages reçus au serveur Domino de l'intranet qui en assure la distribution. Le serveur Domino passe par le serveur relais pour envoyer les messages vers Internet.
– Le serveur relais exécute un antivirus sur les messages entrants et sortants. Il a également des fonctions d'antispam et refoule les messages indésirables. En cas d'attaque, il peut tomber mais l'intranet continue à fonctionner.
– Un serveur VPN authentifie les clients connectés depuis Internet et leur donne l'accès au travers d'un canal sécurisé à toutes les ressources du LAN de l'intranet dont le serveur de messagerie Domino.
– Un serveur Domino peut être installé à côté du relais SMTP pour offrir aux utilisateurs mobiles Notes un accès distant aux bases courrier avec réplication sur les postes. Ce serveur sera dans un domaine séparé et répliquera avec le serveur de l'intranet les bases courrier des itinérants.
– Un serveur proxy placé en DMZ protège et accélère les accès pour les clients navigateurs.

Interview de l'Expert

Le serveur Domino peut être configuré comme proxy (serveur InterNotes). Cela nécessite l'exécution la tâche Web sur le serveur. Elle sera en mesure de mettre à disposition des méthodes telles que getDocumentByURL pour les développeurs d'application, et permettra, de ce fait, un accès totalement contrôlé aux données des pages Internet.

Sa mise en place est fortement conseillée dans le cas de site à haute sécurité, lorsqu'on souhaite limiter la nature des données accessibles et qu'il ne s'agit pas de données exploitables en seul temps réel (cours de la bourse, par exemple).

Elle sera également d'une grande utilité lors de la migration d'un site html non dynamique vers une architecture Notes, puisqu'elle produit des documents Notes à partir d'une page HTML.

Pour un bon niveau de sécurité, il est possible également de proposer une connexion en HTTPS.

S'il y a la possibilité d'intégrer des certificats x509 à un ID. La délivrance de ces derniers est également possible pour des clients web, directement. Il est nécessaire pour cela de créer une base utilisant le modèle CCA50.NTF. Faites-le, pour plus de commodité, en local (la LCA devra être vérifiée et les administrateurs disposeront du rôle [CAPriviledUser]).

Même sans aucune connaissance spécifique en administration, l'ensemble ne prendra que quelques minutes. Etablissez un plan de nommage qui corresponde à celui utilisé dans Notes.

Définissez en premier le certificateur principal (KeyRing). À l'instant de configurer ce dernier, évitez de cocher « Utilisez SLL pour les transactions de certificats », sauf si vous disposez déjà d'un serveur sécurisé. Utilisez un nom descriptif pour la rubrique « State/Province », elle est obligatoire. « State/province » correspondrait éventuellement, par exemple, au nom du département dans lequel le serveur (ou la société) est installé.

Ouvrez votre répertoire Notes/data. Trois fichiers devraient s'y trouver, une fois les trois étapes franchies. Enregistrez vers le répertoire Data du serveur une copie des fichiers keyfile.sth et keyfile.kyr. Indiquez ensuite dans les paramètres http du serveur que le port est sécurisé. N'oubliez pas de répliquer la base locale en direction du serveur. Mettez à jour les paramètres http en relançant le service. Il sera possible aux utilisateurs de se connecter ensuite vers la réplique serveur (par leur navigateur) afin de formuler des demandes de création de certificats.

Rappel des objectifs

- **Savoir-faire**
  - Créer des groupes
  - Configurer l'accès complet à un serveur Domino
  - Configurer les restrictions et autorisations d'accès au serveur
  - Configurer les droits d'exécution des agents
  - Régler la LCA des bases d'administration
- **Connaissance**
  - La sécurité Lotus Domino
  - La hiérarchie des droits d'administration
  - Sécurisation du réseau

Ce module couvre la sécurisation du premier serveur du domaine et des fichiers ID créés lors de la configuration du serveur. Cette organisation est applicable dans un domaine monoserveur ou multiserveur.

Il est recommandé de conserver le premier utilisateur du domaine comme « super utilisateur » ayant le maximum de droits. Le fichier ID de cet utilisateur est partagé entre plusieurs administrateurs avec des mots de passe multiples.

Le certificat de l'organisation – cert.id – est particulièrement précieux. Il faut absolument le sauvegarder et lui affecter des mots de passe multiples.

Authentification Domino/Notes

Un client Notes qui se connecte à un serveur Domino doit d'abord s'authentifier. Ce mécanisme est un processus complexe mettant en jeu les couples clé publique-clé privée et les certificats du fichier ID du client et celui du serveur. L'authentification est automatique lorsque client Notes et serveur Domino appartiennent à la même organisation Domino. Si l'authentification n'aboutit pas, la connexion est impossible.

Planification

La planification de la sécurité du domaine Domino part d'une réflexion sur :

- La typologie des tâches d'administration,
- Les règles de gestion applicables à tout le domaine,
- Les règles de gestion applicables à un serveur,
- La hiérarchie des accès administratifs,
- Les particularités du serveur d'intranet, d'extranet et d'Internet.

Le modèle d'administration d'un domaine Domino peut être complètement centralisé ou partiellement décentralisé. Lorsque le domaine ne contient qu'un seul serveur, l'administration est assurée par un groupe d'administrateurs ayant les mêmes droits.

Hiérarchie des accès administratifs

Les niveaux d'accès d'administration d'un serveur sont hiérarchisés :

– Accès total (ou complet) : tous les droits
– Administrateur : les droits administrateur de bases et administrateur console
– Administrateur de bases
– Administrateur console : accès à la console Domino quel que soit le client
– Administrateur console visualisation
– Administrateur système : accès aux commandes de l'OS (Windows, Unix)
– Administrateur système restreint

Chaque niveau a une série de droits déterminés. Ces droits se combinent à ceux définis au niveau du domaine : les droits d'accès aux bases d'administration, notamment l'annuaire.

Nomenclature des groupes

L'organisation de la sécurité repose habituellement sur la création de groupes correspondant à des droits déterminés : accès au serveur, administrateur, exécution de fonctions… par les administrateurs et les utilisateurs.

Les groupes destinés à gérer la sécurité sont normalement distincts des groupes servant de liste de diffusion pour la messagerie. Les groupes se répartissent en :

– Administrateurs du domaine
– Administrateurs du serveur
– Serveurs
– Utilisateurs

Dans un domaine simple, il y a au minimum un groupe d'administrateurs qui aura les droits d'exécuter les fonctions nécessaires sur serveur (création de bases, utilisation de la console distante, etc.). Les noms de groupes sont portés dans le document serveur.

Si une personne est présente dans deux groupes, c'est en principe le droit le plus élevé qui l'emporte. Il y a deux exceptions à cette règle :

– L'interdiction d'accès l'emporte sur tous les autres droits
– Les droits de l'individu, lorsqu'il est nommé explicitement, l'emportent sur les droits du groupe auquel il appartient
– Les droits de l'identifiant ayant accès complet ne tiennent pas compte des groupes

Créer les groupes

Les groupes sont enregistrés dans l'Annuaire Domino du domaine depuis Domino Administrator. Les groupes sont répartis par type :

– Multifonction : groupe servant pour la messagerie et aux contrôles d'accès
– Liste de contrôle d'accès uniquement : groupe utilisé dans la LCA des bases et dans les restrictions d'accès au serveur
– Messagerie uniquement : groupe servant uniquement en messagerie
– Serveurs uniquement : groupe ne contenant que des serveurs Domino, utilisé dans les documents de configuration et les documents de connexion (pour la réplication et le routage du courrier)
– Liste des intrus uniquement : liste des personnes et serveurs interdits d'accès à un serveur ou à tous les serveurs du domaine. Ils apparaissent dans la vue *Groupes Intrus*.

Contrôler l'accès au serveur

Les paragraphes *Paramètres de sécurité* et *Accès serveur* du document du serveur dans l'Annuaire Domino du domaine contiennent les règles d'accès au serveur :

– Qui peut accéder : liste d'utilisateurs et de serveurs.
– Qui ne peut pas accéder : habituellement le groupe des Intrus.
– Est-ce que les connexions anonymes sont autorisées : des utilisateurs Notes non authentifiés accèdent-ils au serveur ?
– Est-ce que l'accès au serveur est autorisé uniquement aux utilisateurs répertoriés dans l'Annuaire Domino du domaine et dans des annuaires accrédités ?
– Est-ce que le mot de passe entré par l'utilisateur Notes est correct ?
– Est-ce que la clé publique de l'utilisateur Notes correspond à celle qui est enregistrée dans l'Annuaire Domino du domaine ?

Les autorisations ou refus d'accès ne s'appliquent pas à l'identifiant ayant l'accès complet au serveur.

Contrôler les accès d'administration

Le paragraphe *Administrateurs* du document du serveur dans l'Annuaire Domino du domaine contient les rôles dévolus aux administrateurs du serveur :

– Qui est l'administrateur avec accès complet : un identifiant spécial
– Qui est l'administrateur du serveur : un groupe d'une ou plusieurs personnes
– Qui peut utiliser la console Domino : un groupe d'une ou plusieurs personnes
– Qui peut passer des commandes système : un groupe d'une ou plusieurs personnes

Contrôler l'utilisation des fonctions

Le paragraphe *Accès serveur* du document du serveur dans l'Annuaire Domino du domaine contient les règles d'utilisation des fonctions du serveur :

– Qui peut créer des bases : administrateurs et serveurs
– Qui peut créer des modèles maîtres : administrateurs
– Qui peut créer des répliques : administrateurs et serveurs
– Qui peut utiliser des contrôles : tous les utilisateurs, certains ou aucun
– Quels serveurs sont accrédités pour accéder à une base locale depuis un agent : serveurs

Configuration de l'accès complet

L'accès complet au serveur Domino est réservé aux dépannages et ne peut en aucun cas être considéré comme une façon ordinaire d'administrer.

Un identifiant réservé est préférable à l'utilisation d'un groupe dont la modification est difficile à contrôler. L'identifiant d'administrateur créé lors de la configuration du premier serveur fait l'affaire dans un domaine monoserveur.

Pour avoir l'accès complet au serveur depuis Domino Administrator, il faut changer d'ID et prendre celui qui a l'accès complet, puis passer la commande *Administration/Accès complet aux fonctions d'administration*.

Contrôler les agents

Un agent est un programme contenu dans une base. Il peut être lancé manuellement ou automatiquement sur le serveur par planification ou suite à un événement (des documents nouveaux ou modifiés par exemple).

Le document du serveur contient les règles et droits d'exécution des agents. Chaque agent est signé par la dernière personne qui l'a modifié. D'après cette signature Domino détermine le droit de lancer l'exécution de l'agent selon le style de programmation utilisé :

– Les agents simples et de formules : agents ayant accès à peu de fonctions sur une base, par défaut tout le monde.
– Les agents LotusScript/Java restrictifs : agents écrits dans des langages puissants n'utilisant pas des fonctions sensibles, par défaut personne.
– Des méthodes et des opérations non restrictives : agents pouvant utiliser n'importe quelle fonction disponible, par exemple, l'accès au système de fichiers du serveur, lancer un exécutable. Par défaut personne.

Il est indispensable de modifier les options par défaut et de donner le droit d'exécuter des agents aux personnes, au moins sur un serveur de messagerie.

Le document du serveur contient les noms de groupes pour les droits d'exécution des agents.

Sécuriser les fichiers ID

La configuration du premier serveur du domaine a généré trois ou quatre fichiers ID :

– Le certificat d'organisation : cert.id.
– Le certificat d'unité d'organisation pour le serveur : certOU.id (en option).
– Le fichier ID du serveur : server.id.
– Le fichier ID de l'administrateur : user.id.

Tout fichier ID doit être protégé d'une perte de mot de passe. Les fichiers ID d'administration doivent être protégés d'une utilisation frauduleuse.

Il est donc important de prévoir tout de suite un rangement des fichiers ID sur un répertoire d'accès restreint sur le serveur de fichiers, avec les mots de passe d'origine.

Mots de passe multiples

Les mots de passe multiples permettent à plusieurs personnes utilisant chacune son mot de passe personnel d'accéder au même fichier ID. Deux types de fichiers ID sont candidats actuellement :

– Le certificat d'organisation : cert.id
– Le fichier ID de l'administrateur : admin.id

Les administrateurs ont accès à ces fichiers en tapant un mot de passe personnel.

Liste de Contrôle d'Accès (LCA)

La LCA (Liste de Contrôle d'Accès) protège une base Notes. La LCA est consultée lorsqu'un utilisateur – administrateur ou non – ouvre une base sur le serveur. L'accès à une base par l'utilisateur se fait après authentification entre le client Notes et le serveur Domino et vérification de l'accès au serveur pour cet utilisateur : accès au serveur autorisé, accès au serveur interdit, contrôle de la clé publique (option) et du mot de passe (option).

La LCA permet d'attribuer à un utilisateur, un groupe d'utilisateurs, un serveur ou un groupe de serveurs un niveau d'accès :

- Gestionnaire : droits du concepteur plus celui de modifier la LCA et les paramètres de réplication,
- Concepteur : droits de l'éditeur plus celui de modifier la programmation de la base,
- Éditeur : créer des documents et modifier n'importe quel document existant,
- Auteur : créer des documents et modifier ses propres documents (le plus souvent),
- Lecteur : lire les documents de la base,
- Déposant : créer des documents dans la base, sans pouvoir lire,
- Pas d'accès.

Modifier la LCA

Le paramétrage de la LCA consiste à définir le niveau d'accès pour des personnes et des groupes en association avec des privilèges qui précisent les droits vis-à-vis des documents, des éléments de conception (agents, vues et dossiers). L'accès depuis Internet peut être restreint.

Des rôles propres à la base sont attribués aux personnes et aux serveurs. Les rôles de l'annuaire Domino sont attribués par défaut à tous les administrateurs et serveurs. Dans un domaine important, ils servent à déléguer l'administration à des niveaux très fins. Un administrateur avec l'accès Auteur sur l'annuaire peut modifier tous les groupes s'il a le rôle [GroupModifier].

Le serveur d'administration d'une base est celui sur lequel les requêtes administratives mettront à jour la LCA de la base et les documents. Ce serveur est unique dans un domaine. Le premier serveur du domaine est le serveur d'administration de l'annuaire.

Régler la LCA des bases administratives

La LCA des bases d'administration doit être modifiée pour descendre le droit d'accès par défaut qui est la plupart du temps trop élevé et pour donner aux groupes d'administrateurs les droits nécessaires.

- L'identifiant d'administration a l'accès *Gestionnaire* sur toutes les bases,
- Les administrateurs ont un accès *Gestionnaire* qui peut être descendu à *Editeur* sur la plupart des bases, à l'exception notable de la base de routage de courrier MAIL.BOX,
- Les utilisateurs n'ont généralement pas accès aux bases d'administration, à l'exception de l'annuaire sur lequel ils ont l'accès *Lecteur*, la base Administration requests sur laquelle ils ont l'accès *Auteur* et le privilège de création de documents et enfin la base MAIL.BOX sur laquelle ils ont l'accès *Déposant*.

Accès sécurisé à Internet

La sécurité proposée par Domino n'est efficace qui si elle est partie d'une architecture globale de protection des serveurs et des clients : un serveur installé dans un couloir n'est pas sécurisé. La plupart des réseaux d'entreprise sont reliés à Internet pour des flux entrants et sortants, messagerie et navigation notamment.

- *Certification Log*
- *Déploiement de composants*
- *Enregistrement utilisateur*
- *Héritage*
- *Installation silencieuse*
- *InstallShield Tuner*
- *Langue nationale*
- *LCE*
- *Lotus SmartUpgrade*
- *Mot de passe*
- *Paramètre de sécurité*
- *Politique subordonnée*
- *Unité d'organisation*

Clients Notes sédentaires

Objectifs

Ce module traite de l'enregistrement et de la configuration de clients Notes pour les sédentaires. Les politiques introduites ici sont complétées dans un module séparé.

Savoir-faire

- Planifier le chargement du logiciel, l'enregistrement des utilisateurs,
- Créer une unité d'organisation, une politique d'enregistrement,
- Installer et configurer un client Notes sédentaire, mettre le logiciel à niveau.

Progression

Planification
Préférence d'administration
⊠ Préférences d'administration
Certification Log : journal de certification
© **Atelier 1**
Sauvegarde des fichiers ID
Coffre d'ID
⊠ Activation de la sauvegarde et restauration des fichiers ID

Unités d'organisation d'utilisateurs
@ Créer une unité d'organisation
@ Langues nationales
© **Atelier 4**
© **Atelier 5**
Politiques
Politiques subordonnées à l'organisation
Catégories de paramètres
© **Atelier 6**
⊠ Paramétrer les LCE d'administration

© **Atelier** 2

Utilisateur sédentaire. Poste personnel

⊠ Charger le logiciel sur un poste
  personnel

Enregistrer les utilisateurs Notes

Migration et importation des utilisateurs

⊠ Enregistrement manuel d'un utilisateur Notes depuis Administrator

Migration et importation des utilisateurs

Configurer un poste individuel

© **Atelier**-3

Sécurité du client Notes

LCE. Liste de contrôle d'exécution

Héritage de valeurs de paramètres

Scénarios de mise en œuvre de politiques
  subordonnées

Outils d'analyse des politiques

© **Atelier**-7

Installation personnalisée

@ Logiciel sur serveur de fichier

@ InstallShield Tuner : personnalisation
  de l'installation

@ Installation silencieuse

Mise à niveau du logiciel Lotus Notes

@ Lotus SmartUpgrade

Planification

- **Préparer l'environnement**
  - Enregistrement des fichiers ID
  - Sauvegarde des fichiers ID
  - Autorités de restauration
  - Certification Log
- **Définir les politiques**
  - Détermination des unités d'organisation
  - Enregistrement des utilisateurs
  - Sécurité : mot de passe, LCE

La planification concerne l'environnement d'administration et les politiques. Il est fortement recommandé de planifier avec soin l'enregistrement des clients Notes et de peser les choix : une modification peut se révéler coûteuse par la suite.

Le module ne suit pas rigoureusement les étapes d'une mise en place opérationnelle – un utilisateur est enregistré avant que les politiques soient définies – pour des raisons pédagogiques. Des compléments indispensables pour une planification sont développés dans un autre module, ↳Module Clients Notes itinérants. Le paragraphe propose une trame générale qui devrait donner lieu à l'élaboration d'une check-list dont un exemple est donné en annexe.

Environnement

L'environnement d'administration est préparé pour que les fichiers ID soient disponibles sur le serveur de fichiers lors de la configuration des postes et que leur sauvegarde soit en place. La restitution du mot de passe en cas de perte est également prévue.

Définir les politiques

Les politiques appliquées aux utilisateurs concernent un grand nombre de paramètres : enregistrement des utilisateurs, configuration d'un poste client Notes, paramètres de sécurité, archivage du courrier, disposition du bureau Notes. Les politiques étant liées à des unités d'organisation, une réflexion sur les objectifs poursuivis est un préalable indispensable : une réorganisation des unités d'organisation sera lourde à mettre en œuvre. L'essentiel est de mettre en place une structure organisationnelle aussi simple que possible et de gérer dès le départ les valeurs par défaut à l'enregistrement des utilisateurs ainsi que les paramètres de sécurité Notes (le mot de passe et la protection du poste client Notes par la liste de contrôle d'exécution).

La gestion des utilisateurs itinérants utilisant un portable est vue séparément et enrichira la planification ébauchée ici.

Préférences d'administration

- **Options locales du client Domino Administrator**

- **La plupart des options sont aussi gérées par les politiques**

- **Options par défaut pour l'enregistrement des utilisateurs**

    - Rangement des fichiers ID

    - Messagerie : type, accès utilisateur, quotas, format d'adresse Internet

    - Fichier ID : qualité mot de passe, longueur de la clé publique (630/1024)

- **Options par défaut pour l'enregistrement des serveurs et certificateurs**

Les préférences d'administration contiennent les paramètres de fonctionnement et les valeurs par défaut proposées dans les dialogues de Domino Administrator. Elles sont propres au poste et devront être saisies à nouveau si le client Domino Administrator est déplacé ou complètement réinstallé.

- Commande *Fichier/Préférences/Préférences d'administration…*

Général	Domaine Domino géré, options de démarrage de Domino Administrator.
Fichiers	Disposition des informations en colonnes dans l'onglet (Fichiers).
Contrôle	Collecte d'informations pour le suivi en temps réel de l'activité des serveurs.
Enregistrement	Enregistrement des utilisateurs, serveurs et certificateurs.
Statistiques	Génération de statistiques et d'alarmes à partir des informations collectées sur les serveurs.

Les options étudiées dans ce module concernent l'enregistrement des utilisateurs, des serveurs et des certificateurs. Les options Contrôle et Statistiques sont abordées avec la surveillance du serveur, ✍Module Surveiller le serveur Domino.

Les paramètres d'enregistrement peuvent aussi être définis dans une politique d'enregistrement applicable à tout ou partie des utilisateurs, ✍Politiques. Les options définies dans une politique l'emportent sur les paramètres définis dans les préférences lorsque la politique est applicable.

La démarche proposée est de commencer par utiliser les paramètres définis dans les préférences d'administration puis de mettre en place une politique applicable à tous les utilisateurs dans un premier temps et à certains utilisateurs dans un deuxième temps.

⊠ Préférences d'administration. Enregistrement

- Commande *Fichier/Préférences/Préférences d'administration...*

- Cliquer sur (Enregistrement)

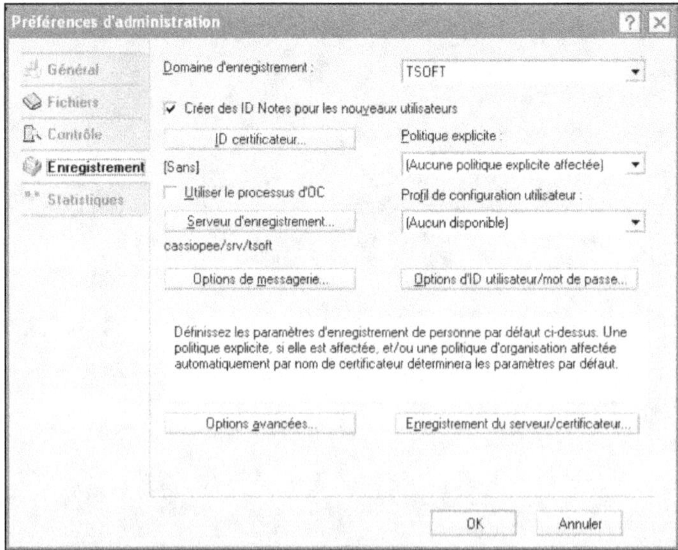

- Laisser sélectionné ⊠*Créer des ID Notes pour les nouveaux utilisateurs*. L'option inverse est d'enregistrer des utilisateurs accédant à Domino depuis un navigateur ou un client de messagerie de type Internet qui s'authentifieront par un identifiant et un mot de passe

- Cliquer sur (ID certificateur…)

- Naviguer vers le dossier partagé qui contient le certificateur d'organisation IDs\Certificats

- Sélectionner le fichier CERT.ID, puis cliquer sur (Ouvrir)

- Taper le (ou les) mot(s) de passe du certificateur

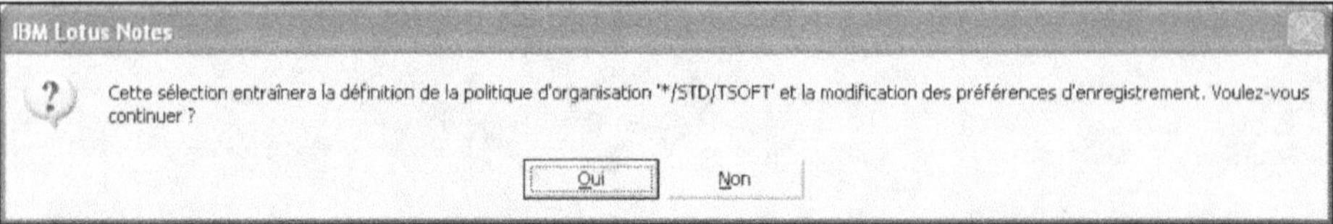

Un dialogue propose de générer automatiquement une politique. Les politiques sont traitées séparément. Bien qu'elles soient un excellent choix, pour le moment nous ne les utiliserons pas.

- Cliquer sur (Non)

Le nom du certificateur est à la place de *(Sans)* sous le bouton, par exemple */TSOFT*.

Le serveur d'enregistrement est par défaut le premier serveur du domaine et son nom apparaît sous le bouton (Serveur d'enregistrement…). Le document *Personne* de l'utilisateur enregistré est créé dans l'annuaire Domino sur ce serveur. La base Certification Log est mise à jour sur ce serveur également.

Options d'ID utilisateur et mot de passe

- Cliquer sur (Options d'ID utilisateur/mot de passe)

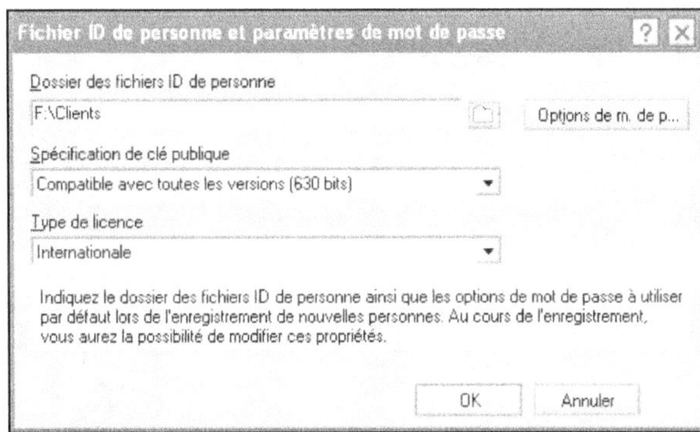

- Cliquer sur (Parcourir), puis naviguer vers le dossier partagé qui doit recevoir les fichiers ID utilisateurs, ici *F:\Clients*

<Spécifications de clé publique> : sélectionner
– *Compatible avec toutes les versions (630 bits)* si vous avez affaire à une installation existante et des postes clients en version 5.x ou antérieure
– *Compatible avec la version 6.0 et ultérieure (1024 bits)* si vous voulez bénéficier de chiffrement renforcé sur les postes clients 6.x, 7.x et 8.x.
– *Compatible avec la version 7.0 et ultérieure (2048 bits)* si vous voulez bénéficier de chiffrement renforcé sur les postes clients 7.x et 8.x.

Remarque

La génération de paires de clés RSA de 1024 bits était une nouveauté de la version 7. Le client Notes 6.x supporte une paire de clés de 1024 bits, mais Lotus Domino Administrator 6.x ne sait pas les générer.

- <Type de licence> : sélectionner *Internationale*. L'option *Nord-Américaine* est réservée à des entreprises opérant aux États-Unis et échangeant des données chiffrées ne sortant pas du territoire
- Cliquer sur (Options de m de p.)

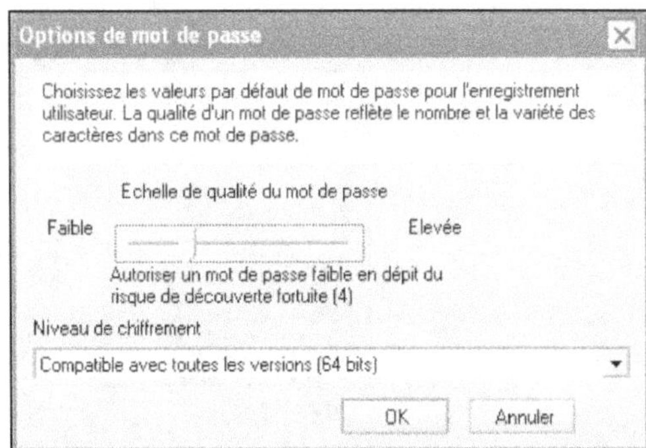

- <Echelle de qualité du mot de passe> : sélectionner une valeur dans l'échelle qui est basée sur le nombre et la nature des caractères entrés
- <Niveau de chiffrement> : ce choix doit être compatible avec celui effectué précédemment

Les suites de nombres, de lettres de l'alphabet, les mots du lexique anglais sont considérés comme communs et diminuent la qualité du mot de passe. Une solution courante consiste aussi à utiliser une longueur minimum pour un mot de passe à partir d'une politique. Cette option n'est pas disponible ici. Dans une situation de formation, il est recommandé de garder une qualité de 4. Dans un environnement de production, les normes existant dans l'entreprise seront appliquées.

Options de messagerie

- Cliquer sur (Options de messagerie)

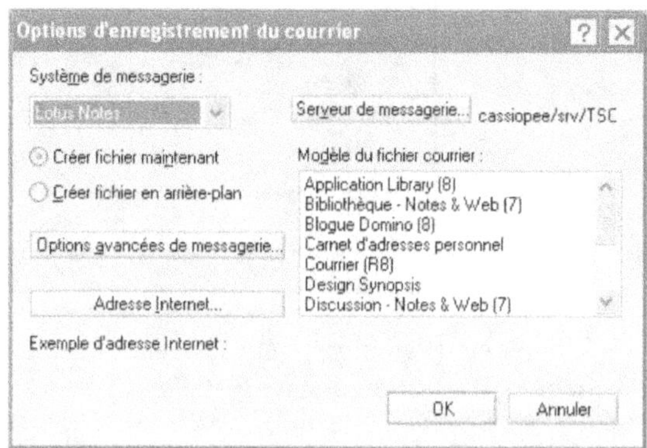

Le serveur de messagerie est par défaut le premier serveur du domaine. C'est le serveur de messagerie de l'utilisateur. Dans un domaine multiserveur, il peut être identique ou différent du serveur d'enregistrement.

- <Système de messagerie> : laisser *Lotus Notes* pour un client Notes. Les autres options concernent les utilisateurs disposant d'un navigateur ou d'un client de messagerie Internet pour accéder au serveur

- Sélectionner O*Créer fichier maintenant* pour créer la base courrier de l'utilisateur depuis le poste Domino Administrator ou O*Créer fichier en arrière-plan* pour que les requêtes administratives s'en chargent

- <Modèle de fichier courrier> : laisser l'option par défaut Courrier (version 7) pour le client Notes. La liste affiche des modèles de base courrier et des modèles qui n'ont rien à voir, par exemple Microsoft Office Library (8). Il faut donc être prudent et faire un choix en parfaite connaissance de cause

Adresse Internet

- Cliquer sur (Adresse Internet…)

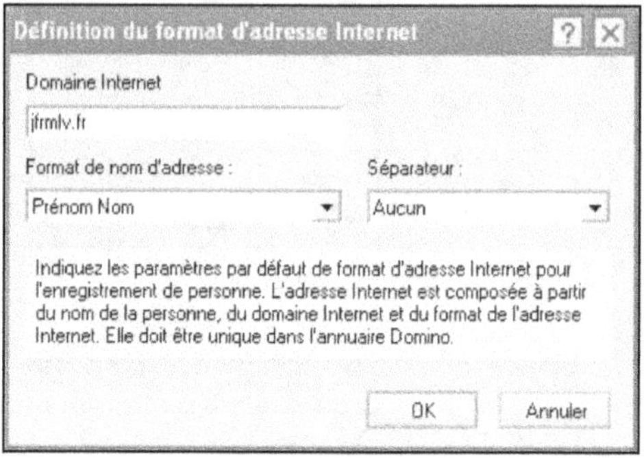

- <Domaine Internet> : taper le nom du domaine Internet pour l'entreprise
- <Format de nom d'adresse> : choisir un format
  - Prénom Nom
  - Prénom 2e prénom Nom
  - Initiale prénom Nom
  - Initiale prénom 2e prénom Nom

- Nom Prénom
- Nom Initiale prénom
- Nom Initiale prénom 2e prénom
- Prénom Initiale nom

- <Séparateur> : sélectionner
  - Aucun
  - Tiret de soulignement
  - Point
  - Signe égal
  - Pourcentage

Les choix effectués ici sont les options par défaut – qui pourront être modifiées – des dialogues d'enregistrement d'un nouvel utilisateur.

Options avancées de messagerie

- Cliquer sur (Options avancées de messagerie)

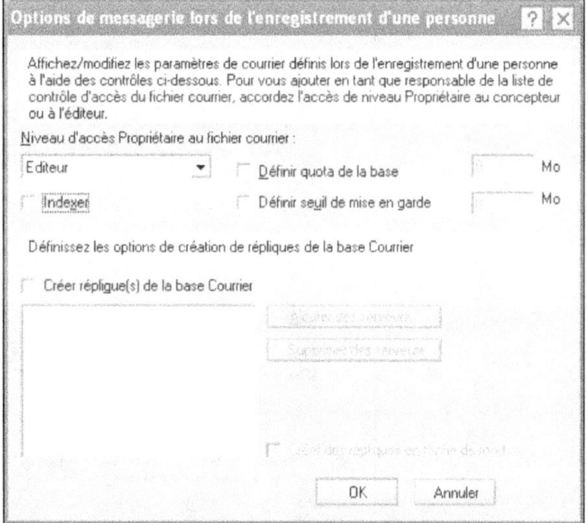

- <Niveau d'accès Propriétaire au fichier courrier> : laisser sélectionné *Editeur*

Les autres choix sont *Gestionnaire* et *Concepteur* non recommandés pour les utilisateurs :
– l'accès *Gestionnaire* permet de supprimer la base et de modifier ses paramètres de réplication (réglages délicats),
– l'accès *Concepteur* permet de créer un index de recherche documentaire avec prise en compte des fichiers rattachés, ce qui peut se révéler désastreux en termes de performances.

Les options de quota de base et de seuil de mise en garde sont vues en détail dans un autre module,✎Module Messagerie.

La création de réplique(s) de la base courrier est particulièrement utile lorsque les serveurs de messagerie sont en grappe.

Ces options s'appliquent ici à l'ensemble des utilisateurs. Les politiques permettent d'appliquer des options par défaut à des groupes d'utilisateurs ce qui donne une plus grande souplesse. Les paramètres de quota, de niveau d'accès et de type de messagerie se différencient souvent en fonction de la population.

Options d'ID serveur et certificateur

- Cliquer sur (Enregistrement du serveur/certificateur)

- <Dossier des ID serveur> : sélectionner le dossier partagé, ici F:\Serveurs
- <Spécification de la clé publique> : sélectionner une longueur de clé de 630 bits ou 1024 bits selon les spécifications de votre organisation.
- <Type de licence> : sélectionner *International*
- <Dossier des ID certificateur> : sélectionner le dossier partagé, ici F:\Certificats
- <Spécification de la clé publique> : sélectionner une longueur de clé de 630 bits ou 1024 bits selon les spécifications de votre organisation
- <Type de licence> : sélectionner *International*

Ces deux paramètres servent à la création d'un nouveau serveur ou certificateur.

Le fichier ID d'un serveur n'a normalement pas de mot de passe. Le fichier ID d'un certificateur est protégé par mot de passe et même avec des mots de passe multiples. La qualité 4 est suffisante en formation.

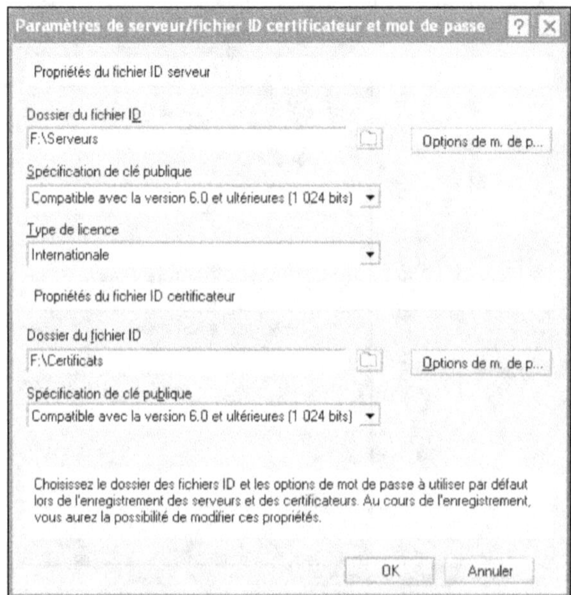

Options avancées

- Cliquer sur (Options avancées)

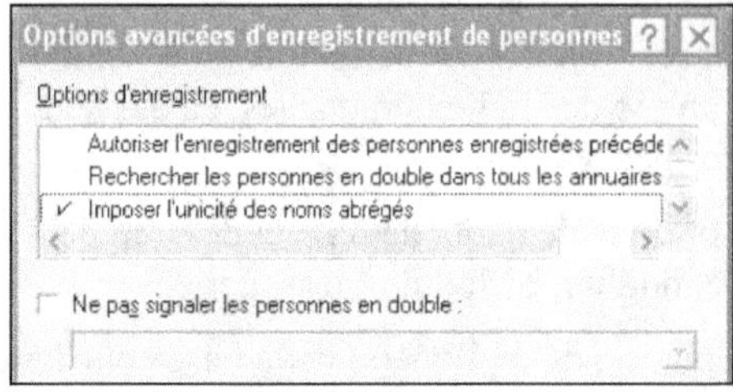

Ces options concernent le fonctionnement de Domino Administrator lors de l'enregistrement d'utilisateurs.

- Noms en double : de personnes, de fichiers courrier, de répertoires sur le serveur ;
- File d'attente : les utilisateurs sont enregistrés localement sur une file d'attente qui peut être conservée ou non en cas d'erreur, notamment lorsque des doublons sont découverts à l'enregistrement des utilisateurs.
- <Options d'enregistrement> : sélectionner *Imposer l'unicité des noms abrégés*. Le nom abrégé sert à constituer le nom du fichier courrier, du fichier ID, du dossier

des données personnelles de l'itinérant et l'identifiant de connexion Internet. Il est recommandé d'en assurer l'unicité.

Certification Log : journal de certification

- **Créé automatiquement sur le premier serveur**

- **Journalise l'utilisation des certificateurs**

- **Obligatoire pour les requêtes administratives**

Fichier ID délivré
pour une durée finie

Trace de l'utilisation
du certificateur
d'organisation

Fichiers ID
par date d'expiration

Le journal de certification contient la trace de l'utilisation d'un certificateur d'organisation ou d'unité d'organisation. Il a deux fins :

- Il est rendu obligatoire par le processus de requêtes administratives – l'assistant d'administration de Domino/Notes absolument incontournable – lequel intervient dans la gestion des fichiers ID des utilisateurs. C'est donc une bonne raison.
- Il permet de connaître l'utilisation d'un certificateur d'organisation ou d'unité d'organisation ainsi que les modifications portées au fichier ID d'un utilisateur. Il permet aussi de connaître les dates d'expiration des certificats émis.

Création du journal de certification

Le journal de certification – Certification Log certlog.nsf – est créé automatiquement lors de la configuration du premier serveur. Il devra être créé manuellement sur tout serveur additionnel dans le domaine Domino. Si cette base n'existe pas pour une raison quelconque, il faut la créer :

- S'identifier avec l'ID de « super administrateur »

- Commande *Fichier/Application/Nouveau...* ou appuyer sur Ctrl-**B**

- <Serveur> : sélectionner le serveur Domino à la place de *Local*

- <Titre> : taper *Certification Log* par souci de clarté

- <Fichier> : taper *CERTLOG.NSF* obligatoirement

- <Indiquer le modèle de la nouvelle base><Serveur> : sélectionner le serveur Domino à la place de *Local*

- Cocher ☒*Afficher modèles avancés*

- Sélectionner le modèle *Certification Log*

- Cliquer sur (OK)

- Appuyer sur Echap pour fermer le document de présentation de la base

- Appuyer sur Echap pour fermer la base

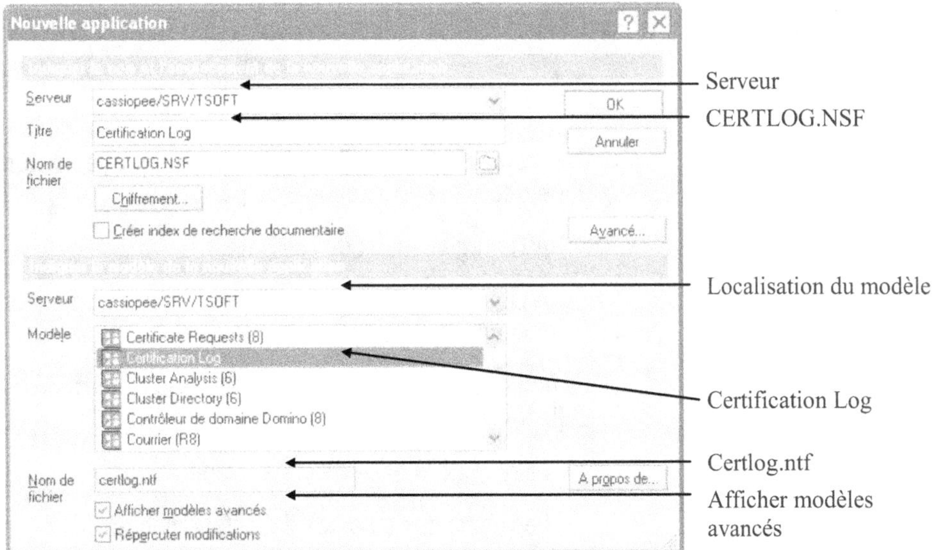

Régler la LCA

-Default-	Normalement *Pas d'accès*
_Administrateur/Org	Gestionnaire
Les Administrateurs	Ajouter en *Éditeur*
Serveur Domino	Gestionnaire, serveur d'administration

- Cliquer sur l'onglet (Fichiers) dans Administrator

- Clic droit sur *Certification Log* (certlog.nsf) et commande *Contrôle d'accès/Gérer…*

Utilisation de la base

Les traces de l'utilisation et de la modification des certificateurs se trouvent dans les vues :

- *Vue By Certifier Name* : pour un certificateur d'organisation ou d'unité d'organisation
- *By User Name* : pour les modifications du contenu d'un fichier ID utilisateur
- *By Expiration Date* : date d'expiration des certificats émis pour les utilisateurs

L'annuaire contient la liste des certificats qui expirent dans *plus de 120 jours*.

- Cliquer sur l'onglet (Configuration), puis sur *Certificats/Expiration certificat*

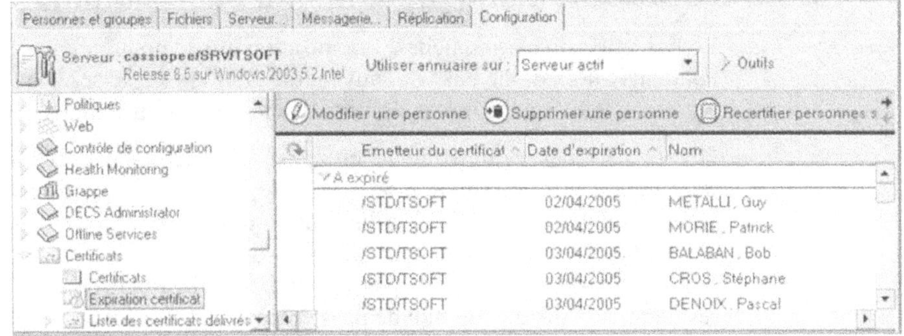

Sauvegarde des fichiers ID

- **Une copie du fichier ID utilisateur est envoyée automatiquement dans une base de sauvegarde par courrier** 

  - À l'enregistrement de l'utilisateur

  - À chaque modification du fichier ID : changement de clé publique, recertification, changement de nom de l'utilisateur

- **Le fichier ID du certificateur utilisé pour enregistrer les utilisateurs contient**

  - Le nom de la base de restauration

  - Les noms des autorités de restauration en cas de perte du mot de passe

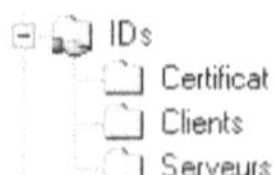

Les fichiers ID ont été installés dans un dossier partagé sur un serveur de fichiers, ✎Module Sécuriser le serveur. Un administrateur accède ainsi au certificateur d'organisation et au fichier ID du « super administrateur ». Ce dossier partagé sera utilisé lors de l'enregistrement des utilisateurs et de la configuration des postes clients.

Un fichier ID étant accédé par mot de passe, la question à se poser maintenant est : quelles sont les solutions possibles en cas de perte du mot de passe Lotus Notes d'un utilisateur. Il y en a au moins deux : manuelle ou automatique.

Sauvegarde manuelle sur serveur de fichiers

L'administrateur conserve une copie des mots de passe d'origine, les fichiers ID étant stockés dans le dossier partagé. Cette méthode doit tenir compte des modifications apportées aux fichiers ID par une recertification, un changement de nom de l'utilisateur. Il faut gérer manuellement la mise à jour de la copie de sauvegarde et du mot de passe associé, ce qui exige une procédure rigoureuse.
L'administrateur ayant accès à une copie de l'ID utilisateur, la solution peut être considérée comme inapplicable lorsque l'utilisateur a accès à des informations sensibles chiffrées avec son ID.

Sauvegarde automatique dans une base Domino

Le fichier ID du certificateur d'organisation utilisé pour enregistrer les utilisateurs contient le nom d'une base de sauvegarde Domino sur le serveur. Un processus de Domino/Notes enregistre les fichiers ID créés et modifiés dans une base Domino.

D'autre part, des administrateurs et/ou des utilisateurs faisant office d'autorités de restauration sont également inscrits dans le fichier ID du certificateur. Ces personnes seront habilitées à donner à l'utilisateur un mot de passe de restauration pour accéder à son fichier ID. L'administrateur agissant comme autorité de restauration n'a pas besoin de connaître le mot de passe d'un fichier ID pour fournir un mot de passe de restauration – distinct du mot de passe perdu – à l'utilisateur. Le mot de passe de restauration ne permet pas de s'identifier avec le fichier ID de l'utilisateur.

Coffre d'ID

L'utilisation d'un coffre d'ID présente les avantages suivants :

- **possibilité pour les administrateurs (ou toute personne habilitée) de réinitialiser les mots de passe des ID stockés dans le coffre**

- **prise en charge de l'utilisation d'une application personnalisée pour la réinitialisation des mots de passe,**

- **récupération facile des ID utilisateur perdus ou altérés,**

- **synchronisation automatique de plusieurs copies d'ID.**

- **ne nécessite aucune intervention utilisateur lors de la modification du nom des ID**

- **ne nécessite aucune intervention utilisateur lors du remplacement de clés d'ID**

Le coffre d'ID est une base de documents placée sur un serveur et qui conserve des copies protégées des ID des utilisateurs. Un coffre d'ID permet aux administrateurs et aux utilisateurs de facilement gérer les ID utilisateur Notes. Les utilisateurs sont affectés à un coffre via une politique (paramètre de sécurité) et des copies des ID utilisateur seront automatiquement enregistrées dans un coffre une fois que la politique aura pris effet.

Il est stable à partir de la version 8.5.1 et s'avère beaucoup simple de mise en œuvre que l'ancien dispositif de restauration des ID, traité néanmoins dans la partie suivante. Il combine en effet les avantages d'une gestion centralisée des mots de passe avec le niveau de sécurité autorisé par l'utilisation de fichiers ID.

L'utilisation d'un coffre d'ID présente les avantages suivants :

- possibilité pour les administrateurs (ou toute personne habilitée) de réinitialiser les mots de passe des ID stockés dans le coffre lorsque les utilisateurs les oublient, sans accéder pour autant aux fichiers ID ou au coffre ;

- prise en charge de l'utilisation d'une application personnalisée pour la réinitialisation des mots de passe ;

- récupération facile des ID utilisateur perdus ou altérés ;

- ne nécessite aucune intervention utilisateur lors de la modification du nom des ID ;

- ne nécessite aucune intervention utilisateur lors du remplacement de clés d'ID ;

- permet aux utilisateurs ayant oublié leur mot de passe de demander (par téléphone) une réinitialisation de ce dernier par l'administrateur ;

- simplifie énormément la gestion des utilisateurs itinérants, en effet, les copies de leur ID sont maintenues synchronisées sur leurs différents postes de travail.

Bien que la restauration d'ID reste valable, il est vivement recommandé d'utiliser le coffre d'ID apparu en version 8.5 et stable en version 8.5.1.

Configuration d'un coffre d'ID

Pour mettre en place un coffre d'ID, on doit :

- créer la base de documents du coffre sur un serveur ;
- créer le fichier ID du coffre ;
- spécifier au moins un administrateur de coffre ;
- spécifier les unités d'organisation qui accréditent le coffre. ;
- affecter l'autorité de réinitialisation de mot de passe ;
- utiliser des politiques pour affecter des ID utilisateur au coffre.

Il est possible ensuite de :

- répliquer le coffre (ajouter des serveurs de coffre) ;
- spécifier pour les utilisateurs la marche à suivre en cas d'oubli de mot de passe ;
- spécifier si les utilisateurs doivent modifier les mots de passe qui ont été réinitialisés par l'administrateur ;
- exiger une autorisation de téléchargement d'ID depuis le coffre.

Création d'un coffre d'ID

Pour créer un coffre d'ID, sélectionner l'onglet (Configuration) de Domino Administrator et cliquer sur (Outils) puis sur (Coffres d'ID) puis *Créer*.

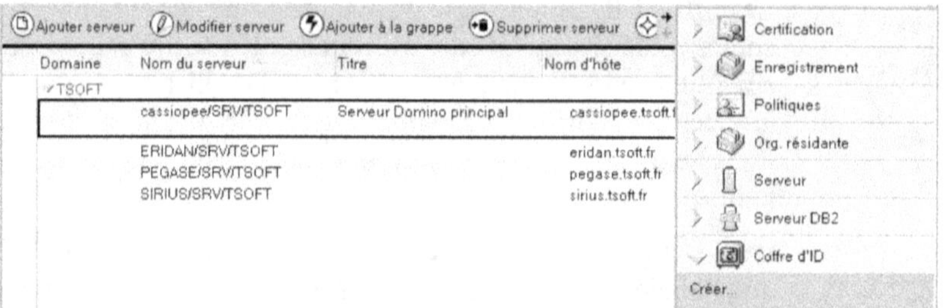

- Spécifier un nom pour le coffre d'ID à l'étape 1

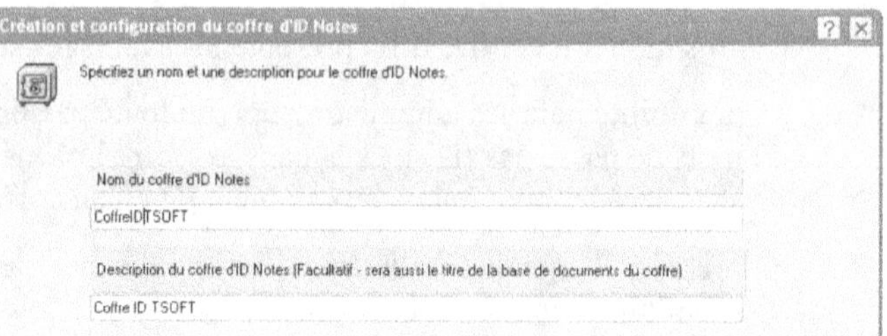

- Spécifier un mot de passe et un emplacement pour le coffre d'ID à l'étape 2

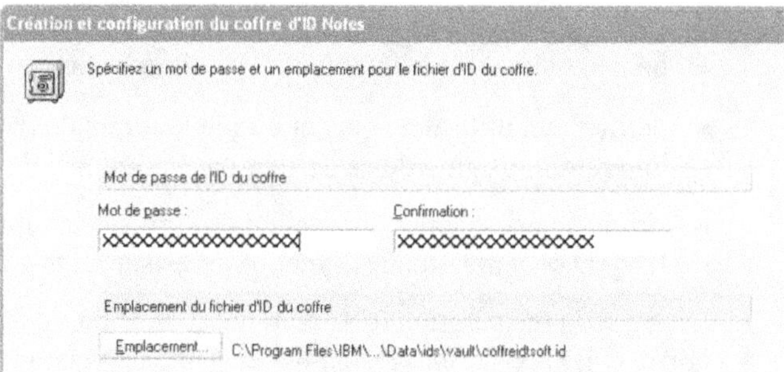

- Spécifier un serveur de réplique à l'étape 3

- Spécifier les administrateurs du coffre d'ID à l'étape 4

- Spécifier les organisations ou subordonnées des utilisateurs du coffre d'ID à l'étape 5

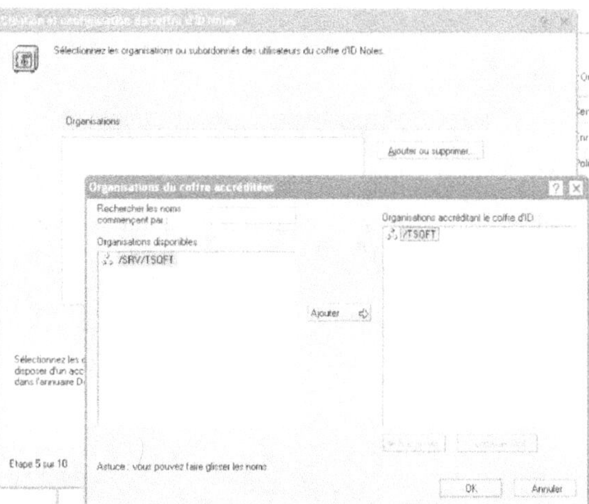

- Spécifier les noms autorisés à réinitialiser les mots de passe à l'étape 6

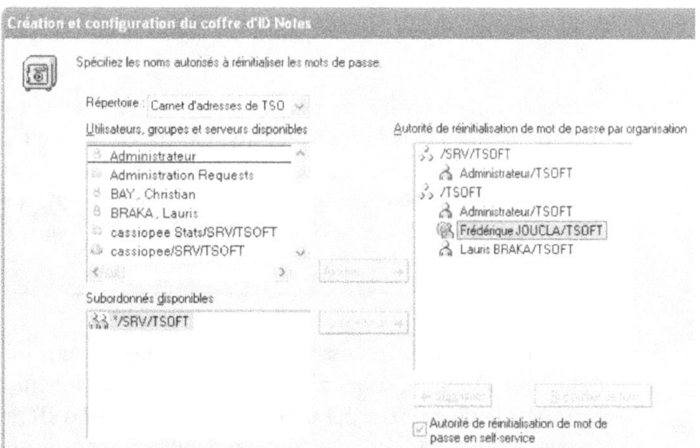

- Spécifier la façon dont seront créés le document de Paramètres de sécurité et la politique à laquelle il sera associé, à l'étape 7

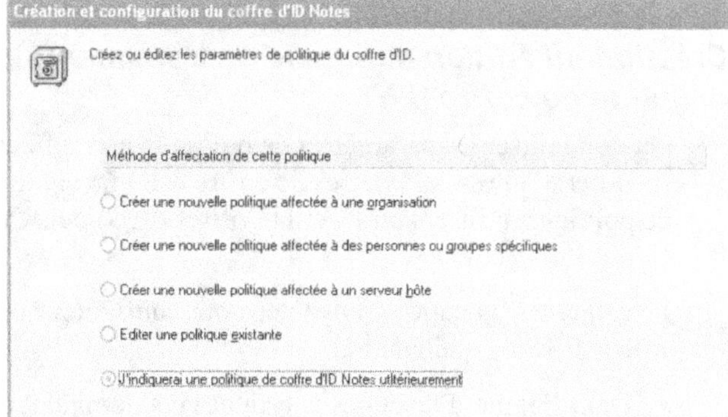

- L'étape 9 récapitule les différents éléments renseignés dans les étapes précédentes et permet de les valider ou de revenir aux étapes précédentes

- L'étape 10 exécute la création du coffre et des différents éléments qui s'y rattachent. Pendant la création des certificats d'accréditation, le mot de passe de chaque certificateur est demandé

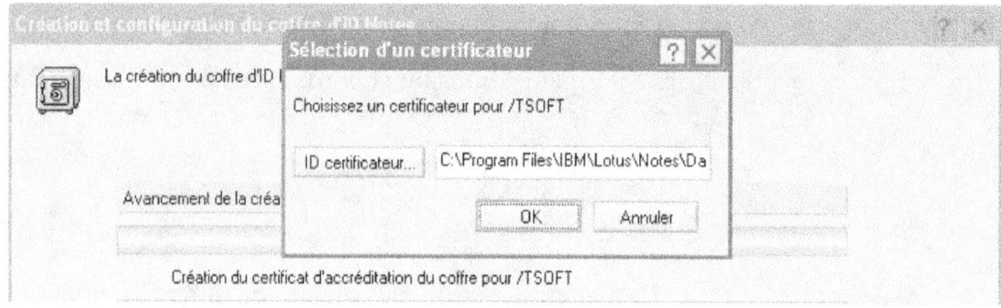

À l'issue de l'opération de création, une base de documents de coffre est créée dans le répertoire \IBM_ID_VAULT du répertoire de travail du serveur.

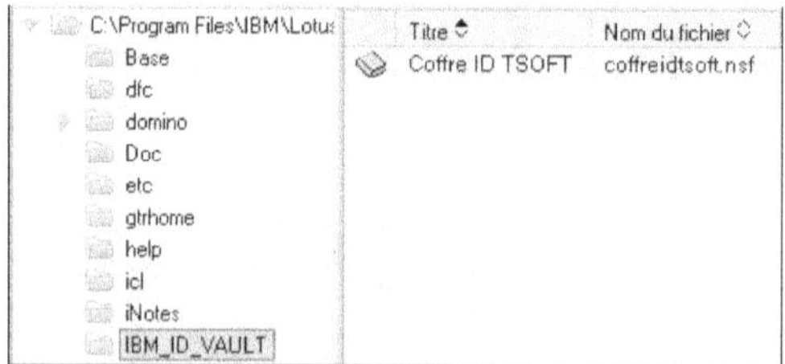

La création d'un coffre requiert un compte administrateur, un accès « Créer bases et modèles » au serveur sur lequel il est créé ainsi qu'un accès Éditeur (au minimum) à l'annuaire Domino.

À la création du coffre, un document de coffre associé est également créé dans la vue (Configuration) puis (Sécurité) puis (Coffres d'ID) de l'annuaire Domino. Le document fournit le nom du coffre, sa description, les administrateurs du coffre et les serveurs du coffre (serveurs possédant des répliques). Il est possible d'ajouter des serveurs de coffre à l'aide de l'outil (Coffres d'ID) puis *Gérer*, une fois que le coffre est créé.

Remarque

Le document du coffre ainsi que les autres documents liés au coffre, situés dans l'annuaire Domino, sont créés et modifiés sur le serveur d'administration de l'annuaire Domino. Si un coffre d'ID est créé sur un serveur différent, ces documents n'y sont pas ajoutés tant qu'ils ne se sont pas répliqués à partir du serveur d'administration de l'annuaire Domino.

Création ou édition manuelle de documents de paramètres de politique de coffre d'ID

On doit utiliser les paramètres de politique pour affecter des ID à un coffre d'ID et spécifier d'autres paramètres de coffre d'ID facultatifs. Pour spécifier des paramètres de politique, utiliser soit l'outil (Coffres d'ID) puis *Créer,* soit (Coffres d'ID) puis *Gérer.*

Effectuer les opérations suivantes pour configurer ou éditer une politique utilisateur de coffre d'ID manuellement :

- Dans l'onglet Personnes et groupes de Domino Administrator, cliquer sur (Paramètres), puis créer ou éditer un document *Paramètres de sécurité*

- Cliquer l'onglet (Coffre d'ID) dans le document *Paramètres de sécurité*

- Complétez les champs nécessaires

- Enregistrer le document *Paramètres de sécurité* et affectez-le à une politique utilisée pour vos utilisateurs, si vous ne l'avez pas déjà fait.

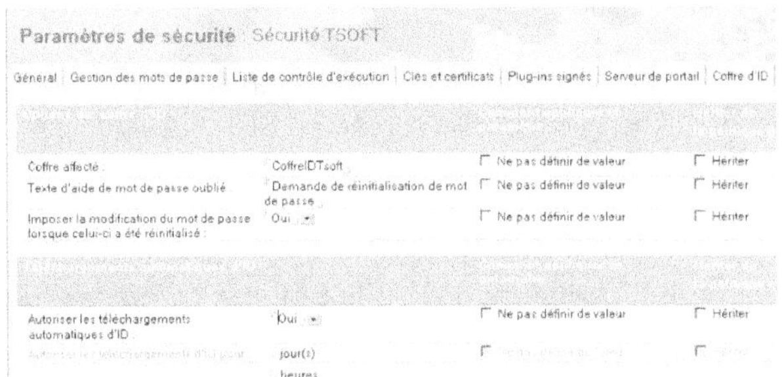

Le tableau suivant résume les paramètres qui peuvent être spécifiés manuellement dans l'onglet Coffre d'ID d'un document Paramètres de sécurité.

Paramètre	Description
Coffre affecté	Nom du coffre à utiliser
Texte d'aide de mot de passe oublié	Instructions dans la fenêtre de connexion Notes destinées aux utilisateurs qui oublient leur mot de passe
Imposer la modification du mot de passe lorsque celui-ci a été réinitialisé	Détermine si l'utilisateur doit modifier son mot de passe après sa réinitialisation. (Valeur par défaut=Oui)
Autoriser les téléchargements automatiques d'ID	Permet de décider si une durée limite et un nombre limite de téléchargements doivent être fixés pour les téléchargements d'ID (facultatif) (valeur par défaut=aucune limite)

Texte d'aide sur les mots de passe oubliés : ces instructions peuvent tenir sur huit lignes et inclure des retours ligne pour une meilleure lisibilité. Pour fournir un lien sur lequel les utilisateurs puissent cliquer afin ouvrir une page Web, ajoutez le code HTML suivant sous la dernière ligne des instructions textuelles :

<A HREF="*url*">*texte bouton*</A>

où *url* est l'URL du site Web et *texte bouton* est le libellé du lien. Par exemple :

<A HREF="http://www.cassiopee.com/passwordreinit">Cliquez pour réinitialiser votre mot de passe</A>

Remarques

Les deux dernières options du tableau ne sont pas configurables par les outils (Coffre d'ID) puis *Créer* ou *Gérer*.

S'il s'agit d'un politique d'organisation, aucune manœuvre supplémentaire n'est nécessaire.

Les politiques étant désormais dynamiques, il est possible d'affecter un groupe d'utilisateurs à la politique.

Remarque

Le coffre-fort d'ID est pris en compte par les terminaux Blackberry à partir de
Blackberry enterprise server 5.0 SP1, ainsi que par Lotus Notes Traveler, à partir de la
version 8.5.1.

Voir le document de l'Aide en ligne: *Questions fréquentes relatives au coffre d'ID.*

Interview de l'Expert

*Le fichier id est la « carte bleue » permettant à l'utilisateur d'accéder à ses données. Si je
vais voir un jour mon banquier pour lui redemander mon numéro de carte que j'aurais
oublié, j'imagine bien qu'il me rirait au nez. Cela étant, l'inconstance de la plupart
d'entre nous et l'oubli du fait que tout professionnel est responsable de l'information de
l'entreprise qui l'emploie, a conduit à mettre en place un ensemble de béquilles. Le
coffre-fort d'ID est l'aboutissement, à partir de la version 8.5.1, d'une évolution tentant
de concilier sécurité parfaite et souplesse pour l'utilisateur.*

*Il est d'autant plus important de le mettre en place que certaines entités (DRH, cellules
syndicales...) peuvent avoir besoin de disposer de clés personnelles. Lesquelles seraient
perdues en cas de restauration brutale de l'id d'origine.*

⊠ Activation de la sauvegarde et restauration des fichiers ID

La mise en place de cette solution automatique est recommandée, même s'il n'y a pas de grands secrets à protéger, parce que cela simplifie la vie de l'administrateur et de l'utilisateur (la modification des fichiers ID envoie automatiquement une copie dans la base de sauvegarde).

La modification du fichier de certificateur d'organisation et la création de la base Domino – le « coffre-fort » – sont abordées ici. L'enregistrement automatique des fichiers ID des utilisateurs sera constaté lors de l'enregistrement des utilisateurs. La mise à jour automatique des fichiers ID dans la base et la création d'un mot de passe provisoire suite à la perte du mot de passe sont vues dans le module ✎ Gérer les utilisateurs.

Activation de la restauration dans le certificateur

L'activation se fait à partir du fichier certificateur cert.id de l'organisation. Elle sera répétée sur les certificateurs d'unité d'organisation servant à enregistrer des utilisateurs.

- Aller dans Domino Administrator
- Vérifier que le serveur administré est bien renseigné : ce ne doit pas être *Local*
- Cliquer sur l'onglet (Configuration)
- Cliquer sur (Outils) puis sur (Certifier)
- Cliquer sur l'option *Modifier informations reprise*

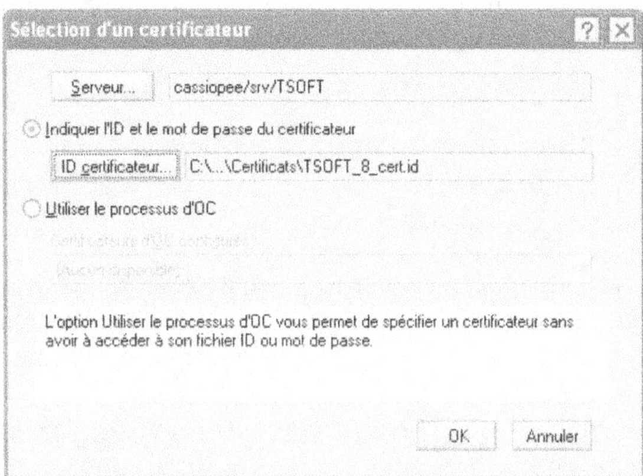

- Laisser sélectionné ❍*Indiquez l'ID et le mot de passe du certificateur*
- Cliquer sur (ID certificateur)
- Sélectionner le fichier ID du certificateur d'organisation cert.id dans le dossier partagé *IDs\Certificats*
- Cliquer sur (Ouvrir), puis sur (OK)
- Taper le (ou les) mot(s) de passe du certificateur

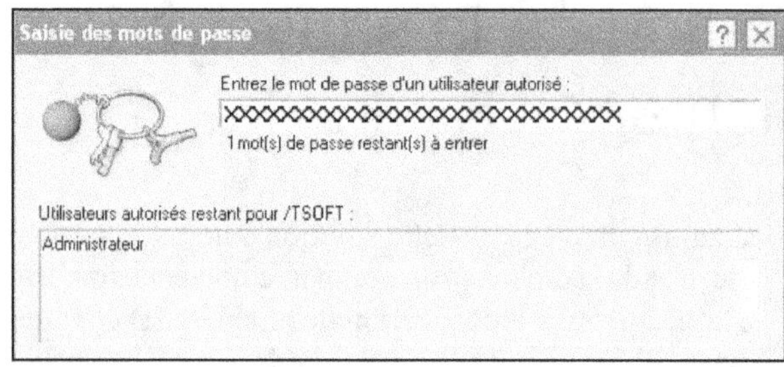

- Cliquer sur (OK)

Ajout d'une autorité de restauration

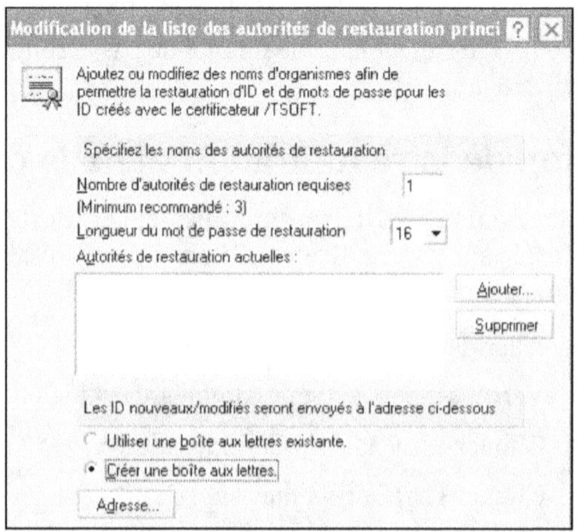

Une autorité de restauration va être inscrite maintenant. Pour le moment, seul le « super administrateur » est candidat.

- Cliquer sur (Ajouter)

- Sélectionner le nom du « super administrateur » dans l'annuaire, puis cliquer sur (Ajouter>)

- Cliquer sur (OK)

- <Longueur du mot de passe de restauration> : la valeur par défaut de 16 était la longueur imposée dans les versions antérieures. Si le choix actuel est modifié ultérieurement, il ne sera pas applicable immédiatement à tous les fichiers ID

Création et ajout de la base de sauvegarde

- Sélectionner ◯ *Utiliser une boîte aux lettres existante* si vous avez déjà mis en place ce processus de sauvegarde

- Sélectionner ◯ *Créer une boîte aux lettres* si vous démarrez le processus de sauvegarde

- Cliquer sur (Adresse…)

- <Sur le serveur> : sélectionner le serveur Domino

- <Titre du message> : taper le titre de la base en le faisant précéder du caractère souligné, ici _Sauvegarde des fichiers ID

- <Fichier> : taper le chemin complet du nom de fichier, ici *mail_SauveID.NSF*

La base est placée par défaut dans le dossier mail\. Elle peut parfaitement être placée dans un autre dossier. Elle pourra aussi être déplacée par la suite. En l'absence d'impératif, autant conserver l'option par défaut.

- Cliquer sur (OK)

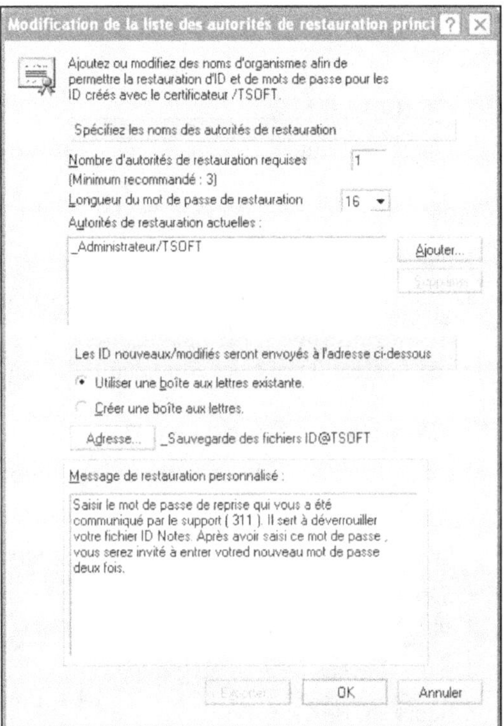

Le dialogue est réaffiché après le traitement de création de la base. Son nom apparaît comme étant une adresse de messagerie ce qui signifie que les fichiers ID seront transportés vers la base par le routeur de messagerie. Cette technique permet de centraliser les sauvegardes dans un domaine important.

Le minimum recommandé de trois autorités de restauration sera revu à la lumière de la restitution du mot de passe perdu, ✋Module Gérer les utilisateurs. Pour le moment, nous nous contenterons d'une seule autorité de restauration.

- <Message de restauration personnalisé> : entrer les instructions qui seront affichées à l'utilisateur lorsqu'il entrera le mot de passe de reprise sur son poste pour déverrouiller son fichier ID Notes

- Cliquer sur (OK)

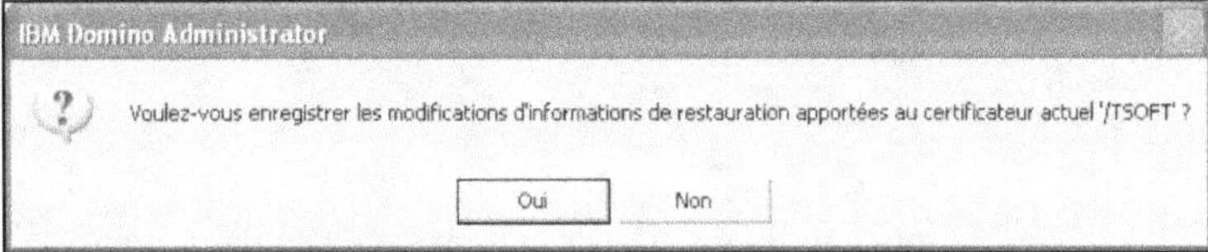

- Confirmer en cliquant (Oui)

- Taper à nouveau le (ou les) mot(s) de passe,

- Cliquer sur (OK)

Remarque

Lorsque les modifications de reprise sont modifiées elles doivent être exportées et envoyées à tous les utilisateurs afin de les intégrer aux fichiers ID présents sur les postes. Autant viser juste du premier coup…

Vérification de la base de sauvegarde

Le traitement effectué par Administrator a consisté à créer une base et à la faire connaître du routeur de messagerie pour qu'il soit possible de lui envoyer un fichier ID par messagerie.

Ouverture de la base

- Cliquer sur l'onglet (Fichiers)

 Cliquer sur cette icône pour rafraîchir l'affichage.

- Cliquer sur le dossier *mail*

- Double clic sur la base *_Sauvegarde des fichiers ID*

La base est construite sur le modèle d'une base courrier. Les messages contenant la copie de fichiers ID se trouveront naturellement dans le dossier *Courrier en arrivée*.

Modification de la LCA de la base

La base doit être accédée a priori par les administrateurs et interdite d'accès par défaut. Depuis l'onglet (Fichiers) :

- Clic droit sur la base, puis commande *Contrôle d'accès/Gérer…*

- Cliquer sur (Ajouter), puis sélectionner le groupe *_Les_Administrateurs* dans l'annuaire

- Donner l'accès *Lecteur* au groupe

- Cliquer sur (OK)

Document base courrier en arrivée

Le routeur de messagerie connaît cette base parce qu'un document *Base courrier en arrivée* a été créé automatiquement.

- Cliquer sur l'onglet (Personnes et groupes)

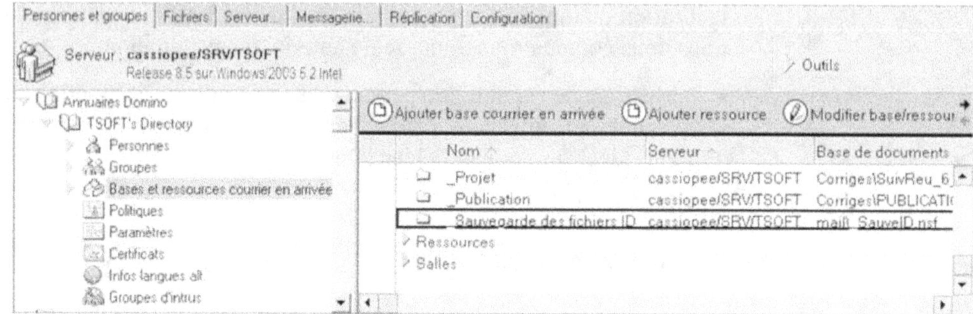

- Cliquer sur la vue Bases et ressources courrier en arrivée

- Détailler la catégorie *Bases de documents*

- Double clic sur *_Sauvegarde des fichiers ID* pour ouvrir le document

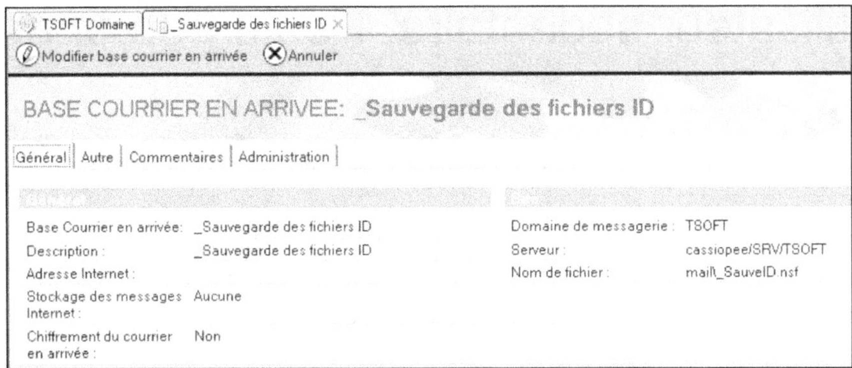

Le document indique qu'au nom _Sauvegarde des fichiers ID_ est associé une base *mail_SauveID.nsf* hébergée sur le serveur *cassiopee/SRV/TSOFT*. L'adresse _Sauvegarde des fichiers ID_ *@TSOFT* reportée dans le fichier ID du certificateur relie ce dernier à la base de sauvegarde. Ce document joue un rôle analogue au document Personne d'un utilisateur qui associe le nom de l'utilisateur à sa base courrier sur le serveur de messagerie. Ce mécanisme est largement utilisé dans les applications de workflow Domino.

Si la base vient à être déplacée et/ou renommée, il suffira de mettre à jour ce document.

Récupération des fichiers ID sur disque

Les fichiers ID arrivent comme fichier rattaché à un message dans cette base, à raison d'un message par fichier ID créé puis modifié. Les fichiers ID doivent être détachés sur le répertoire partagé – F:\\Clients dans les exemples précédents – manuellement ou à l'aide d'un agent LotusScript.

Récupération mot de passe perdu

Le fichier ID de l'utilisateur qui perd son mot de passe Lotus Notes doit avoir été généré avec un certificat disposant d'informations de reprise, ↳ Tome 2-Module Gérer les utilisateurs.

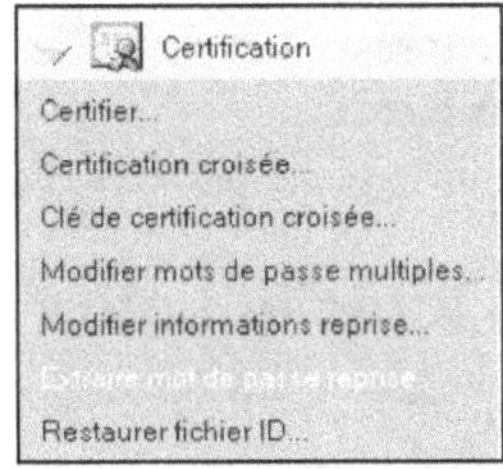

L'administrateur extrait le mot de passe de reprise depuis une copie du fichier ID de l'utilisateur. Il doit se signer au préalable en utilisant l'ID de l'autorité de restauration.

Il peut restaurer le fichier ID de l'utilisateur et lui donner un mot de passe provisoire puis envoyer le fichier restauré à l'utilisateur, ou alors, il communique le mot de passe de restauration à l'utilisateur qui se chargera de restaurer son fichier ID.

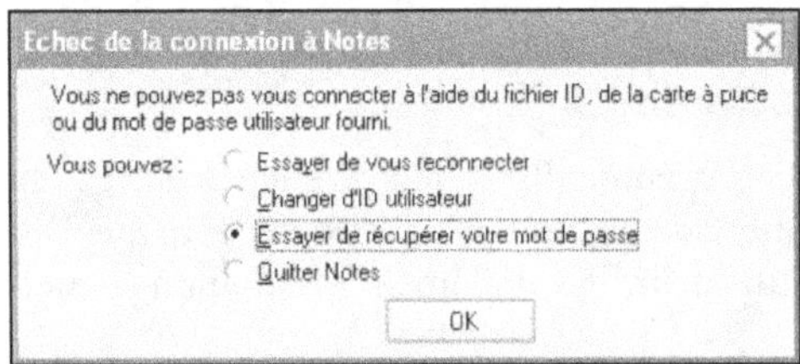

Utilisateur sédentaire. Poste personnel

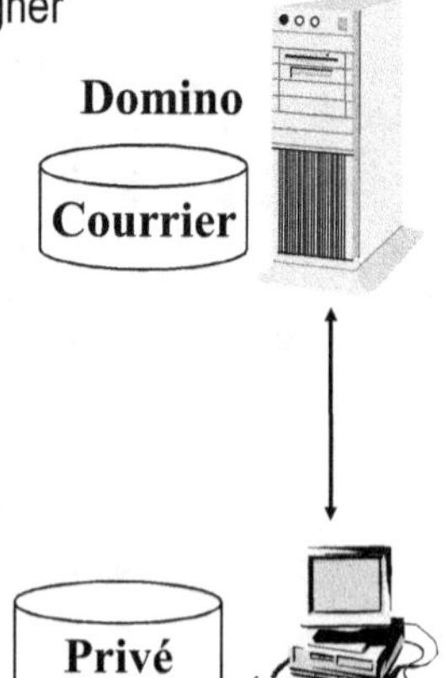

- **Logiciel client Notes fourni séparément pour les utilisateurs**
  - Sans Domino Administrator ni Domino Designer
  - Support de l'installation de poste partagé
- **Poste non personnel, non partagé**
  - Installation par défaut du client Notes
  - Les données privées sont sur le poste
    - Carnet d'adresses personnel : names.nsf
    - Fichier ID : user.id
    - Desktop8.ndk, cache.ndk,…
  - Ou sur un lecteur réseau privé

L'utilisateur Notes dispose en standard d'un poste client personnel comprenant ses données privées Notes et le logiciel Lotus Notes.

Types d'installation

La version 8 reconduit les types d'installation des versions antérieures :

- Logiciel et données sur le poste personnel pour un utilisateur unique ou tous les utilisateurs du poste : meilleures performances, adapté également aux portables ;
- Logiciel sur le serveur de fichiers et données sur le poste personnel ;
- Logiciel sur le serveur de fichiers, données personnelles sur l'emplacement privé d'un serveur réseau et cache des éléments de conception – CACHE.NDK – sur disque dur local ;
- Logiciel sur le poste personnel et données utilisateur sur serveur Domino.

Distribution du logiciel Lotus Notes 8 pour utilisateurs

Le logiciel client Notes 8 est fourni avec Domino Administrator et Domino Designer à l'usage des administrateurs. Il peut être utilisé pour un utilisateur sédentaire disposant d'un poste personnel.

Le logiciel Notes 8 destiné aux utilisateurs supporte en plus l'installation d'un poste Notes partagé comme en version 7, ✍ Module Clients Notes itinérants, iNotes.

L'emplacement des données personnelles et celui du logiciel sont identiques à ceux du poste d'administration. Les fichiers correspondant aux modèles de bases d'administration et les fichiers d'aide de Designer et de Administrator ne sont pas compris dans cette distribution. Le chargement du logiciel se fait avec l'assistant d'installation de Windows.

Une procédure d'installation silencieuse est intéressante dès lors qu'il y a un grand nombre de postes à installer ou encore que l'installation doit être effectuée par l'utilisateur, ✍ Supplément Installation silencieuse.

⊠ Charger le logiciel sur un poste personnel

Le poste individuel est prévu pour être utilisé par un seul utilisateur.

- Insérer le CD-ROM, puis cliquer *W32*, puis double clic sur l'application *Setup.exe*
- Cliquer sur (Suivant) depuis la première fenêtre *Lotus Notes 8 – Assistant d'installation*
- Cliquer sur ◯*J'accepte les termes de l'accord de licence*, puis sur (Suivant)
- <Nom utilisateur> : taper le nom entré habituellement pour les logiciels installés sur le poste
- <Organisation> : taper le nom de société entré habituellement pour les logiciels installés sur le poste
- <Installer ce programme pour> : laisser coché ◯*L'utilisateur en cours uniquement* pour une utilisation d'un poste personnel Windows en sédentaire
- Cliquer sur (Suivant)
- <Installer les fichiers programmes dans><Installer les fichiers de données dans> : accepter les options par défaut ou cliquer sur (Modifier…) pour sélectionner un lecteur et un autre nom pour le dossier *Programme* et le dossier *Data* (les fichiers Notes)
- Cliquer sur (Suivant)

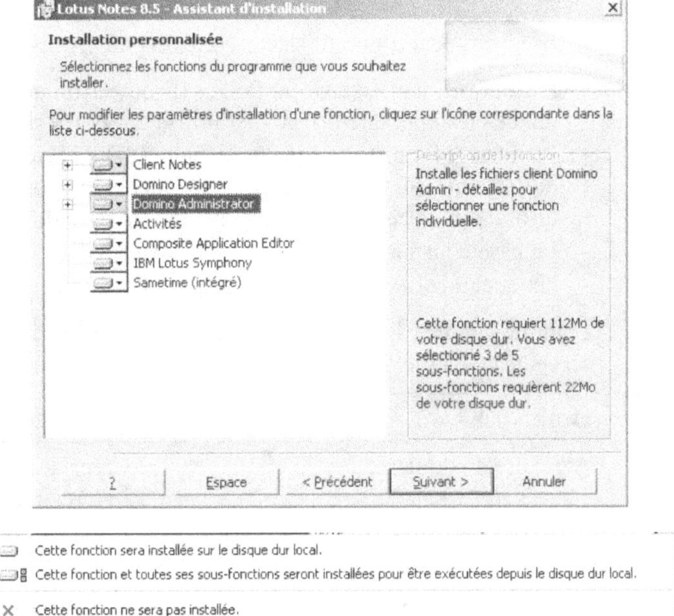

- Sélectionner *Fichiers modems*, puis cliquer *Cette fonction ne sera pas installée*
- Répéter l'opération avec *Outils de migration* et *Domino Enterprise Connections Services*
- Cliquer sur (Suivant), puis sur (Installer)
- Cliquer sur (Terminer) lorsque le logiciel a fini de se charger

Enregistrer des utilisateurs Notes

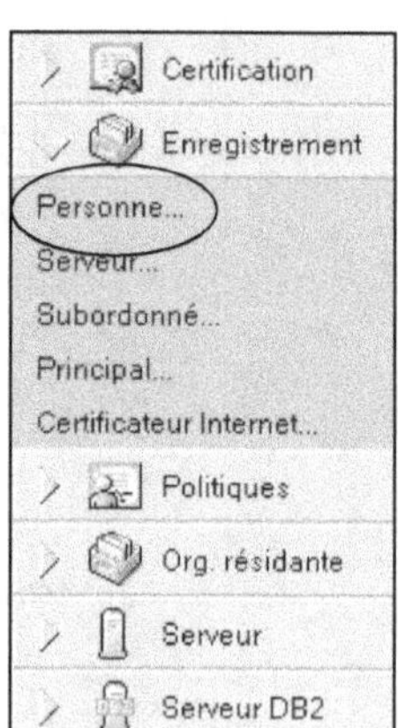

■ **Droits requis pour enregistrer des utilisateurs**

- Annuaire du domaine names.nsf : Auteur, rôle [UserCreator]

- Certification Log certlog.nsf : Auteur

- Requêtes administratives admin4.nsf : Auteur

- Accès au certificateur d'organisation ou d'unité d'organisation : mot de passe

- Droit de créer des bases sur serveur

■ **Choix de ma longueur de clé RSA, de la langue du courrier**

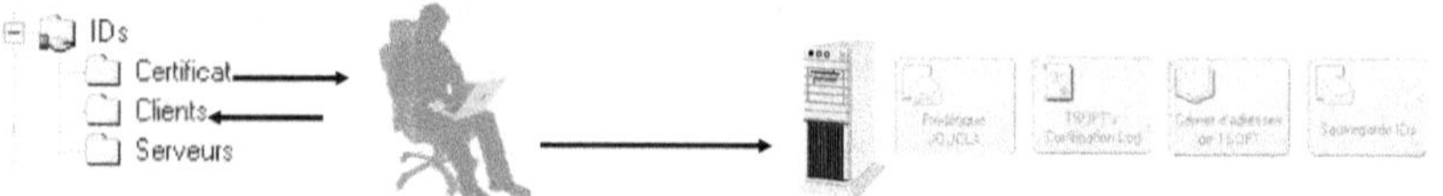

L'enregistrement d'un utilisateur Notes est un processus complexe :

- L'administrateur accède au fichier ID du certificateur indispensable pour générer le jeu de clés publique/privée de l'utilisateur et les signer,
- Domino Administrator génère le fichier ID de l'utilisateur – longueur de clé RSA de 1024 ou 630 bits) –, l'enregistre dans le dossier partagé réservé aux ID utilisateurs et en envoie une copie dans la base de sauvegarde des ID,
- La base courrier de l'utilisateur est créée,
- Un document *Personne* pour l'utilisateur est créé dans l'annuaire Domino.

L'administrateur dispose normalement des droits nécessaires, ↳Module Sécuriser le serveur. Les droits indispensables sont énumérés dans le tableau.

Droit	Objet
Annuaire du domaine : – accès *Auteur*, – Privilège ☒*Créer des documents* – Rôle [*UserCreator*]	Créer des documents Personnes dans l'annuaire.
Requêtes administratives : admin4.nsf – accès *Auteur*	Créer une requête chargée de créer la base courrier de l'utilisateur (option).
Journal de certification : certlog.nsf – Accès *Auteur* – Privilège ☒*Créer des documents*	L'enregistrement d'un utilisateur génère un document dans le journal de certification.
Fichier ID du certificateur – Mot de passe	Pour pouvoir accéder au certificateur utilisé pour créer le fichier ID utilisateur.
Serveur de messagerie – Création de bases autorisée	Pour pouvoir créer la base courrier d'un utilisateur.

Les informations de l'utilisateur peuvent être saisies directement à l'écran, chargées depuis un fichier issu d'un tableur, obtenues depuis Windows Active Directory.

Interview de l'Expert

L'installation d'un client ou d'un serveur met à disposition un petit exécutable (ldapsearch.exe). Ce dernier, accessible depuis la ligne de commande, permet d'interroger un annuaire LDAP quelconque et d'exporter la liste des objets obtenus au format LDIF. Cet outil sera particulièrement utile lorsqu'il faudra récupérer des utilisateurs d'un annuaire LDAP pour les inscrire automatiquement dans Domino.

Dans le cas d'utilisateurs pouvant bénéficier de l'éditeur d'applications composites ou de la mise à disposition, deux modèles sont à la disposition de l'administrateur. updatesite.ntf (Eclipse Update Site) et toolbox.ntf (Widget Catalog).

Le premier permettra d'intégrer des plugins et le second des gadgets qui pourront prendre place dans la barre droite du client Notes, au côté des RSS feeds.

Dans le cas de plugins importés depuis d'autres sites, il faudra penser à mettre à jour les url.

Il ne restera ensuite plus qu'à déclarer la base dans le document de configuration du serveur.

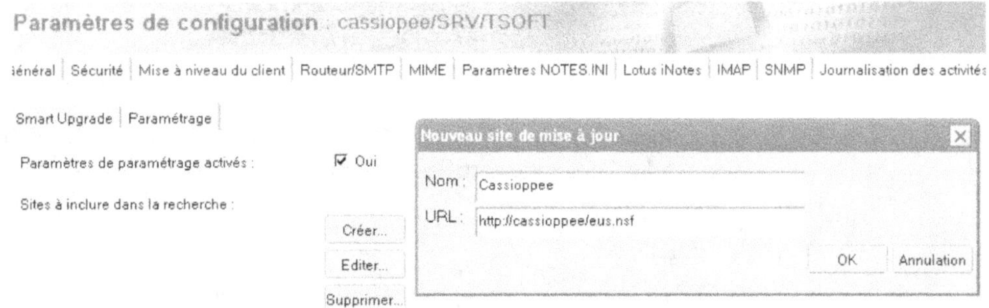

Pour ce qui est des gadgets, le client devra déclarer son serveur de catalogue dans ses préférences générales (ce qui peut être imposé par une politique).

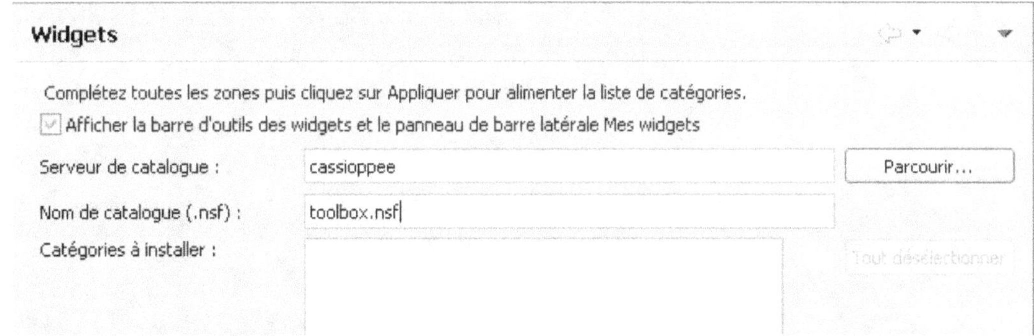

Ainsi disposer des cours des devises en temps réel sur son client Notes ou de la météo en Bourgogne sera à la portée de chacun.

⊠ Enregistrement manuel d'un utilisateur Notes depuis Administrator

- Cliquer sur l'onglet (Personnes et groupes), puis cliquer sur (Outils), puis sur (Personnes), puis sur *Enregistrer...*

Ou

- Cliquer sur l'onglet (Configuration), puis cliquer sur (Enregistrement), puis *Personne...*

- Cliquer sur (Annuler) dans le dialogue du mot de passe du certificateur

Le dialogue Sélection d'un certificateur affiche le nom du fichier certificateur utilisé et permet de changer de certificateur en cliquant sur le bouton (ID certificateur...).

- Sélectionner ◯*Indiquez l'ID et le mot de passe du certificateur*, puis cliquer sur (OK)

- Taper le (ou les) mot(s) de passe du certificateur

- Cocher ⊠*Avancé*

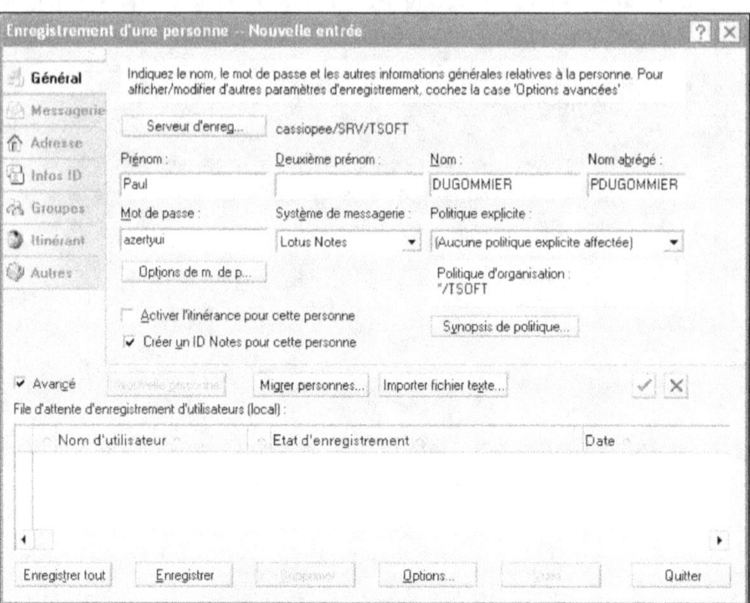

- <Serveur d'enregistrement> : conserver l'option par défaut ou sélectionner un autre serveur

- <Prénom><Deuxième prénom><Nom> : taper les informations. Le deuxième prénom n'est pas limité comme dans les versions antérieures

- <Nom abrégé> : conserver le nom proposé ou le modifier

- <Mot de passe> : taper un mot de passe provisoire d'accès au fichier ID. Ce mot de passe devra être mémorisé si le certificateur est sans autorité de restauration

- Cliquer sur (Options de m. de p…)

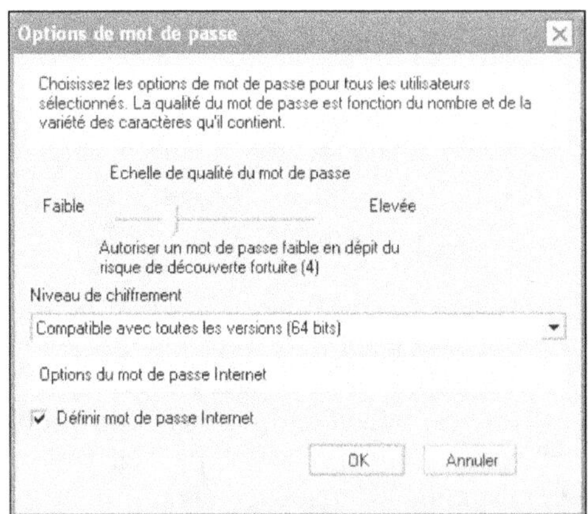

- <Qualité> : modifier l'option par défaut s'il y a lieu

- <Niveau de chiffrement> : sélectionner le niveau de chiffrement du mot de passe du fichier ID. Ce choix est étroitement lié à la version de Lotus Notes du poste de l'utilisateur : Lotus Notes déchiffre le fichier ID à l'aide de la clé dérivée du mot de passe
  – *Niveau de base sur taille de clé RSA* : basé sur la longueur de clé RSA du fichier ID de l'utilisateur, soit 128 bits de clé de chiffrement pour une taille de clé RSA de 1024 bits, 64 bits pour les autres cas,
  – *Compatible avec toutes les versions* : 64 bits
  – *Compatible avec la version 6.0 et ultérieure* : 128 bits

- Cocher ☒*Définir mot de passe Internet* uniquement si l'utilisateur est amené à se connecter sur le serveur Domino depuis un navigateur

---

Remarque

Si le mot de passe Internet est activé, c'est le premier mot de passe Notes – le mot de passe provisoire – qui fera office de mot de passe Internet. Il faut immédiatement prévoir comment il sera changé par l'utilisateur, le mot de passe provisoire étant souvent commun et facile à deviner, par exemple en synchronisant les mots de passe.

Messagerie

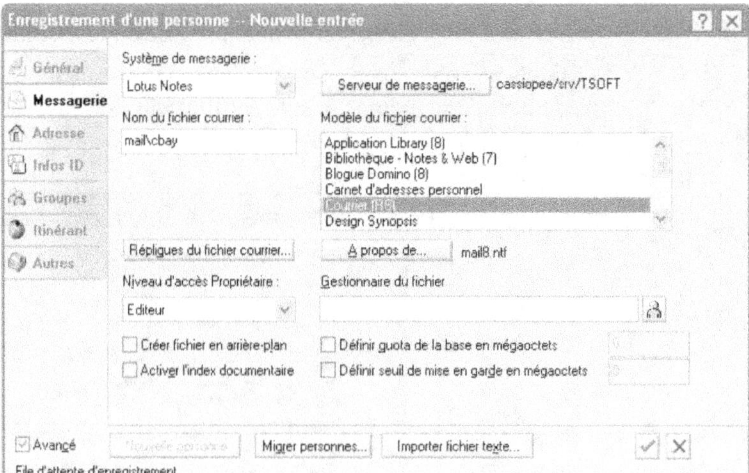

Les options par défaut des préférences d'administration – ou de la politique applicable si elle existe – sont affichées et peuvent être modifiées, ✋⊠ Préférences d'administration - Enregistrement.

Le bouton (Répliques du fichier courrier) permet de créer des répliques sur un serveur Domino en DMZ par exemple pour un accès distant.

Adresse

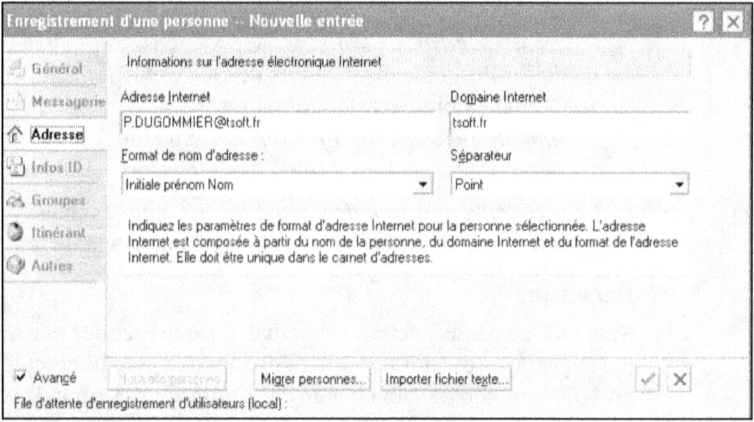

Les options par défaut des préférences d'administration – ou de la politique applicable si elle existe – sont affichées et peuvent être modifiées.

Infos ID

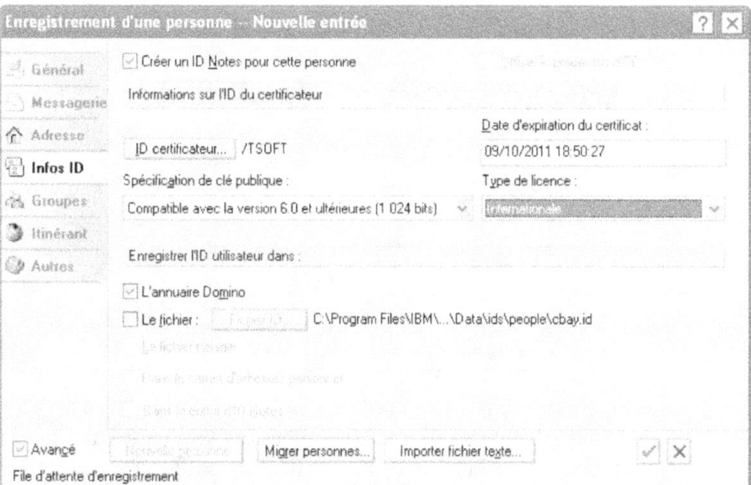

- <Type de sécurité> : sélectionner *Internationale*

- <Spécification de clé publique> : laisser 1024 bits en l'absence de Lotus Notes 5.x

- <Enregistrer l'ID utilisateur dans>
  – Ne pas cocher ☐*L'annuaire Domino*
  – Cocher ☒*Le fichier* puis cliquer sur (Fichier ID…) s'il faut changer le nom et le chemin proposés

L'enregistrement du fichier ID dans l'annuaire Domino est déconseillé : une personne ayant connaissance du mot de passe provisoire peut prendre une copie des fichiers ID puis s'identifier en tapant le mot de passe provisoire. Lorsque le poste client est configuré, le fichier ID est détaché sur le disque dur de la station et supprimé de l'annuaire à condition que son propriétaire soit Auteur dans l'annuaire, ce qui n'est normalement pas le. L'annuaire n'est pas le lieu de sauvegarde des fichiers ID !

Groupes

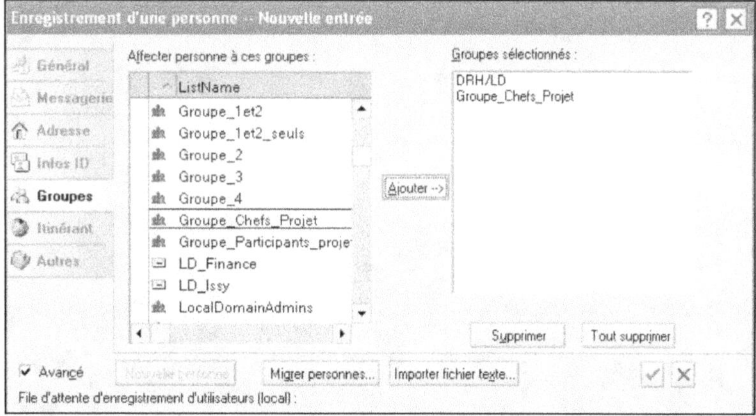

L'utilisateur est affecté à un (ou des) groupe(s). Ce choix est modifiable a posteriori.

Itinérants, autre nom

Le dialogue itinérant est renseigné si l'option ☒*Activer l'itinérance pour cette personne* a été cochée dans (Général), ✋Module Clients Notes itinérants, iNotes.

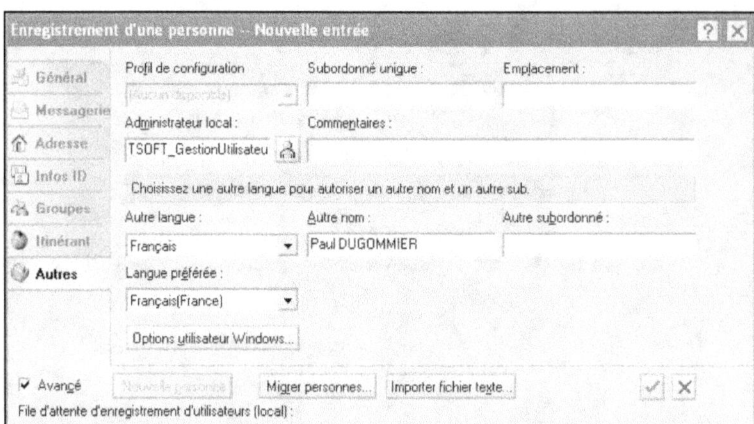

Le champ <Profil de configuration> n'est plus utilisé. <Subordonné unique> permet de départager des utilisateurs ayant le même nom, malgré l'utilisation d'OU. Le champ <Administrateur local> désigne un groupe avec l'accès *Auteur* à l'annuaire qui pourra modifier les informations du document Personne.

- <Autre langue> : sélectionner *Français* pour *Autre nom*
- <Autre nom> : taper le prénom et le nom de l'utilisateur pour qu'il soit affiché sus cette forme dans le dialogue d'adresse en plus de la forme de base Nom et prénom
- <Langue préférée> : sélectionner *Français* pour la langue de la base courrier

Enregistrement

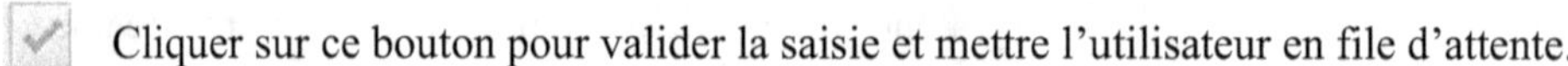 Cliquer sur ce bouton pour valider la saisie et mettre l'utilisateur en file d'attente.

- Effectuer une autre saisie s'il y a lieu. Les paramètres retenus restent inchangés : niveau d'accès au fichier courrier, groupes d'appartenance…
- Cliquer sur (Enregistrer) ou (Enregistrer tout)

Migration et importation des utilisateurs

- **La saisie directe des informations utilisateurs depuis Administrator est sujette à erreurs**
  - Utiliser des informations existantes
  - Vérifier les informations avant de les entrer
- **Fichier séquentiel en format délimité**
  - Créé depuis un tableur
  - Exporté depuis une base de données
- **Outils de migration depuis un annuaire**
  - Annuaire Active Directory
  - LDAP, Utilisateurs Windows...

La saisie de quelques comptes – une dizaine – se fait très bien depuis Domino Administrator. Lorsqu'il y a une centaine de comptes, l'expérience montre que des pertes de temps sont occasionnées par la correction a posteriori d'erreurs dues à des fautes de frappe difficiles à détecter dans un environnement graphique. Un nom de famille ou un prénom mal orthographiés ne se rectifient pas simplement, ⮩ Tome 2- Module Gérer les utilisateurs. Le mieux est de partir des annuaires existants ou de listes sur support informatisé et de vérifier l'information avant d'enregistrer les utilisateurs.

Les informations utilisateurs sont récupérées :

– Par migration d'un annuaire directement dans Domino Administrator,
– Par enregistrement séquentiel depuis un fichier texte préparé depuis un tableur.

Migration d'annuaire

- Aller dans Domino Administrator
- Cliquer sur (Outils), puis sur (Personnes), puis *Enregistrer...*
- Taper le mot de passe du certificateur ou choisir un autre certificateur
- Cliquer sur (OK)
- <Police explicite> : sélectionner la police explicite applicable au plus grand nombre s'il y a lieu
- Cliquer sur (Migrer personnes...)
- <Source de l'annuaire externe> : sélectionner
  – Utilisateurs Microsoft Exchange
  – Entrées LDIF (format d'export en fichier texte depuis LDAP)
  – Utilisateurs/groupes Windows (Domaine NT, machine locale)
  – Active Directory
  – LDAP
- <Filtre> : sélectionner *Tous les utilisateurs* pour ne pas voir les groupes

- Cliquer sur (OK)

Les dialogues qui suivent correspondent à une migration d'utilisateurs NT. Les champs dépendent de la source : LDAP, Active Directory…

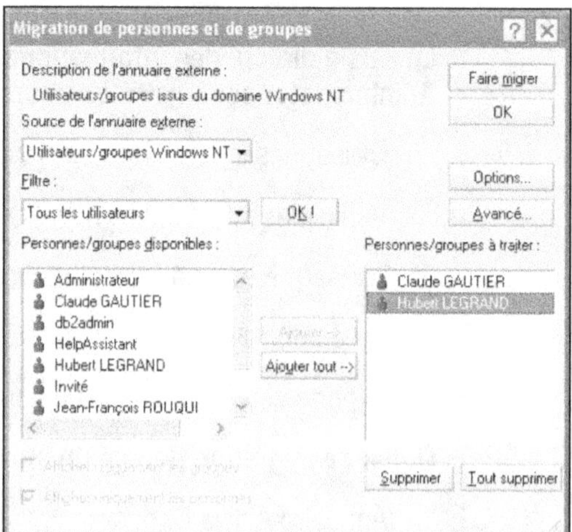

- Cliquer sur (Ajouter->) ou (Ajouter tout->)

- Cliquer sur (Options)

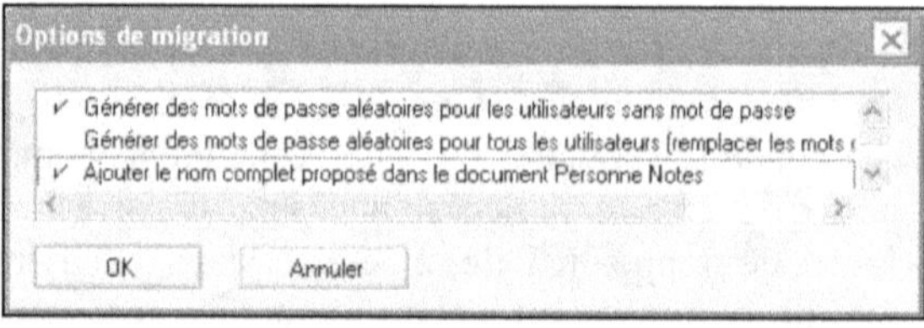

- Sélectionner les options de mots de passe et de nom de l'utilisateur

- Cliquer sur (OK)

- Cliquer sur (Avancé…)

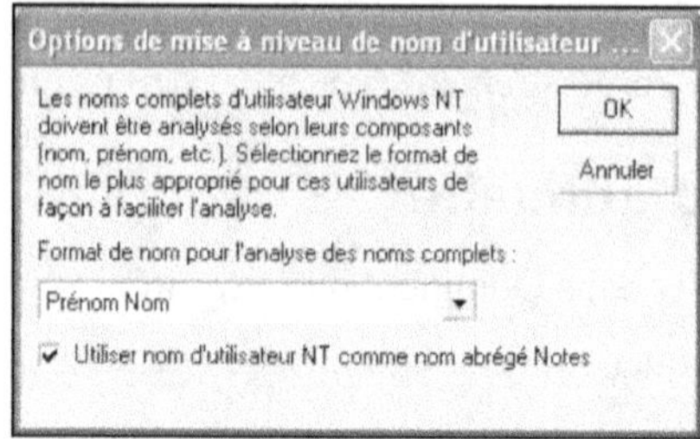

- <Format de nom pour l'analyse des noms complets> : sélectionner le format approprié utilisé dans Windows

- Cocher ☒*Utiliser nom d'utilisateur NT comme nom abrégé Notes* si l'utilisateur doit employer ce nom pour se connecter depuis un navigateur par exemple

- Cliquer sur (OK)

- Cliquer sur (Faire migrer)

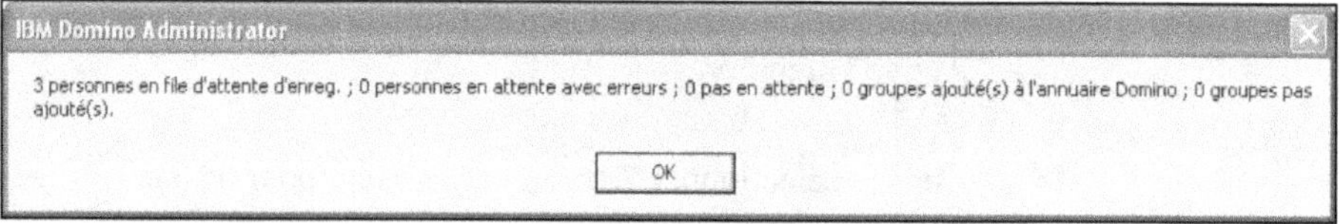

Les utilisateurs en file d'attente peuvent être modifiés : changement de nom abrégé, rectification du nom, attribution d'une politique explicite particulière, changement de certificateur…

Enregistrement séquentiel

Préparation du fichier texte

Il faut préparer un fichier en format texte délimité (caractère séparateur point-virgule) par exportation depuis un tableur par exemple. Les valeurs sont dans l'ordre suivant :

Paramètre	Contenu
Nom	Nom de famille de l'utilisateur (ce paramètre est obligatoire).
Prénom	Prénom de l'utilisateur.
2e prénom	Deuxième prénom de l'utilisateur.
Subordonné	Information pratiquement non utilisée.
Mot de passe	Mot de passe de l'utilisateur (ce paramètre est obligatoire).
Répertoire de fichiers ID	Remplace le répertoire des ID par défaut figurant dans la boîte de dialogue d'enregistrement.
Nom du fichier ID	Remplace la valeur par défaut *pnom* : initiale du prénom et nom tronqué à huit caractères.
Serveur de messagerie	Remplace le nom par défaut sélectionné lors de l'enregistrement.
Répertoire du fichier courrier	Remplace le nom par défaut.
Nom du fichier courrier	Remplace la valeur par défaut *pnom* : initiale du prénom et nom tronqué à huit caractères.
Site	Description du site – géographique – ajoutée au document *Personne* de l'utilisateur. Si un message est adressé à un utilisateur de même nom, Notes affiche le nom du site pour distinguer les destinataires.
Commentaires	Le service d'appartenance de l'utilisateur.
Adresse de réacheminement	Ce paramètre est obligatoire pour les utilisateurs qui n'ont pas de messagerie Notes.
Nom de profil	Inutilisé : remplacé par les politiques.
Administrateur local	Utilisateur ayant l'accès Auteur à l'annuaire. Remplace la valeur par défaut.
Adresse Internet	Adresse Internet de l'utilisateur. Ce paramètre est obligatoire pour Lotus Notes, POP3 et IMAP.
Nom abrégé	Nom entré par défaut. Le nom abrégé sert à créer une adresse Internet de réponse si l'adresse Internet n'est pas spécifiée.
Autre nom	Autre nom de l'utilisateur dans sa langue nationale si l'ID certificateur utilisé pour l'enregistrement le prend en charge.
Autre subordonné	Nom de l'OU de l'utilisateur dans sa langue nationale.
Fichier du modèle de courrier	Nom du fichier du modèle de courrier utilisé pour cet utilisateur si ce n'est pas le standard.

Les informations sont saisies dans un tableur. Des formules se chargent d'évaluer le mot de passe (aléatoire), le nom abrégé. Un exemple est fourni dans le fichier *ExosDomino7.zip* téléchargé depuis le site de TSOFT.

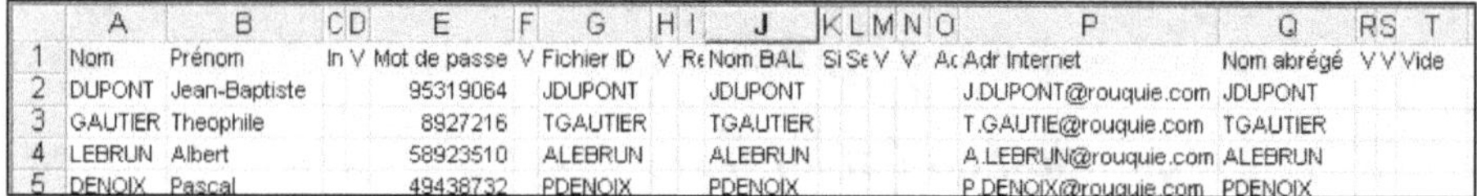

- Commande *Fichier/Enregistrer…* pour conserver le fichier au format tableur
- Commande *Fichier/Enregistrer sous…* pour créer le fichier d'export
- <Type de fichier> : sélectionner *CSV(séparateur : point-virgule)(*.csv)* avec Excel
- <Nom du fichier> : taper un nom de fichier avec une extension *.CSV*
- Ouvrir le fichier avec un éditeur de texte de type Bloc-notes Windows, UltraEdit
- Supprimer les lignes sans données et vérifier le fichier

Si une information n'est pas fournie, laisser la valeur vide entre les deux points-virgules. Exemple :

```
1 DUPONT;Jean-Baptiste;;;95319064;;JDUPONT;;;JDUPONT;;;;;J.DUPONT@rouquie.com;JDUPONT;;;
2 GAUTIER;Theophile;;;8927216;;TGAUTIER;;;TGAUTIER;;;;;T.GAUTIE@rouquie.com;TGAUTIER;;;
3 LEBRUN;Albert;;;58923510;;ALEBRUN;;;ALEBRUN;;;;;A.LEBRUN@rouquie.com;ALEBRUN;;;
4 DENOIX;Pascal;;;49438732;;PDENOIX;;;PDENOIX;;;;;P.DENOIX@rouquie.com;PDENOIX;;;
5
```

Chargement

- Afficher le dialogue d'enregistrement des utilisateurs
- Cocher ☒*Avancé*
- Renseigner les options communes à tous les utilisateurs
- Onglet (Général) : domaine Internet, format d'adresse Internet, politique explicite
- Onglet (Messagerie) : dossier des fichiers courrier, quotas des bases
- Onglet (Infos ID) : sélection du dossier partagé pour les fichiers ID
- Onglet (Groupes) : groupes d'appartenance par défaut des utilisateurs
- Onglet (Autres) : choix de la langue et ajout à Windows NT
- Cliquer sur (Importer fichier texte…), puis sélectionner le fichier d'export créé

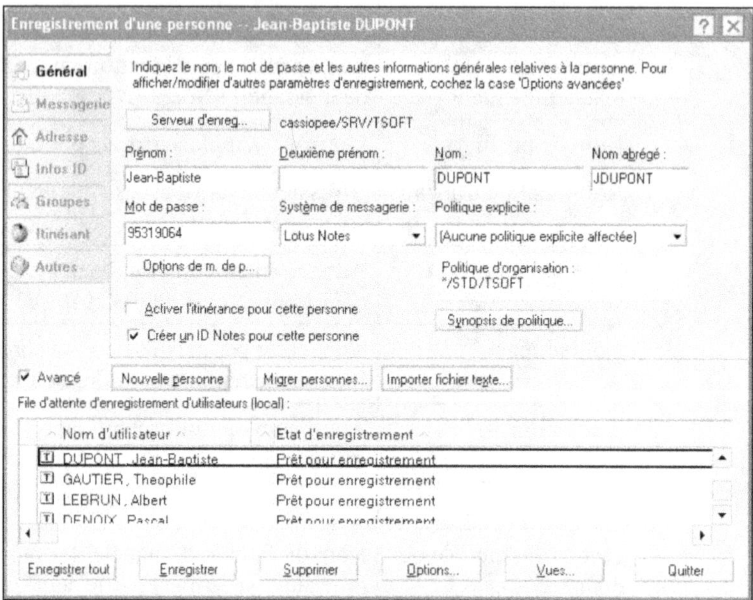

Configurer un poste individuel

- **Logiciel Lotus Notes chargé**
- **Fichier ID de l'utilisateur disponible**
- **Le client Notes se connecte au serveur de messagerie Domino**
  - Vérification présence de l'utilisateur dans l'annuaire
  - Copie en local du fichier ID
  - Établissement lien vers la base courrier
  - Configuration protocoles Internet

Le logiciel étant chargé, il faut configurer le poste exactement comme cela a été fait avec le poste de l'administrateur, ⬦Module Installer le serveur Domino. ⊠ Configurer un poste personnel.

La procédure de configuration d'un poste crée des bases en local, notamment :

- names.nsf : le carnet d'adresses personnel qui contient outre les contacts personnels de l'utilisateur, les règles de fonctionnement du poste Notes,
- log.nsf : le journal dans lequel Notes inscrira les événements et erreurs sur le poste,
- bookmarks.nsf : la base contenant les signets vers des bases Notes, des URL, des fichiers,
- headline.nsf : les titres reçus d'abonnements à des bases Domino

Le fichier ID de l'utilisateur est copié en local depuis le dossier partagé des fichiers ID sur le serveur de fichiers (ou depuis une disquette).

Les données créées ou copiées devront être supprimées si le poste est reconfiguré pour une autre utilisation, ⬦ Module Installer le serveur Domino. Reprendre la configuration du client Notes.

Lorsque la configuration est terminée, il est conseillé de demander à l'utilisateur d'effectuer les opérations suivantes :

- Changer le mot de passe Notes, fermer le client Notes puis le lancer à nouveau
- Entrer le nouveau mot de passe
- En cas d'incident, copier le fichier ID d'origine dans le répertoire Lotus\Notes\Data\ puis reprendre l'opération de changement du mot de passe à partir du mot de passe provisoire
- Ouvrir la base courrier
- Cliquer sur (Outils) puis *Préférences...*
- Vérifier que le propriétaire de la base courrier est correct, puis cliquer sur (OK)

Le profil du fichier courrier est créé et la recherche de temps disponible dans l'agenda de l'utilisateur est opérationnelle.

Sécurité du client Notes

■ **Commande** *Fichier/Sécurité/Sécurité utilisateur...*

- Généralités : changement mot de passe

- Votre identité : information fichier ID

- Identité des autres : certificats Internet et croisés Notes

- Activité des autres : LCE

- Données Notes : chiffrement local

- Web, Intranet : signature, chiffrement

■ **Informations venant de**

- Carnet d'adresses personnel

- Fichier ID

La sécurité du poste de travail Notes comprend l'accès au fichier ID de l'utilisateur, le chiffrement local des bases Notes et la signature des programmes qui s'exécutent dans l'environnement Notes.

Les informations concernant la sécurité du poste de travail Notes sont regroupées dans deux fichiers : le carnet d'adresses personnel de l'utilisateur (names.nsf) et son fichier ID.

Options de sécurité

Depuis le client Notes, l'utilisateur passe une commande :

- Commande *Fichier/Sécurité/Sécurité utilisateur...*

Le dialogue Sécurité utilisateur s'affiche.

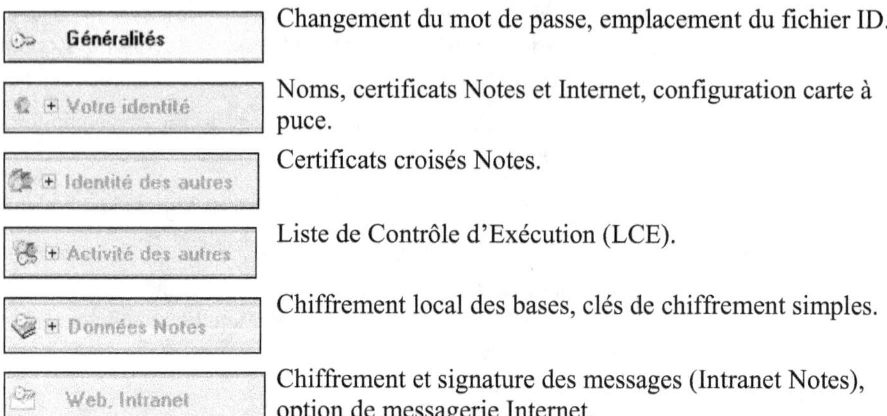

Changement du mot de passe, emplacement du fichier ID.

Noms, certificats Notes et Internet, configuration carte à puce.

Certificats croisés Notes.

Liste de Contrôle d'Exécution (LCE).

Chiffrement local des bases, clés de chiffrement simples.

Chiffrement et signature des messages (Intranet Notes), option de messagerie Internet.

Des options banales – le changement du mot de passe Notes – voisinent avec des choix qui demandent une bonne connaissance de la sécurité Notes – activités des autres. Certains paramètres sensibles peuvent être imposés par l'administrateur, ⇘Politiques.

La parade suite à une erreur de manipulation – toujours possible – de la part de l'utilisateur passe par des sauvegardes du fichier ID et des données personnelles.

Généralités

Changement du mot de passe Notes

- Cliquer sur (Changer mot de passe) pour changer le mot de passe Notes

Le mot de passe est changé dans le fichier ID local de l'utilisateur. Le mot de passe sert à chiffrer le fichier ID. Il est clair qu'il faut disposer d'une sauvegarde du fichier ID avec un mot de passe connu ou avoir le moyen de donner un mot de passe de déverrouillage de l'ID, ⇘Tome 2-Module Gérer les utilisateurs.

Le poste client Notes peut être verrouillé automatiquement en cas d'inactivité :

- Cocher ☒*Se déconnecter (et verrouiller l'affichage de Notes) si vous n'avez pas utilisé Notes depuis* et taper un nombre de minutes (quinze par défaut)

Options avancées

Les autres options sont rarement utilisées: elles sont pertinentes lorsque l'utilisateur dispose d'informations à haut degré de confidentialité. La plupart du temps, l'administrateur a une démarche proactive qui évite à l'utilisateur d'avoir à intervenir ⇘Module Gérer les utilisateurs.

- Cliquer sur (Renouveler…) pour demander à l'administrateur la prolongation d'un certificat arrivant en fin de validité.
- Cliquer sur (Mot de passe compromis), puis sur (Changer mot de passe) pour changer le mot de passe Notes.
- Cliquer sur (Mot de passe compromis), puis sur (Vérification de mot de passe) pour demander à l'administrateur d'activer la vérification du mot de passe.

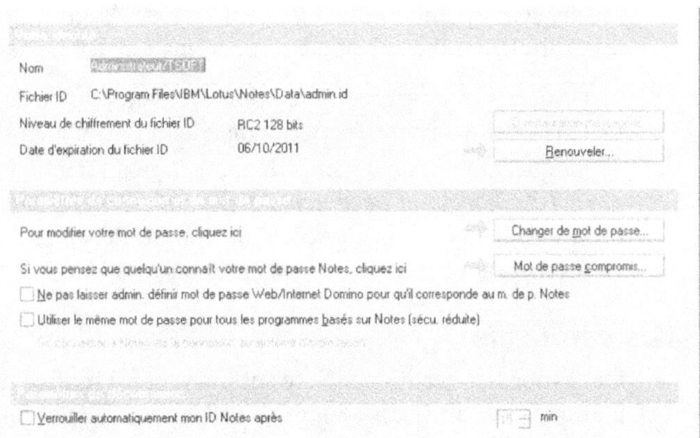

- Cliquer sur (Mot de passe compromis), puis sur (Nouvelles clés publiques) pour envoyer une nouvelle clé publique dans une copie limitée du fichier ID à l'administrateur. Ce dernier doit copier/coller la clé publique dans le document personne de l'utilisateur

Les options qui suivent permettent à l'utilisateur de contrevenir aux choix de l'administrateur :

- Cocher ☒*Ne pas laisser admin. définir mot de passe Web/Internet Domino pour qu'il corresponde au mot de passe* pour supprimer la synchronisation des mots de passe Notes et Internet

- Cocher ☒*Utiliser le même mot de passe pour tous les programmes basés sur Notes (sécu. réduite)* pour qu'un programme local utilisant les API C de Notes ou Java puisse accéder aux bases locales et distantes sans devoir à nouveau entrer le mot de passe Notes
- Cocher ☒*Se connecter à Notes à l'aide des informations d'ouverture de session du système d'exploitation* pour activer le logon unique Windows/Notes

Votre identité

Les informations affichées sont en provenance du fichier ID : certificats d'organisation Domino, clés publiques, certificats Internet X.509. L'utilisateur ne devrait pas intervenir ici sauf demande expresse de l'administrateur.

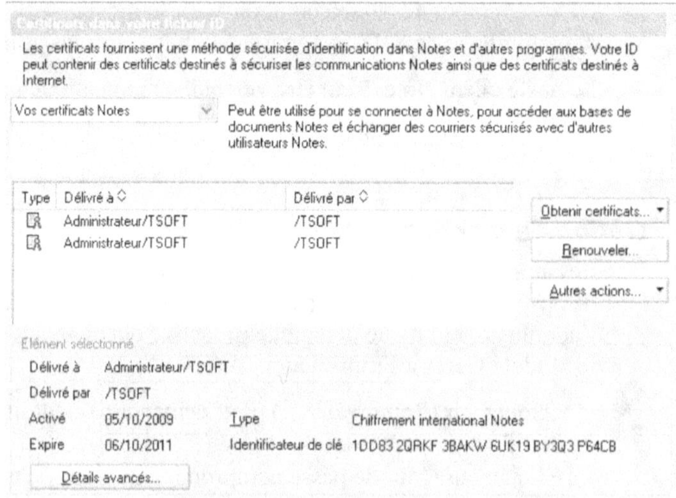

Vos noms

Le nom actuel enregistré dans le fichier ID est affiché. Le changement de nom de l'utilisateur est entièrement à l'initiative de l'administrateur, ✎Tome 2-Module Gérer les utilisateurs. Il est fortement recommandé de ne pas utiliser cette partie du dialogue.

- Cliquer sur (Autres actions) puis Demander modifications de noms, puis sur (Envoyer courrier…) pour demander à l'administrateur un changement de nom
- Cliquer sur (Changements de noms), puis sélectionner
  ❍*Télécharger et accepter automatiquement les changements de noms* (défaut)
  ❍*Demander votre approbation avant d'accepter les changements de noms* (comportement des versions antérieures de Notes)

Vos certificats

La gestion des certificats Notes et Internet est unifiée dans ce panneau. Dans la pratique, les certificats sont gérés à l'initiative de l'administrateur et non pas à l'initiative de l'utilisateur. L'administrateur peut avoir besoin de demander un échange de certificats croisés avec une autre organisation Domino, auquel cas il utilisera ces options pour son propre compte.

Ce panneau sera utilisé principalement pour inclure les certificats Internet dans le fichier ID Notes et pour activer la carte à puce (déplacement de la clé privée depuis le fichier ID vers la carte à puce).

Votre carte à puce

Le panneau sert à l'activation de l'identification par carte à puce.

Identité des autres

Les certificats croisés Domino et les certificats d'organismes de certification Internet enregistrés dans le carnet d'adresses personnel sont gérés ici. L'administrateur détermine quels sont les certificats croisés acceptables pour un utilisateur,↳LCE - Liste de contrôle d'exécution. Il peut être amené lui-même à réceptionner une base Domino acquise d'un organisme extérieur qu'il devra signer. Dans ce cas, il pourra accepter une contre-certification (certificat croisé) en provenance de cet organisme.

Activité des autres

Cet onglet affiche la liste de contrôle d'exécution (LCE) du client Notes qui protège le poste de programmes d'origine inconnue. Elle est normalement gérée de façon centralisée par l'administrateur. La LCE fait l'objet d'un paragraphe séparé, ↳LCE-Liste de contrôle d'exécution.

Données Notes

Les données Notes désignent toutes les bases d'extension .NSF ou .NTF se trouvant dans le répertoire des données du poste client Notes. Ces bases peuvent être protégées par des mécanismes de chiffrement propres à Notes.

Bases de documents

Pour chiffrer les bases locales sur le poste avec la clé publique de l'utilisateur.

* Sélectionner ❍*Chiffrer localement à l'aide de* puis sélectionner une option de chiffrement (chiffrement simple, modéré, renforcé).

Les bases sont déchiffrées avec la clé privée de l'utilisateur. Le chiffrement Notes est effectué à partir du couple clé publique-clé privée du fichier ID de l'utilisateur. Il est indispensable de ne pas perdre le fichier ID – destruction physique ou perte irrémédiable du mot de passe – pour ne pas perdre les données chiffrées.

Applications

Ce panneau gère les clés de chiffrement simples utilisées pour chiffrer un document accédé par plusieurs utilisateurs qui partagent la même clé de chiffrement simple.

Web, Intranet

Ces options permettent de signer le courrier envoyé et de chiffrer le courrier enregistré. Ces deux mécanismes utilisent le couple clé publique-clé privée du fichier ID et la règle : ce qui est chiffré avec la clé publique est déchiffré avec la clé privée et inversement, ce qui est chiffré avec la clé privée est déchiffré avec la clé publique.

Le courrier envoyé sur Internet est chiffré ou signé par le certificat Internet de l'utilisateur – distinct du certificat Notes – avec le format S/MIME – Secure MIME – supporté par Lotus Notes.

Signature

Le nom de l'expéditeur est chiffré à l'aide d'une clé de chiffrement aléatoire elle-même chiffrée avec sa clé privée. Le nom chiffré est transmis avec la clé de chiffrement et sa clé publique qui permettra de déchiffrer la clé aléatoire puis le nom. Le couple clé publique/clé privée dépend du certificat utilisé : Notes ou Internet.

Chiffrement des messages

Le message est chiffré avec la clé publique du destinataire qui se trouve dans l'annuaire. Le destinataire déchiffre le message en l'ouvrant avec sa clé privée en provenance de son fichier ID. Le certificat utilisé est Notes ou Internet.

LCE. Liste de contrôle d'exécution

- **Accédée depuis *Fichier/Sécurité/Sécurité utilisateur...***
- **Enregistrée dans le carnet d'adresses personnel**
- **L'administrateur définit la**

> Protéger le client Notes
> pendant l'exécution
> de programmes

  - LCE d'administration
  - LCE par groupe d'utilisateurs

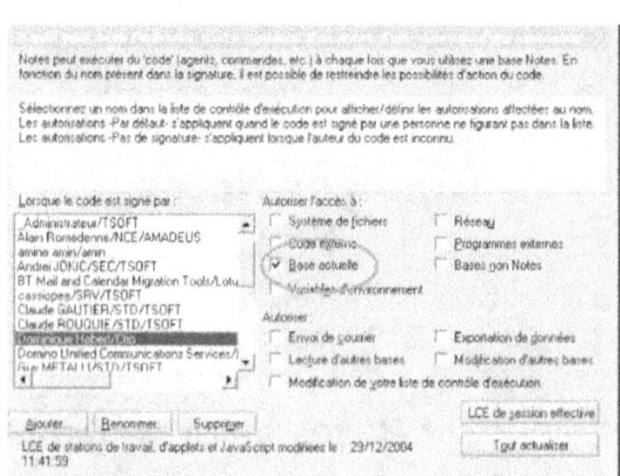

La liste de contrôle d'exécution protège le poste de travail en vérifiant les fonctions utilisées pendant l'exécution d'une application Notes : accès à des programmes externes, envoi de courrier, etc. Les applications Notes sont identifiées par une signature électronique. La LCE est propre à un poste de travail et à un utilisateur : elle est stockée dans le carnet d'adresses personnel de l'utilisateur (names.nsf) et dépend de l'identifiant courant.

Accéder à la LCE d'un poste

- Commande *Fichier/Sécurité/Sécurité utilisateur...*
- Cliquer sur (Activité des autres)
- Cliquer sur (Utilisation du poste de travail)
- <Lorsque le code est signé par> : cliquer sur une entrée
- <Autoriser l'accès à><Autoriser> : cocher les niveaux d'autorisation voulus
- Cliquer sur (Ajouter...) pour accéder à un nom dans l'Annuaire Domino du domaine ou taper un nom de signataire

Signataire	Signification
-Default-	Tout signataire présent dans l'Annuaire Domino du domaine, y compris les certifications croisées gérées par l'administrateur Notes.
-Pas de signature-	Tout signataire non présent dans l'Annuaire Domino du domaine.
Lotus Notes Template Development/Lotus Notes	Cette signature authentifie toutes les bases livrées par Lotus.
Jean-François ROUQUIE/TSOFT	La signature de l'utilisateur du poste : nécessaire car les agents sont signés du nom de l'utilisateur à l'activation.

Unités d'organisation d'utilisateurs

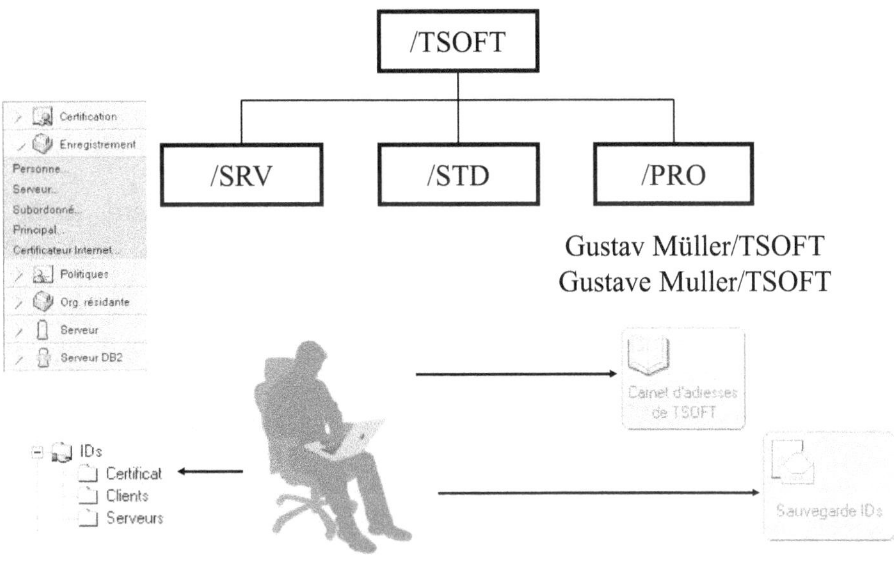

Il est recommandé de séparer clients et serveurs en utilisant des unités d'organisation. Lorsque le premier serveur est configuré, il peut être rattaché en option à une unité d'organisation spécifique aux serveurs, ↳Module Installer le serveur Domino. ⊠ Configurer le serveur Domino.

Les utilisateurs peuvent être rattachés à l'organisation directement ou à une ou plusieurs unités d'organisation. Par exemple :

- Il y a une unité d'organisation par pays si l'organisation est mondiale. L'unité d'organisation supporte une langue locale (support de caractères nationaux) et une langue réputée internationale (par exemple, l'anglais) de façon à ce que le nom des utilisateurs s'exprime dans les deux jeux de caractères
- Des utilisateurs ont besoin d'une sécurité informatique renforcée : protection du mot de passe, chiffrement des données
- L'administration des utilisateurs est décentralisée et chaque site dispose d'un certificateur

Le choix des unités d'organisation devrait répondre uniquement à un besoin d'organisation informatique et d'administration de Domino. Les tentatives d'utiliser les unités d'organisation pour refléter l'organisation fonctionnelle, hiérarchique ou géographique de l'entreprise sans correspondance avec un besoin strictement informatique se révèlent à l'expérience très coûteuses.

Le choix proposé ici – ↳Supplement. Créer une unité d'organisation et Ajout de langues nationales à un certificateur – consiste à définir deux unités d'organisation d'utilisateurs selon des critères de sécurité :

- /STD/TSOFT : unité d'organisation par défaut pour les utilisateurs
- /PRO/TSOFT : unité d'organisation pour les utilisateurs ayant besoin d'une sécurité renforcée

Un fichier certificateur contient les règles de restauration d'un mot de passe perdu (nombre d'autorités de restauration requises), ↳⊠ Activation de la sauvegarde et restauration des fichiers ID. Les politiques se calquent sur les unités d'organisation et déterminent des règles de sécurité (LCE du poste, fiabilité des mots de passe…).

Politiques

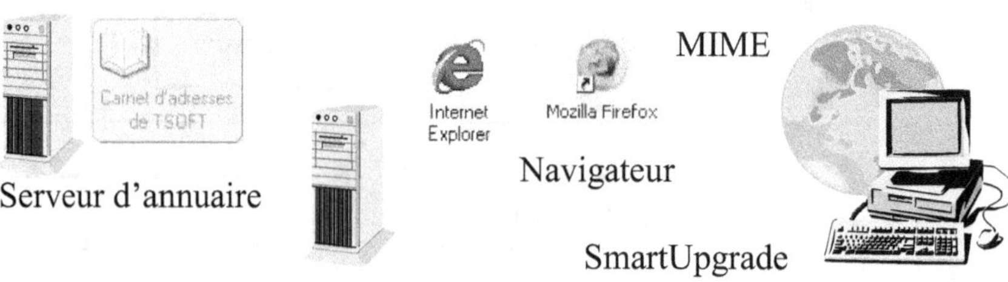

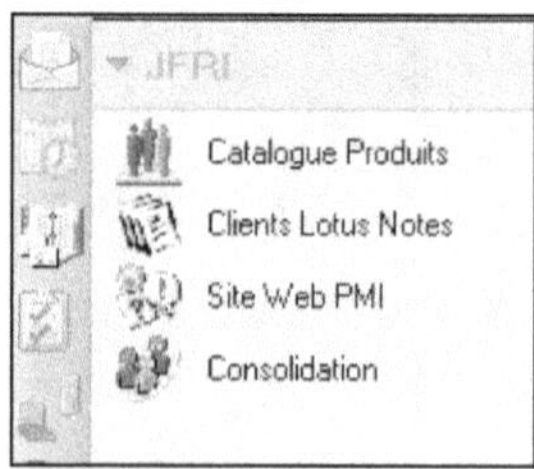

Un grand nombre de paramètres sont déterminés à l'enregistrement de l'utilisateur puis lors de la configuration du client Notes : fonctionnement du poste, sécurité du client Notes et de la messagerie. Ils sont enregistrés en plusieurs endroits :

- Bureau Notes : DESKTOP8.NDK, bookmark.nsf, headline.nsf sur le poste,
- Sécurité : user.id, names.nsf sur le poste, document personne dans l'annuaire,
- Serveurs – messagerie, annuaire, Sametime, proxy… – : names.nsf sur le poste,
- Courrier : base courrier sur serveur, réplique locale, base d'archives sur serveur ou en local.

Ce foisonnement a souvent été source de confusions dans les versions antérieures de Lotus Domino/Notes. À partir de la version 6, l'administrateur définit des règles communes à tous les utilisateurs, ou à un groupe déterminé d'utilisateurs, avec les politiques. Les versions 7 et 8 renforcent ces contrôles. Les politiques contiennent les paramètres par défaut à l'enregistrement de l'utilisateur et de configuration du client Notes. Elles permettent aussi d'imposer des valeurs de paramètres lorsque le poste est opérationnel. Les politiques se définissent dans deux types de documents :

- Paramètres d'archivage, de critères d'archivage, de bureau, d'enregistrement, de configuration et de sécurité. Par exemple, un paramètre de sécurité précise la longueur du mot de passe et si le mot de passe Notes est synchronisé avec le mot de passe Internet,
- Paramètres de courrier (nouveauté version 7) : clause de non-responsabilité dans les messages envoyés, partage de l'agenda, du courrier,
- Politiques déterminant la prise en compte des paramètres selon un modèle hiérarchique. Ce modèle est muni d'un mécanisme d'héritage pour propager la valeur d'un paramètre sur plusieurs niveaux.
- Paramètres de Bureau (nouveauté version 8) : Le document de paramètres de politique Bureau reprend désormais tous les paramètres des documents de paramètres de Configuration.
  Le document de paramètres de politique de bureau suffit pour définir les paramètres de politique de bureau ainsi que de nombreux paramètres de politique de configuration.

Dans le document de paramètres de politique de bureau, choisissez l'option
<Définir une valeur initiale> pour définir un paramètre à appliquer au cours de la
configuration.

Le document Paramètres de bureau inclut, dans l'onglet Général, une section Plug-
in d'application Notes. Elle permet d'indiquer par exemple si les services de
messagerie instantanée sont fournis par IBM Lotus Sametime ou si la résolution
des noms de messagerie instantanée (conversion des noms Notes en noms Internet)
est réalisée par l'annuaire Domino.

Remarques

Les versions antérieures à la version 6 proposaient une standardisation de la
configuration des postes par les documents de profil. Ils ont été remplacés par les
politiques.

Bien que les documents de paramètres de configuration soient encore valables, il est
vivement recommandé d'utiliser à l'avenir le document de paramètres de politique de
bureau à jour, pour définir à la fois les paramètres de politique de bureau et de
configuration.

Les paramètres de politique de bureau ne sont pas pris en charge par Domino Web
Access.

Politiques subordonnées à l'organisation

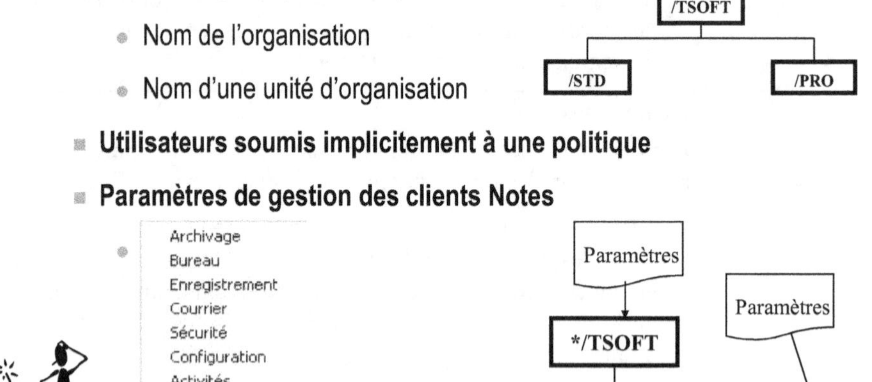

Une politique subordonnée correspond à un élément du modèle organisationnel hiérarchique de Domino : l'organisation Domino et les unités d'organisation. Le nom d'une politique subordonnée correspond au nom de l'organisation ou d'une unité d'organisation ce qui détermine son rattachement. Le schéma de hiérarchisation des politiques subordonnées à l'organisation est le même que celui qui relie les unités d'organisation à l'organisation.

Des documents de paramètres sont connectés aux politiques. Les paramètres concernent :

- L'enregistrement de l'utilisateur
- La configuration du client Notes
- L'archivage du courrier de l'utilisateur sur son poste ou sur serveur
- Le bureau Notes (espace de travail, signets de bases…)
- La sécurité (longueur de mot de passe, LCE, Coffre d'ID…)
- Le courrier (paramétrage de l'agenda, Lotus iNotes…)
- L'Itinérance (emplacement des fichiers itinérants, actions à entreprendre..)
- L'accès aux Activités (URL et port du serveur d'activités)
- L'utilisation de Lotus Traveler (paramétrage, Autosync..)
- L'utilisation de la suite bureautique Symphony (compatibilité avec les extensions..)

La hiérarchisation a pour effet de propager les paramètres définis au niveau le plus haut – politique niveau organisation – vers les niveaux inférieurs – politiques niveau unités d'organisation –. Le paramétrage du poste Notes d'un utilisateur rattaché à une unité d'organisation viendra de paramètres définis au niveau global de l'organisation – on dit qu'il s'agit de valeurs héritées – et au niveau propre à son unité d'organisation de rattachement.

La mise en place des politiques et des paramètres est décrite maintenant dans un scénario définissant les paramètres d'enregistrement d'un utilisateur.

Principe des politiques subordonnées

Le plan de nommage préparé durant la phase de planification a déterminé le nom de l'organisation Notes ainsi que les noms des unités d'organisation, par exemple :

– /TSOFT : nom de l'organisation,
– /SRV/ TSOFT : unité d'organisation pour les serveurs Domino,
– /STD/ TSOFT : unité d'organisation pour la plupart des utilisateurs,
– /SEC/ TSOFT : unité d'organisation réservée aux utilisateurs ayant besoin d'une sécurité informatique renforcée.

Les documents politiques subordonnées qui correspondent portent les mêmes noms d'organisation et d'unité d'organisation préfixés par le caractère étoile (*).

– */TSOFT : règles applicables à l'ensemble des utilisateurs,
– */STD/TSOFT : règles applicables aux utilisateurs rattachés à l'unité d'organisation /STD/TSOFT,
– */SEC/TSOFT : règles applicables aux utilisateurs rattachés à l'unité d'organisation /SEC/TSOFT.

Les politiques */STD/TSOFT et */SEC/ TSOFT héritent des règles générales définies dans la politique */ TSOFT en y ajoutant leurs règles spécifiques. Les règles définies dans la politique d'organisation */ TSOFT peuvent être forcées aux niveaux inférieurs – option Appliquer – ce qui rend caduque toute redéfinition. Le verbe *Appliquer* est la traduction de l'anglais *Enforce*. Il faudrait penser plutôt à *Imposer* qui est plus proche.

Les utilisateurs appartenant à une unité d'organisation sont rattachés implicitement à la politique subordonnée qui porte le nom de l'unité d'organisation. Les mises à jour des paramètres *dynamiques* – rattachés à la politique ou à une politique parente – sont propagées sur les postes utilisateurs.

Remarque

En version 8, le paramètre *Ne pas définir de valeur* permet de laisser l'utilisateur modifier cette valeur, principalement pour les documents de paramètres de Courrier déployés par le processus d'administration à sa première connexion.

Création politique subordonnée niveau organisation

- Cliquer sur l'onglet (Personnes et groupes)
- Cliquer sur la vue *Politiques*
- Cliquer sur le bouton (Ajouter Politique)

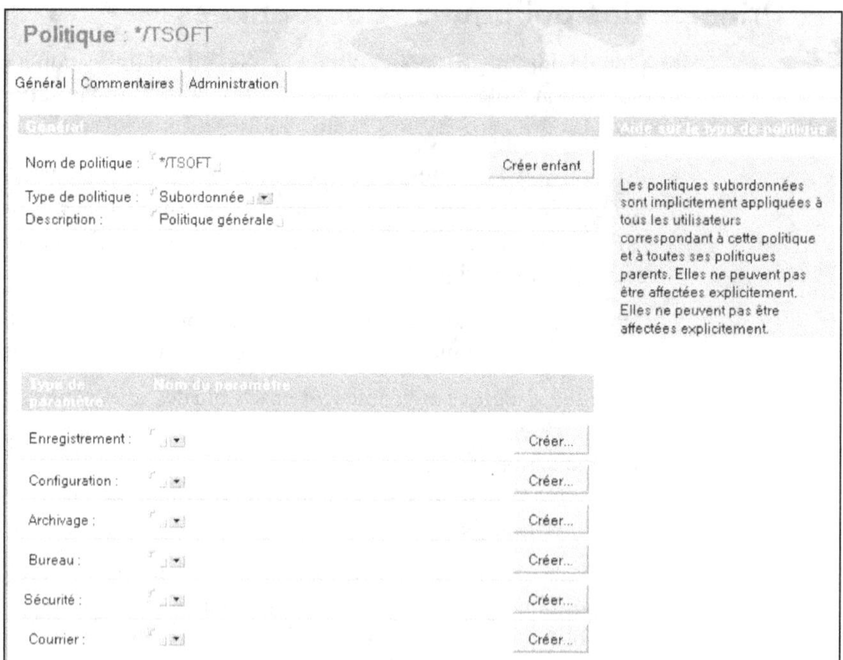

- <Nom de politique> : taper le nom de l'organisation précédée de */, par exemple : */TSOFT* pour l'organisation Domino /TSOFT

- <Type de politique> : sélectionner *Subordonnée*

- <Description> : taper un commentaire

Les autres champs sont destinés à référencer les noms des documents de paramètres des différentes catégories – Enregistrement, Configuration, Archivage, Bureau, Sécurité, Courrier – pour l'organisation tout entière. Ces documents n'ont pas encore été créés.

- Cliquer sur (Enregistrer et fermer)

Création politique subordonnée enfant

- Cliquer sur la vue *Politiques*

- Ouvrir le document de politique subordonnée
- Cliquer sur le bouton (Créer enfant)

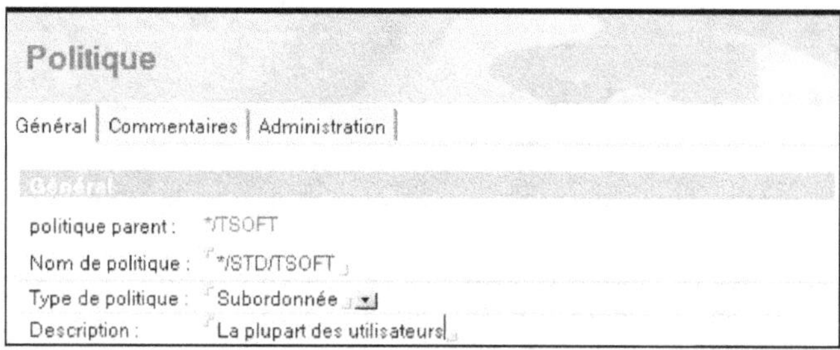

La politique parente apparaît pour vérification. Son absence signifie que la filiation n'est pas active.

- <Nom de politique> : taper le nom de l'unité d'organisation précédé de */, par exemple : */STD/TSOFT* pour l'unité d'organisation Notes */STD/TSOFT*. Le nom peut toujours être modifié suite à une erreur de frappe : la filiation est conservée

- <Type de politique> : sélectionner *Subordonnée*

- <Description> : taper un commentaire

Les autres champs destinés à référencer les noms des documents de paramètres des différentes catégories pour cette politique */STD/TSOFT* sont vides pour le moment.

- Cliquer sur (Enregistrer et fermer)

- Répéter l'opération pour chaque unité d'organisation de rattachement des utilisateurs

Une unité d'organisation destinée aux serveurs n'est pas candidate pour une politique subordonnée.

La vue *Politiques* affiche la hiérarchie des politiques subordonnées. Il faut maintenant saisir les paramètres et les rattacher aux politiques pour que ces dernières soient opérantes.

Catégories de paramètres

Les valeurs paramètres sont définis par défaut ou imposées

- **Valeurs par défaut pour des opérations**
  - **Configuration** du client Notes : serveur d'annuaire, navigateur préféré, signets de bases, préférences utilisateur...
  - **Enregistrement** utilisateurs : mot de passe, accès base courrier
- **Valeurs imposées : contrôle de la modification et rafraîchissement dynamique du client Notes**
  - **Bureau** : paramètres identiques à ceux de Configuration
  - **Sécurité** : gestion du mot de passe, de la LCE du poste
  - **Archivage** : autorisations, local ou serveur, filtres d'archivage...
  - **Courrier** : clause de non-responsabilité, partage d'agenda...

Il y a dix types de documents de paramètres, l'archivage en compte deux. Ils appartiennent à l'un des deux groupes :

- Des valeurs proposées par défaut : à l'enregistrement des utilisateurs et à la configuration du client Notes. Elles sont modifiables respectivement par l'administrateur et par l'utilisateur,
- Des valeurs imposées : le rafraîchissement des valeurs sur le poste client Notes est dynamique. Elles sont modifiables uniquement par l'administrateur pour un ensemble de clients.

La version 8 amène deux améliorations notables aux versions 6 et 7 :

- Protection de certains groupes de valeurs dans une section des paramètres d'archivage, de bureau et de sécurité. Ceci pallie à la situation suivante commune en version 6 : une valeur est imposée – par exemple le format MIME pour les messages envoyés sur Internet – ce qui n'empêche pas l'utilisateur de la modifier – Format Notes texte riche. Lors d'une authentification ultérieure, la valeur est rafraîchie d'après la règle définie par l'administrateur – Format MIME dans notre exemple. L'interdiction rend le champ non modifiable ce qui clarifie la règle,
- Paramétrage plus fin de la messagerie, ⭢ Module Messagerie.

La procédure de création d'un document de paramètres et de son rattachement à une politique est illustrée ici par la longueur du mot de passe Notes – fixée à quatre caractères pour tous – à l'enregistrement des utilisateurs. La protection d'un paramètre est vue dans ce module, ⭢ Scénario de mise en œuvre de politiques subordonnées.

Création d'un document de paramètres

- Cliquer sur l'onglet (Personnes et groupes), puis sur la vue *Paramètres*
- Cliquer sur le bouton (Ajouter Paramètres...), puis sur *Enregistrement*
- <Nom> : taper un nom significatif, par exemple rappelant le nom de l'organisation : *TSOFT_Enregistrement*

- <Description> : taper un commentaire rappelant que ces options sont valables pour l'enregistrement de tout utilisateur

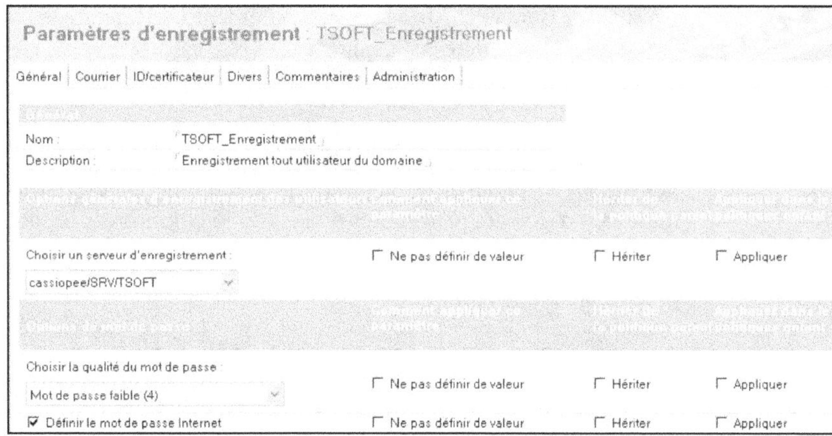

- <Qualité du mot de passe> : sélectionner *Mot de passe faible (4)* en formation
- Cocher ☒*Définir le mot de passe Internet*
- Enregistrer et fermer

Rattachement des paramètres à une politique

Cette étape active l'utilisation des paramètres : la convention de noms utilisée (qui rappelle le nom de l'organisation ou de l'unité d'organisation) dans le document de paramètres ne sert qu'à des fins documentaires. Le document va être rattaché à la politique subordonnée applicable à l'ensemble de l'organisation, ici */TSOFT.

- Ouvrir la vue *Politiques*, puis modifier le document de politique */TSOFT
- <Enregistrement> : sélectionner le document de paramètres correspondant, soit *TSOFT_Enregistrement* d'après les conventions utilisées
- Cliquer sur (Enregistrer et fermer)

Enregistrement d'un utilisateur

- Créer un utilisateur avec le certificateur d'organisation ou d'unité d'organisation

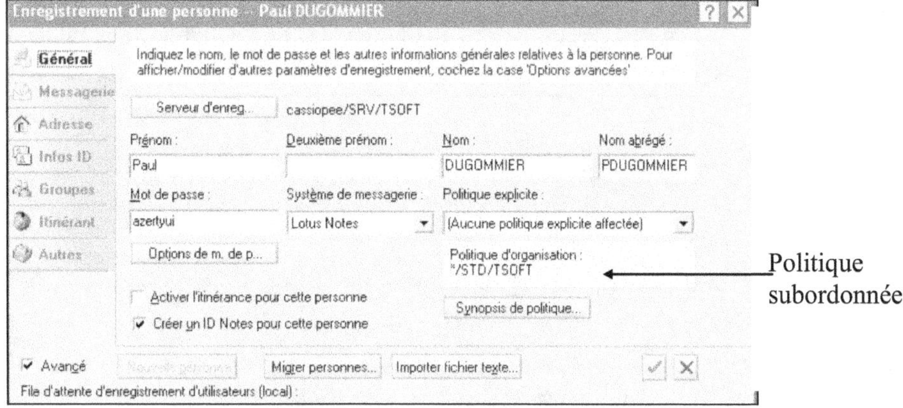

La politique subordonnée – également appelée politique d'organisation – liée au certificateur choisi est appliquée automatiquement. Les options par défaut définies dans *TSOFT_Enregistrement* sont proposées dans le bouton (Options de m. de p.).

Améliorations générales des Politiques en version 8

Un certain nombre de préférences supplémentaires peuvent être contrôlées via les paramètres Bureau et Messagerie, notamment Indicateurs de suivi, Rappel de messages et paramètres de réplication.

Les documents de paramètres de politique de bureau et de courrier contiennent un paramètre *<Comment appliquer>* qui fournit un emplacement central, le document de paramètres de politique, à partir duquel vous pouvez définir et éventuellement, verrouiller les paramètres de politique. Cette fonction est particulièrement utile pour mettre en œuvre les procédures de la société et renforcer la sécurité.

Après avoir créé ou ouvert un document de Paramètre Bureau, constatez la présence de cette nouvelle option :

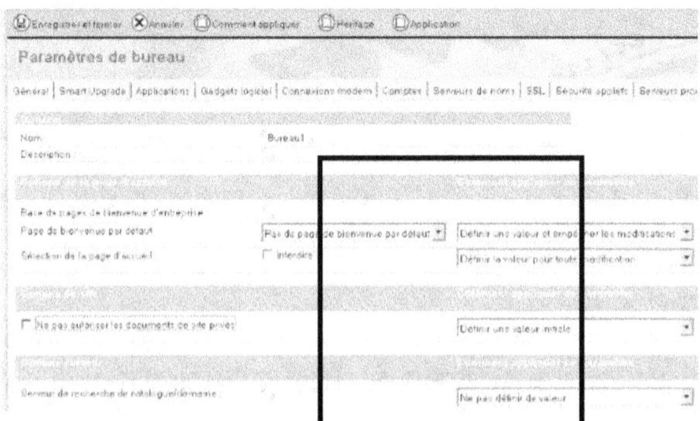

Le paramètre *<Comment appliquer>* offre les options suivantes : *Ne pas définir de valeur*, *définir une valeur initiale* qui offre à l'utilisateur final la possibilité de modifier cette valeur, *définir la valeur pour toute modification* qui, dans certains cas, permettra d'écraser les valeurs définies par l'utilisateur final par des valeurs précédemment spécifiées, *Définir et empêcher les modifications*, empêchant *l'utilisateur de modifier la* valeur du champ enregistrée dans la politique.

Remarques

Lotus Domino utilise la configuration dynamique pour déployer tous les paramètres de politique, à l'exception des paramètres de politique de courrier. Le document de paramètres de politique de courrier est déployé par le processus d'administration, non par la configuration dynamique.

Les propriétés existantes de l'héritage et de l'activation s'appliquent également aux paramètres associés à la fonction *<Comment appliquer>*.

⊠ Paramétrer les LCE d'administration

Les versions antérieures prévoient de définir une LCE d'administration applicable à tous les clients Lotus Notes. À partir de la version 6, il est possible de gérer plusieurs LCE en plus de la LCE d'administration et aussi de définir une fréquence de mise à jour des postes clients dans les documents de paramètres de sécurité.

Modification LCE d'administration par défaut

- Cliquer sur l'onglet (Personnes et groupes)
- Commande *Actions/Modifier la LCE d'administration...*

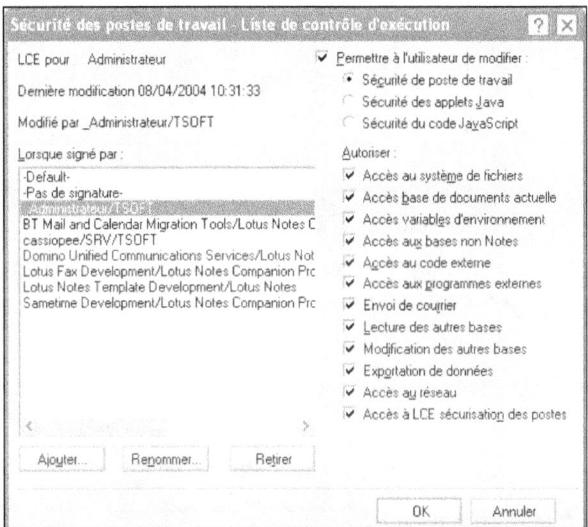

- Cliquer sur (Ajouter…), puis sélectionner le « super administrateur » dans l'annuaire Domino
- Sélectionner ○ *Sécurité de poste de travail*
- <Autoriser> : cocher ⊠ toutes options
- Sélectionner ○ *Sécurité des applets Java*
- <Autoriser> : cocher ⊠ toutes options
- Sélectionner ○ *Sécurité du code JavaScript*
- <Autoriser> : cocher ⊠ toutes options
- <Lorsque signé par> : sélectionner *Default* puis ôter toutes les autorisations de *Sécurité de poste de travail* et *Sécurité des applets Java*
- <Lorsque signé par> : sélectionner *No signature* puis ôter toutes les autorisations de *Sécurité de poste de travail* et *Sécurité des applets Java*
- Cocher ⊠*Permettre à l'utilisateur de modifier* pour laisser les utilisateurs accepter une signature extérieure

Ce réglage suppose que les bases d'applications spécifiques seront signées et mises en production par l'administrateur. Les postes utilisateurs pourront exécuter une application Domino téléchargée depuis Internet par exemple en en acceptant une contre certification. Les autres informations sont abordées dans une autre section, ✎LCE – Liste de contrôle d'exécution.

Remarque

La LCE est appliquée même en l'absence de politiques.

Création d'une LCE d'administration

Il faut créer un document de paramètres de sécurité pour créer une nouvelle LCE d'administration. La LCE d'administration par défaut peut aussi être modifiée.

Pour créer des paramètres de sécurité et une LCE d'administration applicables à une unité d'organisation :

- Cliquer sur l'onglet (Personnes et groupes), puis sur la vue *Paramètres*
- Cliquer sur le bouton (Ajouter Paramètres…), puis sur *Sécurité*

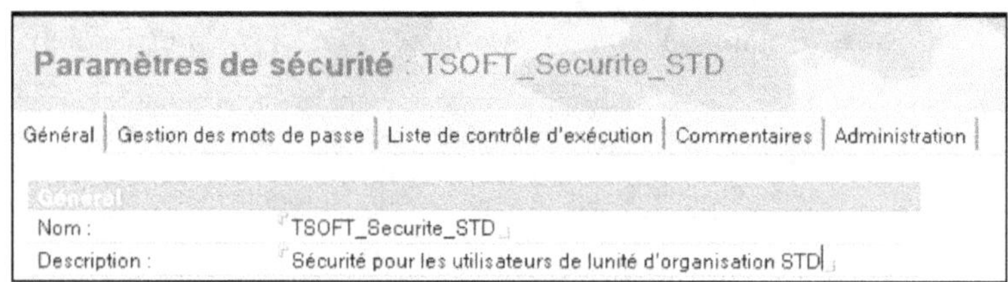

- <Nom> : taper un nom significatif, par exemple rappelant le nom de l'unité d'organisation : *TSOFT_Sécurité_STD*
- <Description> : taper un commentaire rappelant que ces options sont valables pour la sécurité du poste de tout utilisateur de l'unité d'organisation
- Cliquer sur l'onglet (Liste de contrôle d'exécution), puis cliquer sur (Nouveau)

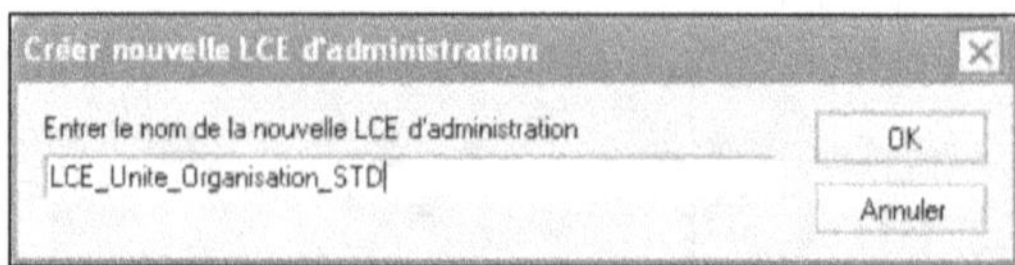

- Taper un nom pour cette nouvelle LCE d'administration, puis cliquer sur (OK)

Un dialogue similaire à celui de la LCE d'administration par défaut s'affiche.

- Ne pas cocher □*Permettre à l'utilisateur de modifier* pour interdire aux utilisateurs d'accepter une signature extérieure
- Compléter les options, puis cliquer sur (OK)

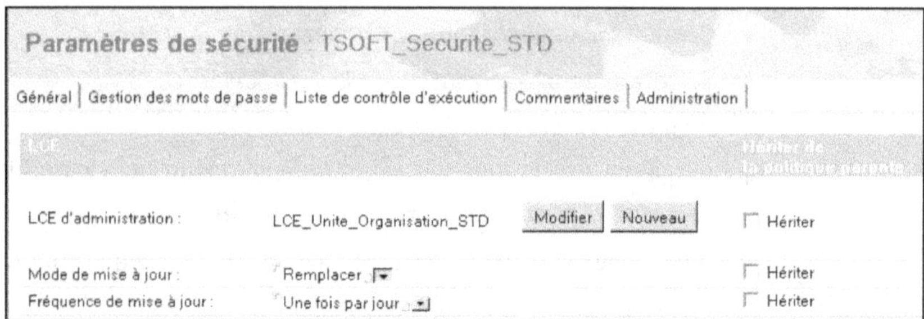

- <Méthode de mise à jour> : sélectionner
  – *Mettre à jour* : les entrées définies dans la LCE d'administration annulent et remplacent les entrées de même nom dans la LCE du poste. Les entrées créées ou modifiées par l'utilisateur ne sont pas modifiées si elles ne sont pas en conflit avec des entrées de même nom dans la LCE d'administration.
  – *Remplacer* : la LCE d'administration annule et remplace la LCE du poste.
- <Fréquence de mise à jour> : sélectionner
  – *Une fois par jour* : la LCE du poste est mise à jour lorsque l'utilisateur s'authentifie et qu'il s'est écoulé plus de 24h depuis la dernière modification de LCE sur le poste ou depuis la dernière modification de la LCE d'administration.

– *Lorsque la LCE d'administration change* : la LCE du poste est mise à jour lorsque l'utilisateur s'authentifie et que la LCE d'administration est modifiée.
– *Jamais* : la LCE du poste n'est pas modifiée à l'authentification. Elle peut l'être manuellement en cliquant sur le bouton (Rafraîchir) dans les préférences de sécurité utilisateur.

Les choix applicables diffèrent selon les populations visées :

Population	Méthode de mise à jour	Fréquence de mise à jour
Administrateurs	*Mettre à jour*	*Lorsque la LCE d'administration change*
Développeurs	*Mettre à jour*	*Lorsque la LCE d'administration change*
Utilisateurs Notes V6	*Remplacer*	*Une fois par jour*
Utilisateurs Notes V5	Non applicable	*Jamais*

Dans la pratique, les utilisateurs n'ont pas besoin d'intervenir sur la LCE de leur poste, exception faite de ceux qui installent sur leur poste des applications Notes non signées.

La LCE des postes clients Notes V5 était effectuée manuellement ou par programmation en exécutant un agent – à développer – sur le poste de l'utilisateur.

Rattacher les paramètres de sécurité aux politiques

La LCE d'administration par défaut est appliquée aux postes en l'absence de politique. Les nouvelles LCE d'administration définies dans les paramètres de sécurité sont activées par rattachement aux politiques.

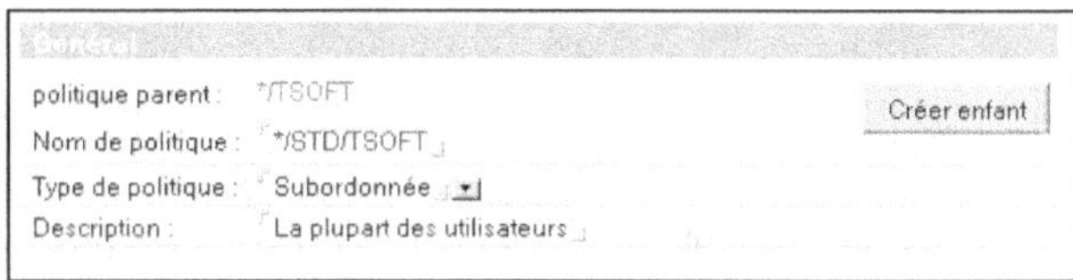

- Ouvrir en modification une politique, ici */STD/TSOFT

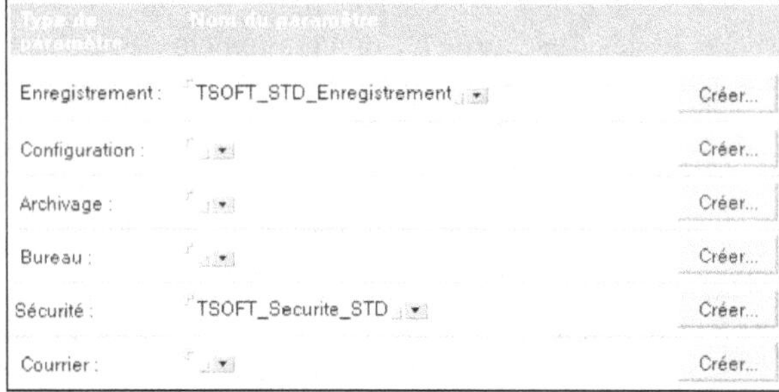

- <Sécurité> : sélectionner les paramètres voulus, ici *TSOFT_Securite_STD*

- Enregistrer et fermer

- Répéter l'opération pour les paramètres de sécurité définis pour une unité d'organisation, par exemple *TSOFT_Securite_SEC* rattaché à la politique subordonnée */SEC_TSOFT* pour l'unité d'organisation /SEC/TSOFT

- Répéter l'opération pour les paramètres de sécurité définis pour l'organisation, par exemple *TSOFT_Securite* rattaché à la politique subordonnée */TSOFT* pour l'organisation /TSOFT

Héritage de valeurs de paramètres

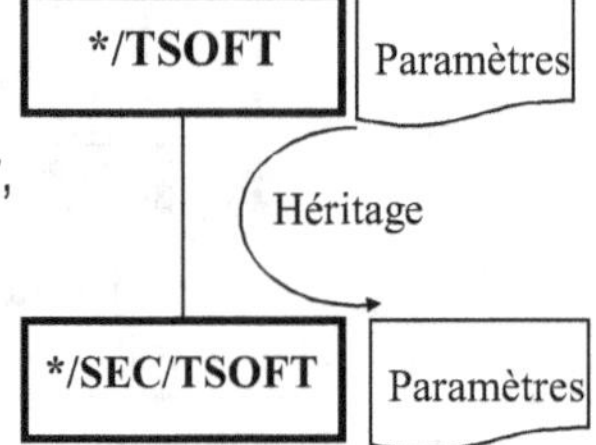

- **Paramètres**

  - Enregistrement, Configuration, Courrier, Archivage, Bureau, Sécurité

- **Niveau hiérarchique du paramètre : déterminé par la politique subordonnée**

- **Activation de l'héritage**

  - ☒*Appliquer* : forcer la valeur vers les enfants

  - ☒*Hériter* : utiliser la valeur du parent

- **Une modification de valeur dans un paramètre**

  - Est répercutée automatiquement sur les paramètres dépendants

  - Puis sur l'environnement de l'utilisateur

Les paramètres définis au niveau de l'organisation peuvent être modifiés au niveau des unités d'organisation ou non. L'héritage des valeurs de paramètres assure la propagation de haut en bas.

– Appliquer : spécifié à un niveau, force l'héritage chez les enfants,
– Hériter : spécifié au niveau enfant, utilise la valeur chez le parent.

Le scénario précédent basé sur les paramètres d'enregistrement d'un utilisateur Notes – mot de passe Notes et adresse de messagerie Internet – est enrichi pour illustrer l'héritage.

Scénario

Les règles de sécurité à l'enregistrement des utilisateurs sont définies ici.

Niveau	Règle	Nature
/TSOFT	Type de sécurité : Internationale Qualité du mot de passe : longueur 4 Mot de passe Internet	Appliquer
/STD/TSOFT	Type de sécurité : Internationale Qualité du mot de passe Mot de passe Internet	Hériter Hériter
/SEC/ TSOFT	Type de sécurité : Internationale **Qualité du mot de passe : longueur 8** Mot de passe Internet	Hériter

– Type de sécurité – Internationale – : définie au niveau organisation. Elle doit être *appliquée* partout.
– Qualité du mot de passe – longueur 4 – : définie au niveau organisation. Au niveau unité d'organisation, la valeur est soit *héritée* soit précisée explicitement.
– Mot de passe Internet : définie au niveau organisation. Elle est *héritée* partout.

Documents de politique subordonnée

Un document de politique subordonnée est défini pour l'organisation et pour chacune des unités d'organisation concernées. Les politiques doivent reproduire un schéma semblable à l'exemple proposé.

La vue *Politiques* fait apparaître la hiérarchie.

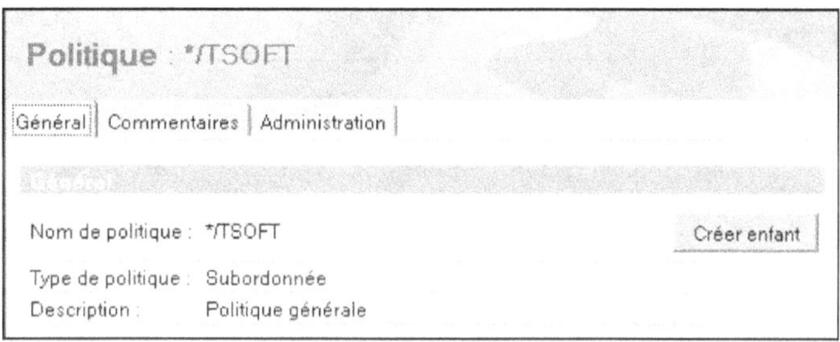

La politique subordonnée – ici */TSOFT* – n'a pas de politique parente.

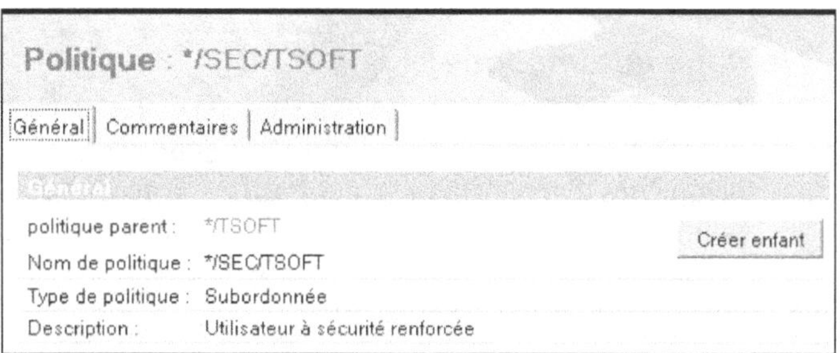

La politique subordonnée – ici */SEC/TSOFT* – a une politique parente.

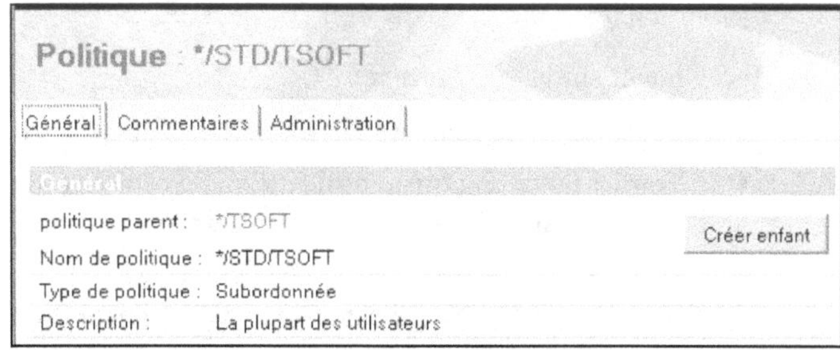

La politique subordonnée – ici */STD/TSOFT* – a une politique parente.

Paramètres d'enregistrement niveau organisation

Le document de paramètre de configuration rattaché à la politique subordonnée d'organisation a déjà été créé, ⭢Catégories de paramètres.

- Cliquer sur la vue *Paramètres*

- Modifier le document *TSOFT_Enregistrement*

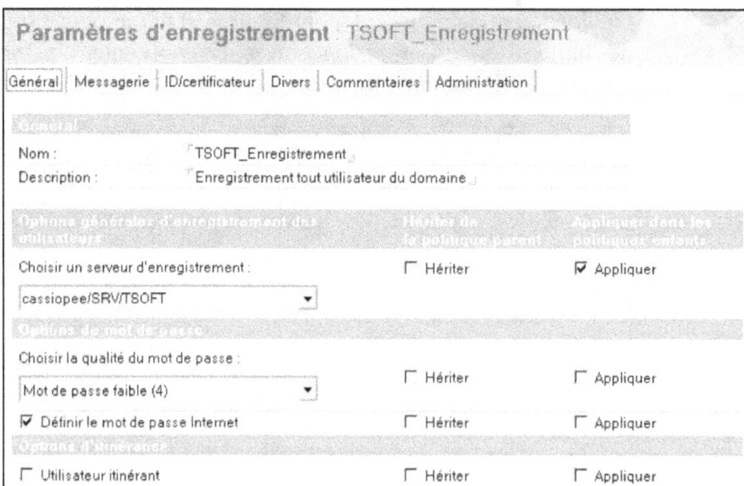

- <Qualité du mot de passe> : sélectionner *Mot de passe faible (4)*
- Cocher ☒*Définir le mot de passe Internet*
- Cliquer sur l'onglet (ID/Certificateur)
- <Type de sécurité> sélectionner *Internationale*, puis cocher ☒*Appliquer*
- Cliquer sur (Enregistrer et fermer)

Paramètres d'enregistrement : niveau unité d'organisation

Héritage automatique

La politique */STD/TSOFT hérite des valeurs définies dans la politique */TSOFT et n'apporte aucune modification. Il n'y a donc pas besoin de créer de document de paramètres d'enregistrement puisqu'il n'y a aucune exception à gérer. Le document de politique subordonnée est lui-même facultatif dans ce cas précis.

Spécification d'une exception

La politique */SEC/TSOFT hérite des valeurs définies dans la politique */TSOFT et introduit une exception : la longueur du mot de passe est 8. Il est nécessaire de créer un document de paramètres d'enregistrement qui sera rattaché à cette politique subordonnée.

- Cliquer sur la vue *Paramètres*
- Cliquer sur le bouton (Ajout paramètres…), puis sur *Enregistrement*
- <Nom> : taper un nom significatif, par exemple rappelant le nom de l'unité d'organisation : *TSOFT_SEC_Enregistrement*
- <Description> : taper le commentaire rappelant que ces options sont valables pour l'enregistrement des utilisateurs ayant des besoins de sécurité renforcée

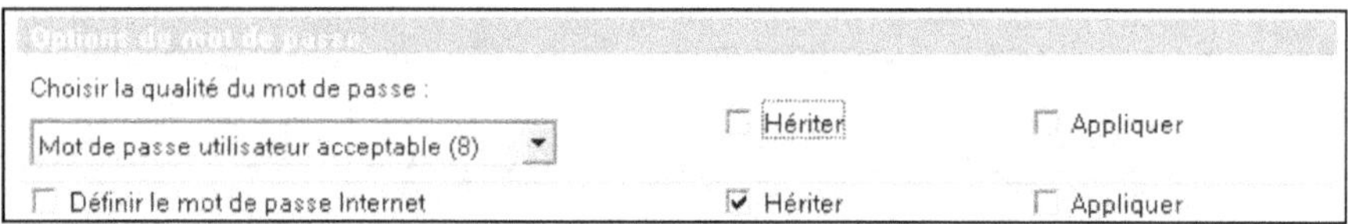

- <Qualité du mot de passe> : taper 8 et ne pas cocher ☐*Hériter*
- ☐*Set Internet Password* : cocher ☒*Hériter*

Remarques

L'héritage est calculé dynamiquement par Domino à l'enregistrement des utilisateurs pour les paramètres de configuration. Il n'apparaît pas à la saisie.

Une valeur cochée *Appliquer* au niveau parent n'a pas besoin d'être cochée *Hériter* au niveau enfant.

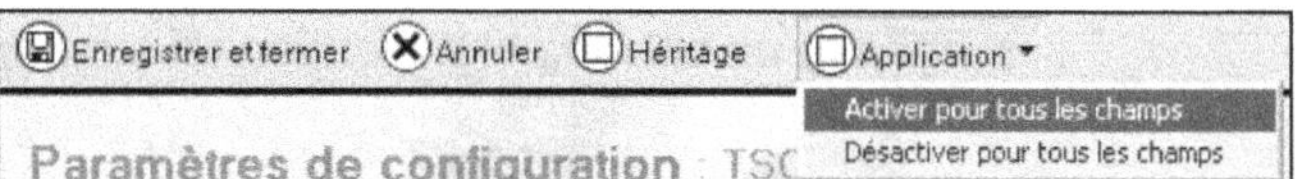

Les deux boutons (Héritage) et (Application) permettent d'activer ou de désactiver l'héritage et l'application sur tous les champs.

Rattachement des paramètres à une politique

Cette étape rattache effectivement un document de paramètres à une politique. La convention de noms utilisée – qui rappelle le nom de l'organisation ou de l'unité d'organisation – dans le document de paramètres ne sert qu'à des fins documentaires.

- Ouvrir la vue *Politiques*

- Ouvrir le document de politique subordonnée au niveau unité d'organisation, soit */SEC/TSOFT

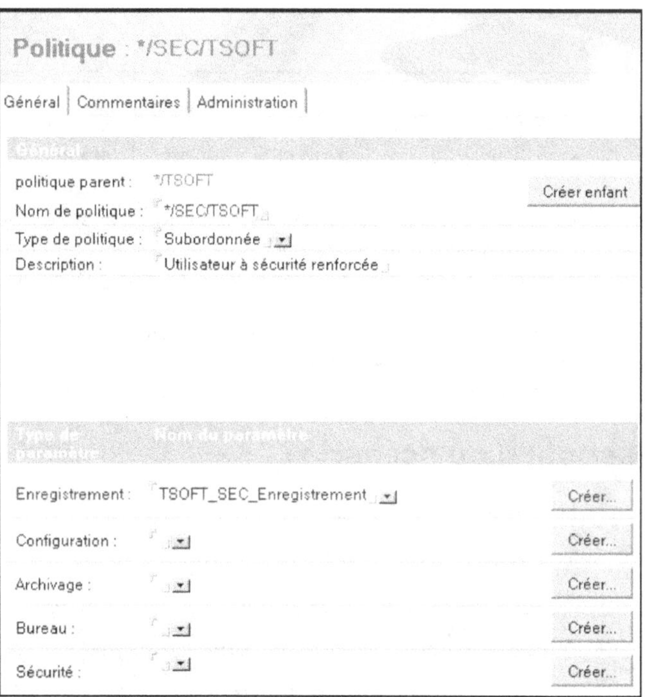

- <Enregistrement> : sélectionner le document de paramètres correspondant, soit *TSOFT_SEC_Enregistrement* d'après les conventions utilisées

- Cliquer sur (Enregistrer et fermer)

Enregistrement d'un utilisateur

Les valeurs par défaut proposées à l'enregistrement des utilisateurs dépendent de la politique applicable. Le scénario montre que les utilisateurs appartenant à /SEC/TSOFT ont un mot de passe avec une longueur 8 par défaut. Les autres valeurs sont héritées du niveau organisation. Les utilisateurs appartenant à /STD/TSOFT ont les valeurs par défaut héritées du niveau organisation.

Scénario de mise en œuvre de politiques subordonnées

- **Faire un schéma organisationnel sur papier**
- **Créer les documents**
  - Paramètres
  - Politique niveau organisation
  - Politique niveau OU comme enfant du niveau organisation
- **Rattacher les paramètres à une politique**
- **Vérifier le résultat**
  - Synopsis de politique
  - Visualiseur

Supposons que l'objectif fixé soit de standardiser tous les postes clients Notes pour en simplifier l'administration et le support : il est nécessaire de prévoir des valeurs par défaut à l'enregistrement du client et à la configuration du poste, et des valeurs imposées – rafraîchissement dynamique du poste et modification non autorisée – de bureau, de sécurité et d'archivage qui soient cohérentes : par exemple, la qualité du mot de passe et le format des messages – MIME – envoyés vers Internet.

Il est conseillé de faire un schéma sur papier mettant en regard les noms des politiques, des paramètres et les relations d'héritage. Le tableau fourni dans ce paragraphe peut servir de base à ce schéma.

Description du scénario

Un ensemble de règles est défini pour toute l'organisation. Des règles particulières sont définies pour chaque unité d'organisation. La valeur *Appliquer* dans la colonne *Nature* indique que la règle est applicable sans exception à chaque unité d'organisation.

Niveau	Règle	Nature
/TSOFT	Serveur d'enregistrement : CASSIOPEE/SRV/TSOFT	Appliquer
	Serveur de messagerie : CASSIOPEE/SRV/TSOFT	Appliquer
	Domaine Internet : tsoft.fr	Appliquer
	Adresse Internet : initiale du prénom + . + nom	Appliquer
	Création d'un fichier ID Notes	
	Fichier ID dans répertoire Windows : F:\ID\Clients	Appliquer
	Pas de fichier ID dans l'annuaire	Appliquer
	Type de sécurité : Internationale	Appliquer
	Durée de validité du certificat : 48 mois	Appliquer
	Qualité du mot de passe : longueur 4	
	Mot de passe Internet	
	Format des messages vers Internet : MIME	Protéger

Les paramètres d'enregistrement sont partiellement redéfinis au niveau des unités d'organisation. Pour indiquer le résultat attendu, les conventions suivantes sont utilisées dans la colonne *Nature* du tableau :

- *Appliquer* : indique une règle qui ne peut être modifiée à un niveau inférieur,
- *Hériter* : indique que la règle parente est appliquée,
- *Hériter (Appliquer)* : indique que la règle parente est appliquée automatiquement parce que cette dernière est marquée Appliquer,
- *Sans mention* : la règle est propre au niveau actuel,
- *Protéger* : l'utilisateur ne peut pas modifier la règle.

Niveau	Règle	Nature
/STD/TSOFT	Serveur d'enregistrement	Hériter (Appliquer)
	Serveur de messagerie	Hériter (Appliquer)
	Domaine Internet	Hériter (Appliquer)
	Adresse Internet	Hériter (Appliquer)
	Création d'un fichier ID Notes	Hériter
	Fichier ID dans répertoire Windows	Hériter (Appliquer)
	Pas de fichier ID dans l'annuaire	Hériter (Appliquer)
	Type de sécurité : Internationale	Hériter (Appliquer)
	Durée de validité du certificat	Hériter (Appliquer)
	Qualité du mot de passe	Hériter
	Mot de passe Internet	Hériter
	Accès base courrier : Éditeur	
	Format des messages vers Internet : MIME	Hériter (Appliquer)
/SEC/TSOFT	Serveur d'enregistrement	Hériter (Appliquer)
	Serveur de messagerie	Hériter (Appliquer)
	Domaine Internet	Hériter (Appliquer)
	Adresse Internet	Hériter (Appliquer)
	Création d'un fichier ID Notes	Hériter
	Fichier ID dans répertoire Windows	Hériter (Appliquer)
	Pas de fichier ID dans l'annuaire	Hériter (Appliquer)
	Type de sécurité : Internationale	Hériter (Appliquer)
	Durée de validité du certificat	Hériter (Appliquer)
	Qualité du mot de passe : longueur 8	
	Mot de passe Internet	Hériter
	Accès base courrier : Gestionnaire	
	Format des messages vers Internet : MIME	Hériter (Appliquer)

Les exceptions ont été mises en gras. Elles seront effectives parce qu'au niveau organisation, les paramètres ne sont pas accompagnés de *Appliquer*.

Les règles vont être entrées dans des documents de paramètres d'enregistrement et de bureau. Il y a autant de documents de paramètres d'enregistrement que de politiques :

- L'héritage est le moyen de définir des règles communes au niveau organisation */TSOFT applicables aux niveaux */STD/ TSOFT et */SEC/ TSOFT,
- Si les règles d'enregistrement avaient été communes à tous les utilisateurs, il aurait suffit d'un seul document de paramètres pour la politique */TSOFT.

Paramètres d'enregistrement : niveau organisation

- Créer ou ouvrir en modification le document de paramètres d'enregistrement applicables à toute l'organisation, ici *TSOFT_Enregistrement*
- Renseigner les valeurs des champs conformément au tableau du scénario

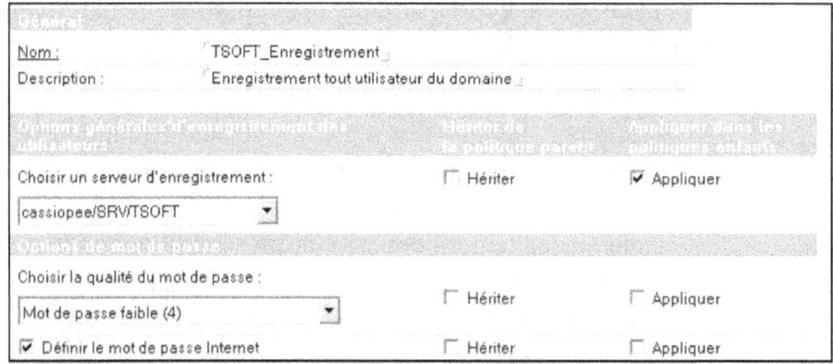

- Cliquer sur l'onglet (Messagerie)

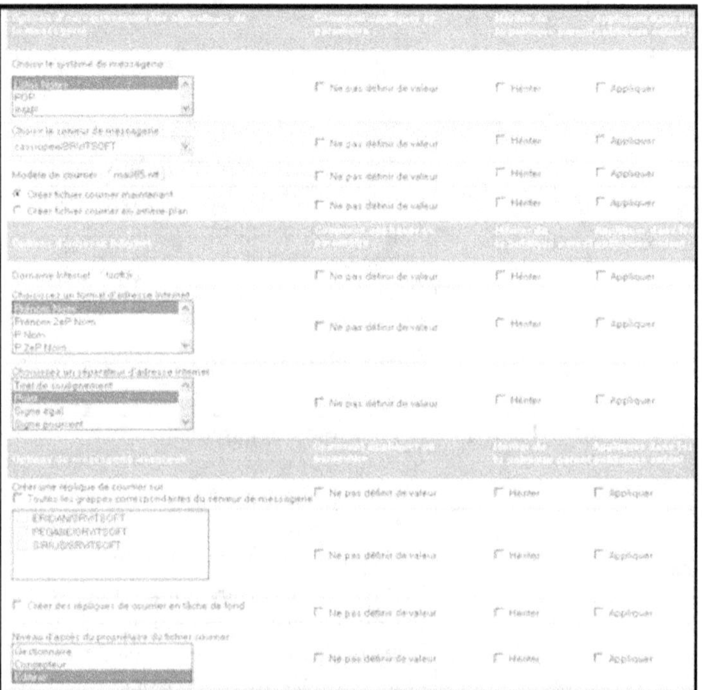

- Cliquer sur l'onglet (ID/Certificateur)

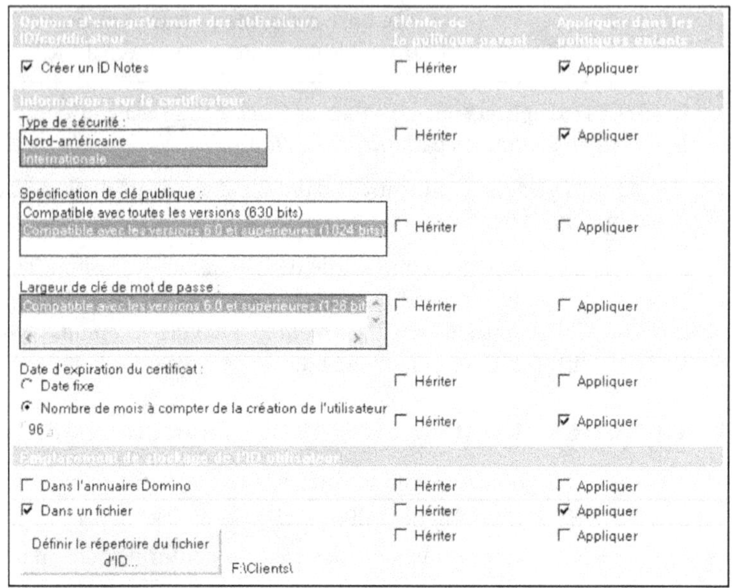

- Cliquer sur (Enregistrer et fermer)

Paramètres d'enregistrement : niveau unité d'organisation /STD

- Créer ou ouvrir en modification le document de paramètres d'enregistrement applicables à l'unité d'organisation, soit *TSOFT_STD_Enregistrement*
- Renseigner les valeurs des champs conformément au tableau du scénario

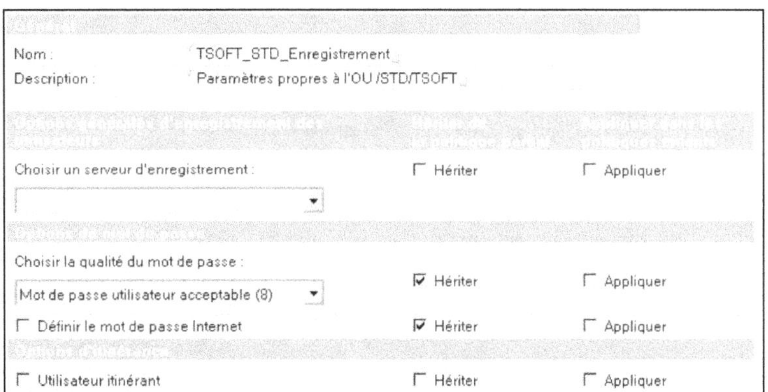

Le serveur d'enregistrement n'est pas précisé car il est ☒*Appliquer* au niveau organisation.

- Cliquer sur l'onglet (Messagerie)

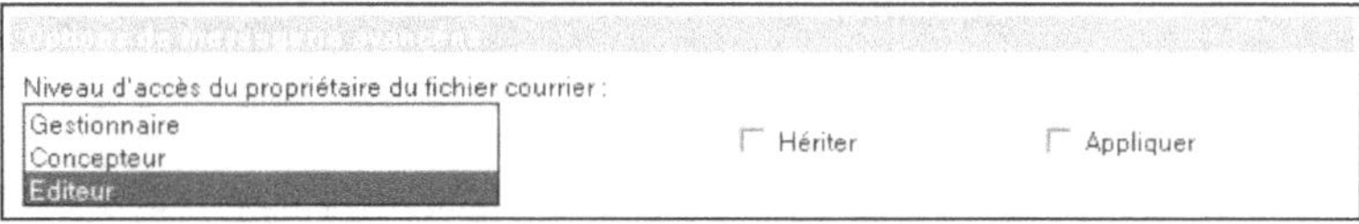

L'accès *Editeur* est applicable à ce niveau.

- Cliquer sur l'onglet (ID/Certificateur)

Les paramètres par défaut sont laissés inchangés : le type de sécurité, la date d'expiration du certificat du fichier ID de l'utilisateur, l'emplacement de stockage du fichier ID sont définis au niveau organisation avec la mention ☒*Appliquer*. La saisie des paramètres se fait toujours dans le contexte de la politique de rattachement : les valeurs définies à un niveau donné sont appliquées sauf si ☒*Hériter* est sélectionné à ce niveau ou que ☒*Appliquer* est sélectionné au niveau parent.

Paramètres d'enregistrement : niveau unité d'organisation /SEC

- Créer ou ouvrir en modification le document de paramètres d'enregistrement applicables à l'unité d'organisation, soit *TSOFT_SEC_Enregistrement*
- Renseigner les valeurs des champs conformément au tableau du scénario
- <Qualité du mot de passe> : taper 8 et ne pas cocher ☐*Hériter*
- ☐*Définir le mot de passe Internet* : cocher ☒*Hériter*
- Cliquer sur l'onglet (Messagerie)
- <Niveau d'accès à la base courrier> : sélectionner *Gestionnaire* et ne pas cocher ☐*Hériter*
- Cliquer sur l'onglet (ID/Certificateur)
- <Créer un ID Notes> : cocher ☒*Hériter*
- Cliquer sur (Enregistrer et fermer)

Paramètres de bureau : niveau organisation

- Créer un document de paramètres de bureau applicable à l'organisation /TSOFT soit *TSOFT_Bureau*

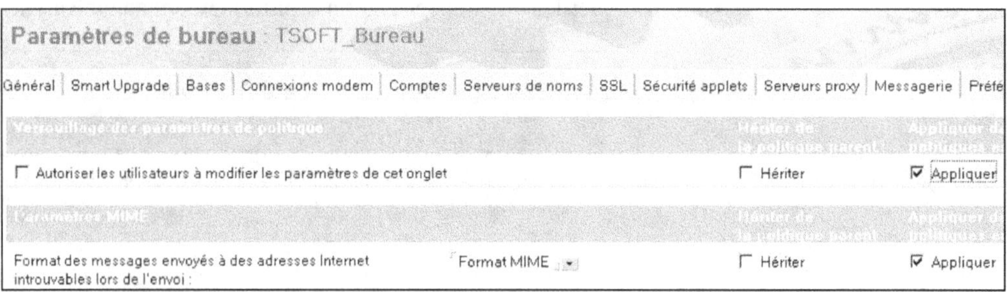

- <Autoriser les utilisateurs à modifier les paramètres de cet onglet> : décocher l'option et cocher ☒*Appliquer*

- <Format des messages…> : sélectionner *Format MIME* et cocher ☒*Appliquer*

Rattachement des paramètres aux politiques

Cette étape rattache effectivement un document de paramètres à une politique.

- Ouvrir la vue *Politiques,* puis ouvrir le document de politique subordonnée de l'organisation, ici */TSOFT

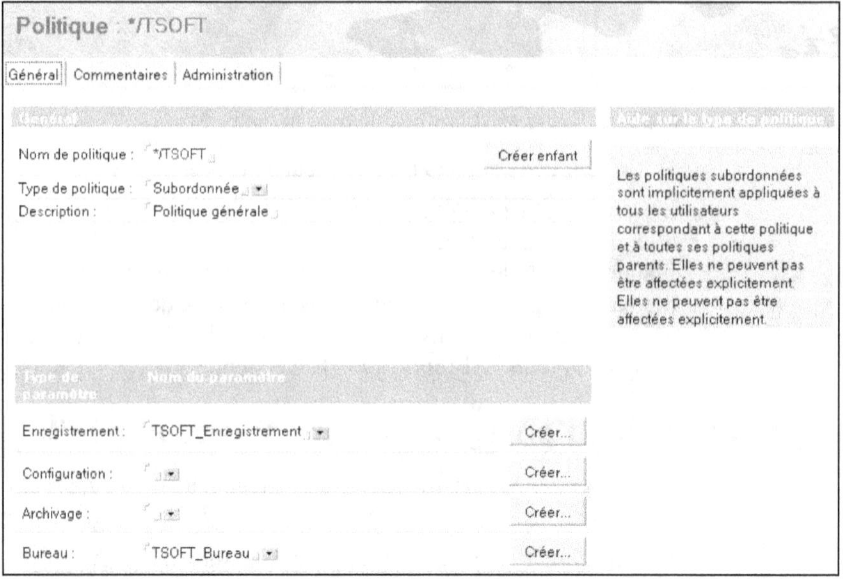

- <Enregistrement> : sélectionner le document de paramètres correspondant, soit *TSOFT_STD_Enregistrement* d'après les conventions utilisées

- <Bureau> : sélectionner le document de paramètres correspondant, soit *TSOFT_Bureau* d'après les conventions utilisées

- Cliquer sur (Enregistrer et fermer)

- Effectuer la même opération pour les politiques subordonnées */STD/TSOFT et */SEC/TSOFT en leur rattachant respectivement les documents de paramètres *TSOFT_STD_Enregistrement* et *TSOFT_SEC_Enregistrement*

Outils d'analyse des politiques

■ **Synopsis de politique**

● Un document pour un utilisateur

● Indique l'origine d'un paramètre : enfant, parent

■ **Affichage des politiques par paramètres**

■ **Affichage des politiques par hiérarchie**

● Pour le domaine

● Pour un utilisateur

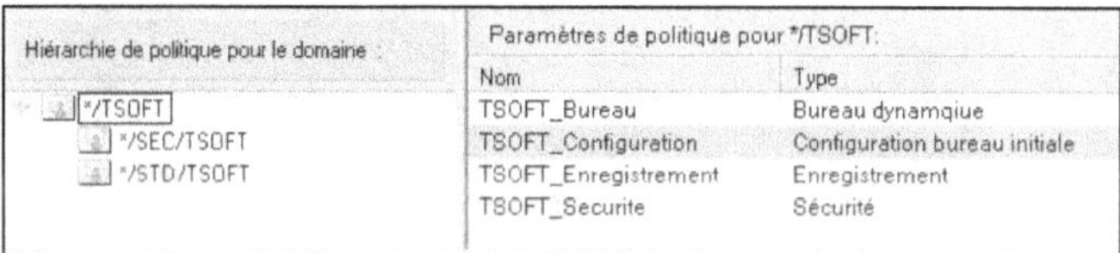

La mise en place de politiques réclame d'abord de la planification. Une fois les politiques en place, des outils d'analyse permettent de vérifier le résultat.

Synopsis

- Cliquer sur l'onglet (Personnes et groupes)
- Cliquer sur la vue *Personnes*, puis sélectionner un utilisateur
- Cliquer sur (Outils), puis sur (Personnes), puis sur *Synopsis de politique...*

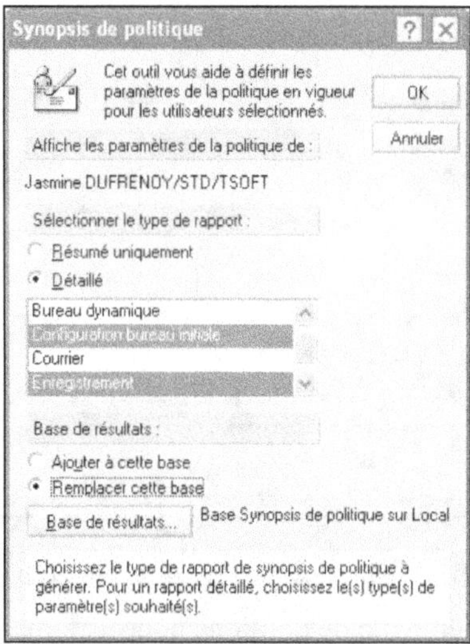

- Renseigner les champs voulus puis cliquer sur (OK)

Le résultat est un document dans une base Domino locale.

Le synopsis est également accessible depuis l'onglet (Configuration), puis (Outils), puis (Politiques).

Affichage

- Cliquer sur l'onglet (Configuration), puis sur (Outils), puis sur (Politiques)

Politique(s) de rattachement de paramètres

Un document de paramètres est-il rattaché à une politique, si oui laquelle ?

- Cliquer sur la vue *Politiques*, puis sur *Par paramètres*

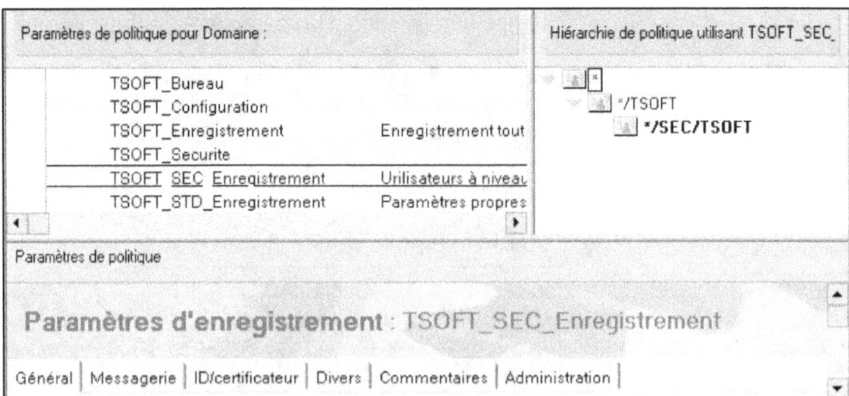

Paramètres en vigueur pour une politique

Quels sont les paramètres propres à la politique ? Quels sont les paramètres applicables compte tenu de l'héritage ?

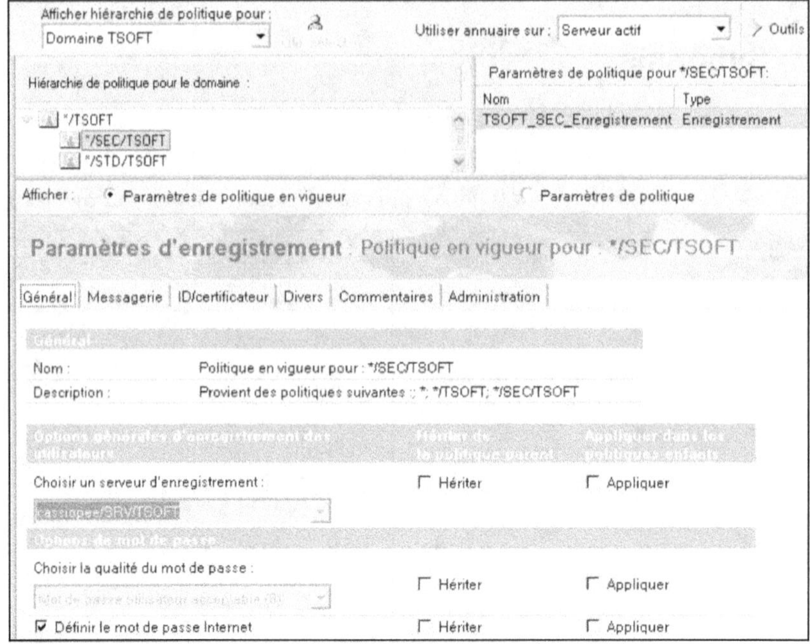

- <Afficher hiérarchie de politique pour> : laisser le nom du domaine

- <Hiérarchie de politique pour le domaine> : cliquer sur une politique

- <Paramètres de politique pour ….> : cliquer sur un paramètre

- Cliquer O*Paramètres de politique en vigueur* pour afficher le résultat compte tenu de l'héritage

- Cliquer O*Paramètres de politique* pour afficher le contenu du document seulement

Installation personnalisée

- **Logiciel Lotus Notes sur serveur de fichiers, données sur postes**
  - Installation spéciale du logiciel sur dossier partagé
  - Installation spéciale du poste client
- **Logiciel Lotus Notes et données sur serveur Citrix©**
  - Client ICA accédant à Lotus Notes sur Presentation Server
- **InstallShield Tuner : modification du paquetage d'installation**
  - Personnalisation de modèles .NTF : BOOKMARK.NTF...
  - Configuration fichier de réponses (.mst)
- **Installation silencieuse par Windows Installer**

La personnalisation de l'installation est à envisager lorsqu'il y a un grand nombre de clients à installer et à maintenir. Le type de solution retenu dépend du retour sur investissement attendu. Ces techniques sont détaillées séparément dans la suite.

Serveur de fichiers

Le logiciel Lotus Notes est installé par une procédure spéciale dans un dossier partagé, puis accédé par les postes clients Lotus Notes, ✎ Supplement. Logiciel sur serveur de fichier.

Cette solution est intéressante si un grand nombre d'utilisateurs ne font pas une utilisation intensive de la messagerie Notes : l'accroissement du trafic réseau est compensé par la facilité de distribution de l'application, la mise à niveau de l'application, une sauvegarde centralisée des données personnelles.

Serveur Citrix ©

Si l'entreprise a fait ce choix technologique, Lotus Notes se coule dans le moule.

InstallShield Tuner

Les modifications du paquetage d'installation de Lotus Notes se font avec l'interface graphique d'InstallShield Tuner. Les modifications consistent à modifier ou à ajouter un fichier du paquetage – habituellement un modèle de base .NTF – ou encore à donner des valeurs standard aux réponses du questionnaire d'installation : chemin d'installation, composant optionnel, ✎ Supplement. InstallShield Tuner : personnaliser l'installation.

Windows Installer

Ce composant Windows comporte de nombreuses options de personnalisation d'installation, ✎ Supplement. Installation silencieuse.

Mise à niveau du logiciel Notes

Lotus Notes Smart Upgrade

http://www.lotus.com/ldd/smartupgrade

- **Base Smart Upgrade Kits**
  - Lien dans le document de configuration Domino
- **Mise en place d'une mise à jour, nouvelle version**
  - Télécharger une mise à jour incrémentale depuis le Web
  - Installer mise à jour ou version complète sur serveur de fichiers
  - Utilitaire «Run As Admin» si utilisateur non administrateur
  - Créer un document dans SmartUpgrade Kits
  - Créer une politique explicite temporaire pour la mise à niveau
- **Compte rendu dans SmartUpdate Tracking Report**

La mise à jour du logiciel Lotus Notes se fait très bien par chargement de la nouvelle version du logiciel par-dessus la version existante. Il y a peu de cas où ceci n'a pas fonctionné correctement. Cette mise à jour se fait :

- Manuellement par intervention sur le poste client,
- Automatiquement par lancement d'un script de démarrage Windows,
- Automatiquement depuis l'environnement Lotus Domino Notes par SmartUpgrade depuis la version 6.

Dans chaque cas, une session est ouverte par un utilisateur ayant des droits d'administration Windows.

Avec la version 7.0.2 de Lotus Notes arrive l'utilitaire « Run As Admin » qui permet de créer un package de déploiement encapsulant un identifiant d'administrateur Windows et son mot de passe pour effectuer la mise à niveau avec SmartUpgrade avec l'identité de l'utilisateur. Ceci offre au moins trois avantages :

- Gestion centralisée se faisant par groupe d'utilisateurs déterminés selon des critères fonctionnels ou techniques,
- Le moment de la mise à jour peut être choisi par l'utilisateur,
- Indisponibilité réduite de la station du fait qu'il n'est plus nécessaire d'ouvrir une session avec des droits d'administrateur Windows.

Le scénario de prise en main est téléchargeable, ⬦ Supplement. Lotus Notes SmartUpgrade.

- Installer la nouvelle version/ la mise à jour incrémentale sur serveur de fichiers,
- Créer un paquetage de déploiement SURunAs avec droits d'administrateur,
- Publier le paquetage SURunAs comme Kit dans SmartUpgrade Kit,
- Création d'un paramètre de bureau rattaché à une politique explicite,
- Exécution de la mise à jour sur le poste avec l'identité utilisateur,
- Contrôle du résultat dans Smart Upgrade Tracking Reports.

RedBook Understanding Lotus Notes Smart Upgrade REDP4180.

Rappel des objectifs

■ **Savoir-faire**

- Préparer l'environnement pour enregistrer les clients

- Créer une unité d'organisation

- Mettre en place les politiques de gestion des clients Notes

- Installer et configurer un client Notes sédentaire

Ce module traite de l'enregistrement des clients Notes sédentaires : préparation de l'environnement, création de politiques subordonnées à l'organisation, enregistrement manuel de l'utilisateur, chargement du logiciel et configuration du poste client.

Planification

La planification concerne l'environnement d'administration et les politiques. Il est fortement recommandé de planifier avec soin l'enregistrement des clients Notes et de peser les choix : une modification peut se révéler coûteuse par la suite.

Le module n'a pas suivi rigoureusement les étapes d'une mise en place opérationnelle – un utilisateur est enregistré avant que les politiques soient définies – pour des raisons pédagogiques. La check-list donnée en annexe fournit un plan détaillé de mise en œuvre.

Préférence d'administration

Les préférences d'administration contiennent les paramètres de fonctionnement et les valeurs par défaut proposées dans les dialogues de Domino Administrator. Elles sont propres au poste et devront être saisies à nouveau si le client Domino Administrator est déplacé ou complètement réinstallé.

- Général : domaine Domino géré, options de démarrage de Domino Administrator
- Fichiers : disposition des informations en colonnes dans l'onglet (Fichiers)
- Contrôle : collecte d'informations pour le suivi en temps réel de l'activité des serveurs
- Enregistrement : enregistrement des utilisateurs, serveurs et certificateurs
- Statistiques : génération de statistiques et d'alarmes à partir des informations collectées sur les serveurs

Certains paramètres d'enregistrement peuvent aussi être définis dans une politique d'enregistrement applicable à tout ou partie des utilisateurs. Les options définies dans une politique l'emportent sur les paramètres définis dans les préférences.

Certification Log : journal de certification

Le journal de certification contient la trace de l'utilisation d'un certificateur d'organisation ou d'unité d'organisation. Il a deux fins :

- Il est rendu obligatoire par le processus de requêtes administratives – l'assistant d'administration de Domino/Notes absolument incontournable – lequel intervient dans la gestion des fichiers ID des utilisateurs. C'est donc une bonne raison.
- Il permet de connaître l'utilisation d'un certificateur d'organisation ou d'unité d'organisation ainsi que les modifications portées au fichier ID d'un utilisateur. Il permet aussi de connaître les dates d'expiration des certificats émis.

Sauvegarde des fichiers ID

Les fichiers ID ont été installés dans un dossier partagé sur un serveur de fichiers, ✍ Module Sécuriser le serveur. Ce dossier partagé est utilisé lors de l'enregistrement des utilisateurs et de la configuration des postes clients.

Les fichiers ID sont sauvegardés dans une base courrier en arrivée définie dans le fichier ID du certificateur.

Une autorité de restauration est également définie dans le fichier ID du certificateur. Cette autorité pourra donner un mot de passe provisoire à l'utilisateur pour recouvrer son fichier ID.

Utilisateur sédentaire. Poste personnel

L'utilisateur Notes dispose en standard d'un poste client personnel comprenant ses données privées Notes et le logiciel Lotus Notes. Les versions 6, 7 et 8 reconduisent les types d'installation des versions antérieures :

- Logiciel et données sur le poste personnel,
- Logiciel sur le serveur de fichiers et données sur le poste personnel,
- Logiciel sur le serveur de fichiers, données personnelles sur l'emplacement privé d'un serveur réseau et cache – CACHE.DSK devenu CACHE.NDK – sur disque dur local.

Les particularités de la version 8 pour ces types d'installation concernent :

- La procédure de chargement du logiciel,
- L'emplacement du logiciel : *C:\IBM/Program Files\Lotus\Notes*,
- L'emplacement des données personnelles : *C:\IBM/Program Files\Lotus\Notes\Data*,
- Le nom de certains fichiers locaux :
  DESKTOP8.NDK,
  CACHE.NDK,
- La LCE du poste enregistrée dans names.nsf et non plus DESKTOP.DSK.

Enregistrer les utilisateurs Notes

L'enregistrement d'un utilisateur Notes est un processus complexe :

- L'administrateur accède au fichier ID du certificateur indispensable pour générer le jeu de clés publique/privée de l'utilisateur et les signer,
- Domino Sédministrator génère le fichier ID de l'utilisateur – longueur de clé RSA de 1024 ou 630 bits) –, l'enregistre dans le dossier partagé réservé aux ID utilisateurs et en envoie une copie dans la base de sauvegarde des ID,
- La base courrier de l'utilisateur est créée,
- Un document Personne pour l'utilisateur est créé dans l'annuaire Domino.

L'administrateur dispose normalement des droits nécessaires, ⇖Module Sécuriser le serveur.

Migration et importation des utilisateurs

La saisie de quelques comptes – une dizaine – se fait très bien depuis Domino Administrator. Lorsqu'il y a une centaine de comptes le mieux est de partir des annuaires existants ou de listes sur support informatisé et de vérifier l'information avant d'enregistrer les utilisateurs.

Les informations utilisateurs sont récupérées :

– Par migration d'un annuaire Windows directement dans Domino Administrator,
– Par enregistrement séquentiel depuis un fichier texte préparé depuis un tableur.

Configurer un client Notes individuel

Le logiciel étant chargé, il faut configurer le poste exactement comme cela a été fait avec le poste de l'administrateur. Cette procédure concerne le poste individuel d'un utilisateur itinérant ou non. A l'issue de la configuration, il faut vérifier :

– La connexion au serveur de messagerie en ouvrant la base courrier par exemple.
– La prise en compte des paramètres de configuration et de sécurité : signets de base, navigateur Internet, LCE…

Sécurité du client Notes

Les informations concernant la sécurité du poste de travail sont regroupées dans deux fichiers : names.nsf et fichier ID. L'ensemble des paramètres sont accédés depuis le dialogue Sécurité utilisateur, y compris pour changer le mot de passe Notes.

Le fichier ID peut se trouver enregistré dans names.nsf ou la base courrier de l'utilisateur itinérant.

LCE : Liste de contrôle d'exécution

La liste de contrôle d'exécution protège le poste de travail en vérifiant la signature des éléments de conception et les fonctions utilisées pendant l'exécution d'une application Notes : accès à des programmes externes, envoi de courrier, etc. La LCE est propre à un utilisateur et à un poste de travail.

@ Unités d'organisation utilisateurs

Il est recommandé de séparer clients et serveurs en utilisant des unités d'organisation. Les utilisateurs peuvent être rattachés à l'organisation directement ou à une ou plusieurs unités d'organisation.

Le choix des unités d'organisation devrait répondre uniquement à un besoin d'organisation informatique et d'administration de Domino. Les tentatives d'utiliser les unités d'organisation pour refléter l'organisation fonctionnelle, hiérarchique ou géographique de l'entreprise sans correspondance avec un besoin strictement informatique se révèlent à l'expérience très coûteuse.

Le choix proposé consiste à définir deux unités d'organisation d'utilisateurs selon des critères de sécurité :

– /STD/TSOFT : unité d'organisation par défaut pour les utilisateurs
– /PRO/TSOFT : unité d'organisation pour les utilisateurs ayant besoin d'une sécurité renforcée

Politiques

Un grand nombre de paramètres de configuration concernent le fonctionnement du poste, la sécurité, le courrier. Ces paramètres sont déterminés à l'enregistrement de l'utilisateur puis par modification sur le poste client.

Les politiques contiennent les paramètres par défaut à l'enregistrement de l'utilisateur et de configuration du client Notes. Elles permettent d'imposer des valeurs de paramètres lorsque le poste est opérationnel. Les politiques se définissent dans deux types de documents :

- Paramètres d'archivage, de critères d'archivage, de bureau, d'enregistrement, de configuration et de sécurité,
- Politiques subordonnées déterminant la prise en compte des paramètres selon le modèle hiérarchique de l'organisation et des unités d'organisation.

Politique subordonnée à l'organisation

Une politique subordonnée correspond à un élément du modèle organisationnel hiérarchique de Domino : l'organisation Domino et les unités d'organisation. Les documents de paramètres sont connectés à des politiques dont la place respective dans la hiérarchie va déterminer le fonctionnement de l'héritage.

Catégories de paramètres

Il y a dix types de documents de paramètres, l'archivage en compte deux. Ils appartiennent à l'un des deux groupes :

- Des valeurs proposées par défaut : à l'enregistrement des utilisateurs et à la configuration du client Notes. Elles sont modifiables respectivement par l'administrateur et par l'utilisateur,
- Des valeurs imposées : le rafraîchissement des valeurs sur le poste client Notes est dynamique. Elles sont modifiables uniquement par l'administrateur pour un ensemble de clients.

La version 7 amène deux améliorations notables à la version 6 :

- Protection de certains groupes de valeurs dans une section des paramètres d'archivage, de bureau et de sécurité. Ceci pallie à la situation suivante commune en version 6 : une valeur est imposée – par exemple le format MIME pour les messages envoyés sur Internet – ce qui n'empêche pas l'utilisateur de la modifier – Format Notes texte riche –. Lors d'une authentification ultérieure, la valeur est rafraîchie d'après la règle définie par l'administrateur – Format MIME dans notre exemple. L'interdiction rend le champ non modifiable ce qui clarifie la règle.
- Paramétrage plus fin de la messagerie, ✎ Module Messagerie.

La version 8 amène X améliorations à la version 7 :

- Le paramètre « ne pas imposer de valeur » qui permet à l'utilisateur de modifier les valeurs.
- Les documents de paramètres : itinérance, accès aux activités, Lotus Traveler et la suite Symphony.

Héritage de valeurs de paramètres

Les paramètres définis au niveau de l'organisation peuvent être modifiés au niveau des unités d'organisation ou non. L'héritage des valeurs de paramètres assure la propagation de haut en bas.

- Appliquer : spécifié à un niveau, force l'héritage chez les enfants,
- Hériter : spécifié au niveau enfant, utilise la valeur chez le parent.

Création de politiques subordonnées

Supposons que l'objectif fixé soit de standardiser tous les postes clients Notes pour en simplifier l'administration et le support : il est nécessaire de prévoir des valeurs par défaut à l'enregistrement du client et à la configuration du poste, et des valeurs imposées – rafraîchissement dynamique du poste – de bureau, de sécurité et d'archivage qui soient cohérentes, ⅋Catégories de Paramètres.

Il est conseillé de faire un schéma sur papier mettant en regard les noms des politiques, des paramètres et les relations d'héritage. Le tableau fourni dans le paragraphe peut servir de base à ce schéma.

Outil d'analyse de politique

Les outils d'analyse sont le synopsis utilisateur (un rapport) et la visualisation des hiérarchies de politiques et des paramètres résultants.

– Le synopsis liste tout ou partie des paramètres applicables à un utilisateur en indiquant pour chacun d'eux la politique qui en est l'origine.
– La visualisation des documents de paramètres pour un utilisateur donné affiche les valeurs qui lui sont applicables sans en préciser l'origine.
– La visualisation de l'arborescence complète des politiques liste les documents de paramètres pour chaque niveau.

Installation personnalisée

La personnalisation de l'installation est à envisager lorsqu'il y a un grand nombre de clients à installer et à maintenir. Le type de solution retenu dépend du retour sur investissement attendu. Ces techniques sont détaillées séparément dans la suite.

@ *Serveur de fichiers*

Le logiciel Lotus Notes est installé par une procédure spéciale dans un dossier partagé, puis accédé par les postes clients Lotus Notes.

Cette solution est intéressante si un grand nombre d'utilisateurs ne font pas une utilisation intensive de la messagerie Notes : l'accroissement du trafic réseau est compensé par la facilité de distribution de l'application, la mise à niveau de l'application, une sauvegarde centralisée des données personnelles.

Serveur Citrix ©

Si l'entreprise a fait ce choix technologique, Lotus Notes se coule dans le moule.

@ *InstallShield Tuner*

Les modifications du paquetage d'installation de Lotus Notes se font avec l'interface graphique d'InstallShield Tuner. Les modifications consistent à modifier ou à ajouter un fichier du paquetage – habituellement un modèle de base .NTF – ou encore à donner des valeurs standard aux réponses du questionnaire d'installation : chemin d'installation, composant optionnel. Le paquetage résultant est utilisable dans la procédure d'installation par défaut ou une installation silencieuse.

@ *Installation silencieuse par Windows Installer*

L'installation standard de Lotus Notes se fait avec Windows Installer sur Windows 2000, Windows XP : setup appelle Windows Installer, ou encore le double clic sur le fichier *Lotus Notes 7.0.1 fr.msi* a pour effet de lancer directement Windows Installer.

Des paramètres d'exécution modifient le comportement de Windows Installer:

- Fichier de réponse .mst comme cela a été démontré précédemment,
- Attributs remplaçant les valeurs par défaut : nom de la société, acceptation des conditions de licence…,
- Paramètres de choix de l'interface utilisateur pendant le chargement : aucun, minimum, complet.

Mise à niveau du logiciel Lotus Notes

La mise à jour du logiciel Lotus Notes se fait très bien par chargement de la nouvelle version du logiciel par-dessus la version existante. Il y a peu de cas où ceci n'a pas fonctionné correctement. Cette mise à jour se fait :

- Manuellement par intervention sur le poste client,
- Automatiquement par lancement d'une commande par script de démarrage Windows,
- Automatiquement depuis l'environnement Lotus Domino Notes par SmartUpgrade depuis la version 6.

Dans chaque cas, une session est ouverte par un utilisateur ayant des droits d'administration Windows.

Avec la version 7.0.2 de Lotus Notes arrive l'utilitaire « Run As Admin » qui permet de créer un package de déploiement encapsulant un identifiant d'administrateur Windows et son mot de passe pour effectuer la mise à niveau avec SmartUpgrade avec l'identité de l'utilisateur. Ceci offre au moins trois avantages :

- Gestion centralisée se faisant par groupe d'utilisateurs déterminés selon des critères fonctionnels ou techniques,
- Le moment de la mise à jour peut être choisi par l'utilisateur,
- Indisponibilité réduite de la station du fait qu'il n'est plus nécessaire d'ouvrir une session avec des droits d'administrateur Windows.

Un scénario typique est le suivant :

- Installer la nouvelle version/ la mise à jour incrémentale sur serveur de fichiers,
- Créer un paquetage de déploiement SURunAs avec droits d'administrateur,
- Publier le paquetage SURunAs comme Kit dans SmartUpgrade Kit,
- Création d'un paramètre de bureau rattaché à une politique explicite,
- Exécution de la mise à jour sur le poste avec l'identité utilisateur,
- Contrôle du résultat dans Smart Upgrade Tracking Reports.

6

Clients Notes itinérants

Objectifs

Ce module traite des utilisateurs itinérants : enregistrement, configuration, politiques explicites et IBM Lotus iNotes. Le chargement de Lotus Notes sur clé USB, la connexion avec un téléphone mobile BlackBerry et Lotus Traveler terminent le module.

Connaissance

– Accès messagerie Lotus Notes par BlackBerry

Savoir-faire

– Enregistrer un utilisateur itinérant
– Installer et configurer un poste partagé
– Créer des politiques explicites pour les itinérants
– Configurer la réplication de la messagerie sur portable
– Accéder à la messagerie avec IBM Lotus iNotes (iNotes)
– Installer Lotus Notes sur clé USB

Progression

Planification
Poste personnel fixe et mobile
Enregistrer ou migrer l'utilisateur itinérant
© **Atelier** 1
Poste partagé
Charger le logiciel Notes sur un poste partagé
Configurer un poste partagé
© **Atelier** 2
Politiques explicites
© **Atelier** 3

Règles de priorité
© **Atelier** 4
Réplication messagerie sur portable
@ Connexion à distance, accès messagerie
© **Atelier** 5
Client IBM Lotus iNotes
Configurer la messagerie Lotus iNotes
© **Atelier** 6
Lotus Notes sur clé USB
Lotus Notes et BlackBerry
Lotus Traveler

Planification

- **L'utilisateur itinérant dispose**
  - D'un ordinateur portable et/ou d'un poste fixe
  - D'un PDA - Personal Digital Assistant - en option
  - D'un téléphone intégré BlackBerry en option
  - D'un iPhone
- **L'itinérant accède à sa messagerie depuis**
  - Son portable, son poste fixe, une clé USB sur LAN, par connexion Internet et VPN
  - Son PDA par connexion Internet et POP3
  - Son BlackBerry (nouveaux messages) par push
  - Son iPhone via Lotus Traveler
  - Un poste en libre service avec le client Notes, un navigateur
- **Les données personnelles de l'itinérant sont sauvegardées**

Les utilisateurs en déplacement veulent garder le contact avec leur messagerie. Ils disposent pour cela d'un ordinateur portable ou d'un PDA ou encore, ils voudront pouvoir se connecter depuis un navigateur. Les clients de messagerie sont :

- Le logiciel Lotus Notes sur un poste fixe – personnel ou en libre service – ou sur un ordinateur portable connecté depuis Internet par liaison sécurisée VPN,
- Le logiciel Lotus Notes et ses données personnelles sur clé USB (version 7.0.2),
- Un logiciel de messagerie Internet de type Outlook Express sur le PDA, connecté depuis Internet par liaison sécurisée VPN,
- Un navigateur connecté en réseau local ou depuis Internet.

Par ailleurs, ces utilisateurs manipulent des données personnelles, au minimum une liste de contacts. Ils ont besoin de solutions pour :

- Synchroniser ces données sur leurs ordinateurs : le poste fixe et le portable, le PDA et le poste fixe ou les trois à la fois : portable, poste fixe et PDA,
- Sauvegarder les données en cas de perte : le portable, le PDA sont candidats au vol et la perte des données peut être dramatique.

Lotus Domino et Notes apportent des solutions qui couvrent ces situations :

- L'itinérance est une technique qui sauvegarde sur serveur Domino les bases Notes personnelles et les répliques sur les postes clients Notes personnels ou en libre service. L'accès à la messagerie via le client Notes et la sauvegarde des données personnelles sont assurés,
- IBM Lotus iNotes – est l'accès à la messagerie y compris l'agenda et le carnet d'adresses personnel depuis un navigateur, le serveur Domino exécutant la tâche HTTP,
- POP3 est un accès à la messagerie depuis un client Internet,
- Des logiciels développés par des tiers synchronisent les données du PDA avec Notes : contacts, agenda, messagerie,
- BlackBerry et iPhone proposent une technique de push.

Le module aborde la configuration de l'itinérance puis de LOTUS INOTES.

Poste personnel fixe et mobile

- **Données privées de l'itinérant**
  - Sur serveur Domino
  - Répliquées en local
  - Fichier ID dans names.nsf privé ou base courrier
- **Option à l'enregistrement ou migration**

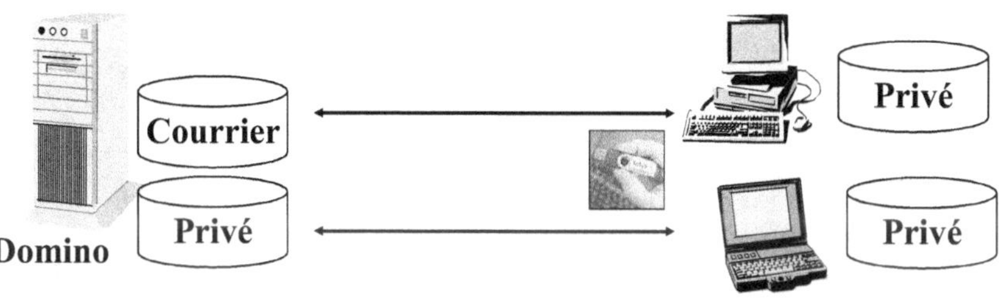

La version 6.0.1 de Domino a introduit l'utilisateur itinérant. Les versions Lotus Notes 7.x peuvent être emportée sur clé USB, ainsi que la configuration basique de la version 8.

Un utilisateur itinérant a une copie de ses informations personnelles – Carnet d'adresses personnel names.nsf, Journal personnel notebook.nsf (en version 8 ; journal.nsf dans les versions antérieures), Bookmarks bookmark.nsf – sur un serveur Domino qui est son serveur de messagerie ou un autre serveur Domino ou sur clé USB. Il peut ainsi accéder à sa messagerie et à ses informations personnelles depuis n'importe quel poste :

- Son poste fixe ou son portable,
- Un poste en libre service avec Lotus Notes,
- Un poste en libre service sans Lotus Notes depuis sa clé USB,
- Une combinaison poste fixe et poste en libre service.

Les bases personnelles de l'utilisateur itinérant sont répliquées entre ses postes personnels – fixe ou portable – et peuvent être téléchargées sur un poste en libre service.

Avec la version 8, apparaissent deux nouvelles bases : LOCALFEEDSCONTENT.NSF (abonnements de flux) et ROAMINGDATA.NSF (documents des données et paramètres de plug-ins Eclipse). Ces bases sont répliquées sur le système local de l'utilisateur au démarrage de Notes et à l'arrêt de Notes et s'affichent sur la page de réplicateur de l'utilisateur dans le dossier Roaming Applications.

La création des bases personnelles sur serveur Domino a lieu :

- Lorsque l'utilisateur est enregistré comme itinérant. Ses données personnelles seront répliquées sur son (ou ses) poste(s) lors de la configuration,

- Lorsque l'utilisateur est migré de sédentaire en itinérant. Ses données personnelles sont répliquées depuis son poste sur le serveur dans le cours du processus de migration.

Remarques

La solution consistant à disposer d'une clé USB avec le logiciel Lotus Notes et les données personnelles chiffrées est la plus récente et la plus simple à mettre en œuvre.

L'itinérance est plus restrictive et plus complexe à mettre en oeuvre : elle est destinée aux utilisateurs qui ont besoin de se déplacer et d'accéder à leurs données personnelles depuis un poste partagé dans l'entreprise.

Il est possible de déclarer un utilisateur itinérant même s'il est sédentaire – un poste personnel – pour bénéficier de la sauvegarde des données personnelles sur serveur.

Enregistrer ou migrer l'utilisateur itinérant

- ☒ **Activer l'itinérance pour cette personne**
  - Fichiers personnels sur serveur de messagerie ou autre
  - Réplication des fichiers sur un autre serveur
  - Durée de conservation des fichiers personnels sur station (applicable aux postes partagés)
- **Politique et paramètres de configuration : défauts**
- **Utilisateur existant**
  - Passage de sédentaire à itinérant
  - Passage d'itinérant à sédentaire
- **Informations enregistrées dans le document Personne de l'utilisateur**

Ce paragraphe passe en revue l'enregistrement d'un utilisateur itinérant, la standardisation des paramètres de l'utilisateur itinérant dans le document de paramètres de configuration et le changement d'état d'un utilisateur.

Enregistrement de l'utilisateur itinérant

- Démarrer l'enregistrement d'utilisateurs dans Administrator

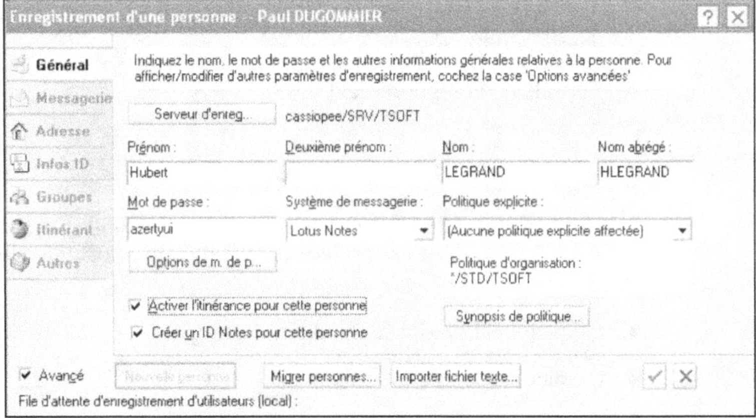

- Cocher ☒*Activer l'itinérance pour cette personne*
- Cocher ☒*Avancé* puis cliquer sur le bouton (Itinérant)
- Sélectionner ◯*Placer les fichiers de l'utilisateur itinérant sur le serveur de messagerie* si l'utilisateur a toujours accès à son serveur de courrier et que la place est suffisante
- Cliquer ◯ (Serveur itinérant) si un autre serveur Domino est dédié au stockage de ces informations
- <Format de sous-dossier > : sélectionner la règle de construction du sous-dossier

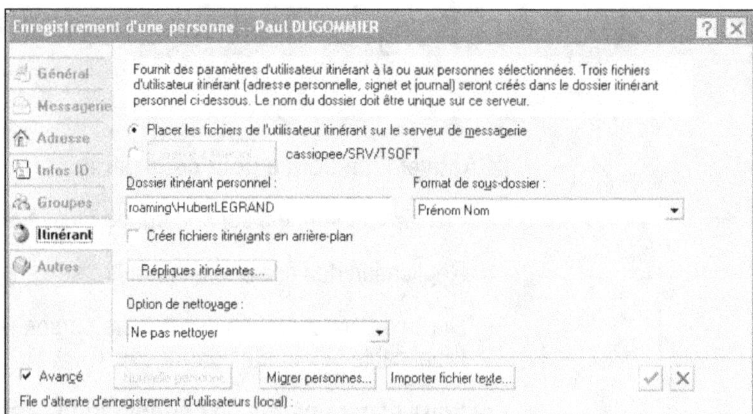

- < Dossier itinérant personnel > : laisser la valeur calculée par Administrator ou la modifier s'il y a des homonymes par exemple

---

Remarques

Administrator propose par défaut de ranger tous les dossiers de fichiers personnels dans le dossier roaming\ : il est conseillé de garder cette option, ou de créer plusieurs dossiers ayant la même fonction que le dossier roaming\. Il vaut mieux éviter de ranger les dossiers personnels directement dans la racine des bases sur serveur.

La planification de l'enregistrement des utilisateurs détermine le format des noms de dossiers personnels au même titre que le nom du fichier ID, de la base courrier…

- Cocher ☒*Créer fichiers itinérants en arrière-plan* pour éviter d'immobiliser Administrator

- Cliquer sur (Répliques itinérantes) si les fichiers personnels doivent être répliqués sur un autre serveur Domino, par exemple dans une DMZ

- <Options de nettoyage> : sélectionner l'option déterminant la durée de vie des fichiers personnels sur une station **partagée**
  – *Ne pas nettoyer* : laisser cette option si les postes partagés ne sont pas disponibles dans l'entreprise

- Terminer l'enregistrement

Passage de sédentaire à itinérant

Un utilisateur n'a pas été enregistré comme itinérant. Il a besoin d'accéder à son courrier et à ses données privées depuis un autre poste personnel ou depuis un poste partagé.

- Cliquer sur l'onglet (Personnes et groupes)

- Cliquer sur la vue *Personnes*

- Sélectionner la (ou les) personne(s)

- Cliquer sur (Outils), puis sur (Personnes), puis *Itinérant…*

- <Format du sous-dossier> : sélectionner un format, *Initiale prénom Nom*

- Cocher ☒*Stocker l'ID utilisateur dans le carnet d'adresses personnel* si l'utilisateur est amené à se connecter depuis un poste partagé

- Cocher ☒*Procéder aux m.à j. en tâche de fond* pour que la station Administrator ne soit pas bloquée et que le travail soit délégué au processus d'administration

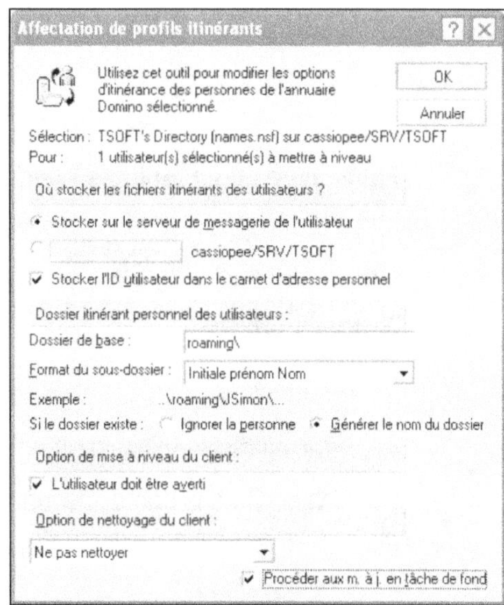

- Cliquer sur (OK)

Une requête administrative est générée dans admin4.nsf. Le processus se déroule automatiquement en cinq étapes successives : mettre à jour les informations client dans l'enregistrement Personne, créer des talons de réplique d'utilisateur itinérant, mettre à jour les informations d'utilisateur itinérant dans l'enregistrement Personne, contrôler les talons de réplique des utilisateurs itinérants, mettre à jour le statut d'utilisateur itinérant dans l'enregistrement Personne.

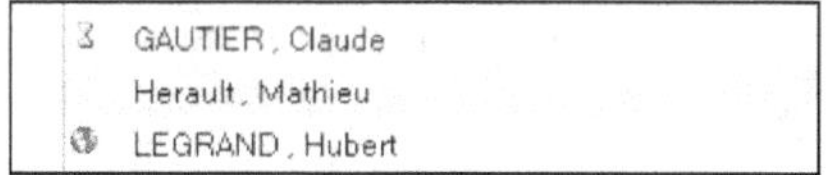

Une icône dans la vue *Personnes* indique le statut de l'utilisateur.

- Le sablier indique que la personne est en cours de migration. À la prochaine connexion, les fichiers personnels sont répliqués sur le serveur,
- Le globe indique que la personne a le statut d'itinérant.

Remarque

Le fichier ID peut être enregistré en option dans le carnet d'adresses personnel. Si cette option n'est pas cochée, le fichier ID est enregistré dans la base courrier de l'utilisateur. L'enregistrement permet d'accéder au fichier ID depuis un poste partagé.

Passage d'itinérant à sédentaire

Un utilisateur est itinérant. Il n'a plus besoin d'accéder à son courrier et à ses données privées depuis un autre poste mobile ou un poste partagé.

- Sélectionner la (ou les) personne(s)

- Cliquer sur (Outils), puis sur (Personnes), puis *Itinérant...*

- Cocher ☒*Procéder aux mises à jour en tâche de fond* pour que la station Administrator ne soit pas bloquée

- Cliquer sur (OK)

Poste partagé

- **Poste avec Login multiple Windows : une zone personnelle par utilisateur**
- **Logiciel chargé une fois**
- **Données privées**
  - Sur poste
  - Répliquées en local depuis Domino : option itinérant
  - Fichier ID dans names.nsf privé ou base courrier : option itinérant

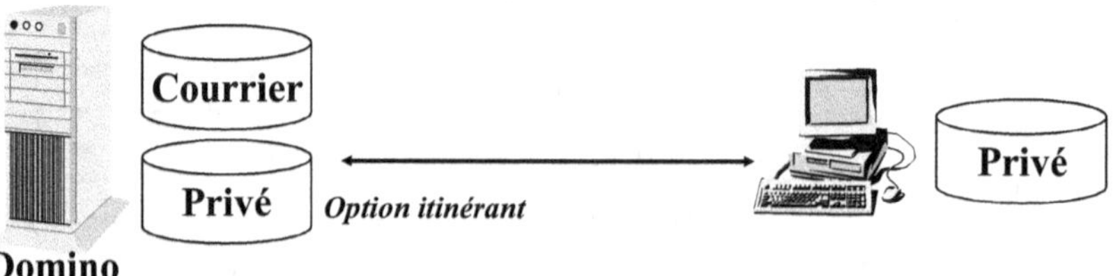

La version 6.0.1 de Domino a introduit le poste partagé entre plusieurs utilisateurs :

– Poste en libre service sur lequel se connectent les itinérants de passage,
– Poste réservé à quelques utilisateurs n'ayant pas besoin d'une connexion permanente à la messagerie Notes.

Les bases personnelles de l'utilisateur itinérant sont téléchargées à la connexion puis répliquées vers le serveur à la déconnexion et supprimées en option sur le disque.

Typologie des utilisateurs

Les règles d'organisation des postes – personnel et partagé – et de conservation des données pour un utilisateur itinérant sont utilisées pour planifier l'enregistrement des utilisateurs et la configuration des postes selon le type d'utilisateur.

Type d'utilisateur	Emplacement des bases personnelles			
	Serveur Domino	Poste fixe privé	Portable privé	Poste fixe partagé
Sédentaire	Non	Oui	n/a	n/a
Sédentaire sur poste partagé	Non	n/a	n/a	Oui Permanentes
Mobile : portable	Oui	n/a	Oui, permanentes	Oui Nettoyage
Mobile : portable et poste fixe	Oui	Oui Permanentes	Oui Permanentes	Oui Nettoyage
Mobile : poste fixe sans portable	Oui	Oui Permanentes	n/a	Oui Nettoyage

n/a : non applicable.

L'exemple est construit en application de deux règles de l'entreprise :

- Les utilisateurs mobiles doivent pouvoir accéder à leur messagerie et à leurs données privées depuis n'importe quel PC connecté au LAN de l'entreprise,
- Certains utilisateurs se partagent de façon régulière le même poste sur lequel ils ont chacun leur identifiant Windows.

Type de poste	Conservation des données privées (itinérant)
Personnel	Les données sont conservées de façon permanente indépendamment de l'option *Option de nettoyage* du document Personne.
Partagé pour itinérant	Les données sont conservées en fonction de *Option de nettoyage* du document Personne : *– Ne pas nettoyer* : les données sont conservées de façon permanente sur le poste *– Nettoyer régulièrement* : les données sont supprimées si l'utilisateur ne signe pas pendant plus de N jours *– Nettoyer à la fermeture de Notes* : les données sont supprimées à la fin de la session Notes *– Notifier l'utilisateur du nettoyage* : l'utilisateur décide de conserver ou non les données sur le poste

Le tableau indique quelles sont les valeurs du champ *Option de nettoyage* qui apparaît :

- Dans le dialogue d'enregistrement des utilisateurs itinérants,
- Dans le dialogue de migration d'un utilisateur au statut d'itinérant,
- Dans le document Personne, onglet (Itinérant).

Il est clair que l'option *Nettoyer à la fermeture de Notes* sera systématiquement appliquée aux mobiles alors que les utilisateurs qui partagent un poste conserveront leurs données privées en local pendant un temps minimum avec l'option *Nettoyer périodiquement*. Ce point de vue se traduit en un tableau :

Type d'utilisateur	Poste personnel	Poste partagé	Option de nettoyage
Sédentaire	Oui (Permanent)	Non	Non applicable
Sédentaire avec poste partagé	Non	Oui (Permanent)	Non applicable
Mobile avec portable	Oui	Non	*Ne pas nettoyer*
Mobile avec portable et poste fixe	Oui	Oui (Provisoire)	*Nettoyer à la fermeture de Notes*
Mobile sans portable et poste fixe	Oui (Permanent)	Oui (Provisoire)	*Nettoyer à la fermeture de Notes*

Remarque

L'option de nettoyage est effective lorsqu'un utilisateur itinérant travaille sur un poste partagé.

Ceci n'est qu'un exemple indiquant comment faire jouer les paramètres. Dans la pratique, il faudra également tenir compte :

- de la réplication qui consomme des ressources et du temps et qui est pénalisante pour l'option *Nettoyer à la fermeture de Notes* : l'ensemble des bases personnelles représente environ 8 Mo,
- de la confidentialité des informations qui est le but poursuivi avec l'option *Nettoyer à la fermeture de Notes*.

Emplacement des données

Type de poste	Données personnelles	Logiciel
Personnel	\Lotus\Notes\Data\	\Lotus\Notes\ ou Serveur de fichier
Partagé	Local Settings\ApplicationData\ Lotus\Notes\Data\	\Lotus\Notes\

\Local Paramètres est situé selon le cas dans :

- Documents and Settings\IDUtil Windows\
- WinNT\Profiles\IDUtil Windows\

Cette technique de rangement appelle les observations suivantes :
- Lorsqu'un poste partagé est régulièrement accédé par des utilisateurs Notes, chacun s'authentifie sous Windows préalablement au lancement de Notes,
- Si un poste est en libre service et qu'il est accédé par tout utilisateur à partir d'un seul identifiant Windows, les données privées de l'utilisateur ne sont pas conservées sur le poste.

Remarque

Le service Windows *ntmulti* gère le changement d'utilisateur Notes sur un poste.

Politiques et paramètres d'enregistrement

Le document de paramètres d'enregistrement permet d'appliquer un standard de valeurs par défaut lors de l'enregistrement d'utilisateurs. Le standard mis en place ici concerne les utilisateurs itinérants. Les valeurs par défaut pourront être modifiées pour chaque utilisateur si cela est nécessaire.

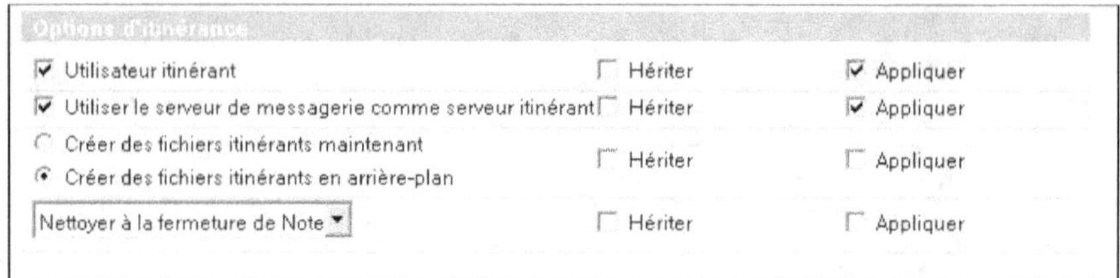

- Créer ou ouvrir un document de paramètres de configuration existant

- Cliquer sur l'onglet (Général)

- Cocher ☒*Utilisateur itinérant*

- Compléter les informations

Il n'y a pas de standard prédéfini pour le nom du dossier devant contenir les informations privées de l'utilisateur sur serveur Domino.

Interview de l'Expert

*Un poste peut être partagé à partir du moment où on utilise le CD « Notes »
d'installation. Dans un tel cas, le contexte de Notes sera lié à l'ouverture de session
Windows.*

*En cas de régénération du poste, le dossier « Document & Settings » sera cependant un
des premiers à être modifié et les autorisations NTFS risquent d'en rendre la
récupération délicate après ré installation.*

*Je suis personnellement partisan d'une installation avec plusieurs raccourcis sur un
bureau commun, chacun pointant vers un fichier Notes.ini spécifique. Éventuellement, un
mappage astucieux de la même lettre de lecteur vers plusieurs répertoires partagés sur
un disque local permettra même de n'avoir qu'un seul fichier Notes.ini par personne.
L'alternative étant constituée par une installation « multi » en mode itinérant. Le Domino
servant alors de sauvegarde locale pour les utilisateurs.*

Charger le logiciel Notes sur un poste partagé

- **Le poste est partagé par**
  - Des utilisateurs itinérants
  - Des utilisateurs partageant un poste unique
- **Le logiciel réside sur le poste**
  - X:\Lotus\Notes\
- **L'emplacement des données locales n'est pas précisé**
  - Dépend du login Windows
  - \Local Settings\Application Data\Lotus\Notes\Data\
- **Le service ntmulti sera installé**
  - Il faudra arrêter le service avant une désinstallation

Le poste partagé est destiné à être utilisé de façon permanente ou non par plusieurs utilisateurs itinérants. Les données privées de chaque utilisateur sont rangées dans les zones de travail personnelles de Windows après configuration. Elles sont conservées ou non sur le poste en fonction des paramètres propres à chaque utilisateur.

Installer le logiciel sur un poste partagé

- Lancer l'installation depuis le CD-ROM

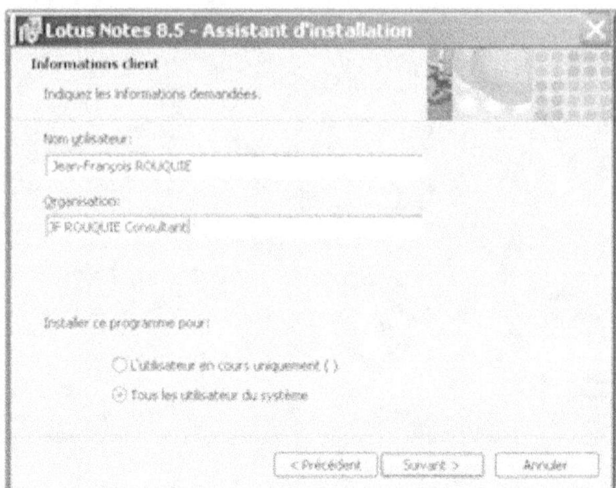

- Sélectionner ❍*Tous les utilisateurs du système*
- Cliquer sur (Suivant>)

Un poste partagé ne peut utiliser un répertoire partagé sur serveur de fichiers pour le logiciel Notes.

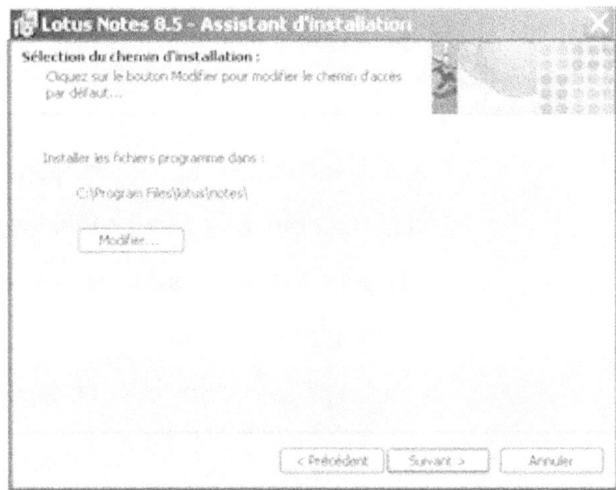

- <Dossier programme> : cliquer sur (Parcourir…) et sélectionner un lecteur réseau et un dossier accessible de tout poste client Notes

Remarque

Le dossier \Lotus\Notes\Data\ des données privées sera placé automatiquement dans \Local Settings\Application Data\.

- Cliquer sur (Suivant>)

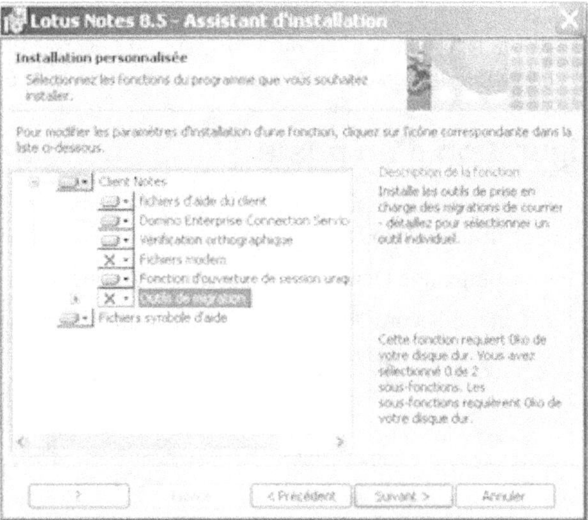

- Sélectionner les options voulues

Les fichiers modem sont nécessaires dans le cas de moins en moins fréquent d'une connexion directe du client Notes sur un modem géré par le serveur Domino par protocole XPC.

- Cliquer sur (Suivant>)
- Cliquer sur (Installer)

Configurer un poste partagé

■ **Poste Windows 2000 ou XP configuré pour plusieurs utilisateurs**

■ **L'utilisateur ouvre sa session Windows**

- Dossier Windows des données personnelles

- Fichier ID copié en local

- Bases personnelles répliquées depuis le serveur Domino pour l'itinérant

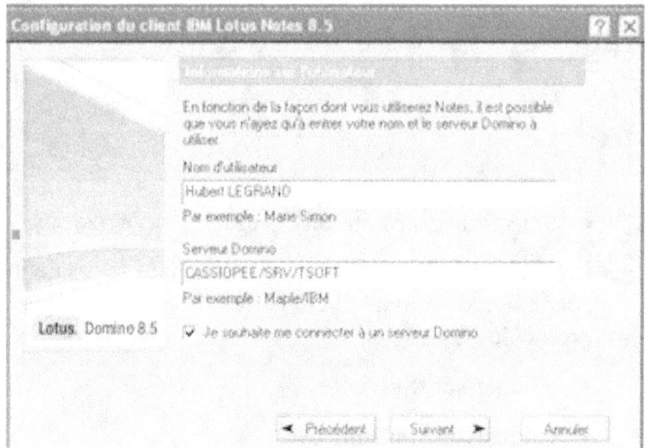

Le logiciel est chargé. Le poste est configuré pour le premier utilisateur, puis pour les suivants. Un utilisateur qui arrive sur un poste en libre service sur lequel il n'a pas été configuré traverse ces étapes. Les utilisateurs sont administrateurs locaux Windows.

Configuration d'un poste

- Ouvrir une session Windows 2000 ou Windows XP en utilisant l'identifiant de l'utilisateur, ou *Invité* si le poste est en libre service
- Commande Démarrer/Programmes/Applications Lotus/Lotus Notes

L'écran d'accord de licence s'affiche, puis le premier écran de configuration.

- <Votre nom> : taper le prénom et le nom de l'utilisateur ou le nom complet Notes, par exemple *Hubert LEGRAND*
- <Nom du serveur Domino> : taper le nom Notes complet du serveur, par exemple *CASSIOPEE/SRV/TSOFT*
- Cliquer sur (Suivant >)

Lotus Notes recherche le fichier ID dans le document Personne de l'utilisateur :

– Si le fichier ID est trouvé, il est copié sur la station de travail automatiquement et le mot de passe de l'utilisateur doit être saisi,
– Si le fichier ID n'est pas trouvé, un dialogue invite à entrer le chemin d'accès au fichier ID en utilisant le bouton (Parcourir).

• <Mot de passe> : taper le mot de passe Notes de l'utilisateur en respectant les minuscules et majuscules

• Cliquer sur (OK)

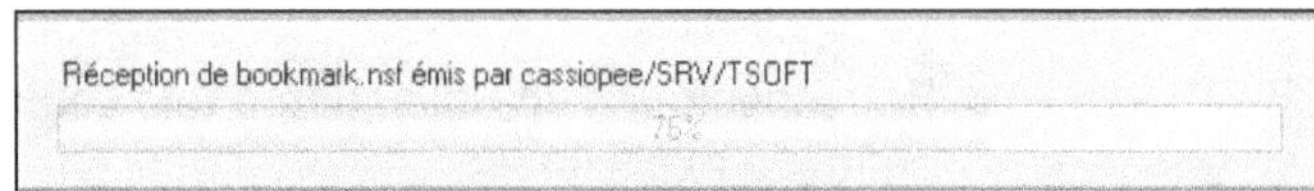

Les fichiers personnels de l'utilisateur sont répliqués depuis le serveur Domino déterminés à l'enregistrement de l'utilisateur.

• Désactiver ☒*Configurer messagerie Instantanée* puis cliquer sur (Suivant)

• Choisir les options Internet pour le client Notes puis cliquer sur (Suivant)

• Cliquer sur (OK)

• Vérifier l'accès à la messagerie puis fermer Notes

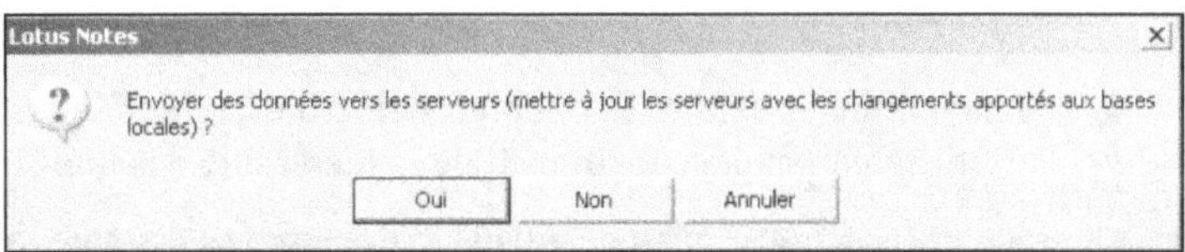

Le dialogue invite à répliquer vers le serveur Domino les données personnelles modifiées.

• Cliquer sur (Oui)

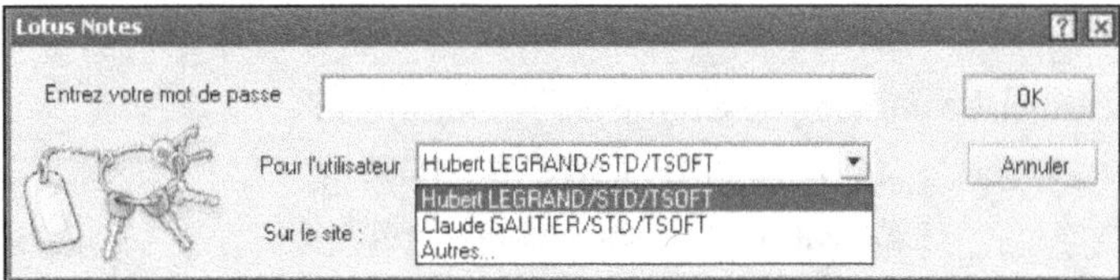

Lorsque l'utilisateur se connecte à nouveau sous Notes, le dialogue d'accueil l'invite à choisir son nom dans la liste des utilisateurs de ce poste.

Il est possible de changer d'utilisateur sur un poste partagé sans quitter Notes :

• Commande *Fichier/Sécurité/Changer ID...*

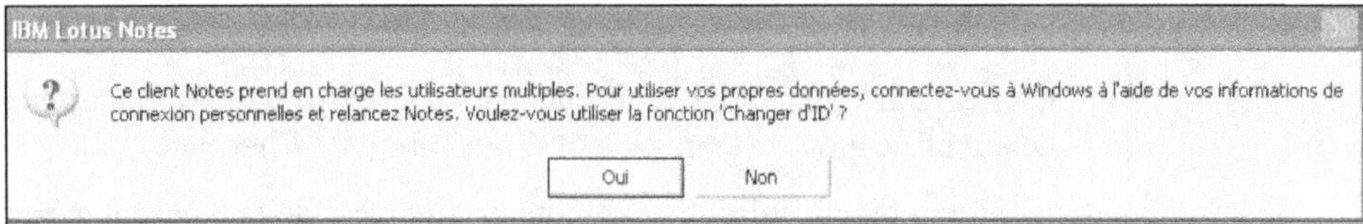

Le dialogue spécifie que la session Windows va être fermée. Il faut se signer avec un identifiant Windows qui correspond au nouvel utilisateur et Notes se lancera automatiquement à la prochaine ouverture de Windows. Si le nouvel utilisateur n'a pas encore été configuré sur une station du domaine, la session débutera par la configuration, sinon une session est ouverte.

Politiques explicites

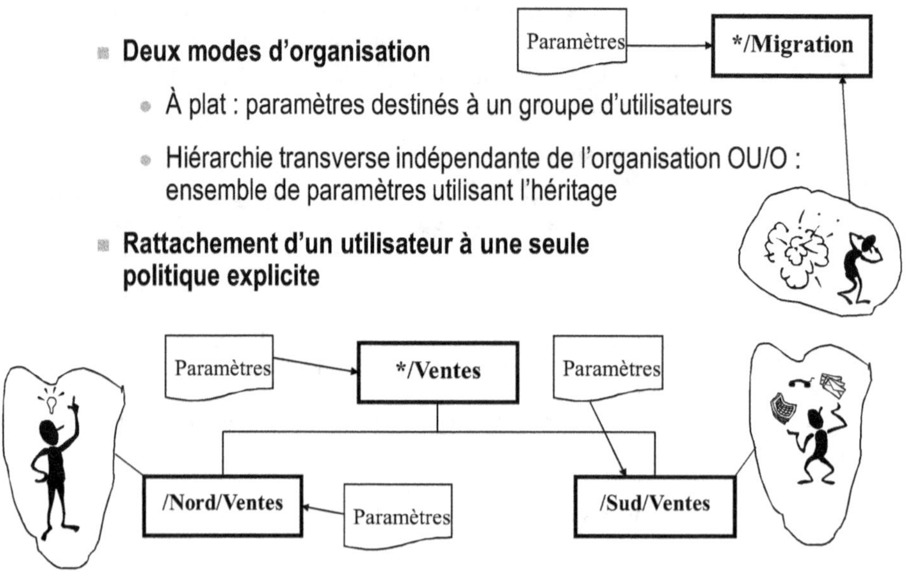

- **Deux modes d'organisation**
  - À plat : paramètres destinés à un groupe d'utilisateurs
  - Hiérarchie transverse indépendante de l'organisation OU/O : ensemble de paramètres utilisant l'héritage
- **Rattachement d'un utilisateur à une seule politique explicite**

Les politiques explicites ont pour objectif d'appliquer des paramètres à des groupes d'utilisateurs indépendamment de la hiérarchie des unités d'organisation.

Un utilisateur est rattaché – dans le document Personne, onglet (Administration) – à une politique explicite et une seule.

Cette facilité est utilisable pour gérer, par exemple :

- La gestion de populations nomades (les itinérants),
- La gestion de sites éloignés ayant des besoins propres,
- La mise à niveau du logiciel Notes sur les postes clients Notes.

Le paragraphe aborde les points suivants :

- Le principe de la hiérarchie explicite,
- La création d'une politique explicite,
- La création d'une politique explicite fille,
- La création de documents de paramètres.

Choix politique explicite hiérarchisée ou isolée

Les politiques explicites ne sont pas nécessairement hiérarchisées. Il est tout à fait possible de disposer d'un grand nombre de politiques explicites non hiérarchisées et ciblées vers autant de groupes d'utilisateurs.

On peut également concevoir plusieurs hiérarchies de politiques explicites dans un but de simplification de la gestion et d'utilisation de l'héritage.

La hiérarchie de politique explicite est distincte de la hiérarchie organisationnelle – au sens d'organisation Domino – et permet de gérer des groupes d'utilisateurs avec une vision fonctionnelle. Un utilisateur ne peut appartenir qu'à une seule politique membre d'une hiérarchie explicite.

L'organisation des noms est semblable à la hiérarchie explicite ainsi que le mécanisme d'héritage.

Par exemple :

- /Ventes : règles applicables à l'ensemble des vendeurs,
- /Mngt/Ventes : règles applicables aux managers de ventes,
- /Ouest/Ventes : règles applicables aux vendeurs de la région Ouest,
- …

Remarque

Le nom d'une politique contient une (ou des) barre(s) oblique(s). Il ne commence **pas** par un caractère étoile (*) lequel est réservé au nom d'une politique organisationnelle.

Un utilisateur doit être rattaché explicitement à une politique de ce type. Les mises à jour de règles dynamiques – au niveau de la politique ou au niveau d'une politique parente – sont propagées aux utilisateurs.

Cette hiérarchie permet de gérer facilement des règles sur des groupes importants. Une utilisation plus simple consiste à définir une politique isolée, ne faisant pas partie d'une hiérarchie, et correspondant à un lieu géographique ou un groupe fonctionnel.

Création d'une politique explicite

Politique parente

- Cliquer sur l'onglet (Personnes et groupes)

- Cliquer sur la vue *Politiques*, puis sur le bouton (Ajouter Politique)

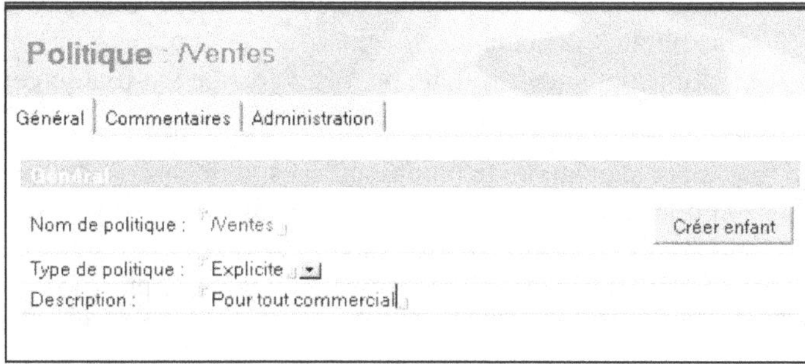

- <Nom de politique> : taper un nom commençant par un /, par exemple : */Ventes*

- <Type de politique> : sélectionner *Explicite*

Les autres champs sont destinés à référencer les noms des documents de paramètres des différentes catégories : Enregistrement, Configuration, Archivage, Bureau, Sécurité. Ces documents ne sont pas encore créés. Pour le moment, la hiérarchie de politiques explicites est en cours de mise en place.

- Cliquer sur (Enregistrer et fermer)

Politique enfant

- Ouvrir le document correspondant à la politique explicite parente

- Cliquer sur le bouton (Créer enfant)

La politique parente apparaît pour mémoire.

- <Nom de politique> : taper un nom précédé de / et comprenant le nom de la politique parente, par exemple : */Nord/Ventes*

- <Type de politique> : sélectionner *Explicite*

Les autres champs référencent les documents paramètres de cette politique.

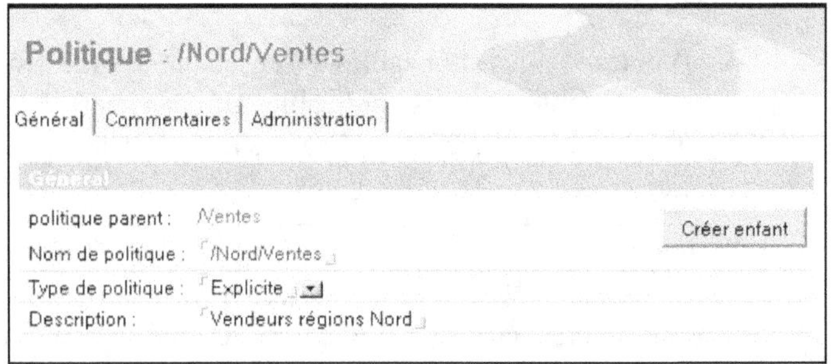

- Cliquer sur (Enregistrer et fermer)
- Répéter l'opération pour chaque politique enfant

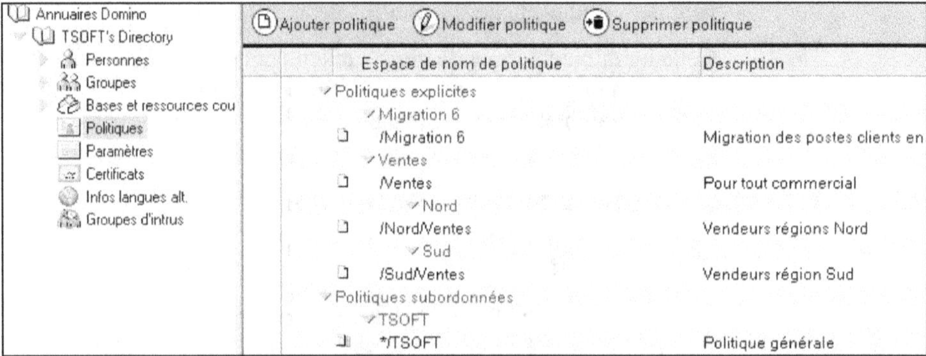

La vue affiche une politique explicite sans enfant – /Migration – et une politique explicite avec enfants – /Ventes – dans la catégorie *Politiques explicites*. Le nom d'une politique explicite peut être corrigé : la filiation avec la politique parente ou les politiques enfants n'est pas perdue.

La démarche suivie montre qu'il est tout à fait possible de bâtir une hiérarchie de politiques explicites sans avoir besoin de s'appuyer sur les unités d'organisation. Les politiques explicites peuvent s'utiliser conjointement avec les politiques subordonnées à l'organisation, ↳ Règles de priorité.

Documents de paramètres

Un document de paramètres se rattache indifféremment à une politique de type subordonnée ou explicite. Il faut tenir compte des règles de priorité. Un document de paramètres peut aussi être rattaché à plusieurs politiques explicites s'il y a de nombreuses politiques explicites isolées ou plusieurs arborescences.

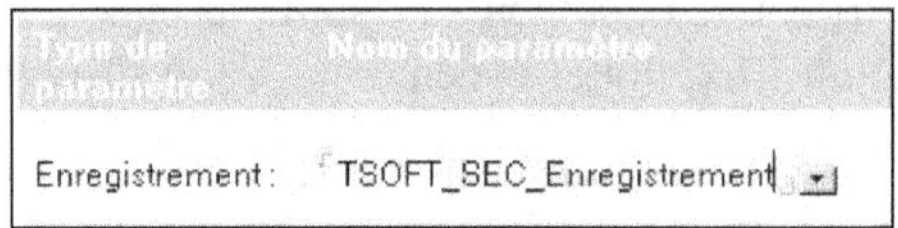

La contrainte indiquée ici et le fait que la politique explicite sert aussi à mettre à niveau le logiciel montrent qu'il est délicat de mixer un point de vue orienté gestion du parc informatique – connexions, logiciels, sécurité – et un point de vue orienté organisation fonctionnelle de l'entreprise – réseau de ventes, réseau de filiales… –.

Rattachement des utilisateurs

- Sélectionner les utilisateurs dans la vue *Personnes*
- Cliquer sur (Outils), puis sur (Personnes), puis *Attribuer politique…*

Règles de priorité

- **Un utilisateur est rattaché à**
  - Une politique subordonnée de façon implicite
  - Une politique explicite en option

  /Grand/Secret
  /Secret
  ***/STD/TSOFT**
  ***/TSOFT**

- **Paramètres «empilés» : politiques subordonnées puis explicites**

- **La valeur retenue pour un paramètre est**
  - Absence d'option *Appliquer* : la dernière valeur de la pile, par exemple depuis une politique explicite
  - Option *Appliquer* présente : la première valeur utilisant *Appliquer* dans la pile
  - Politique d'**exception**

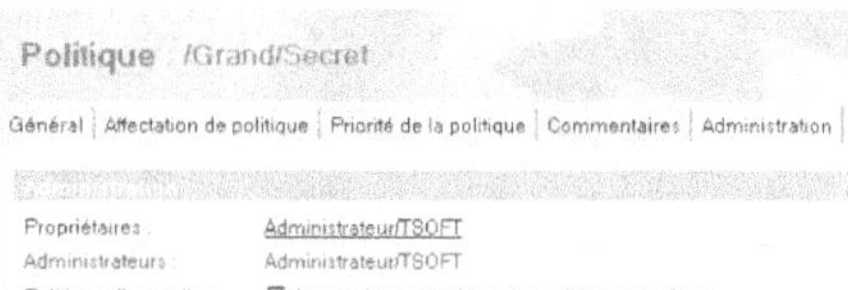

La valeur d'un paramètre défini dans une politique subordonnée peut être remplacée par la valeur définie dans une politique explicite. Les règles sont :

- Les paramètres des hiérarchies subordonnées sont pris en compte,
- Les paramètres des hiérarchies explicites sont pris en compte ensuite,
- La première valeur rencontrée avec l'option *Appliquer* ou la dernière valeur rencontrée en l'absence de l'option *Appliquer* l'emporte,
- **Exception** : les paramètres des politiques ancêtres sont ignorés.

*/TSOFT	*/STD/TSOFT	/Secret	/Grand/Secret	Résultat
4 (Appliquer)	6 (Appliquer)	10 (Appliquer)	15 (Appliquer)	4
4 (Appliquer)	6 (Appliquer)	10 (Appliquer)	15	4
4 (Appliquer)	6 (Appliquer)	10	15	4
4 (Appliquer)	6	10 (Appliquer)	15	4
4 (Appliquer)	6	10	15	4
4 (Appliquer)	6	10	15 (Appliquer)	4
4	6 (Appliquer)	10 (Appliquer)	15	6
4	6 (Appliquer)	10	15	6
4	6	10 (Appliquer)	15 (Appliquer)	10
4	6	10	15 (Appliquer)	15
4	6	10	15	15

Le tableau montre comment jouent les règles pour la longueur du mot de passe lorsqu'il est défini à la fois dans les politiques explicites – /Secret et /Grand/Secret – et les politiques subordonnées – */TSOFT et */STD/TSOFT. (Appliquer) indique que l'option ☒*Appliquer* a été cochée dans le document de paramètres de configuration. Il y a des conflits qui sont résolus comme indiqué.

Réplication des messages sur portables

- **Création de la réplique de la base courrier par politique**

- **Page réplication**

  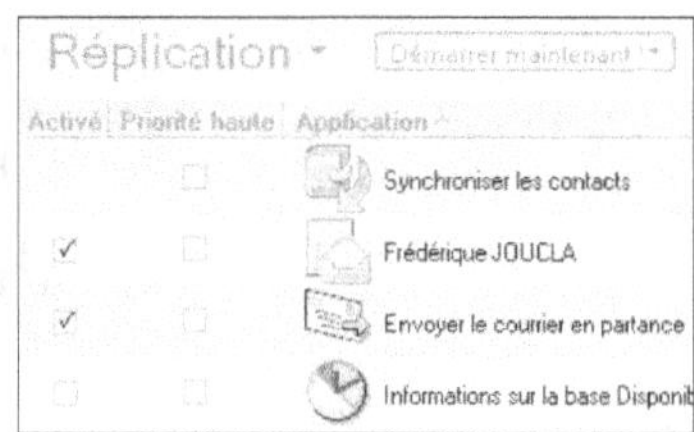

  - Bases courrier et d'itinérance

  - Annuaire condensé sur le poste

  - Lancement de la réplication

- **Les documents sites indiquent comment
  le client Notes se connecte au serveur**

  - En ligne : connexion au LAN, messagerie sur serveur

  - Local : pas de connexion, messagerie sur station

  - Déplacement ou Domicile : accès via Internet au réseau
    d'entreprise par VPN ou directement au serveur Domino

Le client Notes accède aux bases sur serveur ou locales. Une base locale peut être une réplique d'une base sur serveur, ce qui permet de travailler sans être connecté au serveur. La réplication synchronise les répliques. Cette option est bien adaptée aux utilisateurs en déplacement disposant d'un portable ou ceux qui disposent d'un poste fixe et relié au serveur Domino par une ligne très chargée.

Des documents doivent être créés ou modifiés dans le carnet d'adresses personnel de l'utilisateur :

- Les documents de site définissent l'emplacement de la messagerie – serveur ou local – et les ports de communication ouverts,
- Les documents de connexion précisent comment atteindre le serveur Domino et son adresse IP.

 La mise en place de l'accès à distance nécessite des interventions sur les portables et sur le serveur Domino. Une séquence type – ✎ Supplement. Connexion à distance et accès à la messagerie – est :

- Créer une réplique de la base courrier avec une politique explicite pour les utilisateurs nomades équipés de mobiles,
- Vérifier la présence de la réplique sur la page réplication du client Notes,
- Modifier les documents sites standard ou en créer,
- Tester le mode de travail en autonome (déconnecté),
- Planifier la réplication lorsque le poste est connecté au LAN,
- Configurer un accès depuis Internet au serveur Domino,
- Configurer un accès VPN depuis Internet au LAN et au serveur Domino.

L'annuaire du domaine peut aussi être répliqué sous une forme condensée sur le poste client. Cette mise en place est vue séparément. Ainsi, l'utilisateur à distance trouve sur son poste des services équivalents à ceux offerts par la messagerie sur réseau.

Il est utile de prévoir le support à distance des utilisateurs tant il est vrai que les communications sont sources d'incidents même si la qualité des services offerts est souvent excellente.

Comme dans les précédentes versions, il est possible de créer des documents Sites manuellement afin de paramétrer des connexions vers des services distants tels que POP ou IMAP.

Cependant, Lotus Notes 8 permet d'utiliser un Assistant de reconfiguration du client pour procéder à la création de ce type de sites.

- Avant de commencer, s'assurer que les informations ci-dessous sont connues :
  – adresse électronique professionnelle.
  – adresse du serveur de courrier entrant (pop.tsoft.com ou imap.tsoft.com, par exemple).
  – adresse du serveur sortant si vous utilisez un serveur SMTP et non Domino pour le courrier sortant (smtp.tsoft.com, par exemple).
  – Si votre société utilise un serveur proxy pour l'accès à Internet, le nom du ou des serveurs requis ainsi que leurs numéros de port.
- Vérifier que le site actif est bien celui à partir duquel on souhaite utiliser ce mode de connexion (*En ligne*, par exemple).

- Cliquer sur le menu *Outils / Assistant de reconfiguration* du client.

- Sélectionner *Serveurs de messagerie Internet* (POP ou IMAP ou SMTP), puis cliquer sur *Réseau local* dans la liste déroulante.

- Cliquer sur *Suivant* et répondre aux questions.

Client IBM Lotus iNotes

- **Accès au fichier courrier via HTTP et un navigateur**   http://cassiopee/mail/hlegrand.nsf

  - Authentification par identifiant et mot de passe Internet

  - Fichier ID importé dans la base si celle-ci est chiffrée

- **Fonctions pratiquement identiques à celles de Notes**

  - Messagerie, agenda, contacts

  - Annuaire Domino, carnet d'adresses personnel

- **Modèle courrier mail85.ntf**

  - Carnet d'adresses personnel et journal personnel intégrés dans la base courrier

  - Agents de synchronisation dans le client Notes

La base courrier est accédée depuis un navigateur. Le modèle de la base est enrichi des objets de programmation Web pour apporter une ergonomie proche de celle du client Notes. Le nom IBM Lotus iNotes remplace *iNotes* depuis la version 6 du logiciel. Dans la version 8, le modèle Mail8.ntf est utilisé aussi bien pour le client Notes que pour le client Web.

Accès

L'accès se fait par HTTP sur le serveur Domino si celui-ci exécute la tâche HTTP, ou par l'intermédiaire d'un autre serveur HTTP – Microsoft IIS, Apache… –.

L'authentification se fait par identifiant Internet et mot de passe Internet. Si l'accès se fait depuis l'extérieur via Internet, il y aurait lieu de prévoir une connexion sécurisée SSL ou VPN. Par ailleurs, si le courrier enregistré dans la base est chiffré, il faut que l'utilisateur importe son fichier ID dans la base depuis iNotes dans le navigateur.

L'utilisateur peut être automatiquement dirigé vers sa base courrier, ⮐Module Messagerie – Paramétrage de Lotus iNotes - Redirection automatique.

Fonctions

Les fonctions sont mises en œuvre dans une interface écrite en DHTML – Dynamic HTML – d'où une ergonomie proche de celle du client Notes. Le serveur Domino se charge de traitements normalement du ressort du client Notes.

Le carnet d'adresses personnel de l'utilisateur ainsi que son journal personnel sont intégrés dans le fichier courrier. Ainsi :

- Avant de se déconnecter du client Notes, la commande *Actions/Synchronize Address Book* synchronise le carnet d'adresses personnel avec sa copie dans le fichier courrier.
- En se connectant sur la messagerie par navigateur, l'utilisateur retrouve tous ses contacts. Il peut saisir de nouveaux contacts.

- À la connexion suivante depuis le client Lotus Notes, après la commande *Actions/Synchronize Address Book* les contacts saisis depuis le navigateur reviennent dans le carnet d'adresses personnel.

Configurer la messagerie IBM Lotus iNotes

- **Hypothèse : l'utilisateur dispose d'un client Notes. Lotus iNotes lui sert pendant ses déplacements.**

- **Enregistrement de l'utilisateur**

  - Système de messagerie : Lotus Notes

  - Modèle du fichier courrier : Courrier (8.5)

  - Créer un ID pour cette personne

  - Définir mot de passe Internet, synchroniser mot de passe

  - L'itinérance est en option

- **Utilisateur déjà enregistré : pas de nécessité de migrer la base courrier**

- **Démarrer HTTP sur le serveur Domino : ServerTasks dans NOTES.INI**

L'hypothèse retenue ici est celle de l'utilisateur accédant habituellement à sa messagerie depuis un client Notes et ponctuellement depuis un navigateur. La solution Domino Web Access est aussi utilisable par des utilisateurs sans fichier ID Notes accédant à la messagerie Domino exclusivement depuis un navigateur.

Enregistrement utilisateur

L'utilisateur est défini ici comme un utilisateur Notes avec un modèle *Courrier (8)*. De ce fait, il n'est plus nécessaire, comme dans les versions antérieures, de migrer les utilisateurs au modèle Web. Il est recommandé d'activer la synchronisation du mot de passe Notes et du mot de passe Internet.

Migration base courrier

S'il s'avère nécessaire de migrer la base courrier d'un utilisateur vers la version 8 :

- Ouvrir la console du serveur, puis taper la commande

```
> load convert mail\hlegrand.nsf * mail8.ntf
```

L'exemple indique comment migrer une base héritant de n'importe quel modèle – version 7 ou antérieure – vers le modèle défini par mail8.ntf. Pour vérifier le modèle actuel de la base, remplacer * par le nom de ce modèle, par exemple StdR8Mail.

Tâche HTTP

Cette tâche est sélectionnée lors de la configuration du serveur, sinon :

- Ouvrir en modification le fichier \Lotus\Domino\NOTES.INI à l'aide d'un éditeur de texte, type Bloc-notes de Windows, UltraEdit, vi sous Unix

- Ajouter la tâche http dans la ligne ServerTasks

```
ServerTasks=Update,Replica,Router,AMgr,Statlog,HTTP,
AdminP,Stats
```

Lotus Notes sur clé USB

- **Planification**

  - Lotus Notes 8.5 basic seulement : Administrator et Designer exclus

  - USB 2.0 requis. Vérifier les performances

  - Compatible avec la configuration utilisateur itinérant

- **Chargement Lotus Notes sur clé USB 2**

  - Création AUTORUN.EXE et AUTORUN.INI

- **Configuration Lotus Notes**

  - Consulter la documentation accompagnant la clé USB

  - Lancement AUTORUN.EXE à l'insertion de la clé

  - Lotus Notes installé sur la station d'accueil tant que la clé est enfichée

---

Actuellement, l'installation et l'utilisation de Notes à partir d'un lecteur USB sont disponibles uniquement pour la configuration de base de Notes.

L'installation et l'utilisation de Notes sur un lecteur USB ne sont donc pas prises en charge pour la configuration Standard.

Enfin, l'installation et l'utilisation de Notes à partir d'un lecteur USB ne sont disponibles qu'avec le kit d'installation réservé au client Notes.

Installation du logiciel sur la clé USB

- Insérer la clé USB et noter le lecteur qui lui est attribué, par exemple F:\

- Ouvrir une fenêtre de commande puis naviguer vers le dossier contenant le logiciel, puis taper la commande

```
G:\Notes85_CD\setup /a /v"NOMAD=1 TARGETDIR=F:\ /qb+"
```

Ou

```
G:\Notes85_CD\setup /a /v"NOMAD=1 TARGETDIR=F:\"
```

La première commande effectue une installation silencieuse. La seconde permet de voir ce qui se passe.

L'installation prend largement plus de temps que sur un disque dur (facteur supérieur à dix). Il est possible de faire une installation sur un dossier puis de copier le résultat sur la clé USB ensuite. L'installation a créé un fichier AUTORUN.INI et l'exécutable AUTORUN.EXE.

Release Notes 8.5. A propos de cette version/Nouvelles fonctions et aussi les dernières technotes du support IBM.

Configuration Lotus Notes sur clé

- Modification de autorun.inf et autorun.ini : se reporter aux spécifications de la clé et aux technotes IBM Lotus

- Autorun.exe démarre Lotus Notes (automatique ou manuel)

- Effectuer la configuration standard d'un poste individuel

- Si l'utilisateur est itinérant, la réplication de ses fichiers personnels depuis le serveur de messagerie Domino s'enchaîne

BlackBerry et Lotus Notes

- **Push des messages, contacts et agenda vers le BlackBerry**
- **BlackBerry Enterprise Server installé sur un serveur Domino**
- **BlackBerry User Profiles : base Notes des utilisateurs équipés**
- **Base courrier sur le modèle mail85.ntf :**
  - Réplication des contacts personnels
  - Réplication du journal personnel

Serveur Domino de messagerie

Serveur Domino BlackBerry

Serveur réseau de téléphonie

Le principe de BlackBerry est celui d'un téléphone mobile marié à un ordinateur qui peut recevoir par push les nouveaux messages reçus dans la messagerie d'entreprise Lotus Domino, Microsoft Exchange… C'est un principe différent de celui de la réplication utilisé avec des unités mobiles de type PDA. Cette possibilité fonctionne à partir de la version 5.x de Domino.

Installation

Le logiciel BlackBerry Enterprise Server est installé sur un serveur Domino dédié. La tâche BES Agent tourne sous contrôle de Domino.

Le pare-feu est configuré pour laisser passer les paquets à destination du port 3101.

Une base Lotus Domino contient la liste des utilisateurs disposant d'une unité BlackBerry et des options propres à chacun.

La base courrier de chaque utilisateur est basée sur mail85.ntf.

Fonctionnement

L'utilisateur effectue périodiquement une réplication de ses contacts personnels vers sa base courrier personnelle par la commande *Actions/Synchroniser le carnet d'adresse* : les numéros d'appel seront ainsi disponibles sur son BlackBerry.

Le serveur Lotus Domino hébergeant BlackBerry interroge le serveur de messagerie de à intervalle régulier pour détecter les nouveaux messages et contacts et les stocke dasn un cache local.

Ce serveur envoie ensuite à un serveur BlackBerry externe – hébergé par l'opérateur du réseau téléphonique mobile – les nouveaux messages et contacts selon un protocole spécifique sur le port 3101.

Le serveur externe de l'opérateur envoie ensuite les messages et les contacts vers l'unité mobile BlackBerry.

Lotus Traveler

- **Lorsque la réception d'un mail peut attendre**

- **Pour tout possesseur d'un terminal Windows Mobile (version 5 à 6.1), ou encore d'un Nokia Symbian ou iPhone**

- **Communication sécurisée grâce à Lotus Mobile Connect 6.1.1.1 (LMC)**

- **Possibilité de lire et d'envoyer du courrier électronique chiffré et signé**

Pour tous ceux qui n'ont pas choisi la solution RIM (Blackberry©) et qui n'ont pas besoin d'être informé d'une arrivée de courrier dans la seconde suivant son dépôt dans la boîte aux lettres, Lotus Traveler, est disponible depuis Domino 8.0.1

Il permet d'accéder à l'ensemble des documents courrier, agenda, annuaire et tâches depuis un terminal portable.

Ce dernier doit être un terminal Windows Mobile (version 5 à 6.1), ou encore Nokia Symbian et iPhone (supportés depuis la version 8.5.1), et peut utiliser un réseau sans fil quelconque (Wifi, GPRS, UMTS …).

Lotus Traveler peut utiliser tout réseau privé virtuel accessible par le terminal, mais fournit un support « Lotus Mobile Connect 6.1.1.1 (LMC) », ce qui signifie que la communication reste sécurisée, tout autant qu'elle le serait au sein même du réseau d'entreprise.

En version 8.5.1, en cas de perte ou de vol du terminal, il est possible de provoquer l'effacement automatique des contenus en mémoire afin d'en préserver la confidentialité.

Un utilisateur Notes est déjà potentiellement déjà activé comme utilisateur Lotus Notes Traveler (même si l'application cliente n'est pas installée par défaut sur le serveur Domino). Il suffit aux utilisateurs d'ordinateurs de poche d'installer le logiciel client et de le pointer sur un serveur Lotus Notes Traveler. Le périphérique est automatiquement enregistré auprès du serveur et sa synchronisation immédiate.

Le serveur Domino qui héberge le serveur Lotus Notes Traveler doit avoir un accès de gestionnaire à tous les fichiers courrier de l'utilisateur et doit faire partie du même domaine de messagerie. Le plus simple est de l'intégrer au groupe LocalDomainServers.

En pratique, après que l'administrateur ait téléchargé et installé le package Lotus Traveler, l'utilisateur n'a qu'à se connecter sur l'URL *http://hostname/traveler/ index.html* afin de récupérer l'application Java lui permettant d'obtenir sa messagerie sur son portable.

À partir de la version 8.5.1, les administrateurs Domino peuvent décider de restreindre l'accès en configurant les utilisateurs et groupes autorisés.

Les informations relatives aux utilisateurs et à leurs types de périphériques sont enregistrées dans une base (LotusTraveler.nsf).

Il est possible de lire et d'envoyer du courrier électronique chiffré et signé, Lotus Traveler implémente une stratégie de chiffrement et de chiffrement qui requiert un accès côté serveur pour le fichier ID Notes de l'utilisateur.

Consulter : Création d'un document de paramètres de politique Lotus Traveler dans l'Aide Domino Administrator.

Rappel des objectifs

- **Connaissance**
  - Lotus Notes, BlackBerry, Lotus Traveler
- **Savoir faire**
  - Installer et configurer un poste partagé
  - Enregistrer un utilisateur itinérant
  - Créer des politiques explicites pour les itinérants
  - Configurer la réplication de la messagerie Notes sur portable
  - Accéder à la messagerie avec Lotus iNotes
  - Installer Lotus Notes sur une clé USB

Ce module complète la gestion des clients Notes : utilisateur itinérant, poste partagé, politiques explicites. L'utilisation des politiques explicites et de IBM Lotus iNotes est abordée dans cette optique.

Planification

Les utilisateurs en déplacement veulent garder le contact avec leur messagerie. Ils disposent pour cela d'un ordinateur portable, d'une clé USB, d'un PDA, d'un téléphone de type BlackBerry ou encore, ils voudront pouvoir se connecter depuis un cyber café avec un navigateur.

Lotus Domino et Notes apportent des solutions qui couvrent ces situations :

- L'itinérance est une technique qui sauvegarde sur serveur Domino les bases Notes personnelles et les répliques sur les postes clients Notes personnels ou en libre service. L'accès à la messagerie via le client Notes et la sauvegarde des données personnelles sont assurés,
- IBM LOTUS INOTES est l'accès à la messagerie y compris l'agenda et le carnet d'adresses personnel depuis un navigateur, le serveur Domino exécutant la tâche HTTP,
- POP3 est un accès à la messagerie depuis un client Internet,
- BlackBerry et iPhone sont des solutions de push des messages et des contacts vers le poste téléphonique mobile de l'utilisateur,
- Des logiciels développés par des tiers synchronisent les données du PDA avec Notes : contacts, agenda, messagerie.

Utilisateur itinérant. Poste personnel fixe et mobile

La version 6.0.1 de Domino a introduit l'utilisateur itinérant supporté uniquement à partir des clients Notes 6.0.1. Un utilisateur itinérant a une copie de ses informations personnelles – Carnet d'adresses personnel names.nsf, Journal personnel journal.nsf, Bookmarks bookmark.nsf – sur un serveur Domino qui est son serveur de messagerie ou un autre serveur Domino. Il peut ainsi accéder à sa messagerie et à ses informations personnelles depuis n'importe quel poste : son poste fixe, son portable, un poste en libre service (également appelé poste partagé). L'utilisateur est déclaré itinérant à l'enregistrement ou migré ultérieurement.

Enregistrer ou migrer l'utilisateur itinérant

L'enregistrement d'un utilisateur itinérant comporte notamment l'indication du serveur qui héberge le dossier \roaming pour cet utilisateur. Ces valeurs sont candidates à la standardisation avec les documents de paramètres de configuration.

Poste partagé

La version 6.0.1 de Domino a introduit le poste partagé entre plusieurs utilisateurs :

- Poste en libre service sur lequel se connectent les itinérants de passage,
- Poste réservé à quelques utilisateurs n'ayant pas besoin d'une connexion permanente à la messagerie Notes.

Les bases personnelles de l'utilisateur itinérant sont téléchargées à la connexion puis répliquées vers le serveur à la déconnexion et supprimées en option sur le disque.

Charger le logiciel Notes sur un poste partagé

Le poste partagé est utilisé par plusieurs utilisateurs itinérants. Il peut être aussi partagé entre sédentaires. Les données privées de chaque utilisateur sont rangées dans les zones de travail personnelles de Windows après configuration. Elles sont conservées ou non sur le poste en fonction des paramètres propres à chaque utilisateur.

Configurer un poste partagé

Le logiciel étant chargé, il faut configurer le poste pour le premier utilisateur, puis pour les utilisateurs suivants. Un utilisateur qui arrive sur un poste en libre service sur lequel il n'a pas été configuré traverse ces étapes.

Politiques explicites

Les politiques explicites ont pour objectif d'appliquer des paramètres à des groupes d'utilisateurs indépendamment de la hiérarchie des unités d'organisation.

Un utilisateur est rattaché – dans le document Personne – à une politique explicite et une seule.

Cette facilité est utilisable pour gérer, par exemple :

- La gestion de populations nomades (les itinérants),
- La gestion de sites éloignés ayant des besoins propres,
- La mise à niveau du logiciel Notes sur les postes clients Notes.

Les documents de paramètres sont rattachés aux politiques explicites exactement comme aux politiques subordonnées.

Règles de priorité

La valeur d'un paramètre défini dans une politique subordonnée peut être remplacée par la valeur définie dans une politique explicite. Les règles sont :

- Les paramètres des hiérarchies subordonnées sont pris en compte,
- Les paramètres des hiérarchies explicites sont pris en compte ensuite,

- La première valeur rencontrée avec l'option *Appliquer* ou la dernière valeur rencontrée en l'absence de l'option *Appliquer* l'emporte,
- **Exception** : les paramètres des politiques ancêtres sont ignorés.

Réplication messagerie sur portable

Un portable travaillant à distance doit pouvoir se connecter au serveur Domino. Pour cela, des documents de site et de connexion sont créés ou modifiés dans le carnet d'adresses personnel de l'utilisateur : emplacement de la messagerie, adresse IP du serveur, ports ouverts.

La création d'une réplique locale de la base de messagerie de l'utilisateur se fait en utilisant un document de paramètres de bureau relié à une politique explicite. La réplication est ensuite planifiée sur le poste client pour synchroniser la base courrier sur serveur avec sa réplique locale.

Client IBM Lotus iNotes

La base courrier est accédée par l'utilisateur depuis un navigateur. Le modèle de la base est enrichi des objets de programmation Web pour apporter une ergonomie proche de celle du client Notes. Le carnet d'adresses personnel de l'utilisateur Lotus Notes peut être répliqué dans sa base courrier pour pouvoir être accédé depuis le navigateur.

La solution IBM Lotus iNotes intéresse :

- Un utilisateur sédentaire qui ne dispose pas du logiciel Lotus Notes. Il peut accéder à sa messagerie depuis son poste personnel ou depuis un poste en libre service,
- Un utilisateur Lotus Notes qui se déplace et a besoin de répliquer ses contacts pour un accès depuis un navigateur et/ou depuis une unité BlackBerry ou un IPhone,
- Tout utilisateur qui entretien une base de contacts importante et qui veut avoir la certitude qu'elle est sauvegardée régulièrement.

Configurer la messagerie IBM Lotus iNotes

L'hypothèse retenue ici est celle de l'utilisateur accédant habituellement à sa messagerie depuis un client Notes et ponctuellement depuis un navigateur : l'image de la base courrier est pratiquement identique entre les deux clients : courrier en arrivée, classement dans les dossiers, agenda, tâches. La solution IBM Lotus iNotes est également conçue pour des utilisateurs sans fichier ID Notes accédant à la messagerie Domino exclusivement depuis un navigateur.

Lotus Notes sur clé USB

Cette option apparaît avec la version 7.0.2 de Lotus Notes. Elle concerne le client Lotus Notes seul, Lotus Domino Administrator et Lotus Domino Designer étant exclus. Le logiciel est installé et configuré sur une clé USB 2.0. Lorsque l'utilisateur branche ce périphérique USB sur un PC d'accueil, Windows est configuré automatiquement pour faire fonctionner Lotus Notes. La configuration est effacée automatiquement de la station d'accueil lorsque la clé est retirée.

Lotus Notes et BlackBerry

Cette solution est proposée par un opérateur de téléphonie mobile qui fournit un service supplémentaire de push des messages de la messagerie d'entreprise vers le téléphone portable BlackBerry. Cette solution exige un serveur Domino dédié pour BlackBerry Enterprise server.

Lotus Notes et IPhone

En utilisant Lotus Traveler, disponible depuis la version 8.0.1, il est possible d'utiliser un terminal Windows Mobile, Terminal Windows Mobile, Nokia Symbian ou iPhone, et un réseau sans fil pour recevoir et gérer du courrier.

- *Compact*
- *DAOS*
- *DOLS*
- *Lotus iNotes*
- *MAIL.BOX*
- *MIME*
- *Modèle en copie simple*
- *Non-responsabilité*
- *Politique de courrier*
- *Routeur*

7

Messagerie

Objectifs

Ce module traite la mise en œuvre de la messagerie intranet sur un serveur avec connexion vers Internet. L'utilisation de la messagerie sur portable et les spécificités d'IBM Lotus iNotes sont approfondies. Un module séparé aborde l'intranet multiserveur, le suivi d'activité des serveurs et la protection intranet.

Connaissance

– Paramétrage de Lotus iNotes et DOLS

Savoir-faire

– Configurer le routage de courrier intranet
– Configurer l'échange de courrier avec Internet
– Définir une politique de courrier
– Gérer les bases courrier, le fonctionnement la messagerie
– Définir les groupes de messagerie

Progression

Planification
Messagerie sur un seul serveur
Configurer le routeur
  © **Atelier** 1
Connexion messagerie intranet vers Internet
Conversion des messages
Conversion des adresses
Configurer SMTP sur le serveur Domino
  © **Atelier** 2
Politique de courrier
  © **Atelier** 3
Paramétrage de Lotus iNotes
@ DOLS

Activer l'agent d'absence
  © **Atelier** 4
Quotas de taille des bases courrier
  © **Atelier** 5
Respect des quotas par le routeur
  © **Atelier** 6
La fonction Maintenance de courrier
Planifier le compactage des bases
  © **Atelier** 7
@ Modèle en copie simple
  © **Atelier** 8
Groupes de messagerie
  © **Atelier** 9
⊠ Gérer les groupes

Planification

- **Messagerie intranet**
  - Place occupée par les bases, quotas
  - Politique de courrier
  - Optimisation de la place disque
- **Solutions pour les clients équipés de navigateur Internet**
  - Accès par navigateur avec Lotus iNotes
  - Domino Off-Line Services
- **Échanges avec Internet**
  - Accès sécurisé par relais, protection serveur Domino
  - Conversions du contenu des messages et des adresses

La mise en place de la messagerie intranet Domino avec une connexion vers Internet est simplifiée par une planification préalable même courte. Le paramétrage de Domino est conçu pour répondre à des situations nombreuses et très diverses. Dans la pratique, un grand nombre de paramètres ne sont pas utilisés. Un choix pertinent repose d'abord sur une claire vision du besoin.

L'objectif de la planification est d'exposer le besoin tout en ménageant les évolutions possibles : l'engagement de service, les contraintes d'exploitation – disponibilité 24h sur 24 par exemple –, les solutions proposées aux utilisateurs pour communiquer…

Messagerie intranet

La messagerie d'intranet sur un seul serveur est simple à configurer et à faire fonctionner. Le principal souci est la place occupée par les bases courrier. Il faudra planifier la mise en place de quotas d'espace disque – tout en respectant les besoins utilisateurs – et l'optimisation de l'utilisation de cet espace. Au-delà des solutions techniques, les solutions de groupware – bases de diffusion d'information, de workflow, de suivi – apportent un complément organisationnel et comportemental souvent négligé malheureusement.

Solutions pour clients équipés de navigateur Internet

Des utilisateurs utilisent le navigateur pour accéder à leur messagerie depuis leur bureau. Le paramétrage de Lotus iNotes doit être revu avec soin. L'installation de DOLS – Domino Off-Line Services – est à étudier.

Échanges avec Internet

Les échanges avec Internet sont un besoin vital de nos jours : la communication avec les clients et fournisseurs ne saurait souffrir une interruption prolongée. Par ailleurs, un message envoyé vers Internet véhicule une image de l'entreprise : sa lisibilité – suite à une conversion du contenu par exemple –, la rapidité d'acheminement sont des critères particulièrement sensibles.

Messagerie sur un seul serveur

Un serveur de messagerie intranet unique offre beaucoup d'avantages :

– Simplification de l'administration.
– Rapidité de livraison des messages.
– Pas de bande passante réseau utilisée pour l'acheminement des messages.

Les contraintes sont à la hauteur :

– Le serveur a une haute disponibilité (tolérance de panne).
– Le réseau est conçu pour supporter des pointes de trafic lorsque les utilisateurs
  ouvrent leur base courrier : les éléments de présentation de l'information
  accompagnent les messages et transitent sur le réseau.

Les messages sont acheminés en deux étapes dans l'intranet :

– Le *Messager* – programme Notes tournant sur le poste client de l'expéditeur –
  vérifie que le destinataire existe bien dans l'Annuaire Domino du domaine puis
  dépose le message envoyé dans la *Boîte aux lettres* du serveur (mail.box).
– Le *Routeur* – tâche s'exécutant sur le serveur Domino – lit le contenu de la *Boîte
  aux lettres* du serveur, puis consulte l'Annuaire Domino du domaine pour connaître
  le serveur de messagerie du destinataire (document personne). Il accède à la base
  courrier du destinataire et y dépose le message.
– Le poste du destinataire est réglé pour consulter périodiquement la base courrier
  sur le serveur – par défaut toutes les quinze minutes – et génère un signal sonore ou
  visuel s'il y a de nouveaux messages.

Remarques

Le messager vérifie la présence dans l'annuaire d'un nom appartenant au domaine de
messagerie d'intranet. Il refuse l'envoi si le destinataire n'est pas trouvé.

Le routeur envoie un avis de non-distribution si la base courrier du destinataire n'est
pas trouvée.

Lotus iNotes n'utilise pas le messager. La remise du courrier se fait depuis la tâche
HTTP.

Configurer le routeur

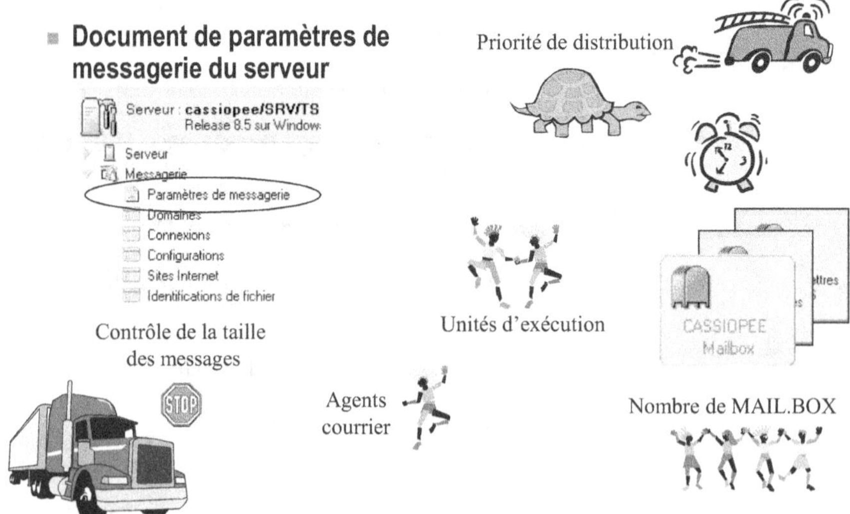

Le routeur est configuré avec des paramètres par défaut qu'il vaut mieux connaître et modifier. Ces paramètres ont trait au :

– Nombre de boîtes aux lettres – mail.box – sur un serveur.
– Nombre d'unités d'exécution chargées en mémoire.
– Contrôle de la taille des messages expédiés.
– Options des messages : priorité, importance, signature et chiffrement.

Ces paramètres sont écrits dans le document serveur, dans des documents de configuration et/ou dans le fichier NOTES.INI.

Nombre de boîtes aux lettres

En standard, un serveur Domino est configuré avec une seule boîte aux lettres mail.box. La tâche routeur assure la distribution du courrier en interne et l'envoi de messages par SMTP. La tâche SMTP réceptionne les messages d'Internet.

Une seule boîte aux lettres – appelée aussi boîte de routage – peut être insuffisante :

– Il y a beaucoup d'utilisateurs actifs et de communications : le routeur est souvent occupé et immobilise la « mail box » à chaque fois qu'il en modifie le contenu (accès exclusif pour écrire un message).
– Des fichiers attachés de grande taille sont reçus ou envoyés en interne et d'Internet, ce qui crée de la contention d'accès à cette base.

Dans la pratique, il est recommandé de créer tout de suite deux boîtes aux lettres.

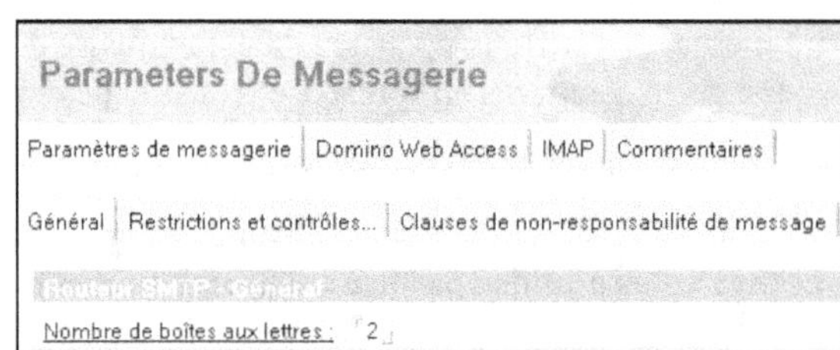
Parameters De Messagerie

| Paramètres de messagerie | Domino Web Access | IMAP | Commentaires |

| Général | Restrictions et contrôles... | Clauses de non-responsabilité de message |

Nombre de boîtes aux lettres : 2

- Cliquer sur l'onglet (Configuration), puis *Messagerie*

- Cliquer *Paramètres de messagerie*

- Cliquer sur (Modifier les paramètres du message)

- Cliquer sur l'onglet (Général)

- <Nombre de boîtes aux lettres> : taper une valeur, par exemple 2

- Cliquer sur (Enregistrer et fermer)

Pour que le nombre de boîtes aux lettres soit pris en compte, il faut arrêter le serveur Domino et le redémarrer :

- Taper la commande RESTART SERVER sur la console du serveur ou la console distante

Des messages apparaissent sur la console au redémarrage du serveur :

```
18/10/2009 17:03:52 Creating new mailbox file mail1.box
18/10/2009 17:03:56 Creating new mailbox file mail2.box
18/10/2009 17:05:26 Mail Router started for domain TSOFT
```

Nombre d'unités d'exécution de distribution

Le routeur détermine automatiquement en fonction de la mémoire disponible le nombre d'unités d'exécution distribuant le courrier de la MAIL.BOX vers les bases de courrier locales. Ce nombre va de un à vingt-cinq. Il est recommandé de laisser le routeur déterminer lui-même ce maximum.

Lorsqu'une base d'application de workflow est installée sur le serveur, le concepteur a pu créer des agents de type « Avant l'arrivée de nouveaux messages » – appelés *agents de pré distribution* dans Domino Administrator – qui s'exécutent au moment où une unité d'exécution dépose un message dans la base. L'opération de dépôt de message est prolongée du temps nécessaire au traitement effectué par l'agent.

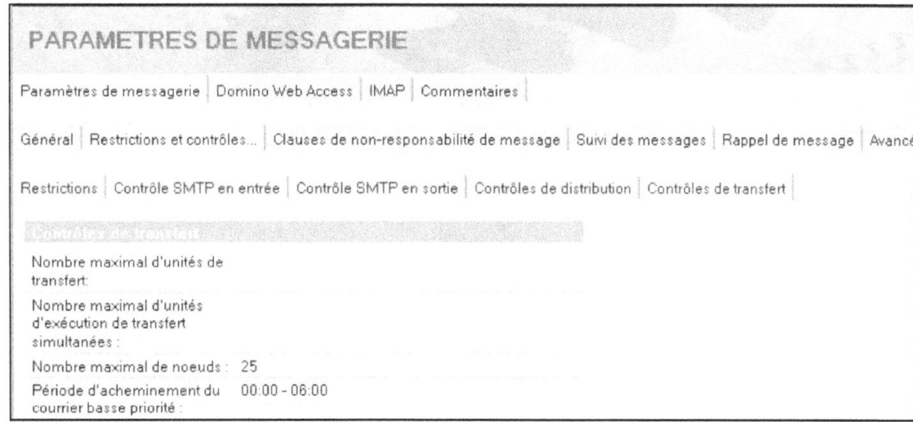

- Cliquer sur l'onglet (Configuration), puis *Messagerie*

- Cliquer *Paramètres de messagerie*

- Cliquer sur (Modifier les paramètres du message)

- Cliquer sur l'onglet (Restrictions et contrôles), puis sur (Contrôles de distribution)

- <Nombre maximal d'unités d'exécution de distribution> : laisser vide

- <Agent de pré-distribution> : laisser *Activé*. Ce paramètre ne devrait pas être modifié sans une connaissance précise des applications qui tournent sur le serveur

- <Délai d'exécution de l'agent de prédistribution> : laisser le défaut de *trente* secondes. Ce paramètre ne devrait pas être modifié sans consultation du concepteur d'applications

- Cliquer sur (Enregistrer et fermer). Les modifications sont prises en compte automatiquement dans les cinq minutes

Arrêt et redémarrage du routeur, du serveur

Les paramètres de fonctionnement du routeur sont pris en compte au démarrage de la tâche et ensuite toutes les cinq minutes. Des commandes de la console Domino permettent d'intervenir en dehors de ces situations.

Commandes console

Les commandes sont entrées sur la console en mode caractère sur le serveur, ou sur la console à distance.

Commande	Résultat
TELL ROUTER QUIT	Le routeur termine les unités d'exécution en cours et se décharge de la mémoire.
LOAD ROUTER	Le routeur est chargé en mémoire.
TELL ROUTER UPDATE CONFIG	Les paramètres de configuration de messagerie sont réactualisés en mémoire.

Commandes console graphique

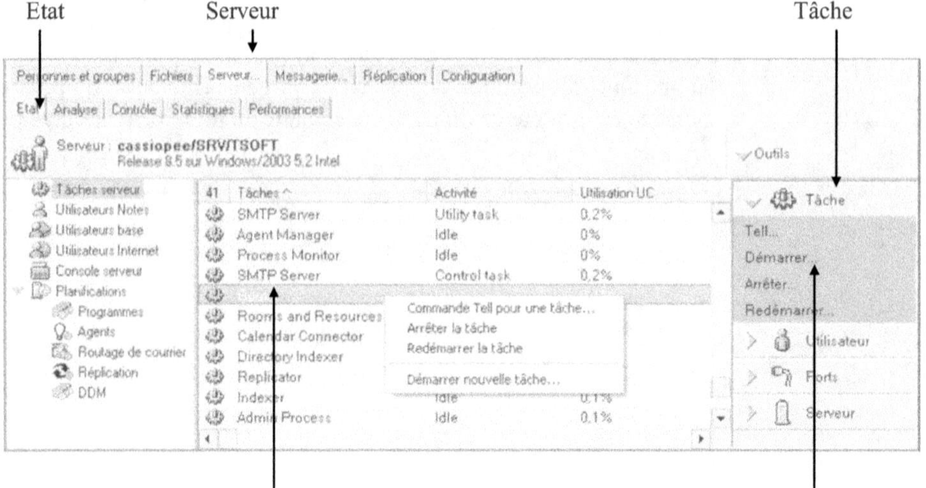

- Cliquer sur l'onglet (Serveur), puis sur (Etat)

- Cliquer sur *Tâches serveur*

- Clic droit sur la tâche *Router*, puis sélectionner la commande, ou sélectionner la tâche *Router*, puis cliquer sur la commande dans *Tâche*

Arrêt et redémarrage du serveur

Certaines modifications de configuration, par exemple le nombre de mail.box, exigent le redémarrage du serveur Domino en passant la commande RES SERVER. La commande se passe aussi par (Outils), puis sur (Serveur), puis *Redémarrer...*

Contrôle de la taille des messages

Les messages contiennent assez fréquemment des pièces attachées – fichiers de traitement de texte, feuille de calcul, graphique, animation, etc. – qui peuvent contribuer à une saturation de la bande passante entre deux serveurs de messagerie. Deux règles peuvent être mises en place :

– Refus d'acheminement au-delà d'une taille plafond.

– Acheminement en priorité basse au-delà d'une taille plancher jusqu'au plafond.

- Cliquer sur l'onglet (Configuration), puis *Messagerie*

- Cliquer *Paramètres de messagerie*

- Cliquer sur (Modifier les paramètres du message)

- Cliquer sur l'onglet (Restrictions et contrôles), puis sur l'onglet (Restrictions)

- <Taille maximale des messages> : taille au-delà de laquelle le routeur retourne un avis de non-distribution à l'expéditeur. *0* Ko signifie aucune limite (défaut)

Ce paramètre est applicable quel que soit le destinataire : local ou sur Internet ou sur un autre serveur d'intranet.

- <Envoyer tous les messages en priorité basse si leur taille est comprise entre>
– Sélectionner *Activé*
– Taper la taille plancher, le plafond étant déterminé par le paramètre *Taille maximale des messages*

Ce paramètre ne joue pas si le message est distribué localement. Il est applicable pour les messages envoyés vers l'Internet ou vers d'autres serveurs Domino de l'intranet sous certaines conditions.

- Cliquer sur (Enregistrer et fermer)

Personnalisation des messages

Les divers messages envoyés par le routeur peuvent être personnalisés.

 Aide Lotus Domino Administrator – Courrier – Personnalisation de la messagerie – Personnalisation du transfert de messages – Définition des contrôles de transfert et de distribution avancés – Personnalisation du texte des messages d'échec

Une clause de non-responsabilité dans tous les messages sortants créés par Notes est apparue en version 7, ⮡Politique de courrier.

Priorité de distribution

La priorité de distribution du courrier n'est pas applicable dans un environnement de messagerie d'intranet sur un serveur. Elle est partiellement applicable pour l'acheminement vers Internet. Elle est entièrement applicable lorsque l'intranet comporte plusieurs serveurs Domino échangeant du courrier par protocole natif Domino NRPC.

L'utilisateur de messagerie peut modifier la priorité de distribution – par défaut Normal – d'un message lorsqu'il le rédige et avant l'envoi. Un mémo est en cours de rédaction.

- Cliquer sur (Options de distribution)

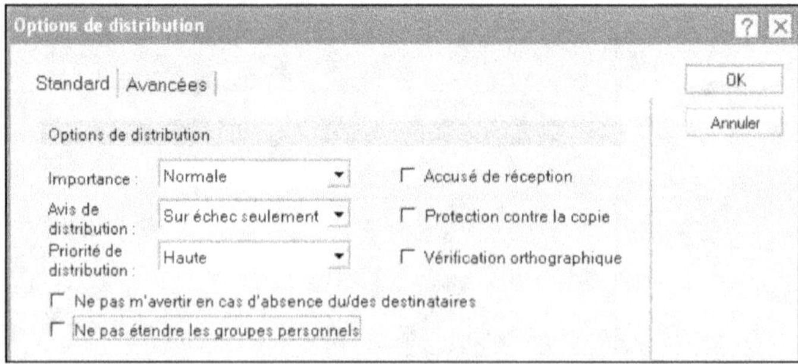

- <Priorité de distribution> : sélectionner *Haute*, *Basse* ou *Normale*

Courrier de priorité haute

Un courrier de priorité haute est acheminé immédiatement par le routeur sans attendre que les conditions de connexion soient satisfaites (la priorité est prise en compte s'il y a des documents de connexion) dans un environnement d'intranet multiserveur.

Courrier de priorité basse

Le courrier de priorité basse est généralement émis par des applications de workflow pour des opérations lourdes et n'ayant pas un caractère d'urgence. Un message avec une pièce attachée est basculé en priorité basse par le routeur d'après les informations de configuration (voir précédemment p 7-7, Contrôle de la taille des messages).

Le courrier de priorité basse est acheminé par défaut entre 24:00 et 6:00.

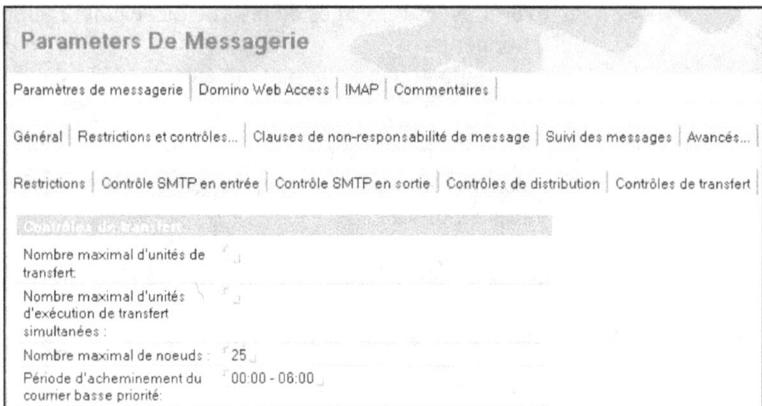

- Modifier le document de configuration de messagerie du serveur

- Cliquer sur l'onglet (Restrictions et contrôles), puis sur (Contrôles de transfert)

- <Période d'acheminement du courrier basse priorité> : modifier le défaut si nécessaire

Améliorations générales de configuration de la messagerie en version 8

Les options énumérées ci-dessous sont des nouveautés de la version 8 et concernent particulièrement la messagerie.

Définition d'une limite d'erreur maximum avant la fin de la connexion

Défini dans : document de Configuration ou le paramètre *SMTPErrorLimit* du fichier NOTES.INI

Permet d'indiquer le nombre d'erreurs de protocole qui peuvent être renvoyées avant la fin de la connexion d'une session. Lorsque le nombre d'erreurs renvoyées pour une session dépasse la valeur spécifiée, la session est terminée.

Résolution des recherches dans les annuaires contenant des noms ou des noms de groupe ambigus

Défini dans : document de Configuration (Le champ apparaît si le paramètre <Vérifiez que les destinataires de domaine local existent dans l'annuaire IBM Lotus Domino> est activé) ou le paramètre *SMTPDenyNotUniqueRcpt* du fichier NOTES.INI.

Permet de rejeter les noms ambigus renvoyés au cours des recherches dans les annuaires.

Refuser le courrier envoyé à des groupes

Défini dans : document de Configuration (Le champ apparaît si le paramètre <Vérifiez que les destinataires de domaine local existent dans l'annuaire IBM Lotus Domino> est activé) ou le paramètre *SMTPDenyMailToGroups* du fichier NOTES.INI

Permet d'autoriser ou non l'envoi du courrier à un nom de groupe renvoyé au cours des recherches dans les annuaires.

Groupe détaillé par le routeur

Si un message est sélectionné pour la journalisation, la fonction Destinataires du journal capture une copie des noms de destinataires initiaux avant que le routeur ne commence à les supprimer du message.

Notifications de retard de remise et de transfert

Défini dans : document de Configuration.

Permet de définir la durée pendant laquelle un message en attente peut rester dans la file d'attente des messages du routeur avant qu'un avis de retard ne soit envoyé à l'auteur du message non distribué. Cela s'applique à tous les messages pour lesquels les rapports de retard de remise et de transfert sont activés.

Conversion des pièces jointes de fichier TNEF en Notes

Défini par le paramètre TNEFEnableConversion=1 du fichier NOTES.INI

Pour que le traitement des messages S/MIME signés sur le serveur soit pris en charge par le convertisseur TNEF, utilisez le paramètre : TNEFBreakSMIME=1

Lotus Domino utilise le convertisseur TNEF pour extraire les fichiers joints du flux TNEF et les rattacher aux documents Lotus Notes comme fichiers joints. Le convertisseur TNEF s'exécute sur un serveur Domino SMTP.

Restitution améliorée du format HTML dans le courrier

Défini par le paramètre BrowserRenderDisable=0 ou 1 dans le fichier NOTES.INI

Par défaut, les messages au format HTML sont restitués dans les navigateurs suivants :

- Microsoft Internet Explorer pour Microsoft Windows (IBM Lotus Notes, configuration de base et standard)

- Mozilla pour Linux (IBM Lotus Notes standard)

- Safari pour MacIntosh (IBM Lotus Notes Standard uniquement)

L'utilisation par défaut de ces navigateurs permet de garantir la lisibilité des messages électroniques au format HTML et de les rendre accessibles au destinataire comme l'expéditeur le souhaitait.

Il est possible de désactiver le rendu HTML amélioré.

Activation de l'authentification sortante SMTP vers les hôtes relais

Permet d'utiliser l'authentification de l'émetteur SMTP pour s'assurer que l'émetteur d'un message est un utilisateur légitime d'un serveur SMTP. L'authentification de l'émetteur SMTP nécessite un nom de compte et un mot de passe sur le serveur SMTP de destination.

Pour appliquer ces options, utilisez la procédure suivante :

- À partir de Domino Administrator, cliquez sur l'onglet [Configuration] et détaillez la section *Messagerie*

- Cliquez dans le panneau de navigation sur *Configurations* Sélectionnez le document de configuration du serveur de messagerie que vous administrez et cliquez sur [Modifier configuration]

- En naviguant parmi les différents onglets, retrouvez les options décrites dans la partie Procédures

Remarque

Si les deux paramètres sont utilisés, celui du fichier NOTES.INI a priorité sur les paramètres du document Paramètres de configuration

DAOS

DAOS (Domino Attachment and Object Service, appelé par IBM « Pièces jointes et Objets Domino ») est un dispositif qui remplace avantageusement l'ancien « courrier partagé ».

Le principe consiste à ne stocker qu'une seule fois les pièces jointes qui seraient destinées à plusieurs personnes. Chacun reçoit alors un pointeur vers un fichier d'objets partagés (extension NLO).

DAOS nécessite que la journalisation transactionnelle soit activée sur le serveur, et dans le cas d'une journalisation de type circulaire, il semble qu'aucune pièce jointe ne devrait excéder, en nombre d'octets, la taille du journal.

Associé au compactage des contenus et de la structure, DAOS est un outil particulièrement puissant qui permettra d'économiser de l'espace sur les serveurs de messagerie. Il s'agit d'une fonctionnalité apparue en version 8.5.

Mise en place

Sa mise en place nécessite que les bases NSF concernées soient en ODS 51 et par conséquent l'ajout dans le fichier NOTES.INI de la ligne :

CREATE_R85_DATABASES=1

Par défaut, pour des raisons de sécurité, les fichiers NLO sont chiffrés. Ce qui est susceptible de provoquer des difficultés lors d'une migration de serveur, par exemple.

Pour cette raison, sachant que le Domino sera en général suffisamment protégé par ailleurs, il est possible d'inclure également la ligne

DAOS_ENCRYPT_NLO=0

Afin de ne pas chiffrer les pièces jointes stockées, attention au fait que cette modification ne joue pas pour les objets déjà enregistrés, mais uniquement pour ceux à venir.

Le seul moyen de « déchiffrer » des pièces jointes chiffrés est de supprimer toutes les références à ces dernières dans les bases concernées, ce qui provoquera la purge du container, puis de les remettre en place une à une après avoir modifié le fichier NOTES.INI

Une fois ces paramètres en place, DAOS peut être activé dans le document serveur concerné.

Cela sera suivi d'un compactage *LO COMPACT –c* pour modifier le niveau d'ODS.

Après compactage, on observe l'ODS dans les propriétés de chaque base impactée.

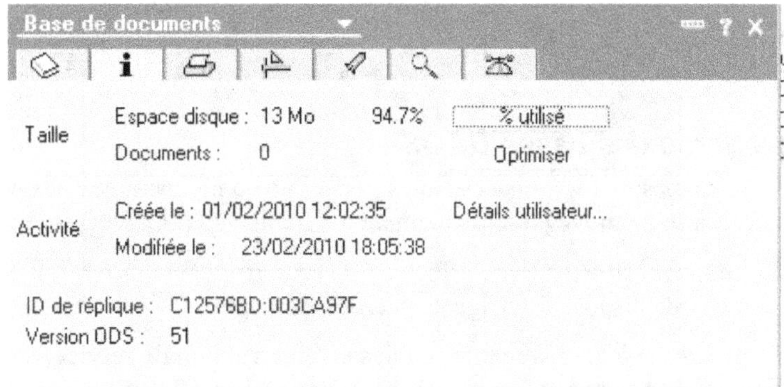

Dans la mesure où la prise en compte de la journalisation transactionnelle nécessite un redémarrage du serveur puis l'attente de la réservation de blocs pour les journaux lors du redémarrage, prévoir de réaliser la mise en place en dehors des heures de production, ce qui permettra également de lancer le compactage sur la ligne de commande - *ncompact.exe mail –c* (par exemple) et de tirer le plein potentiel des ressources de la machine pour cette opération particulièrement coûteuse.

Penser également que les bases ouvertes ne peuvent être compactées par copie. Si l'annuaire doit être compacté par exemple ,pour tirer parti de la compression de données, le compactage devra nécessairement être lancé serveur coupé.

LO COMPACT mail -C -DAOS ON sur la console Domino, ou encore sur la ligne de commande :

```
C:\Program Files\IBM\Lotus\Domino>ncompact mail -c -daos on
23/02/2010 18:05:10    Informational, database design compress
atabase mail\administold.nsf.
23/02/2010 18:05:10    Informational, LZ1 is enabled in databa
.nsf.
23/02/2010 18:05:10    Compacting mail\administold.nsf (Admini
 -daos on
23/02/2010 18:05:24    Recovery Manager: Assigning new DBIID f
\IBM\Lotus\Domino\data\mail\administold.nsf (need new backup
.
23/02/2010 18:05:25    Compacted   mail\administold.nsf, 15104K
```

Pour activer DAOS sur les bases en question

L'option *DAOS ON* peut être également sélectionnées pour quelques bases individuelles en agissant directement dans les propriétés avancées, une fois la version d'ODS mise à jour .

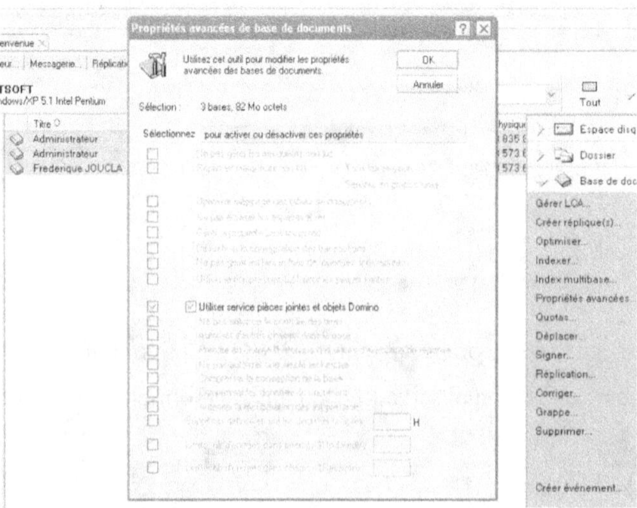

Sauvegarde des bases DAOS

Dans la mesure ou les bases Notes (.NSF) ne contiennent que des pointeurs, il sera nécessaire de sauvegarder également les fichiers .NLO générés par DAOS.

Cette sauvegarde peut être effectuée serveur arrêté ou lancé selon que l'outil de sauvegarde dispose d'un agent spécifique ou pas.

Dans le cas où la sauvegarde se fait sans interruption de service, les bases NSF devront être sauvegardées *avant* les fichiers NLO, afin qu'aucune d'entre elle ne pointe vers des pièces jointes inexistantes lors d'une éventuelle restauration.

Les fichiers daos.cfg et daoscat.nsf ne nécessitent pas d'être sauvegardés, ils pourront facilement être recréés par la commande : *TELL DAOSMGR RESYNC*

Avant la mise en place :

IBM propose gratuitement un petit outil : Lotus Domino Attachment and Object Service Estimator tool, accessible à l'adresse suivante : http://www-01.ibm.com/support/docview.wss?uid=swg27014980

Cet outil permet, en itérant sur l'ensemble des bases concernées, d'obtenir une estimation fiable des gains d'espace susceptibles d'être obtenus.

Connexion messagerie intranet vers Internet

▪ SMTP en entrée et en sortie configuré sur le serveur Domino

▪ Connexion à Internet via un serveur relais SMTP

- Installé chez l'ISP ou en DMZ

- Défini dans les DNS : enregistrement MX du domaine Internet

▪ Pare-feu et routeur filtrent les sessions SMTP (Port 25)

- Entrantes : du relais vers le serveur Domino d'intranet

- Sortantes : du serveur Domino vers le relais

La connexion de la messagerie vers Internet met en jeu :

- Une liaison de type ADSL ou LL (ligne louée) à haut débit.
- Un protocole de messagerie Internet : SMTP (Simple Mail Transfer Protocol). Ce protocole est un standard universel de structuration et d'adressage des messages.
- Des services de protection : pare-feu. Ces services protègent les réseaux de l'entreprise d'intrusions malveillantes extérieures ✎ Module Sécuriser le serveur. Accès sécurisé à Internet.
- Des services d'adressage et d'identification du serveur courrier Internet de l'entreprise dans le monde : DNS (Domain Name Services). Ces services permettent à tout serveur de messagerie Internet dans le monde d'identifier la route à suivre pour atteindre un destinataire dans un domaine de messagerie Internet. ✎ Annexe Installation de la salle.

La mise en œuvre de l'ensemble de ces composants pour établir la connexion de la messagerie vers Internet est complexe. La vocation des ISP (Internet Service Provider) est de gérer la DNS, d'offrir des services modulaires de serveur relais, d'anti-virus, de pare-feu et de conseils et assistance à la mise en place. L'aide de Domino Administrator décrit l'ensemble des scénarios jusqu'aux plus complexes.

 Aide Lotus Domino Administrator – Courrier – Planification d'une topologie de routage de courrier – Configuration l'envoi de courrier à un hôte relais ou pare-feu.

 Aide Lotus Domino Administrator – Courrier – … – Configuration du routage SMTP vers les domaines Internet externes.

La solution décrite ici est la plus courante pour les PME/PMI et petites organisations :

- La messagerie intranet est assurée entièrement par le routage natif de Domino,
- Il n'y a qu'un seul serveur Domino connecté à l'Internet via un pare-feu avec le protocole SMTP.

La mise en œuvre de cette solution se fait en deux étapes principales :

- Configurer la conversion du contenu des messages et des adresses.
- Configurer SMTP en entrée et en sortie sur le serveur Domino.

Conversion des messages

- ▪ **Conversion des messages envoyés par le client Notes**

  - • Document site *En ligne*, onglet (Messagerie)
    format des messages envoyés vers Internet : MIME

  - • Politique : paramètres de configuration et paramètres Bureau.
    Verrouillage par l'administrateur recommandé

- ▪ **Conversion des messages entrants par le serveur Domino**

  - • Document de configuration serveur : options de conversion MIME

  - • Effectue la conversion en texte ou MIME si le message est en
    format Notes

- ▪ **Conversion des messages entrants par le serveur Domino**

  - • Document Personne : préférence de format de courrier entrant

---

Le routeur de messagerie traite des messages au format natif Notes et au format
SMTP. Le contenu d'un message, son adressage et son acheminement dépend du
format et du protocole utilisés : natif Domino (NRPC) ou Internet (SMTP). Le client
Notes est capable d'envoyer et de lire des messages au format MIME.

Les messages à destination ou en provenance d'Internet sont convertis lorsque c'est
nécessaire. Le document de configuration du serveur et le document personne du
destinataire interviennent respectivement pour déterminer la règle de conversion.

Les politiques peuvent imposer l'envoi des messages au format MIME vers Internet.

Format de contenu des messages

Message SMTP

La structure d'un message SMTP est définie par des RFCs (Request For Comments)
qui sont des standards résultant de propositions de groupes de travail de la
communauté Internet.

Composant	Contenu	RFC
Enveloppe	Règles de transport : échanges entre client et serveur au cours d'une session	821
Header	Expéditeur, destinataire, date de remise, ligne objet du message	822
	MIME : Partie 2 (en-têtes de message)	1522
Body	Texte Internet simple (ARPA)	822
	MIME : Partie 1 (texte du message)	1521

Le contenu d'un message SMTP est du texte ASCII par défaut. Le support d'une mise en page – couleurs, polices, corps de caractères – ainsi que la facilité de véhiculer des fichiers attachés sont définis par la norme MIME (Multipurpose Internet Mail Extensions). Le support de MIME est défini dans les RFCs 1521 et 1522.

Message Notes

Un message Notes est un document composite comprenant des champs – l'expéditeur, le(s) destinataire(s), l'objet, le corps du document – dont le champ de type texte riche (RTF) où est écrit le corps du message lui-même. Un champ de type texte riche supporte des polices différentes, des couleurs, des images collées, des objets intégrés. Un fichier rattaché dans un message est compressé par Notes.

La structure d'un message SMTP est beaucoup plus formelle que celle d'un message Notes qui est un document organisé pour ressembler à un message.

Conversion par Domino

Le serveur convertit un message sortant du format Notes en format texte ou MIME. Si le message est déjà au format MIME, il n'est pas converti. C'est le cas si le client Notes a déjà formaté le message envoyé vers l'Internet.

Un message entrant est converti du format MIME au format Notes si le champ <Préférence de format de courrier entrant> du document personne est *Texte riche Notes*. La recommandation est de laisser l'option Conserver au format de *Conserver au format de l'expéditeur.*

La conversion de format RTF – Notes texte riche – en format MIME est très performante : les images en format BMP collées dans le texte riche sont converties en format .GIF, par exemple. Il peut toutefois y avoir une perte de fidélité notamment dans la mise en page des tableaux.

Modification document de configuration

Le document de configuration donne la règle lorsqu'il faut effectuer une conversion.

- Cliquer sur l'onglet (Configuration), puis sur *Serveur*

- Cliquer sur la vue *Configurations*, puis sélectionner le serveur

- Cliquer sur (Modifier configuration)

- Cliquer sur l'onglet (MIME), puis sur (Options de conversion), puis sur (En entrée)

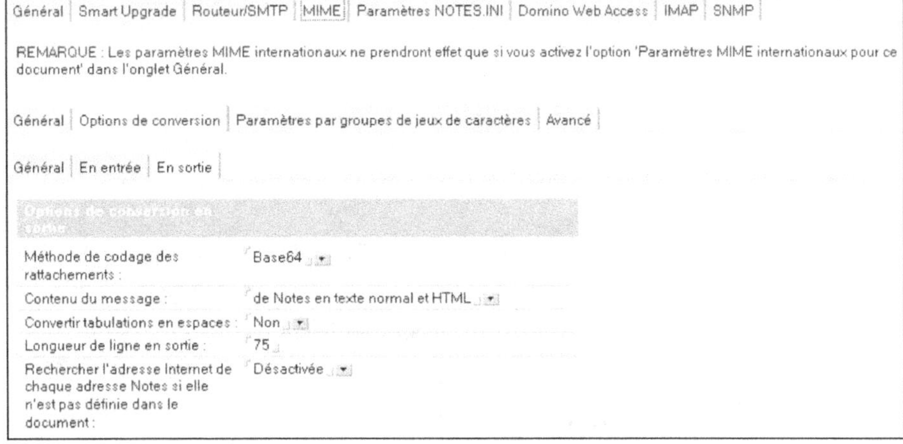

- <Méthode de codage des rattachements> : laisser *Base64*

- <Contenu du message> : sélectionner l'option *de Notes en texte normal et HTML* pour assurer la fidélité maximum tout en adressant les messageries de type texte

- Cliquer sur (Enregistrer et fermer)

Le serveur notifie dans son journal – log.nsf – les opérations de conversion :

```
19/10/2009 15:31:56    Router : SMTPMessageContent changed
to B.
19/10/2009 15:31:56    Begin CD to MIME
Conversion(Process: Router (000009F8:00000006), Database:
D:\Lotus\Domino\Data\mail2.box, Note: 0000092A)
19/10/2009 15:32:32    End CD to MIME Conversion(Process:
Router (000009F8:00000006), Database:
D:\Lotus\Domino\Data\mail2.box, Note: 0000092A)
```

Le résultat est résumé dans le tableau. Le client Notes envoie tous les messages en format texte riche Notes (RTF) dans tous les cas de figure.

Domino	Résultat
De Notes en texte normal (SMTP Message content T)	Message en texte simple. Les images sont en pièces attachées. Les tableaux sont désorganisés.
De Notes en HTML (SMTP Message content H)	Fidèle si le client Internet accepte l'HTML.
De Notes en texte normal et HTML (SMTP Message content P)	Fidèle si le client Internet accepte l'HTML. Message en texte simple disponible.
Créer alternative multi-partie incluant conversion et encapsulation (SMTP Message content B)	Fidèle si le client lit de l'HTML. Le fichier attaché encap2.ond contient le document au format RTF d'origine.

Politique : paramètres de configuration et de bureau

Il est préférable de laisser le client Notes déterminer le format d'envoi des messages et de lire indifféremment des messages au format Notes ou MIME. Ceci préserve la fidélité et limite les opérations de conversion sur serveur. La règle est rendue standard par paramètre de configuration et de bureau rattachés à la politique subordonnée au niveau de l'organisation :

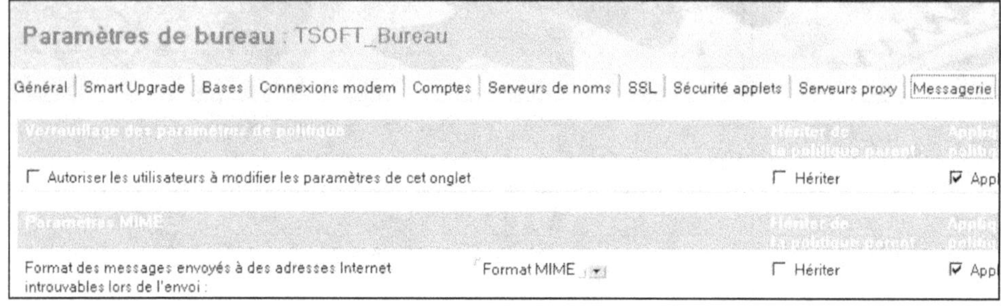

- Créer ou modifier un document de paramètres de bureau

- Cliquer sur l'onglet (Messagerie)

- Décocher ☐*Autoriser les utilisateurs à modifier les paramètres de cet onglet*

- Dans <Format des messages envoyés à des adresses Internet introuvables lors de l'envoi> : sélectionner *Format MIME*

- Cocher ☒*Appliquer* pour que ce paramètre soit répercuté au niveau des politiques subordonnées enfants
- Répéter la saisie dans le document de paramètres de configuration rattaché à la politique subordonnée au niveau de l'organisation

Le document de paramètres de configuration s'applique aux nouveaux utilisateurs. Le document de paramètres de bureau s'applique dynamiquement aux utilisateurs dont les postes sont déjà installés : document de site *Bureau*.

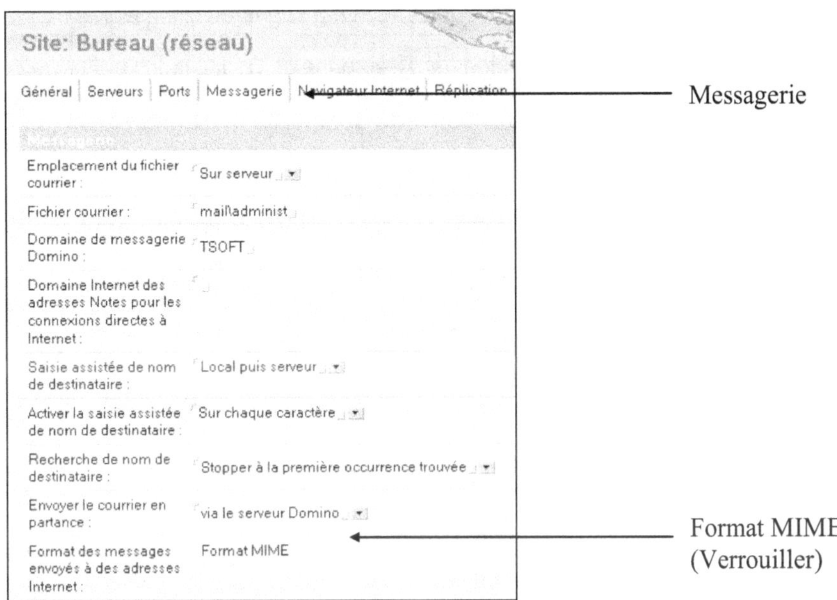

Messagerie

Format MIME (Verrouiller)

Pour afficher le document de site :

- Cliquer *Bureau*, puis commande *Modifier actuel…*

L'utilisateur ne peut pas changer le paramètre de format qui est verrouillé.

Le format du courrier Internet est sélectionné dans le dialogue des préférences.

- Commande *Fichier/Préférences/Préférences utilisateur…*

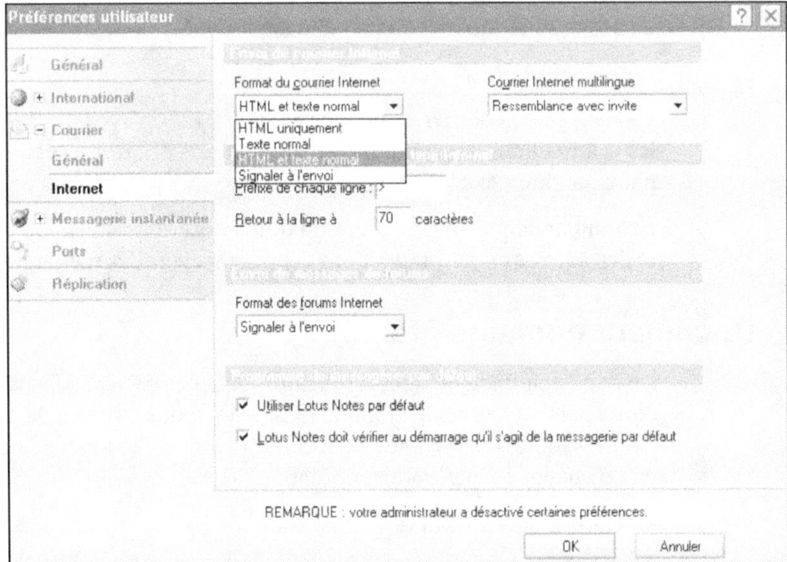

Conversion des adresses

- **Un message envoyé contient l'adresse Internet de l'expéditeur**
- **L'adresse est prédéfinie et enregistrée dans**
  - Le document de site En ligne du client Notes
  - Le document Personne de l'utilisateur
- **L'adresse peut être construite dynamiquement (à éviter)**
  - D'après les règles du document Domaine global
  - Si l'adresse Internet prédéfinie ne peut être trouvée
- **Adresse du destinataire d'un message reçu d'Internet**
  - Recherche dans l'annuaire : document Personne

La structure d'une adresse de messagerie interne de Lotus Domino n'est pas la même que celle utilisée sur l'Internet qui est définie dans les RFC. Les adresses Internet des utilisateurs sont normalement prédéfinies ce qui évite une génération automatique.

Structure d'une adresse de messagerie

L'adresse du destinataire dans l'intranet Domino contient le nom Notes de la personne ainsi que le nom du domaine Domino auquel elle appartient :

Claude GAUTIER/STD/JFRI@DOMJFR

Le routage du courrier se fait d'après les informations contenues dans l'Annuaire Domino du domaine.

L'adresse d'un destinataire externe contient le nom de la personne au format Internet (pas d'espaces, de caractères spéciaux ou de lettres accentuées) et le nom du domaine de messagerie Internet auquel elle appartient :

Claude.gautier@rouquie.com

Le routage du courrier se fait par communication avec des serveurs SMTP en utilisant les informations des serveurs de DNS (adresse IP des serveurs de messagerie pour un domaine Internet donné).

Le routeur de messagerie Domino doit assurer la conversion du contenu des messages et des adresses pour pouvoir envoyer et recevoir des messages d'Internet.

Document domaine global

Ce document indique quel est le nom (ou les noms) de domaine Internet qui correspond au domaine Domino et quelles sont les règles de conversion des adresses pour les messages sortants. Si ☒*SMTP* a été coché lors de la configuration du serveur, un document a été généré par défaut.

- Cliquer sur l'onglet (Configuration)

- Cliquer sur (Messagerie), puis *Domaines*
- Cliquer sur (Ajouter domaine) si le document n'existe pas

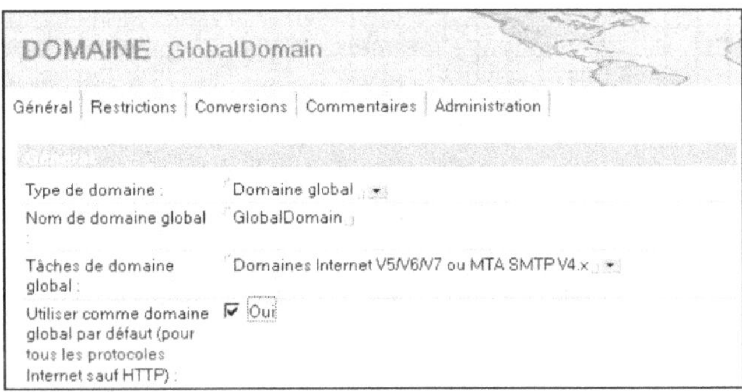

- <Type de domaine> : sélectionner *Domaine global*
- <Nom de domaine global> : par défaut *GlobalDomain*. C'est une convention
- <Tâches de domaine global> : par défaut *Domaines Internet V5/V6/V7 ou MTA SMTP V4.x*
- <Utiliser comme domaine global par défaut> : cocher ☒*Oui*
- Cliquer sur l'onglet (Restrictions)

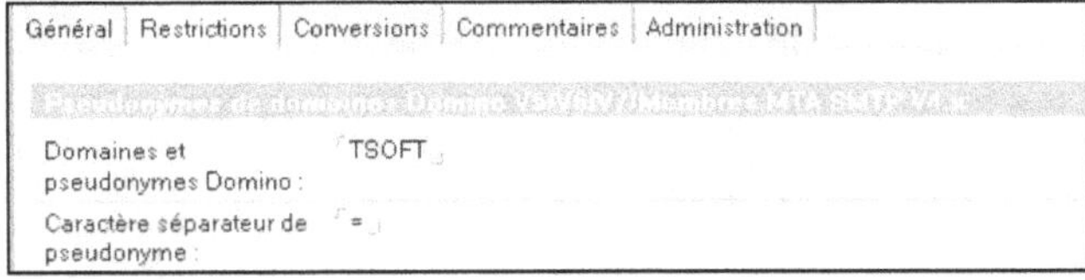

- <Domaines et pseudonymes Domino> : taper le nom du domaine Domino, par exemple *TSOFT*

Le nom de domaine Domino est sans point habituellement, ce qui le distingue du nom de domaine Internet.

- Cliquer sur l'onglet (Conversions)

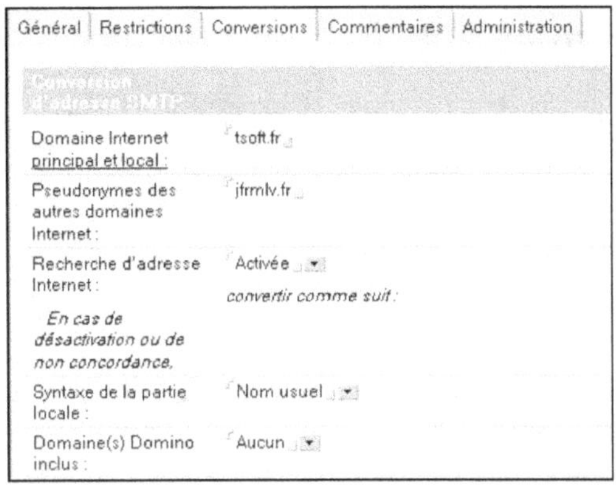

- <Domaine Internet principal et local> : taper le nom du domaine Internet qui correspond au domaine Domino, par exemple *tsoft.fr*

Ce nom de domaine servira à construire l'adresse de l'expéditeur si son adresse de messagerie Internet ne peut être trouvée.

Il apparaît également dans :

– Le <Nom d'hôte Internet qualifié complet> du serveur – document du serveur, onglet (Général) –, par exemple *cassiopee.tsoft.fr*
– L'adresse réseau du serveur – document du serveur, onglet (Ports) puis sur (Ports de réseau Notes) – la plupart du temps, par exemple *cassiopee.tsoft.fr*

- <Pseudonymes des autres domaines Internet> : taper le ou les autres noms de domaine hébergés par le serveur Domino, par exemple *jfrmlv.fr*

- <Recherche d'adresse Internet> : sélectionner *Activée* pour que <Adresse Internet> du document personne soit utilisé

- <Syntaxe de la partie locale> : concerne la création automatique d'adresse
– *Nom complet* : le nom est constitué du nom Notes complet avec le nom d'unité d'organisation et du nom de l'organisation, par exemple *Claude_GAUTIER/SEC/TSOFT*
– *Nom usuel* : le nom est constitué du prénom et du nom de l'utilisateur, par exemple *Claude_GAUTIER*
– *Nom abrégé* : le nom est constitué du nom abrégé de l'utilisateur, par exemple *CGAUTIER*

- <Domaine(s) Domino inclus> : sélectionner Aucun, ce qui met l'adresse générée au standard habituel des adresses Internet

L'adresse Internet construite avec le nom usuel si elle n'est pas trouvée dans le document Personne sera du type *Claude_GAUTIER@tsoft.fr*.

- Cliquer sur (Enregistrer et fermer)

L'origine de l'adresse Internet de l'expéditeur est définie dans le tableau :

Domaine Global	Document de site	Adresse Internet	Adresse de retour générée résultante
Non	Non	Non	Claude_Gautier/TSOFT%TSOFT@tsoft.fr
Oui	Non	Non	Claude_GAUTIER@tsoft.fr
Oui	Non	Oui	Adresse Internet document personne
Oui	Oui	Non	Adresse Internet document de site
Oui	Oui	Oui	Adresse Internet document de site

Document de site du client Notes

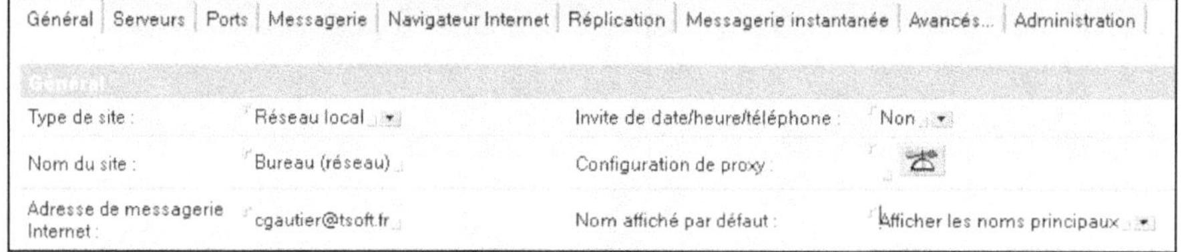

L'adresse Internet de l'utilisateur est enregistrée dans le document de site à la configuration du poste. Il faudra modifier manuellement – ou avec un agent LotusScript à écrire – ce document si l'adresse de messagerie vient à changer.

Configurer SMTP sur le serveur Domino

■ **Document du serveur**

● Tâche d'écoute SMTP activée : c'est un serveur SMTP

■ **Document de configuration**

● SMTP activé en sortie : le routeur agit comme client SMTP

● Adresse du relais

● Contrôle destinataire(s) des messages reçus (anti-relais)

● Options MIME

● NOTES.INI : Bannière SMTP

SMTP est configuré partiellement sur le serveur Domino si ce service a été sélectionné à la configuration du serveur. Certains paramètres passés en revue sont déjà en place. Si le service n'a pas été sélectionné, tous les paramètres listés doivent être modifiés. Les paramètres sont saisis :

– Dans le document du serveur.

– Dans le document de configuration du serveur.

Document du serveur

Si le serveur a été configuré avec l'option ☒*SMTP,* la tâche *SMTP Server* est lancée au démarrage du serveur. Si ce n'est pas le cas, modifier le document du serveur.

• Cliquer sur l'onglet (Configuration), puis sur *Serveur*

• Cliquer *Document serveur actuel*, puis sur (Modifier serveur)

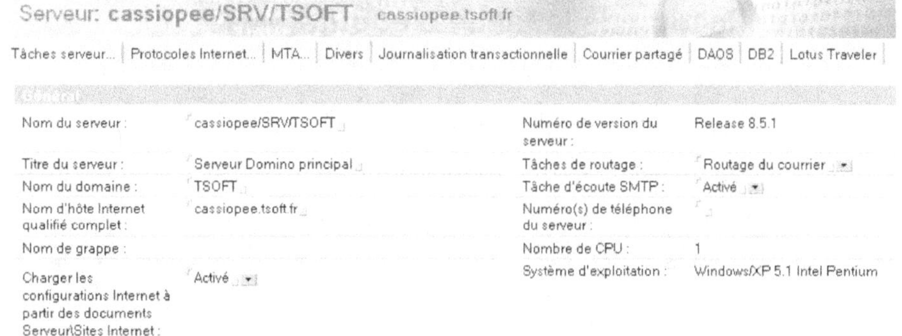

• <Tâches de routage> : laisser sélectionné *Routage du courrier*

• <Tâche d'écoute SMTP> : sélectionner *Activée*

L'option *Routage de courrier SMTP* du champ <Tâches de routage> ne doit pas être sélectionnée : elle concerne le MTA SMTP des serveurs 4.x.

- Cliquer sur (Enregistrer et fermer)

Document de configuration du serveur

- Cliquer sur l'onglet (Configuration), puis sur *Messagerie*
- Cliquer *Paramètres de messagerie*
- Cliquer sur (Modifier les paramètres de messagerie)
- Cliquer sur l'onglet (Général)

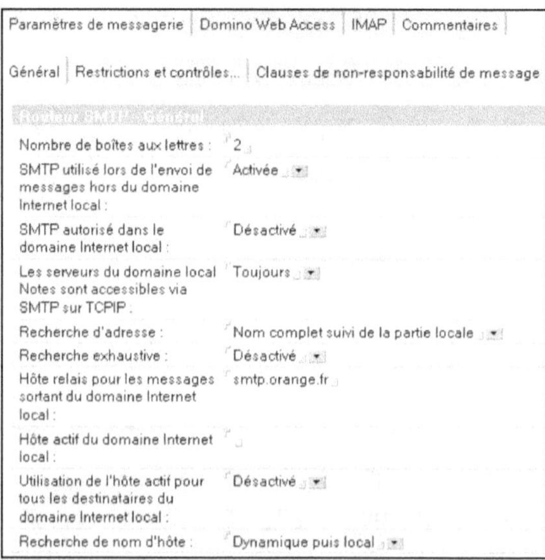

- <SMTP utilisé lors de l'envoi de messages hors du domaine Internet local> : sélectionner *Activée*. Le routeur se charge d'envoyer les messages SMTP
- <SMTP autorisé dans le domaine Internet local> : laisser *Désactivée*
- <Recherche d'adresse> : laisser *Nom complet suivi de la partie locale*
- <Hôte relais pour les messages sortant du domaine Internet local> : taper l'adresse IP du pare-feu ou du serveur relais SMTP, ici *smtp.orange.fr*. Le serveur SMTP de votre fournisseur d'accès Internet fait l'affaire en salle de cours
- Cliquer sur (Enregistrer et fermer)

Vérification de la tâche d'écoute SMTP

Il est aisé de vérifier que cette tâche fonctionne correctement avec Telnet.

- Depuis Windows, commande *Démarrer/Exécuter...*
- Taper `telnet`, puis cliquer sur (OK)
- Taper ? à l'invite pour afficher l'aide

```
? ou help        affiche des informations d'aide
Microsoft Telnet> SET LOCAL_ECHO
Microsoft Telnet> OPEN CASSIOPEE 25
```

- Taper `SET LOCAL_ECHO` (ou `LOCALECHO`) pour voir les caractères entrés
- Taper la commande Open suivie du nom du serveur pour ouvrir une session SMTP avec le serveur, ici `OPEN CASSIOPEE.JFRMLV.FR 25`

```
220 cassiopee.jfrmlv.fr ESMTP Service (Lotus Domino Release
```

```
8.5) ready at Thu, 2 Nov 2009 16:03:49 +0100
EHLO rouquie.com
250-cassiopee.jfrmlv.fr Hello rouquie.com ([192.168.0.3]),
pleased to meet you
250-HELP
250-SIZE 10240000
250 PIPELINING
MAIL FROM:jfrouquie@rouquie.com
250 jfrouquie@rouquie.com... Sender OK
RCPT TO:c.gautier@tsoft.fr
250 c.gautier@tsoft.fr... Recipient OK
DATA
354 Start mail input; end with <CRLF>.<CRLF>
Date:02/11/2009
FRom:jfrouquie@rouquie.com
SendTo:c.gautier@tsoft.fr
Subject:Tests Telnet
Tests Telnet
.
250 Message accepted for delivery
```

Le serveur SMTP de Domino répond par un message annonçant qu'il supporte *ESMTP* (Enhanced SMTP) et sa version de logiciel.

Remarque

Il est indispensable de changer la bannière d'accueil de Domino afin qu'il ne dévoile pas son identité : les hackers ciblent les attaques en fonction des faiblesses connues du serveur ciblé. Autant ne pas leur faciliter le travail, ⮑Sécuriser SMTP dans la suite.

Des commandes sont entrées successivement. Il faut faire un retour à la ligne après chaque commande complète, à la suite de quoi le serveur retourne un message d'acceptation ou d'erreur. Il ne faut jamais faire revenir le curseur en arrière pour corriger une erreur ! En cas d'erreur de frappe, faire un retour à la ligne puis retaper la commande.

- Saisir la commande EHLO suivie d'un nom de domaine Internet, ici *rouquie.com*
- Saisir la commande MAIL FROM qui identifie l'expéditeur
- Saisir la commande RCPT TO qui identifie le destinataire
- Saisir la commande DATA qui indique que ce qui suit est le corps du message
- Saisir le mot clé *Date* suivi de la date d'émission du message
- Saisir le mot clé *From* qui identifie l'expéditeur
- Saisir le mot clé *Subject* qui identifie l'objet du message
- Saisir des lignes de texte séparées par un retour à la ligne
- Terminer la saisie en tapant un point (.) suivi d'un retour à la ligne

Le serveur indique qu'il accepte le message pour remise au destinataire.

- Ouvrir la base courrier du destinataire et vérifier que le message lui a bien été remis

Vérification de la tâche SMTP en sortie

- Envoyer un message à une adresse Internet connue de vous

- Envoyer le message à echo@cnam.fr qui vous retournera une réponse. Ainsi, le circuit complet d'envoi vers Internet et de réponse depuis Internet est vérifié

Contrôle destinataire des messages reçus

Un type d'attaque fréquent de serveurs SMTP consiste notamment à bombarder le serveur avec des messages envoyés à des destinataires inconnus, le message contenant lui-même un virus bien connu. Si le serveur SMTP accepte le message avant de vérifier le destinataire, il devra envoyer autant d'avis de non distribution. De plus, si le message contient un virus et que la politique consiste à prévenir le destinataire, le serveur passe son temps à traiter les messages d'attaque et la base de routage de courrier – mail.box – finit par contenir des milliers de messages au rebut. Une politique de prévention consiste à arrêter l'attaque le plus tôt possible : un message doit être rejeté dans la session SMTP dès que la commande RCPT TO est passée. Ceci économise de l'énergie et c'est le client SMTP distant qui doit retourner un avis de non-distribution.

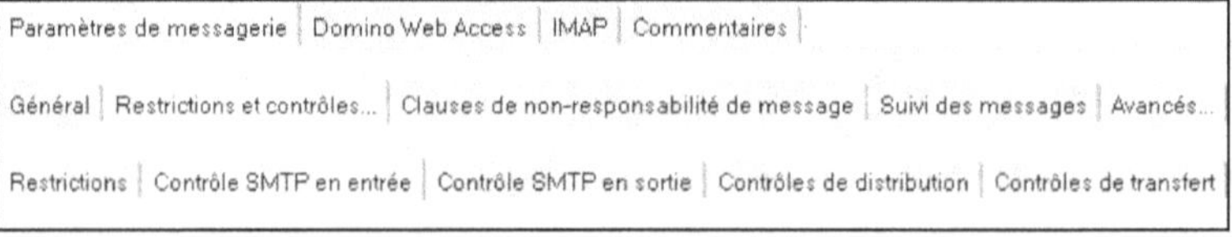

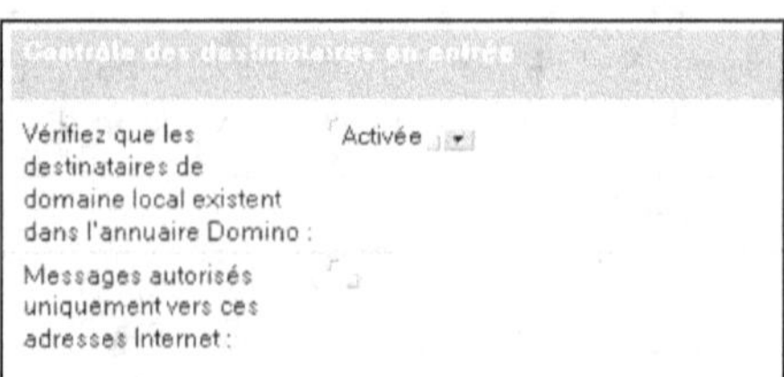

- Cliquer sur l'onglet (Configuration), puis sur *Messagerie*
- Cliquer *Paramètres de messagerie*
- Cliquer sur (Modifier les paramètres de messagerie)
- Cliquer sur l'onglet (Restrictions et contrôles) puis sur (Contrôle SMTP en entrée)
- Naviguer vers le paragraphe *Contrôle des destinataires en entrée* en bas à droite de la page
- <Vérifiez que les destinataires de domaine local existent dans l'annuaire Domino> : sélectionner *Activée*

```
220 cassiopee.jfrmlv.fr ESMTP Service (Lotus Domino Release
7.0.1FP1) ready at Thu, 2 Nov 2009 16:36:44 +0100
EHLO rouquie.com
250-cassiopee.jfrmlv.fr Hello rouquie.com ([192.168.0.3]),
pleased to meet you
250-HELP
250-SIZE 10240000
250 PIPELINING
MAIL FROM:zorglub@attaque.com
250 zorglub@attaque.com... Sender OK
RCPT TO:12345678julie@tsoft.fr
550 12345678julie@tsoft.fr... No such user
```

- Vérifier avec Telnet que l'envoi d'un message à un destinataire inconnu retourne le code 550

Bannière d'accueil SMTP

La bannière d'accueil est retournée par tout serveur SMTP en réponse à la demande de connexion. Il faut retourner une information minimum et surtout pas des données indiquant la marque et le niveau du logiciel.

```
220 "SMTP service available on Thu, 2 Nov 2009 16:51:32 +0100"
```

Dans l'exemple ci-dessus, le message d'accueil de Domino est laconique mais suffisant dans le contexte des échanges SMTP.

La variable SMTPGREETINGS du fichier Lotus\Domino\NOTES.INI – un fichier texte nécessaire au fonctionnement de Domino – est modifiée depuis le document de configuration du serveur.

- Cliquer sur l'onglet (Configuration), puis sur *Serveur*

- Cliquer *Configurations*, puis ouvrir le document de configuration du serveur en mode modification

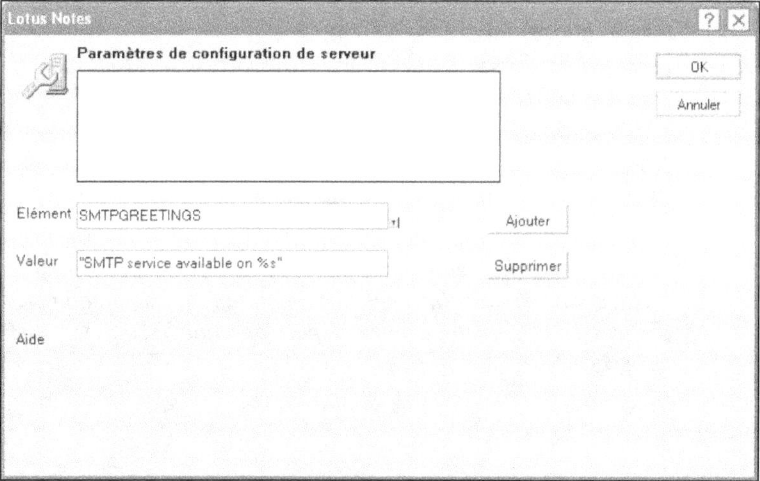

- Cliquer l'onglet (Paramètres NOTES.INI)

- Cliquer sur (Définir/modifier les paramètres)

- <Élément> : taper SMTPGREETINGS

- <Valeur> : taper "SMTP service available on %s"

- Cliquer sur (Ajouter), puis sur (OK)

- Vérifier que le paramètre est bien pris en compte, puis enregistrer et fermer

- Redémarrer le router par TELL ROUTER QUIT puis LOAD ROUTER

 **Interview de l'Expert**

Concernant DAOS, pensez à prendre en compte les points suivants :

Les fichiers NLO correspondent chacun à une pièce jointe partagée. Le nombre de fichiers pouvant être considérable, vérifiez que votre système de sauvegarde est capable d'encaisser autant de fichiers et autant de répertoires (1000 répertoires de 4000 fichiers chacun, soit 40 millions d'objets).

D'autre part, pour des raisons évidentes de gain de place, la taille d'un fichier NLO devrait être un multiple de la taille de bloc utilisée pour le formatage du disque (fsutil fsinfo ntfsinfo pour connaître cette valeur sous partition NTFS).

DAOS est disponible pour toute base de documents (pas uniquement les bases courrier). Cependant, il faut prendre en compte le fait que lorsque deux bases utilisent deux modes de compression différents (LZ1 et Huffman, par exemple), les pièces jointes compressées différemment seront stockées deux fois.

Songez enfin, même si cela paraît évident, à inclure les extensions NLO dans le chemin des fichiers devant être vérifiés par votre antivirus, puisque, finalement, c'est là que les pièces attachées seront stockées.

En cas de nécessité d'utiliser du Push-wait en SMTP, il faudra songer à vérifier que la commande ETRN est disponible.

Évitez d'activer VRFY, sauf pour des tests. Lorsque le serveur est accessible par l'extérieur, cela donne une possibilité indirecte d'accéder à votre annuaire (vérification de l'existence du nom du destinataire).

Pour rappel, le protocole permettant d'interroger un serveur SMTP étendu stipule qu'on le salue par EHLO et non pas par HELO. Une bonne pratique sera également d'interdire l'usage des adresses Internet correspondant à des personnes en interne pour les plages d'adresses IP de votre propre réseau, afin que le courrier interne ne sorte pas pour réentrer.

Politique de courrier

- **Correspond aux préférences de courrier utilisateur**
  - Menu Outils/Préférences
- **Clause de non-responsabilité ajoutée aux messages sortants**
  - Ajout par client Notes : performances, intégrité message
  - Et/ou par serveur Domino : ajout de la clause si absente
- **Valeurs par défaut modifiables ou verrouillées**
  - Propriétaire de la base courrier : à verrouiller
  - Préférences d'agenda, salles et ressources, de courrier
  - Délégation
- **Tache adminp de mise à jour des bases courrier**

Le document paramètres de courrier est apparu avec la version 7. Il reprend les options qui se trouvent dans les préférences de la base courrier en y ajoutant de nouvelles fonctions dont la clause de non-responsabilité.

La clause de non-responsabilité est ajoutée en principe en bas des messages sortants envoyés vers Internet. Ce travail est effectué par le client Notes et/ou le serveur. Dans la pratique, le client et le serveur sont mis à contribution pour des raisons de performances et d'intégrité des messages.

Le nom du propriétaire de la base courrier fait partie des paramètres qu'il est préférable de verrouiller pour éviter de situations difficiles à interpréter si l'utilisateur le modifie par mégarde. Les valeurs d'autres paramètres peuvent également être ajustées et verrouillées si la valeur par défaut ne convient pas ce qui évite de demander à chaque utilisateur d'effectuer ces modifications individuellement.

Le processus de requêtes administratives se charge de faire la mise à jour dans les bases courrier.

Le paragraphe introduit d'abord la mise en place de la clause de non-responsabilité unique dans l'entreprise des clauses spécifiques à un service sont envisageables – puis aborde ensuite la mise en place de nouvelles valeurs pour quelques paramètres courants.

Clause de non-responsabilité

Choix Notes et/ou Domino

Ce qui suit donne des indications générales. La lecture de l'aide est indispensable pour bien connaître les tenants et aboutissants de l'opération.

Aide Lotus Domino Administrator – Courrier – Personnalisation de la messagerie – Configuration et utilisation de clauses de non-responsabilité.

La clause de non-responsabilité peut être ajoutée par le client Notes, ou le serveur Domino, ou le client Notes et le serveur Domino.

Client Notes :

– Décharge le serveur en reportant le traitement sur le poste utilisateur,
– N'ajoute pas la clause si l'adresse a un format Domino interne @DomaineDomino,
– Incorpore la clause au corps du message avant signature et/ou chiffrement : l'intégrité du message est garantie.

Serveur Domino :

– Ajoute la clause si elle est absente,
– Ajoute la clause pour les messages SMTP sortants. La clause n'est pas ajoutée pour les messages du domaine Internet local,
– Peut ajouter une clause à un message S/MIME – Secured MIME –, mais avec un risque qu'un client Notes destinataire ne puisse lire le message.

La combinaison Client Notes et Serveur Domino donne la certitude que la clause sera toujours ajoutée et que le serveur Domino ne sera pas surchargé.

Document paramètre Courrier

Un document de paramètres courrier applicable à toute l'organisation va être créé.

- Cliquer l'onglet (Personnes et groupes), puis la vue *Paramètres*

- Cliquer sur (Ajouter paramètres) puis *Courrier...*

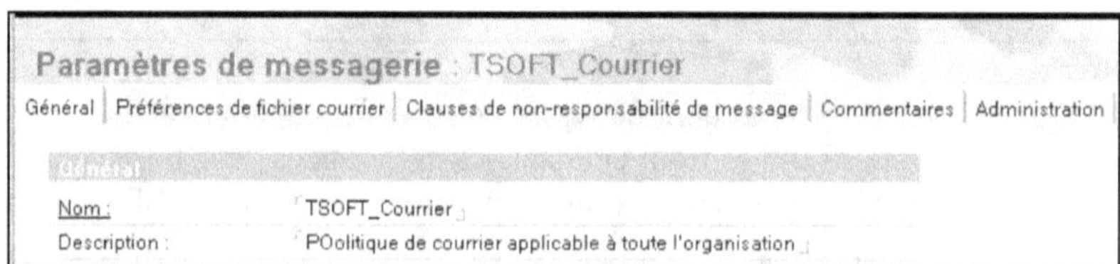

- <Nom> : taper le nom donné à ce groupe de paramètres, ici *TSOFT_Courrier*

- Cliquer l'onglet (Clauses de non-responsabilité de message)

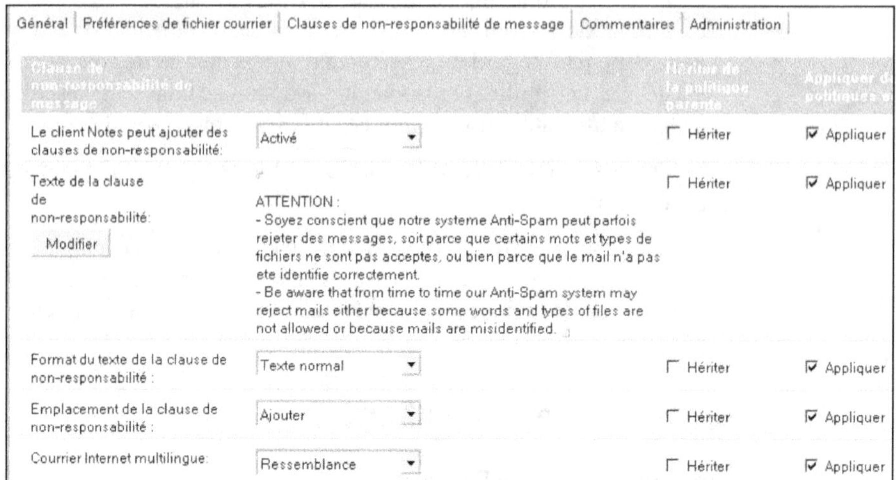

- <Le client Notes peut ajouter des clauses de non-responsabilité> : sélectionner *Activé* pour que cette règle soit prise en compte

- <Texte de la clause de non-responsabilité> : taper le texte voulu en le faisant précéder de une ou plusieurs lignes vierges

- <Format du texte de la clause de non-responsabilité> sélectionner *Texte normal* ou *HTML* (texte avec balises HTML sans images)

- <Emplacement de la clause de non-responsabilité> : sélectionner
  – *Ajouter* pour mettre la clause en fin de message
  – *Ajouter au début* pour mettre la clause en tête de message

- <Courrier Internet multilingue> : sélectionner le jeu de caractères pour une clause ajoutée par le serveur
  – *Ressemblance* supporte tous les clients de messagerie,
  – *Unicode (UTF-8)* est le jeu de caractères des langues autres que l'anglais.

- Cocher ☒*Appliquer* pour avoir la certitude d'appliquer les paramètres à toute l'organisation

Rattachement à une politique

- Ouvrir la politique subordonnée applicable à toute l'organisation, ici */TSOFT*

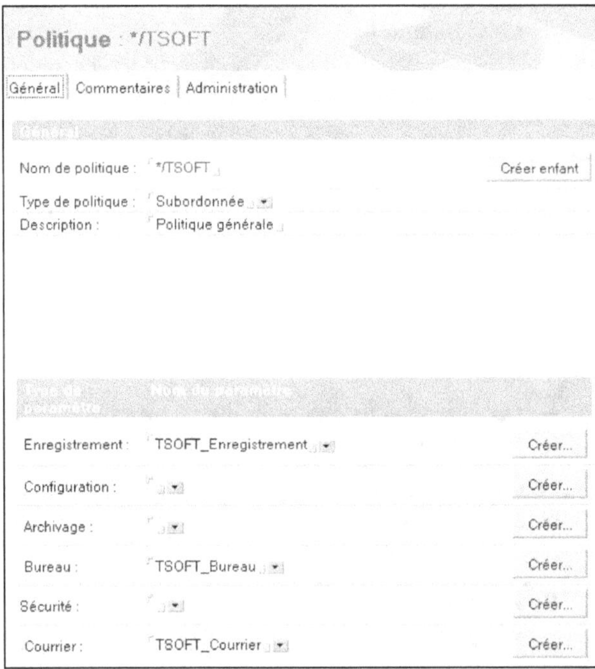

- <Courrier> : sélectionner le document de paramètres courrier d'organisation, ici *TSOFT_Courrier*, puis enregistrer et fermer

- Sur la console du serveur, passer la commande
  ```
  tell adminp process mailpolicy
  ```

```
> tell adminp process mailpolicy
03/11/2009 17:35:25    Remote console command issued by
_Administrateur/TSOFT: tell adminp process mailpolicy
03/11/2009 17:35:25    Admin Process: Checking for
mailpolicy requests to perform
03/11/2009 17:35:37    Admin Process: Completed refresh of
mail policies for 46 databases, 0 databases reported
errors.
```

Cette opération copie les paramètres de courrier dans les bases courrier des utilisateurs rattachés à la politique subordonnée, ici de toute l'organisation.

Il est envisageable de créer des paramètres de courrier spécifiques à des unités d'organisation ou rattachés à des politiques explicites.

Test depuis client Notes

- Envoyer un message à une adresse interne en sélectionnant le destinataire dans le carnet d'adresses du domaine, ici *Marie ROUQUIE/STD/TSOFT@TSOFT*

- Ouvrir le message dans la vue *Envoyés* : il n'y a pas de clause ajoutée

- Envoyer un message au même destinataire interne mais en tapant l'adresse au format Interne, ici *M.ROUQUIE@tsoft.fr*

- Ouvrir le message dans la vue *Envoyés* : la clause a été ajoutée du fait du format de l'adresse

Activation sur serveur

- Modifier le document de Paramètres de messagerie du serveur

- Cliquer sur l'onglet (Paramètres de messagerie), puis sur (Clauses de non responsabilité)

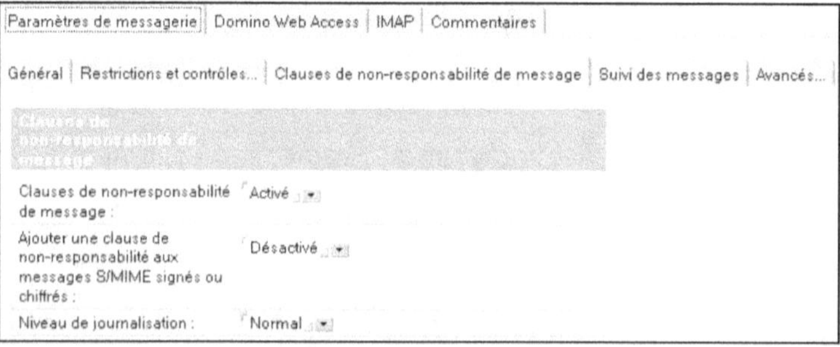

- <Clause de non-responsabilité de message> : sélectionner *Activé* pour que le serveur ajoute la clause si elle est absente

Pour tester le fonctionnement, il faut désactiver la clause de non-responsabilité au niveau client Notes – paramètres de courrier. Si le test est concluant, la tâche est réactivée au niveau du client Notes.

Remarque

Le client Notes ajoute un champ $Disclaimed contenant l'identifiant interne de la clause de non-responsabilité. C'est grace à ce champ que le serveur sait s'il y a une clause et si oui laquelle. Pour le vérifier, il suffit d'ouvrir un message envoyé vers une adresse externe, de le modifier en supprimant la clause puis de l'envoyer à nouveau : le destinataire ne verra pas de clause car le serveur Domino a trouvé $Disclaimed.

Autres paramètres

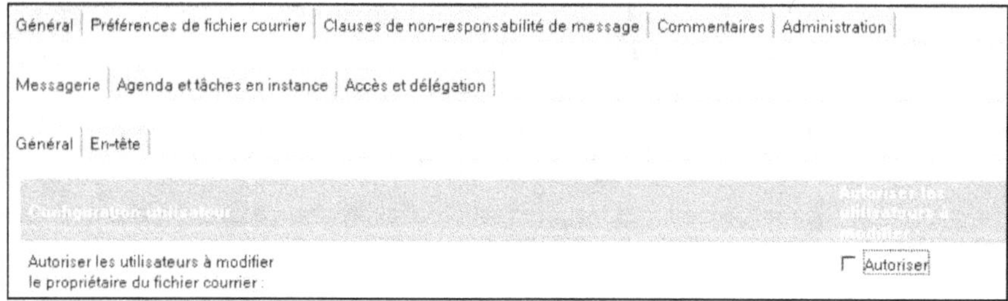

Les nombreux paramètres exigent une bonne connaissance du fonctionnement de Lotus Notes avant toute modification. Il est recommandé d'empêcher les utilisateurs de toucher au nom du propriétaire de leur base courrier.

Paramétrage de Lotus iNotes

■ **Accès à la base courrier par HTTP. Authentification par**

  ● Identifiant et mot de passe Internet

  ● SSL

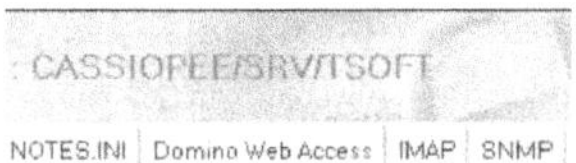

■ **Redirection automatique sur la base courrier**

■ **Choix du format du contenu des messages : texte ou RTF Notes**

  ● Option imposée : texte normal

  ● Au choix de l'utilisateur : texte riche avec ActiveX ou texte simple. Le texte riche sera converti

■ **Clause de non-responsabilité dans tous les messages**

■ **Changement mot de passe Internet par utilisateur**

IBM Lotus INotes est l'accès à la messagerie sur serveur Domino avec un navigateur en intranet ou à distance. L'utilisateur se connecte au serveur Domino sur lequel tourne la tâche HTTP – ou à un autre serveur de type Apache ou Microsoft IIS – puis accède à sa base courrier après une authentification de type Internet.

La remise du courrier se fait sur serveur Domino lequel doit décider s'il y a lieu de convertir les messages ou non. L'ensemble des navigateurs est régi par un document de configuration unique propre au serveur Domino.

Les utilisateurs Lotus Notes qui se connectent à partir d'un navigateur ont la possibilité d'accéder au courrier Notes ainsi qu'aux fonctions d'agenda et de planification de Notes. Les utilisateurs Lotus iNotes peuvent envoyer et recevoir du courrier, visualiser leurs agendas, inviter des personnes à des réunions, créer des listes de tâches, tenir un bloc-notes ou travailler en mode déconnecté.

Après sa configuration pour Lotus iNotes, l'utilisateur peut se servir aussi bien du client Notes standard que d'un navigateur Web pour accéder à leurs fichiers courrier. Il doit avoir néanmoins pour cela un ID Notes pour travailler en mode déconnecté.

Lotus iNotes comprend trois modes :

- le mode complet (full mode) qui fournit un ensemble complet de fonctionnalités, telles qu'une messagerie, un agenda, un bloc-notes, les contacts et une liste des tâches en instance,

- le mode léger (lite mode) est optimisé de façon à fonctionner dans des environnements dans lesquels la bande passante est limitée, fournit un accès à la messagerie et aux contacts sur une interface utilisateur simplifiée,

- le mode ultraléger (ultralite mode) est conçu pour une utilisation sur un périphérique mobile et est initialement pris en charge sur l'iPhone et l'iPod d'Apple. Le mode ultra-léger peut être désactivé en introduisant la variable notes.ini : *iNotes_WA_Ultralite=0*

Les URL suivantes permettent d'accéder aux différents modes :

- Accès au mode complet : *http://<server.domain>/<mailfile path>*

- Accès au mode léger : *//<server.domain>/<mailfile path>/?OpenDatabase&ui=dwa_lite*

- Accès au mode ultra-léger : *//<server.domain>/<mailfile path>/?OpenDatabase&ui=dwa_ulite*

Authentification

L'authentification se fait par nom, ou nom abrégé, et mot de passe inscrits dans l'Annuaire.

L'utilisateur affiché peut s'identifier comme Marie, ROUQUIE, Marie ROUQUIE, Marie ROUQUIE/STD/TSOFT et MROUQUIE. Une condition : l'identifiant doit être unique, ce qui exclut généralement le prénom sauf dans certains secteurs d'activité.

Lotus Domino n'admet pas en standard toutes ces variations dont le nom abrégé. Pour rendre possible l'utilisation du nom abrégé :

- Ouvrir le document du serveur

- Cliquer l'onglet (Sécurité)

- <Authentification Internet> : sélectionner *Plus de variantes de noms et moins de sécurité*

Redirection automatique vers la base courrier

En l'absence de redirection, l'utilisateur doit taper une URL comprenant le nom de sa base courrier, par exemple :

```
http://cassiopee.jfrmlv.fr/mail/mrouquie.nsf
```

La redirection limite la saisie au nom du serveur. Pour la mettre en place :

- Créer une base IBM Lotus iNotes Redirect,
- Paramétrer la redirection dans la base,
- Modifier l'URL de la page d'accueil du serveur.

Création de IBM Lotus iNotes Redirect

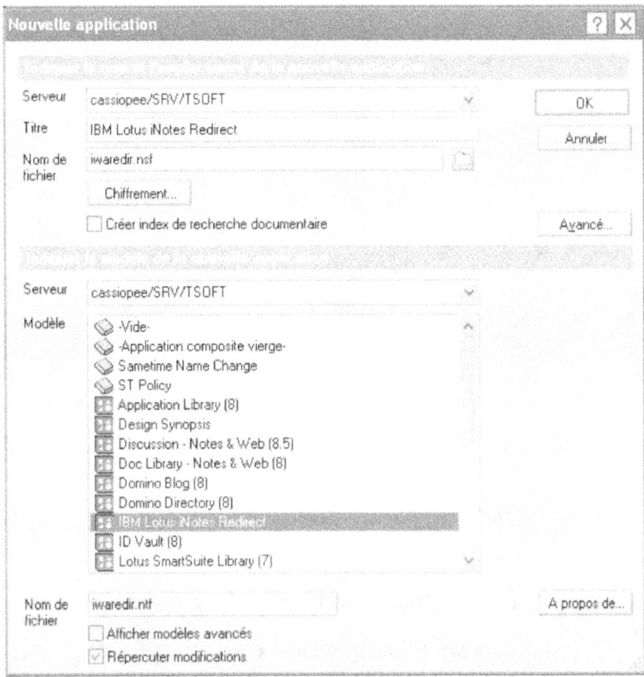

- Créer la base IWAREDIR.NSF sur le serveur d'après le modèle IBM Lotus iNotes Redirect – iwaredir.ntf –. Le nom de la base reprend celui du modèle par convention

- Cliquer sur (OK)

Paramétrage de la redirection

La base IBM Lotus iNotes Redirect est ouverte.

- Cliquer sur (Configurer)

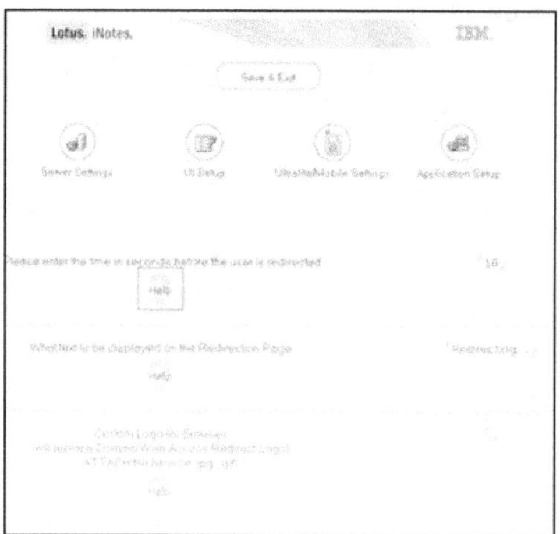

- Cliquer sur (Paramètres du serveur)

- <Sélectionner le type de redirection> : cliquer sur (Dynamique) qui convient bien lorsque le serveur HTTP et le serveur de messagerie sont confondus

- Cliquer sur (Configuration de l'IU), Interface Utilisateur

- <Délai d'attente> : modifier le délai par défaut 4 si vous allongez le texte de la redirection

- <Texte à afficher sur la page de redirection> : modifier le texte si nécessaire

- Cliquer sur (Configuration de l'application)

- Cliquer le bouton pour définir automatiquement la LCA

- Cliquer sur (Enregistrer et terminer)

Modifier l'URL de la page d'accueil de Domino

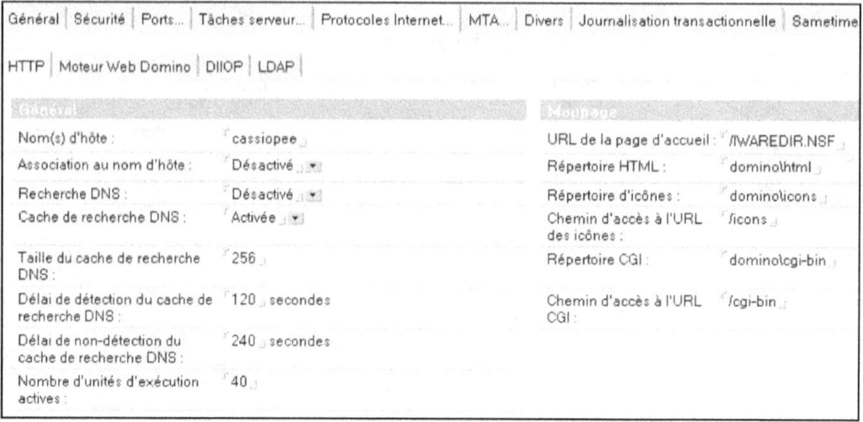

- Ouvrir le document du serveur

- Cliquer sur l'onglet (Protocoles Internet...) puis sur (HTTP)

- <URL de la page d'accueil> : taper / suivi du nom de la base de redirection, ici */IWAREDIR.NSF*

- Redémarrer le serveur

Paramètres de configuration Lotus iNotes

Le document de configuration du serveur contient les paramètres de fonctionnement du navigateur accédant à Lotus iNotes et du serveur Domino. Ils correspondent à peu près à ceux qui ont été vus pour un client Lotus Notes – y compris les paramètres de Bureau – plus les paramètres spécifiques à DWA.

- Modifier le document de configuration du serveur

- Cliquer sur l'onglet (Lotus iNotes)

Les paramètres sont brièvement commentés dans le tableau qui suit.

Configuration de la page d'accueil par défaut : ajout d'URL vers des ressources internes ou externes.

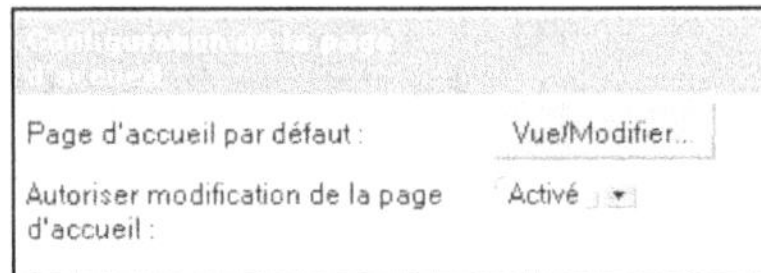

Alarmes d'agenda : le navigateur interroge le serveur toutes les cinq minutes pour connaître l'état des alarmes.

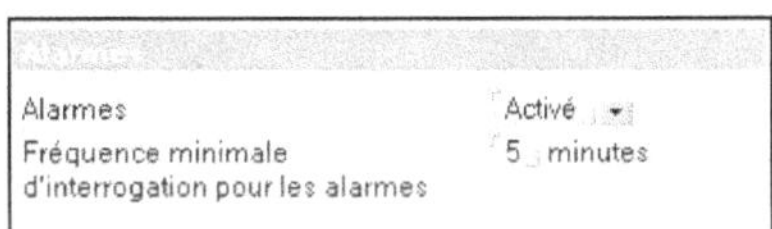

Format du courrier à l'envoi :
– *Texte normal* : il n'y aura pas de conversion de contenu par Domino
– *Laisser l'utilisateur décider* entre le format du corps du message *Rich text* ou *Plain text*

Domino convertira le texte riche d'après l'option du document de configuration du serveur, onglet (MIME).

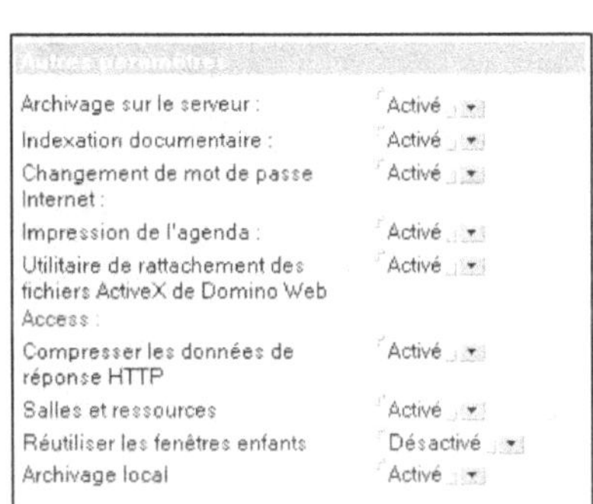

L'archivage en local nécessite l'installation de DOLS. L'archivage sur serveur Domino fonctionne selon le même principe que pour Lotus Notes.

L'utilisateur peut être autorisé ou non à changer son mot de passe Internet ici.

L'accès aux Salles et ressources est également autorisé ici.

Hors ligne correspond à l'utilisation de DOLS.

Autoriser les utilisateurs à passer en mode hors ligne pour leur permettre d'installer DOLS sur leur poste, ⮶DOLS page 7-37.

Chaque option doit être testée avec soin avant un déploiement.

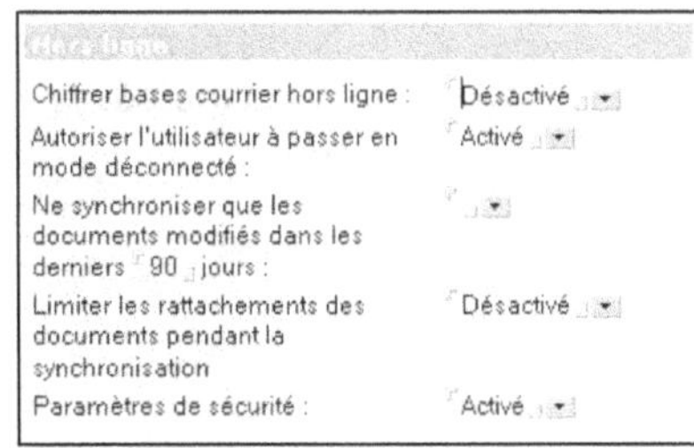

La prise en charge d'autres noms correspond au cas où l'utilisateur a une orthographe de nom en langue nationale et une autre en langue internationale.

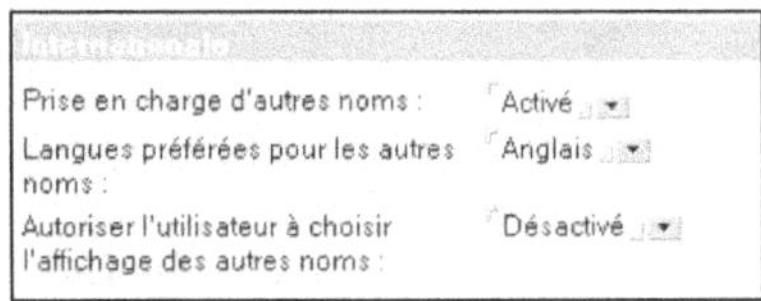

La gestion du cache serveur peut être non sécurisée en Intranet et si l'utilisateur a un poste personnel. Si les bases courrier sont accédées par navigateur depuis l'extérieur, il est préférable de vider le cache du navigateur à chaque déconnexion.

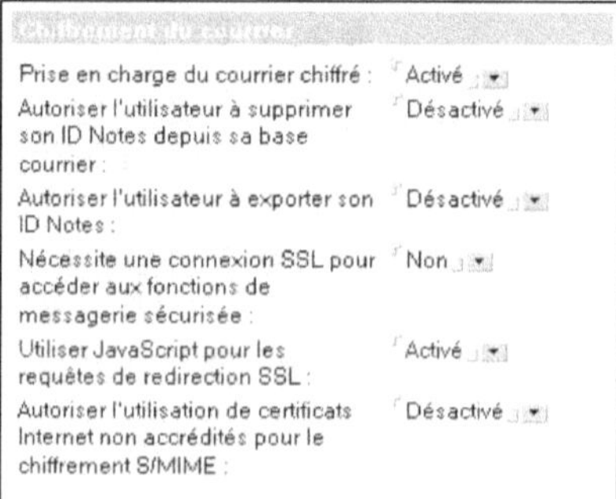

Le chiffrement repose sur l'utilisation d'un fichier ID Notes intégré à la base courrier.

La vue démarrage peut sans inconvénient être modifiée de Bienvenue à Courrier.
L'utilisateur peut modifier cette option si cela lui est permis.

La messagerie instantanée suppose que IBM Lotus Sametime soit installé dans l'entreprise. Les utilisateurs disposent ainsi d'un outil convivial.

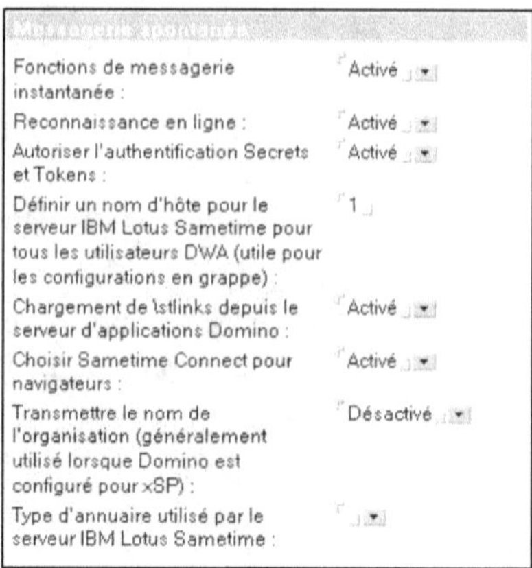

Les quatre premiers postes du tableau présentent des paramètres à vérifier à l'installation des postes. Les paramètres qui suivent méritent une préparation plus importante.

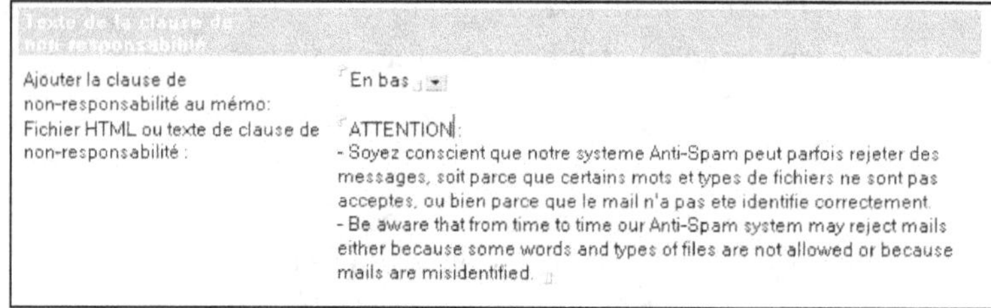

- <Fichier HTML ou texte de la clause de non-responsabilité> : ce texte sera ajouté systématiquement en base de chacun des messages

La clause de non-responsabilité pour les clients Notes est paramétrée séparément, ⮹Politique de courrier.

DOLS : Domino Off-Line Services

 Lorsque DOLS – Domino Off Line Services – est configuré sur le serveur, l'utilisateur peut répliquer son courrier localement pour le consulter, répondre ou créer de nouveaux messages. Le courrier local est ensuite synchronisé avec la base courrier sur serveur.

Activer l'agent d'absence

- **L'utilisateur active/désactive l'agent en déclarant une absence/un retour**
- **Notifications envoyées toutes les 6 heures à partir de 4 heures**
- **Droits de l'utilisateur avec accès Éditeur**
    - Accès Éditeur dans la LCA de la base courrier
    - Adminp rend l'agent automatiquement *activable par l'utilisateur*
    - Non requis : droit d'exécuter des agents LotusScript/Java restrictifs
- **Droits de l'utilisateur avec accès Gestionnaire, Concepteur**
    - Concepteur ou Gestionnaire de sa base courrier
    - Droit d'exécuter des agents LotusScript/Java restrictifs

L'utilisateur de messagerie qui déclare une absence active l'agent *OutOfOffice*. Cette opération fonctionne correctement pourvu que les règles de sécurité soient respectées :

– L'utilisateur modifie l'agent en l'activant,
– L'agent planifié doit pouvoir démarrer sur le serveur de messagerie,
– L'agent planifié doit pouvoir faire ce qu'il fait : envoyer des messages.

Les contraintes de la version 5.x de Lotus Domino disparaissent à partir de la version 6.x :

– Le niveau d'accès Éditeur dans la LCA de la base courrier est suffisant pour que l'utilisateur déclare une absence,
– L'agent d'absence peut être activé depuis DWA sur un navigateur Web ,
– Le droit d'exécuter des agents LotusScript/Java restrictifs n'a pas besoin d'être donné aux utilisateurs de messagerie ayant le niveau *Éditeur*.

Ce paragraphe montre comment configurer le fonctionnement de l'agent d'absence pour les utilisateurs ayant l'accès Éditeur à leur base courrier. Si des utilisateurs ont l'accès gestionnaire ou Concepteur, les réglages correspondent à ceux de la version 5.

Utilisateurs Éditeurs

L'agent d'absence utilise deux nouvelles fonctions à partir de la version 6 :

– Le concept d'une autorité de délégation qui agit au nom d'un utilisateur et dont les droits sont pris en compte pour lancer l'exécution de l'agent. Les droits de l'utilisateur sont pris en compte pour l'accès à sa base courrier,
– L'activation de l'agent d'absence par un utilisateur disposant d'un niveau d'accès *Éditeur* à la base.

Ces deux fonctions couplées ont été implémentées dans le masque à partir duquel est activé l'agent d'absence. Depuis la version 6, l'agent est configuré automatiquement pour fonctionner si l'utilisateur est *Éditeur*. Si le niveau d'accès de l'utilisateur passe d'Éditeur à *Concepteur* ou *Gestionnaire,* l'agent d'absence est reconfiguré automatiquement pour fonctionner dans le mode version 5.x.

Niveau d'accès des utilisateurs à la base courrier

L'utilisateur a le niveau d'accès *Éditeur* à sa base courrier. Il pourra gérer son courrier et son agenda mais ne pourra pas indexer sa base pour une recherche documentaire, modifier les paramètres de réplication ou supprimer sa base.

Remarques

Si l'utilisateur de messagerie n'a pas le niveau d'accès *Gestionnaire* à sa base courrier – il est *Concepteur* ou *Éditeur* –, il est nécessaire qu'il ait le niveau d'accès *Auteur* assorti du privilège de Création de documents dans la LCA de la base de *Requêtes administratives* – admin4.nsf – pour qu'il puisse utiliser la délégation de courrier et d'agenda. En effet, la modification d'une délégation crée une requête dans la base admin4.nsf, puis la requête est exécutée par le serveur qui modifie la LCA de la base courrier. Ce mode de fonctionnement est apparu en version 5.

La première activation de l'agent d'absence de l'utilisateur de niveau d'accès *Éditeur* crée aussi une requête administrative.

Autorité de délégation

Le client Notes génère automatiquement une requête administrative d'activation de l'agent d'absence *OutOfOffice*. Le serveur de messagerie exécute la requête et signe l'agent d'absence. Le lancement de l'exécution de l'agent se fait avec les droits du serveur qui joue le rôle d'autorité de délégation. Les droits de l'utilisateur dans la LCA de sa base courrier sont pris en compte pour ce que fait l'agent.

Restrictions du document serveur

- Ouvrir le document du serveur, puis cliquer sur l'onglet (Sécurité)

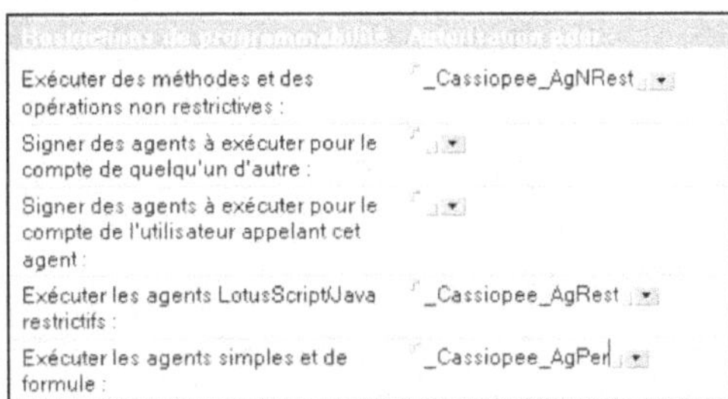

L'agent d'absence *OutOfOffice* est du type *LotusScript/Java restrictif* planifié et s'exécute normalement toutes les six heures entre 4 heures du matin et minuit. En version 6 et 5 : une seule fois à 1 heure du matin.

- <Exécuter les agents LotusScript/Java restrictifs> : contient normalement le nom d'un groupe, ici *_Cassiopee_AgRest*

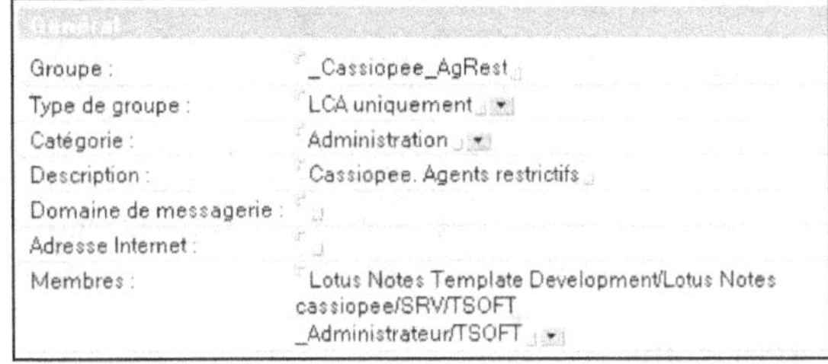

- Modifier le groupe *_Cassiopee_AgRest*
- <Membres> : sélectionner le nom du serveur dans l'annuaire, ici *cassiopp/srv/tsoft*

Utilisateurs Gestionnaires ou Concepteurs

Un utilisateur a le niveau d'accès *Gestionnaire* ou *Concepteur* à sa base courrier. Il active l'agent d'absence *OutOfOffice* directement en le modifiant, ce qui signe l'agent avec le nom de l'utilisateur.

Restrictions du document serveur

- Modifier le groupe *_Cassiopee_AgRest*

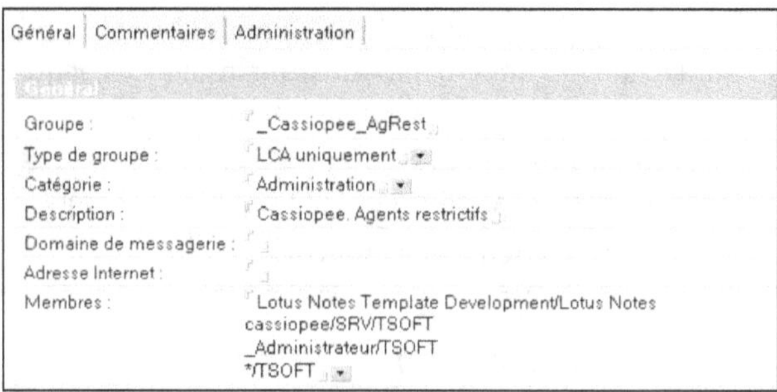

- <Membres> : sélectionner le nom de l'utilisateur dans l'annuaire

Les noms de tous les utilisateurs de messagerie doivent être présents : l'utilisation du nom de l'organisation et du caractère joker étoile – */TSOFT – simplifie l'écriture. Ainsi, si */TSOFT est indiqué, l'utilisateur *Claude GAUTIER/STD/TSOFT* n'a plus besoin d'être présent nommément du fait de son appartenance à */TSOFT*.

Visualisation des agents planifiés dans Domino Administrator

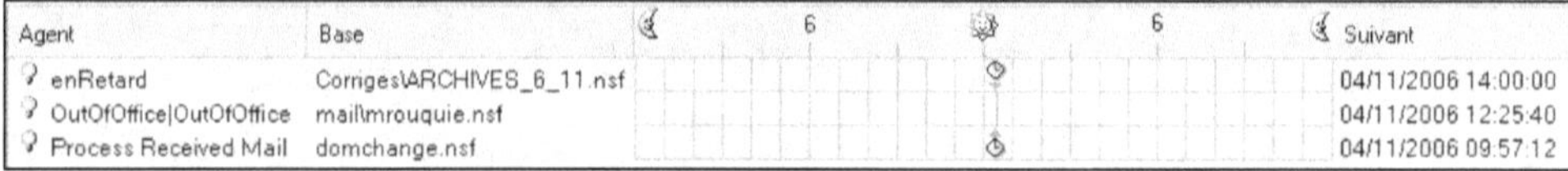

- Cliquer sur l'onglet (Serveur), puis sur (Etat)

- Cliquer *Planification/Agents*

Les agents planifiés sont affichés. Tous les agents activés par les utilisateurs ayant déclaré une absence – OutOfOffice – apparaissent ici.

Messages d'anomalie

Si le signataire de l'agent n'a pas le droit d'invoquer des agents de type *LotusScript/Java restrictifs*, un message est envoyé dans le journal du serveur.

```
03/11/2009 08:19:31   AMgr: Agent
'OutOfOffice|OutOfOffice' in 'mail\APLANCHOU.nsf' does
not have proper execution access, cannot be run
```

Le signataire peut être le serveur si le propriétaire de la base est *Editeur* dans la LCA, ou encore le propriétaire s'il a l'accès *Gestionnaire* ou *Concepteur* dans la LCA.

Remarque

Dans la pratique, si le serveur de messagerie héberge beaucoup d'utilisateurs ayant le niveau d'accès *Gestionnaire* ou *Concepteur,* le plus simple est d'utiliser le caractère joker * et le nom de l'organisation, par exemple */TSOFT*.

Utiliser les améliorations de l'agent d'absence en version 8

Il existe désormais **deux types de service Absence**. Le choix du type dépend des versions des serveurs concernés :

- Le **type Service** est conçu pour les grappes comprenant des serveurs Domino 8.

- Le **type Agent** est conçu pour les grappes contenant des serveurs antérieurs à Domino 8. Une grappe mixte nécessite un service Absence de type Agent.

- Par défaut, le type Agent est sélectionné.

Caractéristiques du type Service

- Le service Absence devient actif à la demande de l'utilisateur.

- Il est automatiquement désactivé si la période Absence est arrivée à expiration.

- Il est exécuté avec le routeur de courrier. Les réponses du service Absence sont donc instantanées.

- Le basculement du serveur et la délégation du service Absence sont pris en charge et entièrement intégrés à la gestion des agendas. Le délégué doit disposer au minimum d'un accès Editeur dans la liste LCA.

Caractéristiques du type Agent

- L'agent Absence devient actif à la demande de l'utilisateur.

- Il doit être désactivé manuellement après l'expiration de la période Absence.

- L'agent Absence prend en charge la délégation de la fonction d'absence mais n'est pas intégré à la gestion d'agenda. Le délégué doit posséder au minimum un accès Éditeur dans une liste de contrôle d'accès, mais aussi des droits permettant de signer les agents exécutés au nom d'autres personnes dans le document Serveur.

- La durée minimale d'activation de l'agent Absence est d'une journée.

Activer le service Absence

- À partir de Domino Administrator, cliquez sur l'onglet [Configuration] et détaillez la section *Messagerie*.

- Cliquez dans le panneau de navigation sur *Configurations*.

- Sélectionnez le Document de Configuration du serveur de messagerie que vous administrez et cliquez sur [Modifier configuration].

- Cliquez sur l'onglet [Router/SMTP] puis sur l'onglet [Avancé] puis sur l'onglet [Contrôles].

- Dans la section *Divers*, cherchez le champ du type de service Absence.

Remarques

La commande serveur ***Tell router O*** permet d'afficher la liste de toutes les bases possédant un service Absence actif.

La **colonne** *Absence* figurant dans l'onglet [Fichiers] du client Domino Administrator permet d'afficher le statut d'absence, c'est-à-dire d'identifier les personnes actuellement

absentes qui utilisent le service Absence. Le mot *Oui* est associé au nom de ces
utilisateurs.

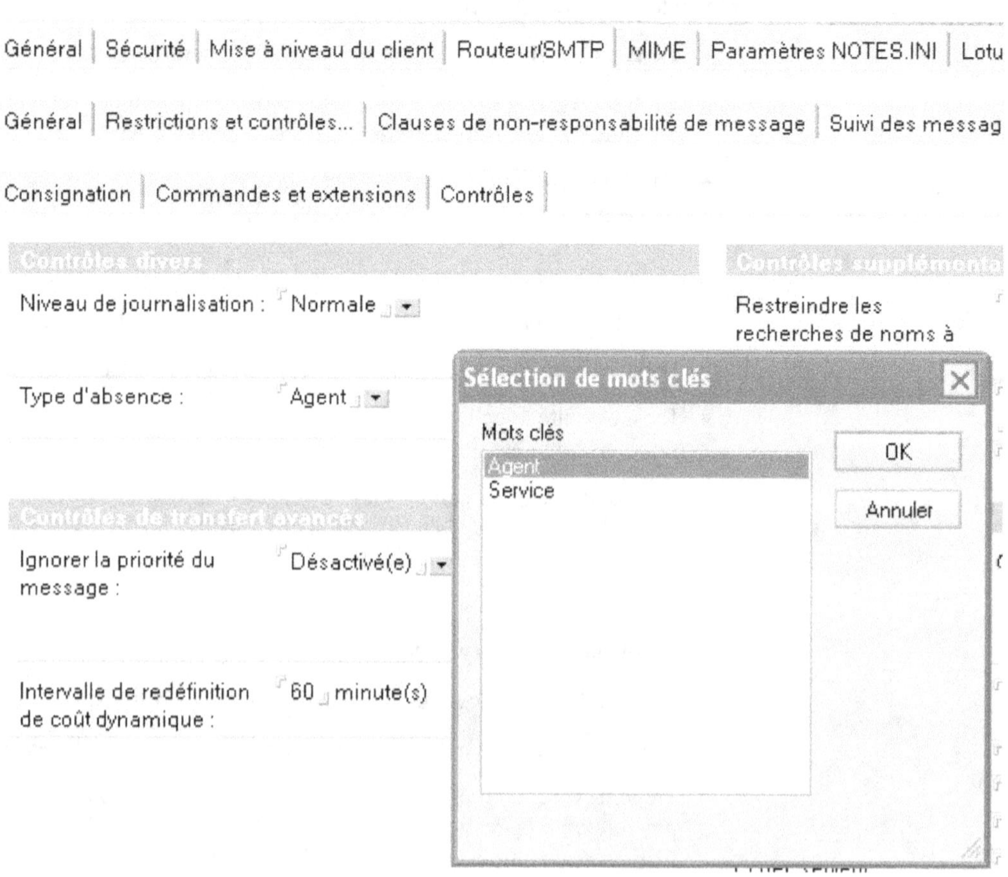

	Titre ◇	Nom du fichier ◇	Absence ♦	Chemin physique ◇
	Frederique JOUCLA	fjoucla.nsf		C:\Program Files\IBN
	Administrateur	administold.nsf		C:\Program Files\IBN
	Administrateur	administ.nsf	Oui	C:\Program Files\IBN

Quotas de taille des bases courrier

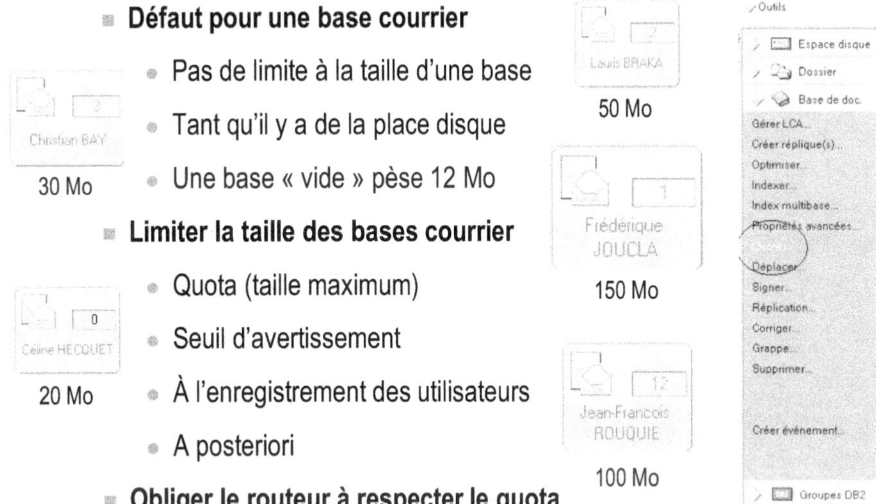

Une base Notes n'a pas de taille limite depuis la version 6. Les bases courrier peuvent donc croître indéfiniment tant qu'il y a de la place sur le disque du serveur. Il est nécessaire de limiter cette taille – le quota – en tenant compte du fait qu'une base « vide » fait 19 Mo environ. Le quota est déterminé à l'enregistrement des utilisateurs ou à posteriori. Enfin, il faudra obliger le routeur de messagerie à respecter les quotas, chose qu'il ne fait pas spontanément.

Le compactage régulier des bases et la mise en œuvre du modèle en copie simple font également économiser la place disque et sont vus séparément.

Fixer le quota à l'enregistrement des utilisateurs

Le document de paramètres d'enregistrement attaché à une politique – subordonnée ou explicite – contient la valeur par défaut du quota des bases courrier. Lorsque la base courrier dépasse le seuil d'alerte, l'utilisateur est automatiquement notifié par message.

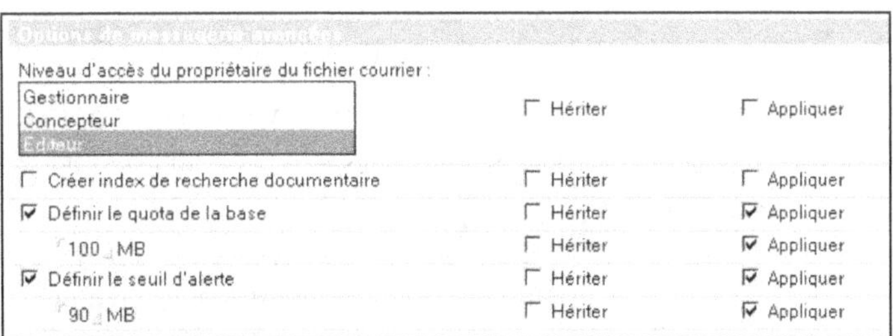

- Modifier le document de paramètres d'enregistrement, par exemple celui qui est rattaché à la politique subordonnée à l'organisation
- Cliquer sur l'onglet (Messagerie)
- Cocher ☒*Définir le quota de la base*, puis taper une valeur en Mo, ici *100*
- Cocher ☒*Définir le seuil d'alerte*, puis taper une valeur en Mo, ici *90*

- Cocher ☒*Appliquer* pour que ces choix soient effectivement répercutés pour tous les utilisateurs
- Cliquer sur (Enregistrer et fermer)

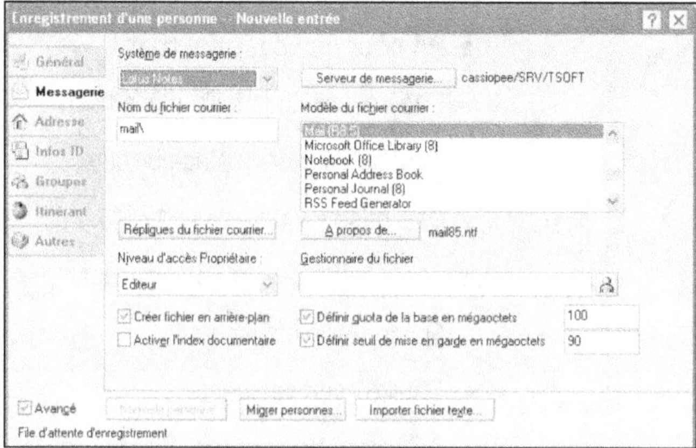

Les valeurs saisies sont modifiables à l'enregistrement des utilisateurs depuis (Messagerie).

Modification du quota des bases existantes

Le quota et le seuil d'avertissement peuvent être modifiés pour toute base en général et une base courrier en particulier.

Informations sur les bases

Depuis Domino Administrator

- Cliquer sur l'onglet (Fichiers)
- Cliquer *mail* dans l'arborescence des dossiers du panneau de gauche

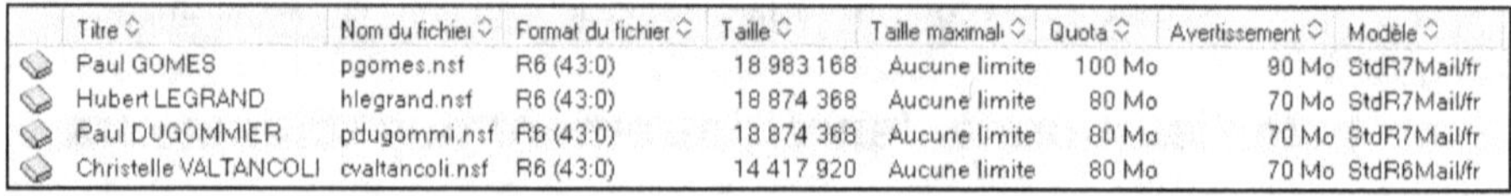

Titre	Nom du fichier	Format du fichier	Taille	Taille maximale	Quota	Avertissement	Modèle
Paul GOMES	pgomes.nsf	R6 (43:0)	18 983 168	Aucune limite	100 Mo	90 Mo	StdR7Mail/fr
Hubert LEGRAND	hlegrand.nsf	R6 (43:0)	18 874 368	Aucune limite	80 Mo	70 Mo	StdR7Mail/fr
Paul DUGOMMIER	pdugommi.nsf	R6 (43:0)	18 874 368	Aucune limite	80 Mo	70 Mo	StdR7Mail/fr
Christelle VALTANCOLI	cvaltancoli.nsf	R6 (43:0)	14 417 920	Aucune limite	80 Mo	70 Mo	StdR6Mail/fr

Format	Normalement *R6 (43.0)* si la base a été créée en version 7 ou en version 6. *(43.0)* est le niveau de l'ODS de la base qui a la même signification. L'ODS est identique en version 7 et 6. En version 8, l'ODS est 48.0 et en version 8.51, l'ODS est 51, mais lors de l'installation les bases sont initialisées en ODS 43.0.
Taille	C'est la place effectivement occupée sur disque : les messages, les espaces inutilisés, la conception et les index de vues sont compris.
Taille maximale	Normalement *Aucune limite* si la base a été créée en version 8, 7 ou 6. L'indication d'une limite – 4 Mo, 32 Mo – indique que la base est issue d'une version antérieure ou a été rétrogradée au format d'ODS d'une version antérieure.
Quota	Quota attribué à la base en Mo.
Avertissement	Seuil en Mo au-delà duquel l'utilisateur de la base est notifié
Modèle	Nom du modèle qui correspond à la conception de la base. *StdR7Mail/fr* est le nom du modèle de la base courrier du client Notes sur un serveur Domino monolangue français, fichier mail7.ntf.

Espace utilisé	C'est le pourcentage de la taille déduction faite des espaces inutilisés. Un pourcentage faible indique que la base doit être compactée.

Le choix des informations affichées et l'ordre des colonnes peuvent être modifiés,
↳Module Clients Notes sédentaires - Préférences d'administration.

Modification du quota et du seuil d'alerte

La liste des bases courrier est affichée.

- Sélectionner le (ou les) fichier(s). La sélection de plusieurs fichiers se fait par clics successifs en maintenant la touche Ctrl ou ⇧ enfoncée.

- Clic droit, puis commande *Quotas…*

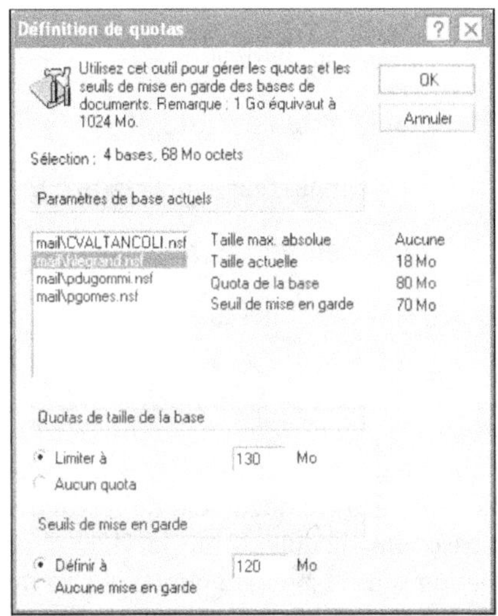

- Cliquer sur une base pour afficher les paramètres actuels

- <Quotas de la taille de base> : cliquer ○*Limiter à* et taper une valeur, ici *130* Mo

- <Seuil de mise en garde> : cliquer ○*Définir à* et taper une valeur inférieure au quota, ici *120* Mo

- Cliquer sur (OK) pour mettre à jour les quotas des bases sélectionnées

La mise à jour est immédiate.

Dépassement de seuil et de quota

Un utilisateur enregistre le courrier envoyé et reçoit du courrier. Un message lui est envoyé dans sa base de courrier au dépassement de seuil et au dépassement de quota. Les dépassements sont consignés dans le journal du serveur, vue *Événements de routage de courrier*.

```
03/11/2009 12:17:19   Router: Successfully delivered over
quota warning threshold report for recipient CN=Marie
ROUQUIE/O=TSOFT@TSOFT.
```

Un dialogue est affiché sur le poste de l'utilisateur lorsqu'il dépasse son quota.

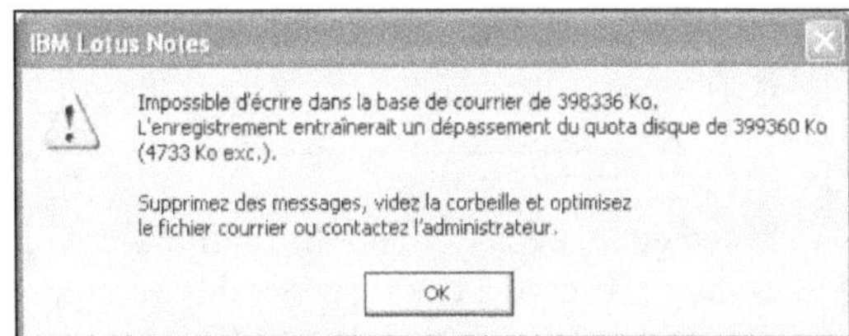

Respect des quotas par le routeur

- **Envoi d'alerte au propriétaire de la base au delà du seuil**
    - Par message reçu
    - Par intervalle
- **Envoi d'alerte au propriétaire au delà du quota**
    - Par message reçu
    - Par intervalle
- **Si le quota est atteint**
    - Conserver le message dans MAIL.BOX et essayer par intervalle
    - Refuser la distribution
    - Distribuer quand même

La fréquence d'envoi des messages de dépassement de seuil et de quota est paramétrable dans le document de configuration du serveur. Le contrôle du quota d'une base lorsque du courrier est délivré peut être personnalisé : pas de distribution, distribution sans respect du quota, conservation des messages à distribuer pendant une période de temps limitée dans la base MAIL.BOX.

- Cliquer sur l'onglet (Configuration)
- Cliquer *Messagerie/Paramètres de messagerie*
- Cliquer sur l'onglet (Restrictions et contrôles), puis sur (Contrôles de distribution)

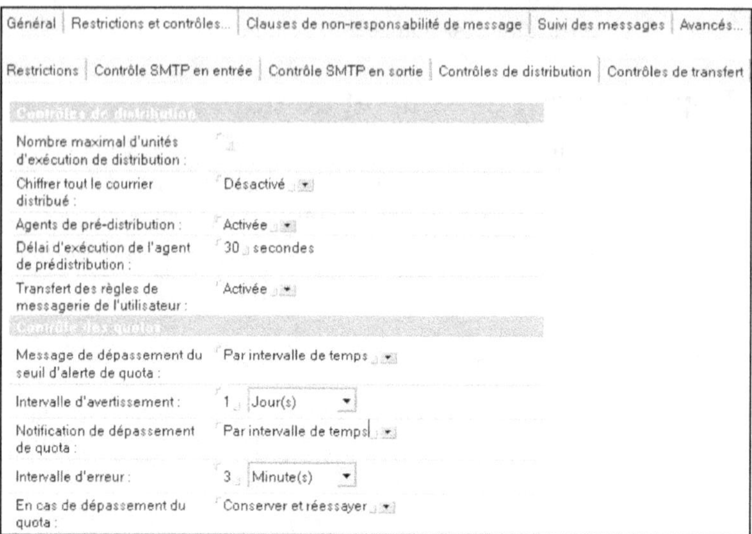

- \<Message de dépassement du seuil d'alerte de quota\> : sélectionner
    - *Aucun* : réservé à des serveurs des versions antérieures
    - *Par message* : à éviter car l'utilisateur reçoit un message pour chaque message

reçu ou enregistré au-delà du seuil d'alerte
– *Par intervalle de temps* : solution recommandée

- <Intervalle d'avertissement> : taper une valeur puis sélectionner une unité *Jour(s)*, *Heure(s)* ou *Minute(s)*. Ce champ apparaît si l'option *Par intervalle de temps* a été sélectionnée précédemment

- <Notification de dépassement de quota> : sélectionner
  – *Aucun*
  – *Par message*
  – *Par intervalle de temps* : solution recommandée

- <Intervalle d'erreur> : taper une valeur puis sélectionner une unité *Jour(s)*, *Heure(s)* ou *Minute(s)*. Ce champ apparaît si l'option *Par intervalle de temps* a été sélectionnée précédemment

- <En cas de dépassement de quota> : sélectionner
  – *Ne pas distribuer* : l'expéditeur recevra un avis de non-distribution avec une explication
  – *Distribuer quand même (ignorer les quotas)* : comportement par défaut qu routeur. L'utilisateur reçoit une notification dans sa base courrier selon la règle indiquée. Il ne peut pas enregistrer les messages envoyés
  – *Conserver et réessayer* : les messages sont conservés dans la MAIL.BOX sur serveur *Activée* pour qu'une base ne puisse pas dépasser son quota. Cette option est à utiliser avec précaution en fonction des paramètres qui lui sont associés

- <Tentative de distribution de chaque message> : sélectionner
  – *Activée*
  – *Désactivée*

- <Nombre maximal de messages à conserver par utilisateur> : taper un nombre au-delà duquel les messages sont retournés à l'expéditeur

- <Taille de message maximale à conserver> : taper une limite de taille pour un message ne pouvant être livré. Il ne s'agit pas de la place totale occupée par tous les messages

- Cliquer sur (Enregistrer et fermer)

Les messages ne sont plus conservés dans la MAIL.BOX et retournés à l'expéditeur au-delà de un jour (défaut).

Le texte des messages peut être personnalisé : onglets (Routeur/SMTP) / (Avancé) / (Contrôles) du document de configuration du serveur.

- Attendre cinq minutes ou taper la commande `tell` sur la console du serveur

```
> tell router update config
```

La tâche routeur prend en compte immédiatement les nouveaux paramètres. Par défaut, le routeur met à jour sa configuration automatiquement au bout de cinq minutes.

La fonction Maintenance de courrier

La fonction Maintenance de Courrier en arrivée est une nouveauté de la version 8. Elle améliore les performances du serveur car elle réduit la taille des boîtes de Courrier en arrivée des utilisateurs dans les fichiers courrier. En réduisant la taille des boîtes, cette fonction aide au respect des quotas.

Lorsque la fonction est activée, le processus d'administration exécute à intervalles réguliers l'agent de maintenance du Courrier en arrivée sur le serveur hôte des utilisateurs.

L'agent de maintenance du Courrier en arrivée est stocké dans le modèle de la base Courrier MAIL8.NTF. L'agent supprime les documents de la boîte Courrier en arrivée en fonction des paramètres définis dans le document Serveur ou dans le document paramètre de courrier d'une politique.

Les paramètres spécifiés dans le document Serveur remplacent les paramètres définis par la politique.

Activer la fonction Maintenance du Courrier en arrivée dans le document Serveur

- À partir de Domino Administrator, cliquez sur l'onglet [Configuration] et détaillez la section Messagerie.

- Cliquez sur **Serveur** puis sur **Tous les documents serveurs,** dans le panneau de navigation.

- Sélectionnez le **document Serveur** du serveur de messagerie que vous administrez et cliquez sur [**Modifier serveur**]

- Cliquez sur l'onglet [Tâches serveurs] puis sur *Processus d'administration*

- Conformément aux consignes du formateur, indiquez une valeur dans les champs suivants :

- <Lancez l'exécution de l'agent de maintenance du Courrier en arrivée> et <Lancez l'exécution de l'agent de maintenance du Courrier en arrivée à>.

- Sélectionnez le paramètre <Gestion des boîtes Courrier en arrivée uniquement pour les utilisateurs sélectionnés sur ce serveur hôte>, pour pouvoir indiquer à quels utilisateurs vous souhaitez activer cette option.

- Si vous souhaitez déterminer des paramètres en fonction d'une Politique, sélectionnez <Gestion des boîtes Courrier en arrivée sur la base des politiques>.

- Sélectionnez enfin la façon dont vous souhaitez supprimer des documents dans la base Courrier d'un utilisateur en utilisant les paramètres : <Retirer les documents de plus de X jours du Courrier en arrivée> et <Ne pas retirer les documents non lus du Courrier en arrivée>.

Activer la fonction Maintenance du Courrier en arrivée dans le document de paramètres de politique de courrier

Si le paramètre du document Serveur Gestion des boîtes Courrier en arrivée sur la base des politiques est sélectionné, vous pouvez activer la maintenance du Courrier en arrivée en cochant ☒ *Activer la maintenance de Courrier en arrivée* d'un document paramètre de messagerie d'une politique.

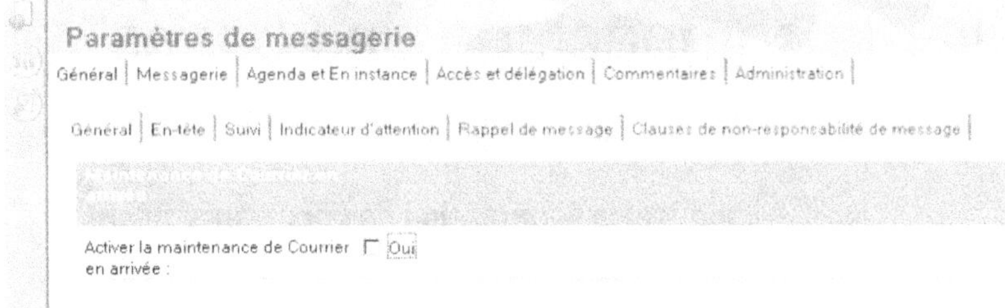

Remarques

Vous devez utiliser le **modèle de la base Courrier MAIL8.NTF** et un annuaire
Domino créé avec ou mis à niveau avec la version Domino 8 de NAMES.NTF.

La commande **tell adminp process mb** permet d'exécuter immédiatement l'agent de
maintenance du Courrier en arrivée sur un serveur.

Les erreurs qui se produisent pendant l'exécution de l'agent de maintenance du
Courrier en arrivée sont consignées dans les fichiers LOG.NSF et DDM.NSF. Vous
pouvez utiliser le **paramètre NOTES.INI** suivant pour activer la consignation :
ADMINP_VERBOSE_POLL_TASK=x, x étant égal à 1 ou 2. Plus le nombre est
élevé, plus le niveau de détail des informations consignées est élevé.

Interview de l'Expert

*Ne jamais négliger l'intelligence de certains utilisateurs qui n'hésitent pas à se mettre en
copie des messages qu'ils envoient lorsqu'ils ne peuvent plus sauvegarder. Dans ce cas,
l'imposition de quota est vaine. Une politique imposant la sauvegarde des mails envoyés
sera la bienvenue.*

*Songez également qu'un refus de délivrance en cas de dépassement de quota peut
déboucher sur une partie de ping-pong entre l'émetteur et son destinataire. Le premier ne
pouvant pas recevoir l'accusé de non-distribution (qui contient une copie du message), et
le second ne pouvant pas recevoir le message par lui-même. Le plus simple étant alors
d'utiliser les nouveaux paramètres de la version 8 et de stocker temporairement dans la
« mail box », les courriers ne pouvant être distribués.*

*Pensez également à harmoniser les procédures de gestion des quotas avec les
paramètres de respect de ces derniers en cas de restauration par le journal des
transactions. Le quota prend-il en compte l'espace réel occupé par le fichier, l'espace
occupé pratiquement par les documents au sein de la base ? En cas de doute, relevez les
quotas avant toute tentative de restauration.*

*Dans le cas de bases non répliquées ou répliquées avec une fréquence suffisante,
modifiez à la baisse l'intervalle de purge afin d'optimiser l'espace (paramètres de
réplication, onglet général).*

Planifier le compactage des bases

- **L'ajout et la suppression de documents créent des vides non récupérés**

- **Le compactage récupère l'espace disponible avec ou sans réduction de taille**

- **Lancement du compactage**

  - Manuel : depuis Notes ou Administrator

  - Planifié : document Programme

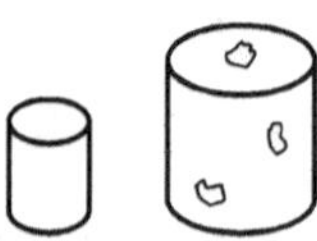
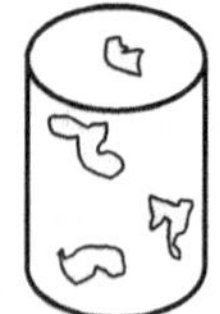
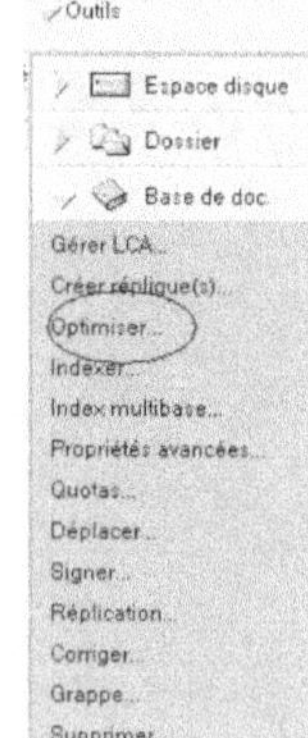

Titre	Nom du fichier	Taille	Quota	Espace ut
_Administrateur	administ.nsf	37 486 592	80 Mo	10,2%
Hubert LEGRAND	hlegrand.nsf	20 725 760	20 Mo	7,8%
Jean-François ROUQUIE	jrouquie.nsf	14 909 696	80 Mo	98,1%
Paul DUTOURET	pdutoure.nsf	13 893 632	0	95,1%
Gilles-pierre LAPLANQUE	glaplanq.nsf	13 631 488	20 Mo	98,7%

L'ajout, la modification et la suppression de documents par les utilisateurs et par le routeur finissent par créer des espaces vides non récupérés dans les bases courrier. La base se désorganise et occupe de plus en plus de place.

Domino donne des informations sur le taux d'occupation de l'espace dans les bases et des outils de compactage manuels ou planifiés.

Compactage manuel

Des informations sur la taille de la base et son degré de désorganisation se trouvent dans les propriétés de la base et l'onglet (Fichiers) de Domino Administrator. Le compactage manuel peut être lancé depuis ces deux endroits.

Propriétés de la base

Les propriétés d'une base sont accessibles de plusieurs façons, dont :

- Ouvrir la base et commande *Fichier/Base de documents/Propriétés...*

Ou

- Clic droit sur un signet de la base et commande *Base de documents/Propriétés...*
- Cliquer sur l'onglet (I)

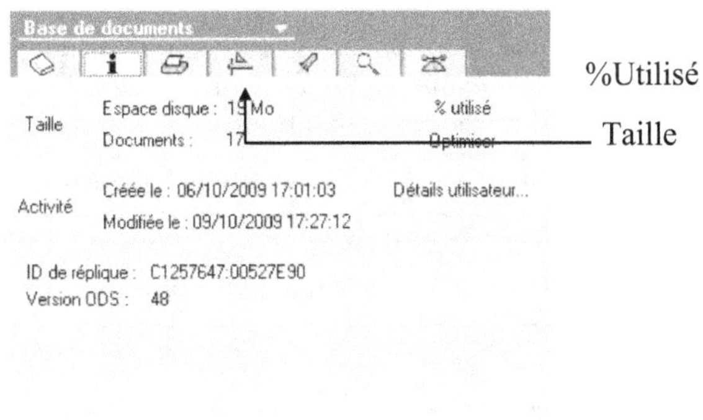

- Cliquer sur (%Utilisé…) pour connaître la place réellement utilisée

- Cliquer sur (Optimiser) pour lancer le compactage de la base

La requête est exécutée par le serveur.

Domino Administrator

L'information est enregistrée dans les journaux du serveur. Elle est aussi disponible en affichage depuis Domino Administrator.

- Cliquer sur l'onglet (Fichiers)

- Cliquer sur le dossier voulu dans le panneau de navigation, par exemple *mail*

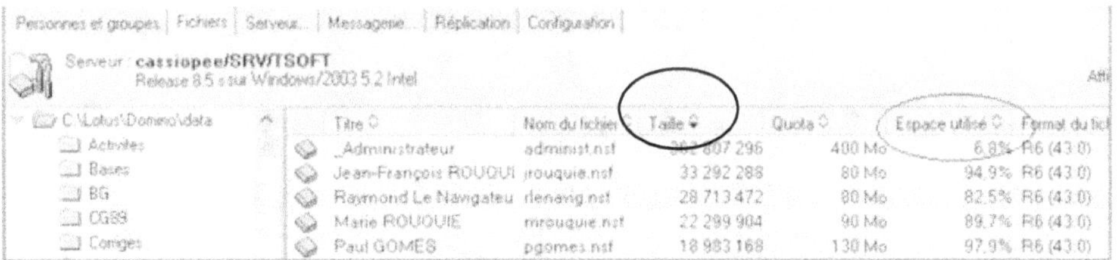

- Cliquer sur le titre de la colonne *Taille* pour classer les bases par ordre décroissant ou croissant de taille

- Cliquer sur le titre de la colonne *Espace utilisé* pour classer les bases selon le pourcentage d'espace réellement utilisé

- Sélectionner la (ou les) base(s) à optimiser

- Clic droit puis commande *Optimiser…*

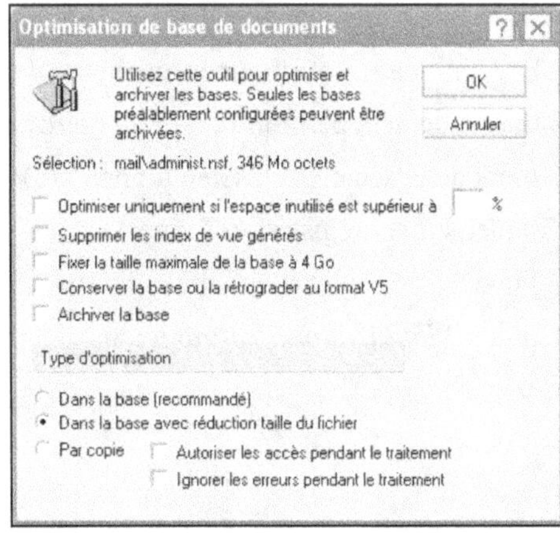

- <Type d'optimisation> : sélectionner
  - ○ *Dans la base (recommandé)* pour des bases d'application journalisées
  - ○ *Dans la base avec réduction du fichier* pour les bases courrier
  - ○ *Par copie* est à éviter : mode compatibilité avec la version 4

- Cliquer sur (OK). Le compactage s'effectue immédiatement

Remarque

Cette opération demande le droit Administrateurs de bases au minimum.

Réorganisation planifiée

Il est conseillé de planifier la réorganisation, ce qui favorise les performances, économise les ressources machine et l'espace disque.

Document programme

Le document programme planifie l'exécution d'un programme sur un serveur. Dans le cas particulier de COMPACT, des paramètres précisent quelles bases doivent être compactées et selon quels critères : pourcentage d'espace inutilisé ou style de compression (sur place, sans réduction de taille de fichier).

- Cliquer sur l'onglet (Configuration)

- Cliquer sur *Serveur* puis sur la vue *Programmes*

- Cliquer sur (Ajouter)

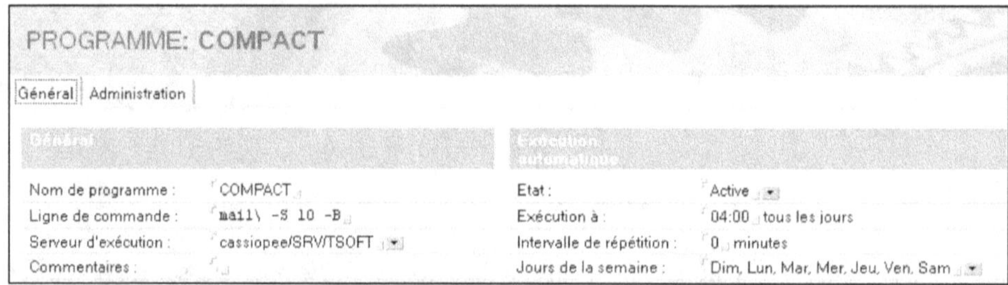

- <Nom de programme> : taper COMPACT

- <Ligne de commande> : taper les paramètres d'exécution de COMPACT. Par exemple : *mail\ -S 10 –B* : compacter les seules bases du répertoire *mail* du serveur ayant au moins 10% d'espace inutilisé avec réduction de la taille des bases

- <Serveur d'exécution> : accepter le défaut ou sélectionner serveur

- <Etat> : sélectionner *ACTIVE*

- <Exécution à> : sélectionner une heure dans la journée, ici *04:00*

- <Intervalle de répétition> : taper *0* (zéro) pour indiquer une seule fois

- <Jours de la semaine> : sélectionner le(s) jour(s) d'exécution de la tâche

- Cliquer sur (Enregistrer et fermer)

- Cliquer sur l'onglet (Serveur), puis sur (Etat)

- Cliquer *Planification/Programmes*

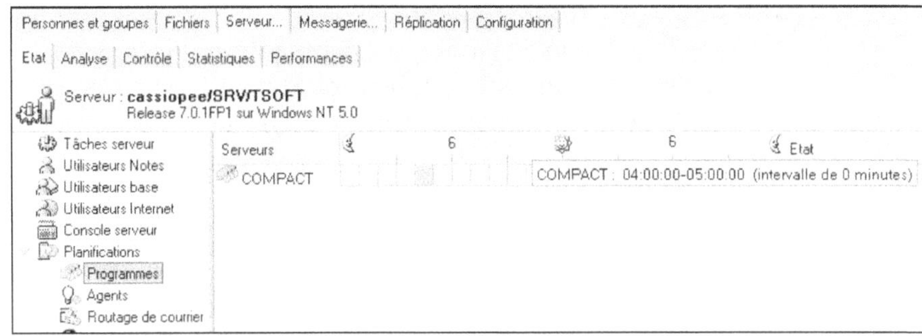

La tâche COMPACT doit apparaître. En déplaçant la souris sur la tâche, l'heure exacte de planification est affichée.

Principaux paramètres de COMPACT

Consulter l'aide pour une liste complète des paramètres.

–S 10	Optimisation de toutes les bases ayant 10% et plus d'espace inutilisé.
–R	Permet de restaurer le format ODS précédent.
-b	Compression sur place – sans recopie – et sans réduction de la taille de la base (recommandé). Le DBID est inchangé. ✋Module Gérer les bases d'application/Journalisation transactionnelle.
-B	Compression sur place – sans recopie – et avec réduction de la taille de la base. Le DBID est modifié. Une sauvegarde complète est nécessaire.
-C	Compression avec réduction de taille par recopie de la base. Le DBID est modifié. Une sauvegarde complète est nécessaire.
-c	Compression par copie. Permet de mettre à niveau les bases ODS existantes vers le niveau actuel d'ODS.
-N	Désactive la propriété de base de documents « Compresser la conception de la base », empêchant les nouveaux éléments de conception d'être compressés.
-n	Active la propriété de base de documents « Compresser la conception de la base », définissant l'ensemble des nouveaux éléments de conception qui doivent être compressés.
-V	Désactive la propriété de base de documents « Compresser les données du document », empêchant la compression des données non-synthétisées contenues dans de nouveaux documents.
-v	Active la propriété de base de données « Compresser les données du document », définissant l'ensemble des données non-synthétisées contenues dans de nouveaux documents qui doivent être compressées.

Compactage de la MAIL.BOX

Cette base est compactée automatiquement à quatre heures du matin. Il est impératif que le serveur soit actif à ce moment. Si le serveur est arrêté – par exemple pour des sauvegardes ou une toute autre raison –, il faut déplacer l'heure de compactage de (ou des) MAIL.BOX.

Compactage planifié

Le fichier NOTES.INI peut être modifié à l'aide d'un éditeur de texte – type Bloc-notes ou UltraEdit – depuis le répertoire \Lotus\Domino du serveur ou encore depuis l'onglet (Paramètres NOTES.INI) du document de configuration du serveur.

- Ajouter la ligne `MailCompactHour` en fin de fichier ou en l'insérant à un emplacement de votre choix

```
ServerTasksAt1=Catalog,Design
ServerTasksAt2=UpdAll
ServerTasksAt3=Object Info -Full
ServerTasksAt5=Statlog
MailCompactHour=5
TCPIP=TCP, 0, 15, 0,,32
LAN0=NETBIOS, 0, 15, 0
```

Dans l'exemple, le compactage se fera à cinq heures du matin.

Compactage manuel

L'administrateur demande au routeur de compacter la (ou les) bases MAIL.BOX.

- Cliquer sur l'onglet (Serveur), puis sur (Etat), puis *Tâches serveur*
- Clic droit sur *Routeur*, puis commande *Commande tell pour une tâche…*

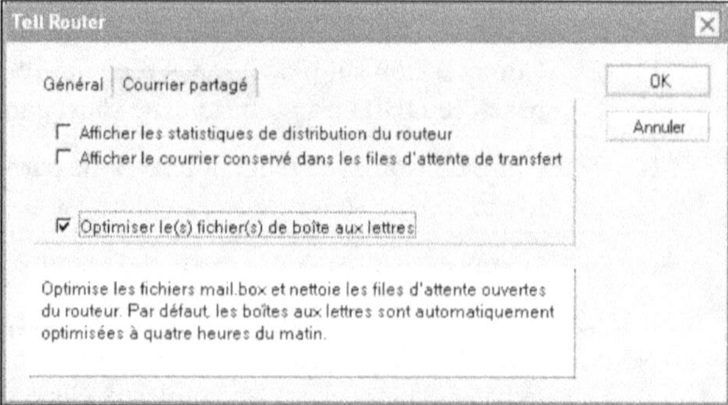

Groupes de messagerie

- **Listes des destinataires de messages**
  - Dans le carnet d'adresses personnel de l'utilisateur
  - Dans l'annuaire du domaine
  - Dans une base réservée sur serveur
- **Type de groupe**
  - Messagerie uniquement
  - Multifonction
- **Nom du groupe**
  - Avec un préfixe : LD_Commercial
  - Nom hiérarchisé : Commercial/LD

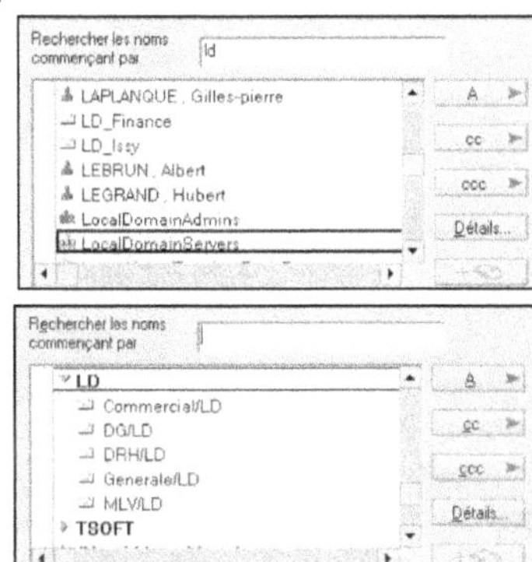

Les groupes de messagerie sont des listes de diffusion créées pour une utilisation partagée – par service – ou personnelle. Les groupes sont enregistrés, respectivement, dans l'annuaire sur serveur – ou dans une base d'annuaire dédiée – ou dans le carnet d'adresses personnel de l'utilisateur. L'utilisation d'une base dédiée sur serveur est détaillée dans un autre module, ↳ Tome 2 - Module Annuaires.

Type de groupe

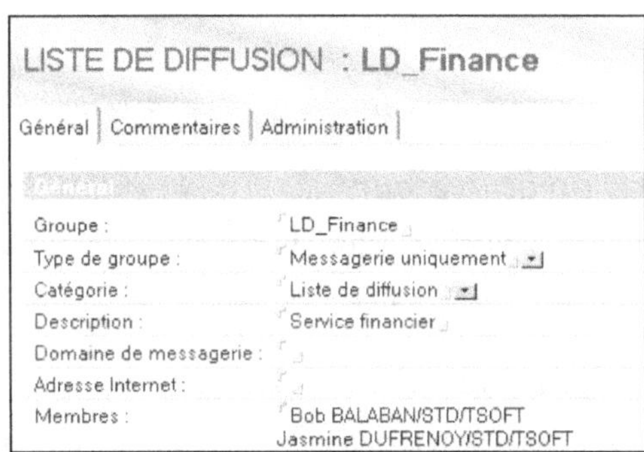

Le type *Messagerie uniquement* est recommandé pour ces groupes : les groupes destinés à la diffusion de messages ne correspondent pas nécessairement à ceux utilisés pour protéger l'information. Ils apparaissent visuellement avec une enveloppe ce qui permet de les identifier plus facilement dans les dialogues d'adresses.

Nom du groupe

Les noms de groupes destinés à la messagerie devraient contenir un préfixe, par exemple *LD* pour liste de diffusion, de façon à faciliter la recherche dans l'annuaire. Une autre solution consiste à utiliser un suffixe précédé de la barre oblique, ce que Domino interprète comme un nom hiérarchique : le dialogue d'adresses permet de classer les noms – de groupes, de personnes – par hiérarchie.

⌧ Gérer les groupes

Le contenu des groupes peut être facilement visualisé et modifié avec l'outil de gestion des groupes de Administrator.

- Cliquer sur l'onglet (Personnes et groupes)
- Cliquer sur (Outils), puis sur (Groupes), puis commande *Gérer...*

Ajouter, retirer un utilisateur

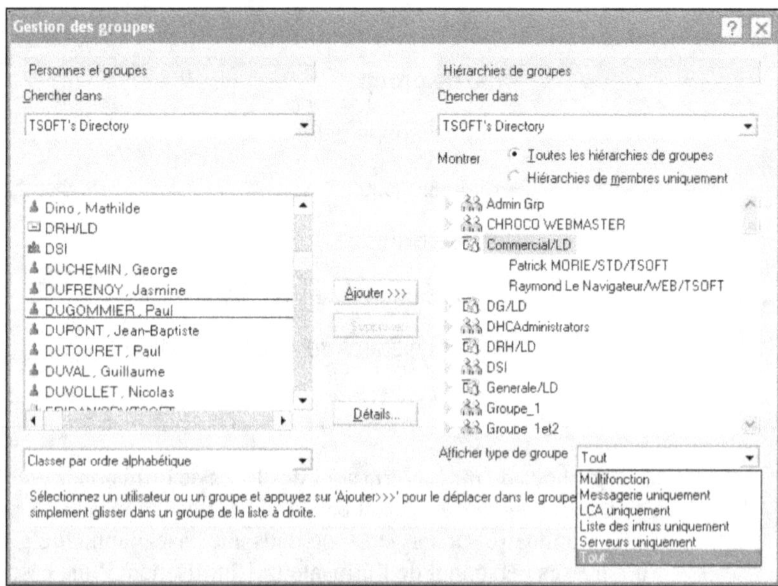

- <Montrer> : sélectionner ○*Toutes les hiérarchies de groupe*
- <Afficher type de groupe> : sélectionner
  - *Multifonction*
  - *Messagerie uniquement*
- Sélectionner un groupe, ici *Commercial/LD*

Ajout d'un utilisateur

- <Personnes et groupes> : sélectionner un utilisateur
- Cliquer sur (Ajouter>>>)

Retirer un utilisateur

- <Personnes et groupes> : sélectionner un utilisateur
- Cliquer sur (Supprimer)

Vérifier l'appartenance à un groupe

- <Personnes et groupes> : sélectionner un utilisateur
- <Montrer> : sélectionner ○*Hiérarchies de membre uniquement*

La liste des groupes auquel appartient l'utilisateur est affichée :

- Il est nommé explicitement
- Un groupe auquel il appartient est inclus dans un autre groupe
- Le caractère joker * est utilisé devant le nom de l'organisation Domino ou de l'unité d'organisation à laquelle il appartient, par exemple **/STD/TSOFT*

Rappel des objectifs

- **Connaissance**
  - Paramétrage DOLS (Domino Off-Line Services)
- **Savoir-faire**
  - Configurer le routage de courrier intranet
  - Configurer l'échange de courrier avec Internet
  - Définir une politique de courrier
  - Gérer les bases courrier
  - Gérer le fonctionnement de la messagerie
  - Définir les groupes de messagerie

Ce module a traité de la mise en œuvre de la messagerie d'intranet sur un serveur avec connexion vers Internet. Le paramétrage de Lotus iNotes est approfondi.

Messagerie sur un seul serveur

Les messages sont distribués instantanément sur l'unique serveur de messagerie de l'intranet. Les messages sont acheminés en deux étapes dans l'intranet :

Le *Messager* – programme Notes tournant sur le poste client de l'expéditeur – vérifie que le destinataire existe bien dans l'Annuaire Domino du domaine puis dépose le message envoyé dans la *Boîte aux lettres* du serveur (mail.box).
IBM Lotus iNotes n'utilise pas le messager. La remise du courrier se fait depuis la tâche HTTP.

- Le *Routeur* – tâche s'exécutant sur le serveur Domino – lit le contenu de la *Boîte aux lettres* du serveur, puis consulte l'Annuaire Domino du domaine pour connaître le serveur de messagerie du destinataire (document Personne). Il accède à la base courrier du destinataire et y dépose le message.
- Le poste du destinataire est réglé pour consulter périodiquement la base courrier sur le serveur – par défaut toutes les quinze minutes – et génère un signal sonore ou visuel s'il y a de nouveaux messages.

Configurer le routeur

Le routeur est configuré avec des paramètres par défaut – document du serveur, document de configuration –. Certains d'entre eux doivent être modifiés :

- Le nombre de boîtes aux lettres – mail.box – sur un serveur : il est recommandé d'en mettre deux.
- Le contrôle de la taille des messages expédiés : les messages peuvent être refoulés au-delà d'une taille plafond ou acheminés en priorité basse vers l'Internet.
- Les options des messages (client Notes) : les options priorité, importance, signature et chiffrement ne sont pas toujours appliquées dans les envois vers Internet.

Connexion messagerie intranet vers Internet

Deux étapes pour la connexion d'un serveur Domino de messagerie vers Internet:

– Configurer la conversion du contenu des messages et des adresses.
– Configurer SMTP en entrée et en sortie sur le serveur Domino.

Conversion des messages

Le routeur de messagerie traite des messages au format natif Notes et au format SMTP. Le contenu d'un message, son adressage et son acheminement dépendent du format et du protocole utilisés : natif Domino (NRPC) ou Internet (SMTP). Le client Notes est capable d'envoyer et de lire des messages au format MIME, normalement géré par un document de paramètre de bureau rattaché à une politique.

Les messages à destination ou en provenance d'Internet sont convertis lorsque c'est nécessaire. Le document de configuration du serveur et le document Personne du destinataire interviennent respectivement pour déterminer la règle de conversion.

Conversion des adresses

La structure d'une adresse de messagerie interne de Lotus Domino n'est pas la même que celle utilisée sur l'Internet qui est définie dans les RFC. Les adresses Internet des utilisateurs sont normalement prédéfinies ce qui évite une génération automatique. Le document *Domaine Global* doit être créé ou modifié pour imposer l'utilisation de l'adresse Internet de l'expéditeur depuis l'annuaire Domino. Le nom de domaine Internet de l'entreprise et les règles de formation de l'adresse sont également indiqués. L'adresse Internet de l'utilisateur enregistrée dans le document site du client Notes l'emporte ; elle est prioritaire devant celle enregistrée dans le document Personne et celle qui est construite automatiquement.

Configurer SMTP sur le serveur Domino

SMTP est configuré partiellement sur le serveur Domino si ce service a été sélectionné à la configuration du serveur. Certains paramètres passés en revue sont déjà en place. Si le service n'a pas été sélectionné, tous les paramètres listés doivent être modifiés. Les paramètres sont saisis :

– Dans le document du serveur : tâche serveur SMTP d'écoute.
– Dans le document de configuration du serveur : tâche client SMTP pour l'envoi assurée par le routeur.

Politique de courrier

La clause de non-responsabilité est ajoutée en principe en bas des messages sortants envoyés vers Internet. Ce travail est effectué par le client Notes et/ou le serveur. Dans la pratique, le client et le serveur sont mis à contribution pour des raisons de performances et d'intégrité des messages.

Le processus de requêtes administratives se charge de faire la mise à jour dans les bases courrier.

Paramétrage de IBM Lotus iNotes

IBM Lotus iNotes est l'accès à la messagerie sur serveur Domino avec un navigateur en intranet ou à distance. L'utilisateur se connecte au serveur Domino sur lequel tourne la tâche HTTP – ou à un autre serveur de type Apache ou Microsoft IIS – puis accède à sa base courrier après une authentification de type Internet.

L'ensemble des navigateurs est régi par un document de configuration unique propre au serveur Domino.

@ DOLS Domino Off-Line Services

Lorsque DOLS – Domino Off Line Services – est configuré sur le serveur, l'utilisateur peut répliquer son courrier localement pour le consulter, répondre ou créer de nouveaux messages. Le courrier local est ensuite synchronisé avec la base courrier sur serveur. Domino Sync Manager se charge de la réplication et de l'accès local HTTP.

Toute base de document applicative peut bénéficier des services DOLS à condition d'intégrer les éléments du modèle DOLRES.NTF

Activer l'agent d'absence

L'utilisateur de messagerie qui déclare une absence active l'agent *OutOfOffice*.

– Le niveau d'accès *Éditeur* dans la LCA de la base courrier est suffisant pour que l'utilisateur déclare une absence,
– L'agent d'absence peut être activé depuis un navigateur Web,
– Le droit d'exécuter des agents LotusScript/Java restrictifs – document du serveur, onglet (Sécurité) – n'a pas besoin d'être donné aux utilisateurs de messagerie ayant le niveau *Éditeur*.

Quotas de taille des bases courrier

Les bases courrier peuvent donc croître indéfiniment tant qu'il y a de la place sur le disque du serveur. Il est nécessaire de limiter cette taille – le quota – en tenant compte du fait qu'une base « vide », en ODS 48, fait 12 Mo environ. Le quota est déterminé à l'enregistrement des utilisateurs ou a posteriori.

Respect des quotas par le routeur

La fréquence d'envoi des messages de dépassement de seuil et de quota est paramétrable dans le document de configuration du serveur. Le contrôle du quota d'une base lorsque du courrier est délivré peut être personnalisé : pas de distribution, distribution sans respect du quota, conservation des messages à distribuer pendant une période de temps limitée dans la base MAIL.BOX.

Planifier le compactage des bases

L'ajout, la modification et la suppression de documents par les utilisateurs et par le routeur finissent par créer des espaces vides non récupérés dans les bases courrier. Le programme COMPACT, lancé manuellement ou automatiquement, récupère la place.

@ Modèle en copie simple

Lorsqu'une base est créée à partir d'un modèle, tous les éléments de conception du modèle sont copiés dans la base. Le *modèle en copie simple* mutualise la conception de plusieurs bases courrier sur serveur. Il y a un gain de place et d'entrées/sorties sur disque mais une augmentation de la consommation processeur. Cette option est déconseillée pour les clients DWA.

Elle est devenue obsolète en version 8.5.1 du fait de la possibilité de compacter la structure des bases documentaires.

Groupes de messagerie

Les groupes de messagerie sont des listes de diffusion créées pour une utilisation partagée – par service – ou personnelle. Les groupes sont enregistrés, respectivement, dans l'annuaire sur serveur – ou dans une base d'annuaire dédiée – ou dans le carnet d'adresses personnel de l'utilisateur.

- *Administration depuis un navigateur*

- *Configuration distante*

- *Domino Console*

- *Enregistrer un serveur*

- *Grappe Domino*

- *Réplication minimum*

8

Serveurs additionnels

Objectifs

Après l'étude du chapitre, le lecteur saura ajouter un serveur Domino dans un domaine, configurer les règles d'accès et d'utilisation de ce serveur et l'administrer. Il saura également configurer une grappe de serveurs Domino. Les ateliers comprennent une révision et une mise en application de la reconfiguration d'un serveur, d'un poste client et de l'enregistrement d'utilisateurs Notes.

Savoir-faire

- Enregistrer un serveur additionnel
- Configurer un serveur additionnel
- Mettre en place la réplication
- Mettre des serveurs en grappe
- Administrer plusieurs serveurs depuis Domino Console ou depuis Navigateur

Progression

Planification
Enregistrer un serveur additionnel
Préparer les groupes de gestion du serveur
Configurer un serveur additionnel
⊠ Configuration à distance
⊠ Configuration serveur Domino
Ⓒ **Atelier** 1
Administrer le serveur additionnel
Ⓒ **Atelier** 2
Réplication minimum

Ⓒ **Atelier** 3
@ Domino Console. Installer
@ Domino Console. Commandes
@ Domino Console. Espace de travail
@ Domino Console. Fonctions
Ⓒ **Atelier** 4
Navigateur. Administrer Domino
Ⓒ **Atelier** 5
Principe de la grappe de serveurs Domino
Composants de la grappe
⊠ Configurer une grappe
Ⓒ **Atelier** 6

Planification

■ **Prérequis : Serveur Windows 2000/2003**

- Serveur d'application

- Connexion réseau avec le premier serveur du domaine Domino

■ **Enregistrer le serveur additionnel depuis Domino Administrator**

■ **Installer le serveur Domino additionnel sous Windows**

- Chargement du logiciel Domino : comme le premier serveur

- Configuration du serveur : spécifique d'un serveur additionnel

- Lancement du serveur : comme le premier serveur

■ **Configurer les accès, des droits d'administration, la grappe**

■ **Planifier la réplication minimum : annuaire Domino et Admin Requests**

Un serveur Domino additionnel dans un domaine Domino vient s'ajouter aux autres serveurs déjà installés. Il n'y a pas de concept de serveur maître et de serveur satellite : tous les serveurs sont dans une relation d'égal à égal. Le serveur gestionnaire de l'annuaire fait exception dans la mesure où il effectue les tâches de maintenance de l'annuaire et du schéma LDAP. Les mêmes fonctions peuvent être installées sur tous les serveurs et c'est l'administrateur qui choisit les fonctions à activer sur le serveur Domino additionnel : messagerie, accès aux bases d'applications, services Internet...

Les prérequis d'installation sur Windows sont les mêmes que pour le premier serveur. Il est également possible que le serveur additionnel tourne sous Linux – ou IBM iSeries, zSeries – alors que le premier serveur a été installé sous Windows 2000.

Le chargement du logiciel s'effectue comme pour le premier serveur, les choix pouvant être différents : par exemple, le serveur additionnel utilisera la licence Messaging Server ou Utility Server selon le contexte d'utilisation.

Le serveur doit disposer d'un fichier ID certifié par le certificateur d'organisation ou de l'unité d'organisation réservée aux serveurs (option). L'administrateur doit enregistrer le serveur ce qui créera le fichier ID et un document serveur dans l'annuaire Domino du domaine.

Les travaux de sécurisation du serveur par modification du document serveur sont effectués avant ou après la configuration, de même que les travaux de paramétrage du routeur dans le document de configuration.

La configuration du serveur démarre comme celle du premier serveur, les questions posées différentes du fait que le serveur additionnel rejoint un domaine déjà créé. Une connexion à un serveur du domaine est nécessaire. Le démarrage du serveur accomplit les mêmes tâches que celui du premier serveur : création des bases locales...

L'administrateur termine la mise en exploitation de ce serveur additionnel en vérifiant les accès au serveur – sans oublier celui de « super administrateur » pour le dépannage – et en planifiant la réplication des bases Annuaire Domino et Requêtes administratives. Ceci fait, le serveur est prêt à héberger des bases Courrier, des applications. Il pourra être mis en grappe avec un autre serveur Domino.

Enregistrer un serveur additionnel

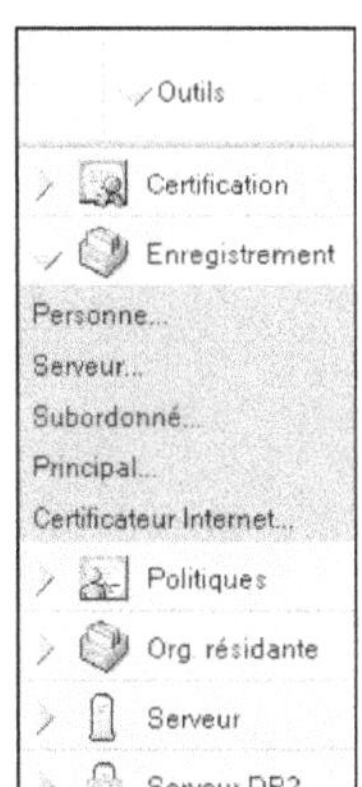

- **Droits requis pour enregistrer un serveur**
  - Annuaire du domaine names.nsf : auteur, rôle [ServerCreator]
  - Certification Log certlog.nsf : auteur
  - Administration Requests admin4.nsf : auteur
  - Accès au certificateur d'organisation ou d'unité d'organisation : mot de passe
- **Création de certificats Internet (option)**
- **Fichier ID sans mot de passe**

L'enregistrement d'un serveur Domino est un processus informatique complexe qui génère un document serveur dans l'annuaire Domino du domaine et le fichier ID correspondant.

- L'administrateur dispose du certificateur d'organisation ou d'unité d'organisation – réservé aux serveurs – dont il connaît le mot de passe.
- Le document serveur est écrit dans l'annuaire Domino du domaine sur le serveur enregistreur, lequel n'est pas nécessairement le premier du domaine.
- Une copie du fichier ID du serveur est envoyée dans la base de sauvegarde des fichiers ID, si cette option a été activée pour le certificateur.
- Une entrée est écrite dans la base Certification Log sur le serveur enregistreur.
- Le fichier ID du serveur est écrit sur disque dans le dossier partagé \ID\Serveurs\ qui sera accédé lors de la configuration de ce nouveau serveur Domino.

Ces opérations nécessitent un certain nombre de droits spécifiques, notamment le rôle [ServerCreator] dans l'annuaire du domaine et l'accès Auteur associé au privilège de création de documents dans l'annuaire du domaine, la base Certification Log, la base Requêtes administratives.

Options de l'enregistrement

Le fichier ID du serveur peut être placé en deux endroits avant d'être copié sur le disque dur de sa station :

- Dans l'annuaire Domino du domaine, sous forme d'une pièce attachée dans le document serveur. Il est alors nécessaire que le fichier ID ait un mot de passe qu'il faudra retirer après l'installation. Cette option n'est pas recommandée.
- Sur un disque ou une disquette : lors de la configuration du serveur, il suffit d'avoir accès au disque partagé, par exemple \ID\Serveurs\ ou disposer d'une disquette. C'est la solution préférée d'autant que le fichier ID serveur n'a pas de mot de passe la plupart du temps.

Préférences d'administration

Les préférences d'administration déterminent l'emplacement par défaut du fichier ID du serveur : un dossier partagé sur serveur de fichiers.

- Commande *Fichier/Préférences/Préférences d'administration...*

- Cliquer sur (Enregistrement), puis cliquer sur (Enregistrement du serveur/certificateur)

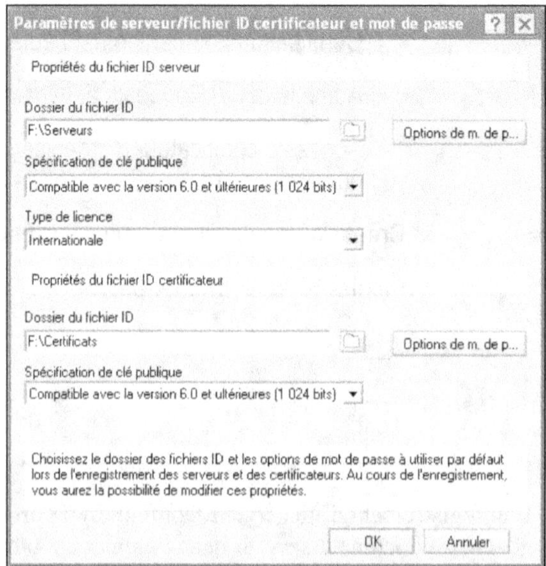

- <Dossier du fichier ID> : sélectionner le dossier partagé, ici *F:\Serveurs*

- <Spécification de clé publique> : laisser le défaut *Compatible avec la version 6.0 et ultérieures (1024 bits)*

- Cliquer sur (Options de m. de p.)

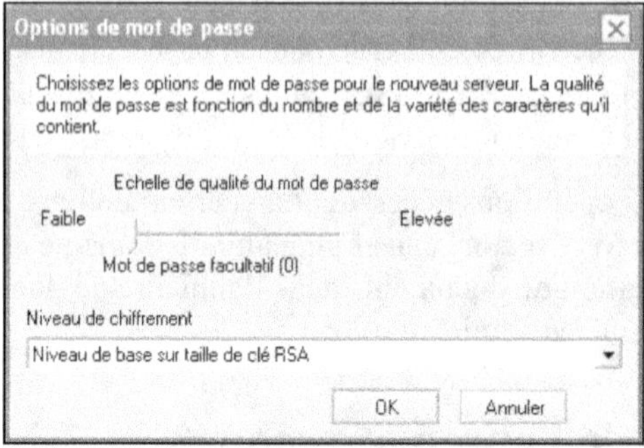

- <Echelle de qualité du mot de passe> : abaisser la qualité du mot de passe de serveur à 0

- Cliquer sur (OK), puis cliquer sur (OK) une seconde fois

Enregistrement d'un serveur

- Cliquer sur l'onglet (Configuration), puis sur (Outils), puis sur (Enregistrement)

- Cliquer sur (Serveur...), puis ○*Indiquer l'ID et le mot de passe du certificateur*

- Cliquer sur (ID Certificateur...)

- Naviguer vers le certificateur réservé aux serveurs, ici
  F:\ Certificats\TSOFT_8_ouSRV.id, puis sur (Ouvrir)

- Taper le mot de passe du certificateur, ici *azertyui*

- Cliquer sur (OK), puis de nouveau (OK). La sauvegarde sera activée
  ultérieurement

- Vérifier le serveur d'enregistrement : normalement le premier serveur du domaine

- Vérifier le certificateur : normalement une unité d'organisation réservée aux
  serveurs

- <Spec. De clé publique> : conserver le défaut *Compatible avec la version 6.0 et
  ultérieures (1024 bits)*

- <Type de licence> : sélectionner *Internationale,* puis cliquer sur (Continuer...)

Les organismes de certification Internet sont utiles si le serveur dispose de certificats
Internet X.509 pour l'établissement de sessions sécurisées SSL avec des navigateurs.

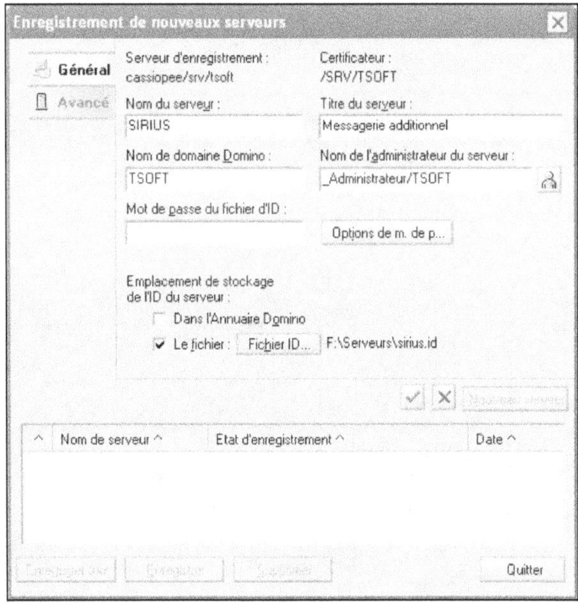

- <Nom du serveur> : taper le nom Domino pour ce serveur, ici *SIRIUS*

- <Nom de l'administrateur du serveur> : sélectionner l'administrateur de ce serveur

- <Emplacement du fichier ID>
  - Décocher ☐*In Domino Directory*
  - Cocher ☒*Dans fichier*

☑ Cliquer sur ce bouton pour valider la saisie.

- Cliquer sur (Enregistrer tout)

Vérifications

Une fois l'enregistrement effectué, il faut vérifier tout de suite le document serveur généré.

- Cliquer sur l'onglet (Configuration)

- Cliquer sur la vue *Serveur/Tous les documents Serveur*

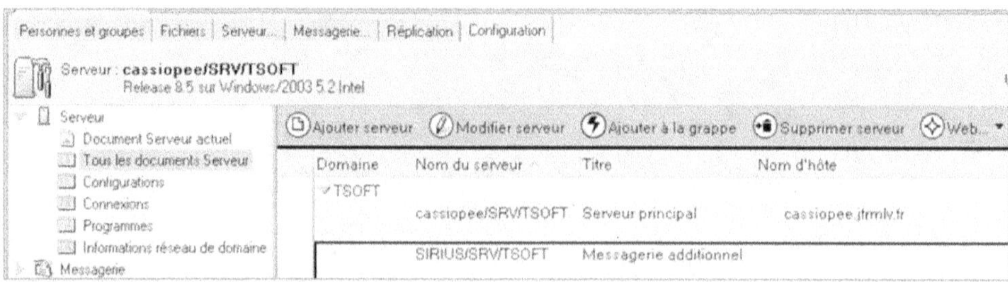

Le nouveau serveur doit appartenir au même domaine que le premier serveur. S'il y a une erreur dans le nom de domaine, il faut modifier l'information dans le document serveur.

- Ouvrir le document serveur par double-clic

- Vérifier/Modifier les informations, puis fermer le document serveur

- Cliquer sur l'onglet (Personnes et groupes)

- Cliquer sur la vue *Groupes*

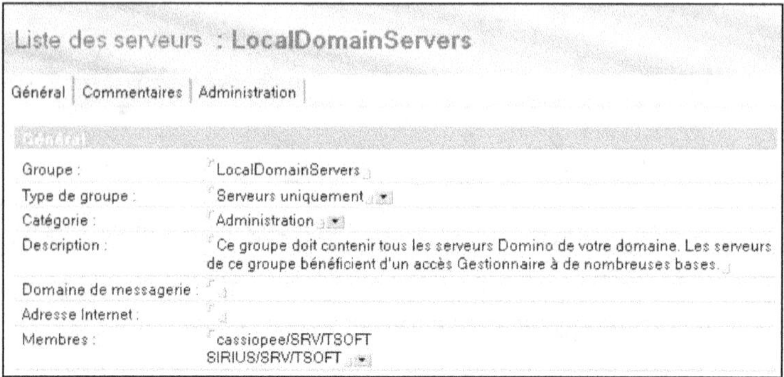

- Ouvrir le groupe *LocalDomainServers* : le nouveau serveur a été ajouté automatiquement par Domino

Préparer les groupes de gestion du serveur

- **Contrôle des accès d'administration**
  - Exception : identifiant avec accès complet (ou total)
  - Groupe des administrateurs, des administrateurs système
- **Contrôle de l'accès au serveur**
  - Refus d'accès, accès autorisé
- **Contrôle des fonctions**
  - Création de bases et de répliques
- **Droits d'exécution des agents**
  - Agent d'absence

Le document serveur du serveur additionnel sera modifié après configuration pour y introduire les règles d'accès, d'utilisation des fonctions du serveur, d'exécution des agents. Ce travail a été effectué pour le premier serveur du domaine. Il est refait ici à l'identique. Les groupes à créer sont pratiquement identiques à ceux créés pour le premier serveur, leur contenu pouvant varier bien sûr.

Groupes à créer

Groupe	Type	Membres
*_NomduServeur_*Intrus	Liste des intrus uniquement	*_NomduDomaine_*Intrus
*_NomduServeur_*Acces	LCA uniquement	**/nomOrganisation*
Administrateurs du serveur		
*_NomduServeur_*Admins	Multifonction	_Les_Administrateurs
Administrateurs de base du serveur		
*_NomduServeur_*AdminDB	LCA uniquement	-vide-
Administrateurs de console à distance Domino, toutes les commandes		
*_NomduServeur_*AdminCon	LCA uniquement	-vide-
Administrateurs en consultation uniquement de la console à distance Domino		
*_NomduServeur_*AdminCVi	LCA uniquement	-vide-
Administrateur système pour l'utilisation de commandes de l'OS		
*_NomduServeur_*AdminSys	LCA uniquement	_Les_Administrateurs
Administrateur système à accès limité aux commandes de l'OS		

_NomduServeur_AdminSyR	LCA uniquement	-vide-
Créer bases et modèles (par défaut tout le monde)		
_NomduServeur_CreBase	LCA uniquement	_NomduServeur_Admins_ _NomduServeur_AdminDB LocalDomainServers
Créer de nouvelles répliques de bases (par défaut personne)		
_NomduServeur_CreRepl	LCA uniquement	_NomduServeur_Admins_ _NomduServeur_AdminDB LocalDomainServers
Créer des modèles maîtres		
_NomduServeur_CreMM	LCA uniquement	_NomduServeur_Admins_ _NomduServeur_AdminDB LocalDomainServers
Autorisé(s) à utiliser les contrôles		
_NomduServeur_UtilCtl	LCA uniquement	-vide-
Non autorisé(s) à utiliser les contrôles		
_NomduServeur_RefusCtl	LCA uniquement	*/nomOrganisation
Exécuter les agents simples et de formules		
_NomduServeur_AgPer	LCA uniquement	_Administrateur/nomOrganis ationnom du serveur Lotus Notes Template Development/Lotus Notes
Exécuter les agents LotusScript/Java restrictifs		
_NomduServeur_AgRest	LCA uniquement	*/nomOrganisation Lotus Notes Template Development/Lotus Notes
Exécuter des méthodes et des opérations non restrictives		
_NomduServeur_AgNRest	LCA uniquement	_Administrateur/nomOrganis ationnom du serveur

La signature de l'identifiant _Administrateur/Organisation est présente pour les agents de type *Exécuter des méthodes et des opérations non restrictives* et est utilisée lors de la mise en exploitation des bases, ✎Tome 2 – Module Gérer les bases d'applications.

Modification du document du serveur

Les groupes créés sont ajoutés dans le document du serveur additionnel dans les champs correspondants, ✎ Module Sécuriser le serveur. Certains groupes sont vides et seront éventuellement renseignés par la suite, ce qui permet de modifier des droits sans avoir besoin d'arrêter le serveur pour qu'ils prennent effet.

- Cliquer sur l'onglet (Configuration)

- Cliquer sur la vue *Serveurs/Tous les documents Serveur*

- Sélectionner le document du serveur additionnel

- Cliquer sur (Modifier serveur), puis sur l'onglet (Sécurité)

- Compléter les champs avec les noms de groupes créés

Champ	Groupe
Administrateurs avec accès total	_Administrateur/Org
Administrateurs	*_NomduServeur*_Admins
Administrateurs de bases	*_NomduServeur*_AdminDB
Administrateurs de console à distance	*_NomduServeur*_AdminCon
Administrateurs en consultation uniquement	*_NomduServeur*_AdminCVi
Administrateurs système	*_NomduServeur*_AdminSys
Administrateurs système à accès limité	*_NomduServeur*_AdminSyR
Exécuter des méthodes et des opérations non restrictives	*_NomduServeur*_AgNRest
Exécuter les agents LotusScript/Java restrictifs	*_NomduServeur*_AgRest
Exécuter les agents simples et de formules	*_NomduServeur*_AgPer
Accès au serveur autorisé	*_NomduServeur*_Acces
Accès au serveur interdit	*_NomduServeur*_Intrus
Créer bases et modèles	*_NomduServeur*_CreBase
Créer de nouvelles répliques	*_NomduServeur*_CreRepl
Créer modèles maîtres	*_NomduServeur*_CreMM
Autorisé(s) à utiliser les contrôles	*_NomduServeur*_UtilCtl
Non autorisé(s) à utiliser les contrôles	*_NomduServeur*_RefusCtl

Serveur: **SIRIUS/SRV/TSOFT**   sirius.jfrmlv.fr

Général | Sécurité | Ports... | Tâches serveur... | Protocoles Internet... | MTA... | Divers | Journalisation transactionnelle | Sametime | Courrier p

Administrateurs avec accès total :	_Administrateur/TSOFT
Administrateurs :	_SIRIUS_Admins
Administrateurs de base :	_SIRIUS_AdminDB
Administrateurs de console à distance :	_SIRIUS_AdminCon
Administrateurs en consultation uniquement :	_SIRIUS_AdminCVi
Administrateur système :	_SIRIUS_AdminSys
Administrateur système à accès limité :	_SIRIUS_AdminSyR

Exécuter des méthodes et des opérations non restrictives :	_SIRIUS_AgNRest
Signer des agents à exécuter pour le compte de quelqu'un d'autre :	_SIRIUS_AgNRest
Signer des agents à exécuter pour le compte de l'utilisateur appelant cet agent :	_SIRIUS_AgNRest
Exécuter les agents LotusScript/Java restrictifs :	_SIRIUS_AgRest
Exécuter les agents simples et de formule :	_SIRIUS_AgPer
Signer des bibliothèques de script à exécuter pour le compte de quelqu'un d'autre :	_Administrateur/TSOFT

Configurer un serveur additionnel

- **Chargement du logiciel Lotus Domino**
  - Licence Enterprise Server requise pour les serveurs en grappe
- **Annuaire du domaine**
  - Récupéré depuis un autre serveur Domino en fonction
  - Récupéré depuis un CD
- **Options d'annuaire : serveur additionnel créé comme**
  - Serveur principal d'annuaire : défaut
  - Serveur de configuration : annuaire sans documents personnes et groupes
- **Sélectionner la tâche de réplication**

Le logiciel Domino pour un serveur additionnel est le même que pour le premier serveur du domaine :

- *Domino Messaging Server* : serveur dédié uniquement à la messagerie et mode de licence CAL – Client Access Licence –,
- *Domino Enterprise Server* : serveur de messagerie et d'applications et mode de licence CAL ou serveur de messagerie en grappe,
- *Domino Utility Server* : serveur dédié aux applications uniquement, et mode de licence dépendant du nombre de processeurs et du type de machine.

Le chargement des Critical Fix packs puis du Language pack est enchaîné ensuite. Si le language pack a été installé par ajout sur le premier serveur, ce sera probablement le cas sur les autres serveurs. À l'issue des chargements, on dispose de :

- NOTES.INI réduit dans le répertoire \Lotus\Domino\
- Le logiciel dans le répertoire \Lotus\Domino\
- Les bases d'aide et les modèles de bases dans le répertoire \Lotus\Domino\Data\

La configuration consiste à lancer le logiciel Domino ou à utiliser une configuration distante. Le dialogue de configuration est différent de celui du premier serveur :

- C'est un serveur additionnel.
- L'annuaire Domino du domaine est fourni par un autre serveur.
- Le fichier ID du serveur est disponible sur disquette ou dossier partagé.

En fin de configuration, des bases et des fichiers sont créés ou mis à jour :

- L'annuaire du domaine Domino repris du serveur fournisseur et modifié.
- Une réplique de la base Requêtes administratives – admin4.nsf – et une réplique de la base Statistiques & Événements – events4.nsf – récupérée du serveur fournisseur.
- Le fichier ID du serveur – server.id – a été recopié du dossier partagé.
- Le journal du serveur – log.nsf – est créé.
- Le NOTES.INI est complété.

⊠ Configuration à distance

Cette option permet de configurer un serveur distant à partir d'un autre ordinateur Windows ou Unix/Linux. Une autre solution consiste à prendre la main à distance avec un le bureau à distance de Windows ou un logiciel de type PC AnyWhere de Norton ou TeamViewer.

Sur le serveur secondaire à configurer, ici un serveur Windows :

- Ouvrir une invite de commande, puis se placer dans \Lotus\Domino

- Taper la commande *nserver -listen*

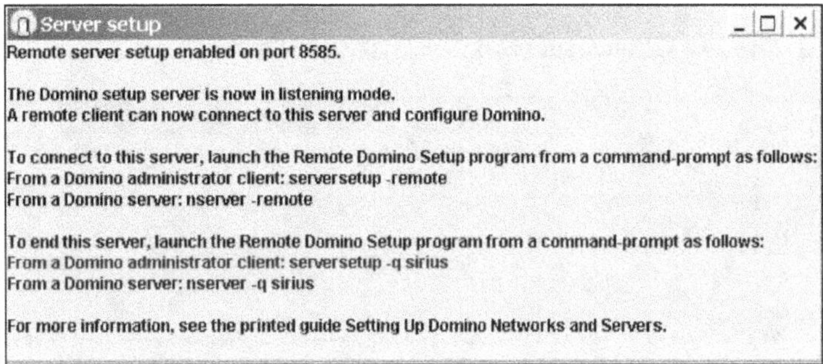

Sur la station cliente d'administration :

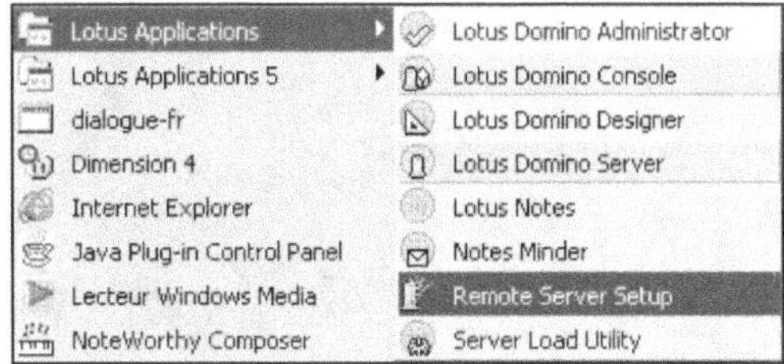

- Commande *Démarrer/Programmes/Applications Lotus/Remote Server Setup*

- <Remote Host Address> : taper l'adresse réseau du serveur. Il ne s'agit pas de son nom Domino

Le programme de configuration démarre. Le dialogue *Server setup* est affiché.

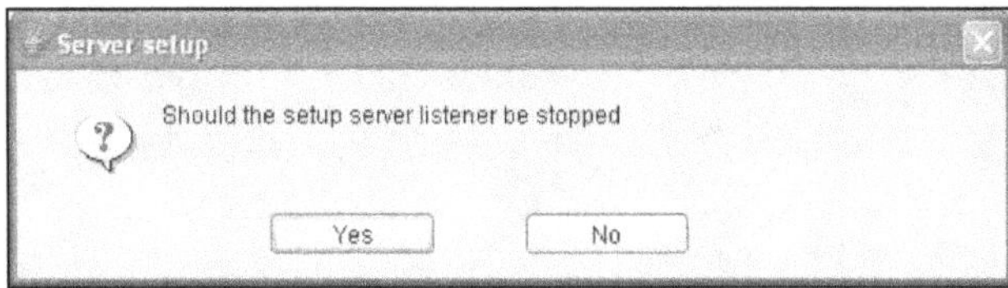

- Cliquer sur (Yes) si la configuration s'est bien passée

⊠ Configuration serveur Domino

Les captures d'écran qui suivent ont été faites sur une station d'administration effectuant une configuration à distance. La seule différence notable se situe lors de la recherche du fichier ID du serveur : le dialogue Select Server ID File est Java au lieu d'être Windows.

- Commande Windows *Démarrer/Programmes/Lotus Applications/Lotus Domino Server* si la configuration se fait sur le serveur directement

Le dialogue *Server Setup* est affiché.

- Cliquer sur (Fonts…) pour modifier les polices si nécessaire

- Cliquer sur (Next >)

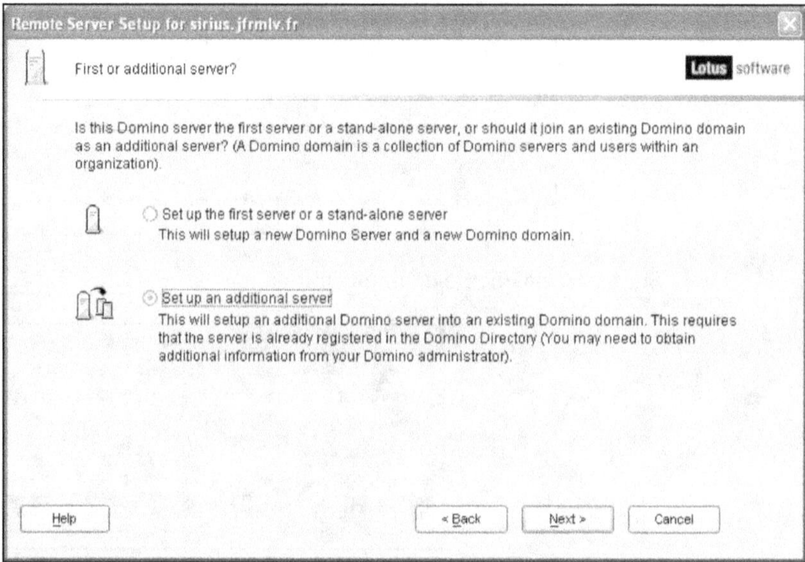

- Cliquer ◯*Set up an additional server*

- Cliquer sur (Next >)

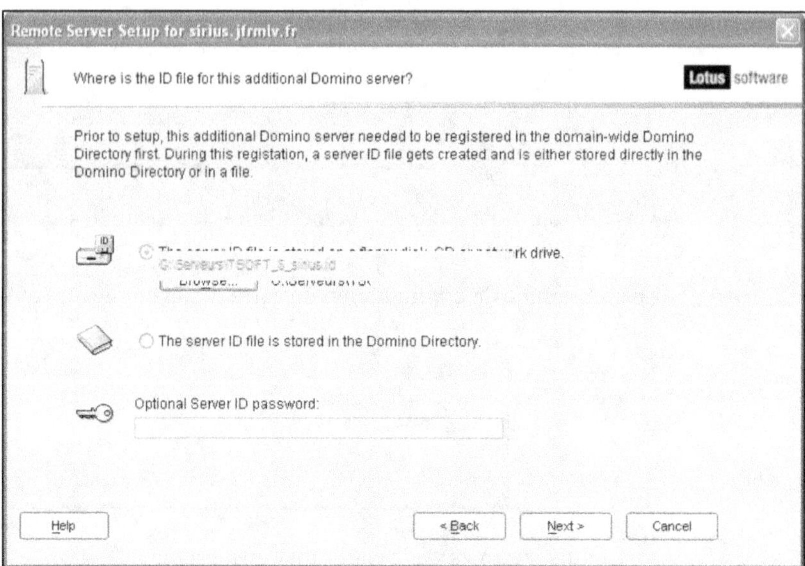

- Cliquer sur (Browse…) pour rechercher le fichier ID sur le système de fichier du serveur distant. Le fichier ID doit être sur le disque de ce serveur ou un lecteur réseau déjà défini

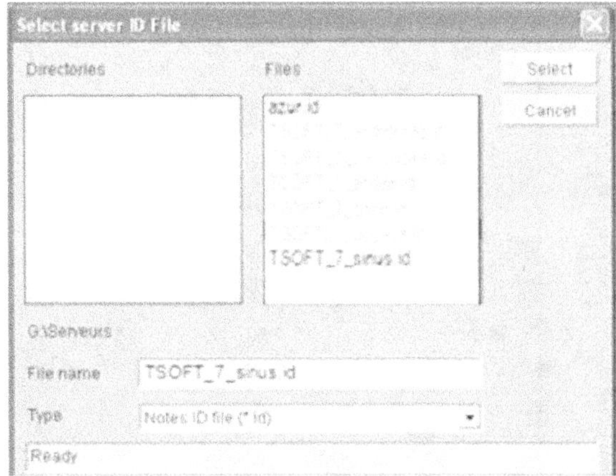

- Sélectionner le fichier ID du serveur additionnel, puis cliquer sur (Select)

- Cliquer sur (Next >)

- Vérifier le nom du serveur, puis cliquer sur (Next >) pour continuer, ou (< Back) pour corriger

- Cliquer sur (Customize…)

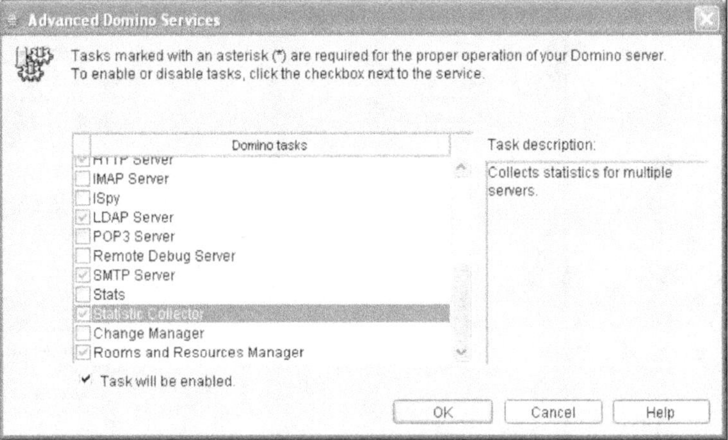

- Cocher les options suivantes qui sont nécessaires dans le cours d'après la figure et ajouter ☒*Statistic collector*, ☒*Ispy*, ☒*LDAP*, ☒*HTTP*, ☒*Change manager*, ☒*Rooms and Resources manager*

- Cliquer sur (OK), puis sur (Next >)

- Cliquer sur (Customize…)

- <Notes Port Driver> : conserver uniquement TCP/IP et désélectionner les autres options si nécessaire

- <Fully qualified internet host name for this Domino server> : vérifier que l'adresse indiquée – par exemple *sirius.jfrmlv.com* – peut être résolue en adresse IP ou taper une autre adresse

- Cliquer sur (OK), puis sur (Next >)

- <Other Domino server name> : taper le nom du serveur Domino fournissant l'annuaire du domaine, par exemple *cassiopee/srv/tsoft*

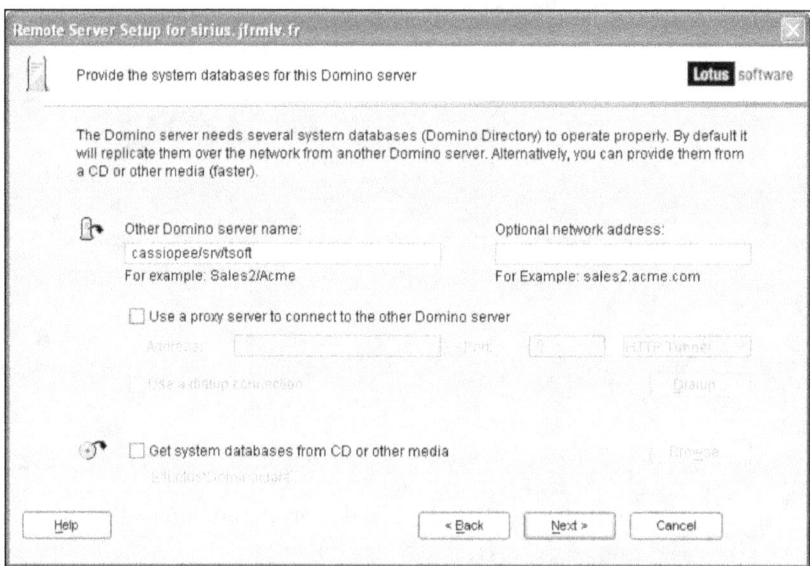

- Cocher ☒*Get system databases from CD or other media* si une copie de names.nsf, admin4.nsf est disponible

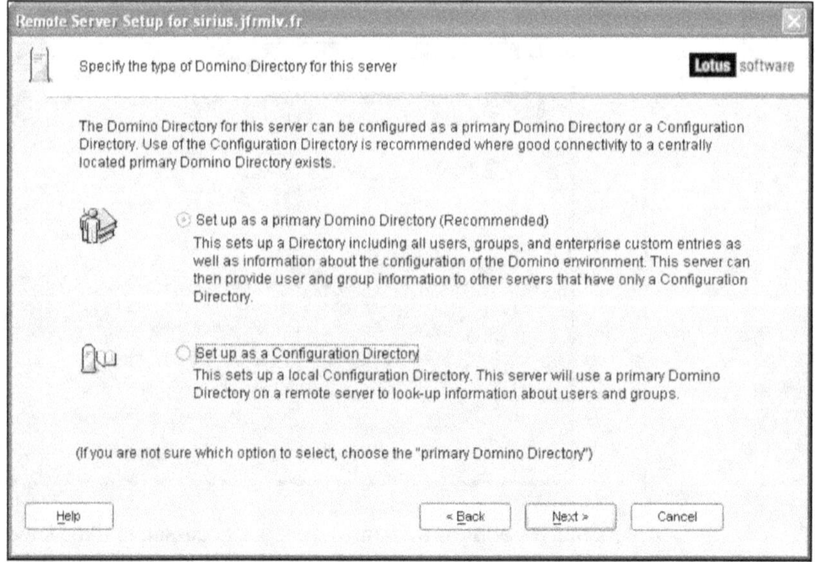

- Laisser sélectionné ◯*Set up as a primary Domino Directory*

Si le serveur doit être a priori un *Configuration Directoy server*, il faut cocher l'option maintenant. Ceci doit avoir été planifié avec soin. Dans le cas de la salle de formation, l'option par défaut est conservée. Le passage de *Primary Domino Directory* à *Configuration Directory* pour de grands domaines est vu dans un autre module ↪Tome 2 - Module Annuaires.

- Cliquer sur (Next >)

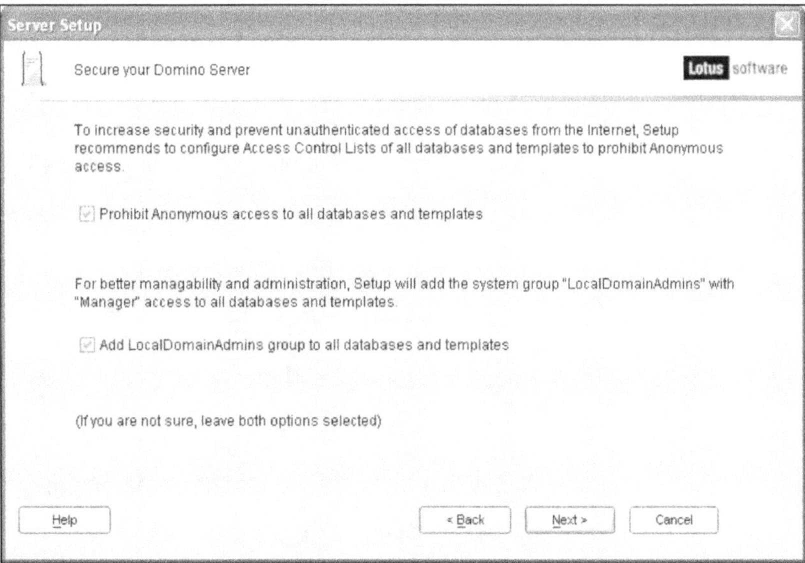

- Laisser les options par défaut et cliquer sur (Next >)

- Cliquer sur (Next >)

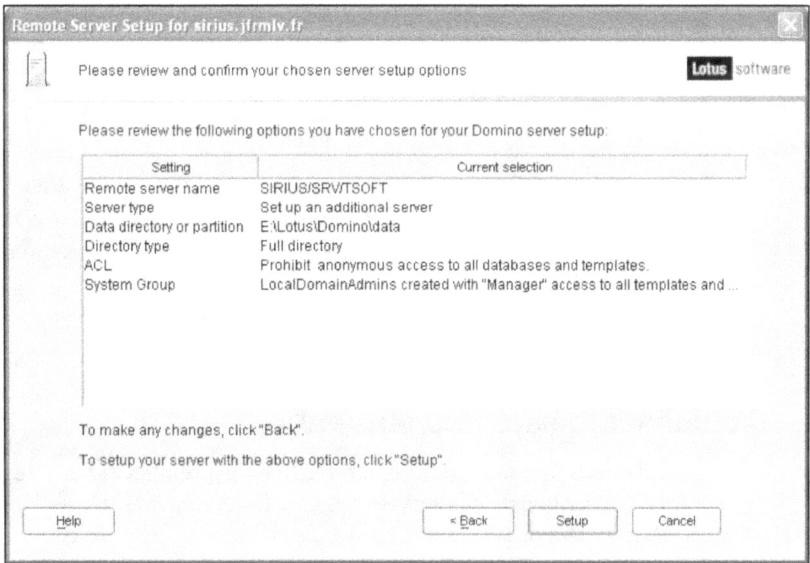

- Vérifier les choix, puis cliquer sur (Setup)

- Cliquer sur (Finish) à la fin de la configuration

- Lancer le serveur Domino avec la commande *Démarrer/Programmes/Applications Lotus/Lotus Domino Server*

Les bases Requêtes administratives et Annuaire Domino du domaine ont été répliquées depuis le serveur fournisseur.

- Lancer le serveur Domino par la commande *Démarrer/Programmes/Applications Lotus/Lotus Domino Server* ou comme service Windows

Administrer le serveur additionnel

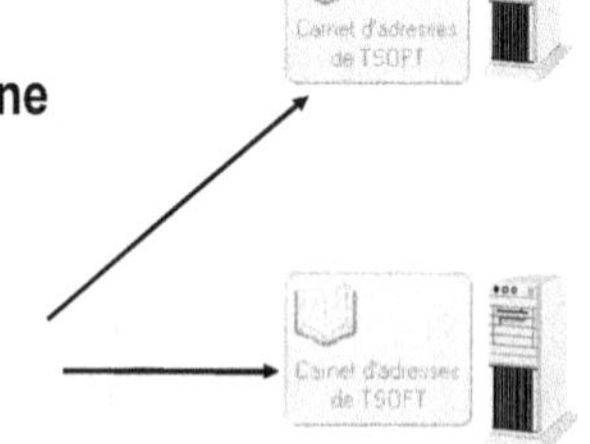

- **Modification et création de documents dans l'annuaire Domino**
  - Document serveur, document de configuration du serveur
  - Documents programmes, connexions
- **Accès à la console distante**
- **Accès aux bases locales**
  - MAIL.BOX, LOG.NSF...
- **Accès aux bases répliquant dans le domaine**
  - NAMES.NSF, ADMIN4.NSF
- **Accès aux autres serveurs depuis Domino Administrator (option)**

Le serveur additionnel est lancé et de nouvelles bases ont été créées.

Il faut procéder aux tâches suivantes :

- Actualiser la liste des serveurs dans Domino Administrator.
- Standardiser le document serveur si cela n'a pas été fait avant la configuration.
- Standardiser la LCA des bases administratives locales qui ont été créées : log.nsf, mail.box, etc.
- Vérifier depuis le poste Domino Administrator que l'accès aux bases et à la console du serveur fonctionne correctement.

Actualiser la liste des serveurs

Le client Domino Administrator affiche le premier serveur du domaine. Pour actualiser la liste des serveurs et voir le serveur additionnel dans Domino Administrator :

- Commande *Administration/Actualiser la liste des serveurs/Domaine actuel*

 Cliquer sur cette icône pour choisir le serveur.

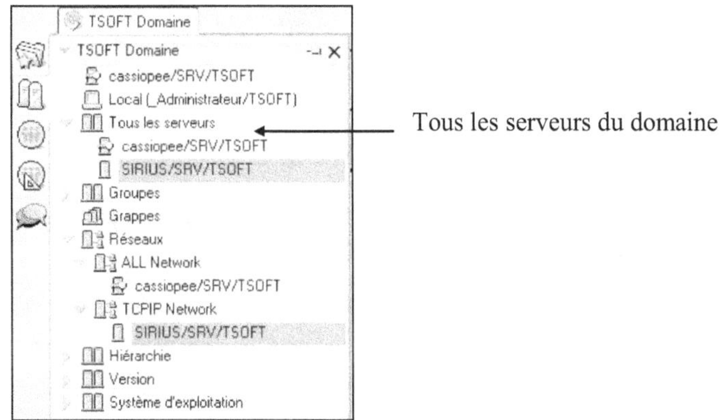

Tous les serveurs du domaine

Standardisation du document serveur

Le travail se fait depuis la station de l'administrateur par toute personne présente dans le groupe des administrateurs du domaine (*_Les_Administrateurs*). L'utilisation de l'identifiant de « super administrateur » n'est pas nécessaire.

- Sélectionner le serveur à administrer : celui dont il faut modifier le document serveur

- Cliquer sur l'onglet (Configuration)

- Cliquer *Document serveur courant*

Document Serveur actuel

Standardisation LCA des bases administratives

- Cliquer sur l'onglet (Fichiers)

- Clic droit sur une base, puis commande *Contrôle d'accès/Gérer...*

- Vérifier et modifier les LCA des bases administratives en suivant le tableau

Base	Entrée	Droits
Toute base d'administration de la liste	*_Administrateur/Org*	Gestionnaire
	Anonymous	Pas d'accès
	LocalDomainServers	Editeur
	OtherDomainServers	Pas d'accès

Journal du serveur log.nsf	-Default- (M)	Pas d'accès
	Les Administrateurs (A/M)	Editeur
Boîte aux lettres mail.box	-Default-	Déposant
	Les Administrateurs (A)	Gestionnaire
Rapports pour *nomduServeur* reports.nsf	-Default- (M)	Pas d'accès
	Les Administrateurs (A/M)	Editeur
Administrateur Web Domino webadmin.nsf	-Default- (M)	Pas d'accès
	Les Administrateurs (A/M)	Gestionnaire
Annuaire Domino du domaine names.nsf	La LCA est reprise du serveur fournissant l'Annuaire Domino du domaine à la configuration.	
Requêtes administratives admin4.nsf	La LCA est reprise du serveur fournissant l'Annuaire Domino du domaine à la configuration.	
Catalogue (7) catalog.nsf	-Default- (M)	
	Les Administrateurs (A/M)	
Contrôleur de domaine ddm.nsf	La LCA est reprise du serveur fournissant l'Annuaire Domino du domaine à la configuration.	
Monitoring Configuration events4.nsf	-Default- (M)	
	Les Administrateurs (A/M)	
Monitoring Results statrep.nsf	-Default- (M)	
	Les Administrateurs (A/M)	

La standardisation de la LCA des bases administratives reprend les principes déjà vus lors de la sécurisation du premier serveur, ✎ Module Sécuriser le serveur/LCA des bases administratives.

Lorsque la LCA d'une base est identique à celle d'une autre base, on peut procéder par copier/coller :

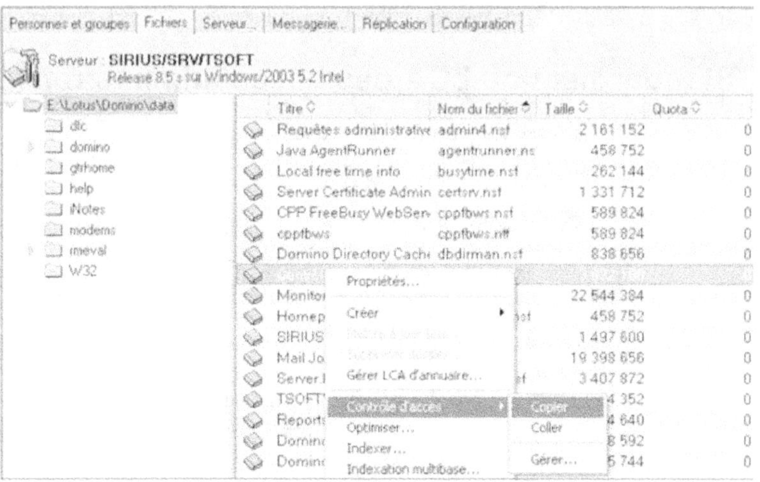

- Clic droit sur la base modèle, puis commande *Contrôle d'accès/Copier*

- Sélectionner une ou des bases cibles dans la liste

- Clic droit sur la base cible, puis commande *Contrôle d'accès/Coller*

Remarque

Les bases *Monitoring Results*, *Monitoring Configuration* et *Catalogue* sont destinées à suivre l'activité du serveur. Le choix peut être de faire un suivi individuel de chaque serveur ou de consolider les informations de suivi sur une seule base sur un seul serveur. Le réglage de la LCA proposé ici va de pair avec un suivi local de l'activité. Le tableau détaillé du suivi d'activité d'un serveur est vu séparément, ↳ Tome 2 - Module Surveiller le serveur Domino.

Réplication minimum

- **Deux bases au minimum doivent être synchronisées**
  - Annuaire du domaine : names.nsf
  - Requêtes administratives (8) : admin4.nsf
- **La réplication doit être planifiée**
  - Aucune option par défaut
  - Document de connexion
  - Tâche Replica doit être démarrée automatiquement

Sirius

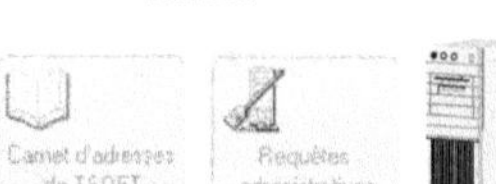

Cassiopee

La configuration du serveur additionnel a créé automatiquement une copie réplique de l'annuaire Domino du domaine. Ces copies sont dites de réplique, car toute modification apportée à l'annuaire Domino du domaine sur l'un quelconque des serveurs peut potentiellement répliquer vers les autres répliques de l'annuaire Domino du domaine. Le processus de resynchronisation des répliques s'appelle la réplication. Domino ne planifie pas automatiquement la réplication.

La réplication est vue en détail séparément, ↳ Tome 2 - Module Gérer les bases d'applications. Le strict minimum est décrit ici : que faut-il répliquer ? comment ?

La configuration modifie l'Annuaire Domino du domaine sur le serveur additionnel :

– Ajout d'un document de connexion.
– Modification du document du serveur additionnel configuré : nom du port et nom du réseau dans les *Ports Notes*.

Réplication minimum

Le bon fonctionnement d'un domaine Domino exige que deux bases au moins soient synchronisées périodiquement sur l'ensemble des serveurs Domino :

– L'annuaire Domino names.nsf : il contient les personnes et les groupes et aussi toutes les règles de fonctionnement des serveurs dans les documents serveurs, configurations, programmes, connexions… Il est vital que tous les serveurs partagent une vision commune de la topologie de routage du courrier, ↳ Tome 2 – Module Optimiser la messagerie.
– Requêtes administratives admin4.nsf : c'est une application de workflow dont l'objectif est l'automatisation de tâches administratives. Les serveurs exécutent le travail à la place de l'administrateur – déplacer une base Courrier, renommer un groupe, supprimer un compte utilisateur… – à condition qu'ils en aient connaissance dans leur base locale.

L'administrateur a intérêt à planifier la réplication de ces deux bases régulièrement, par exemple toutes les heures, indépendamment de celle des autres bases.

Document de connexion

Une réplication se planifie dans un document de connexion. Un document de connexion par défaut est généré pour la réplication entre le serveur additionnel et le serveur qui a fourni l'annuaire Domino du domaine. Ce document est *-DESACTIVE-* car il est conçu comme servant de modèle.

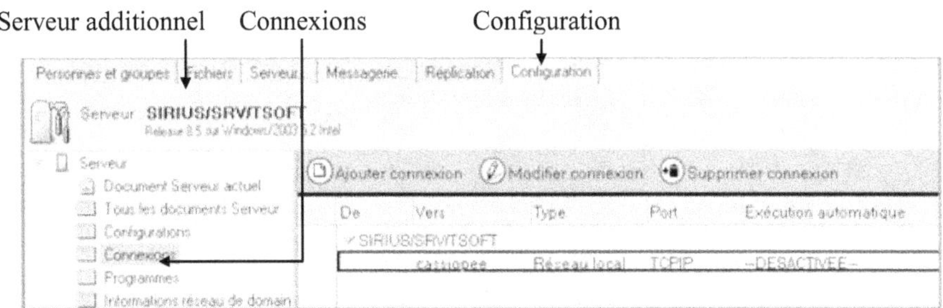

- Cliquer sur le document de connexion où *De* désigne le serveur additionnel

- Cliquer sur (Modifier connexion)

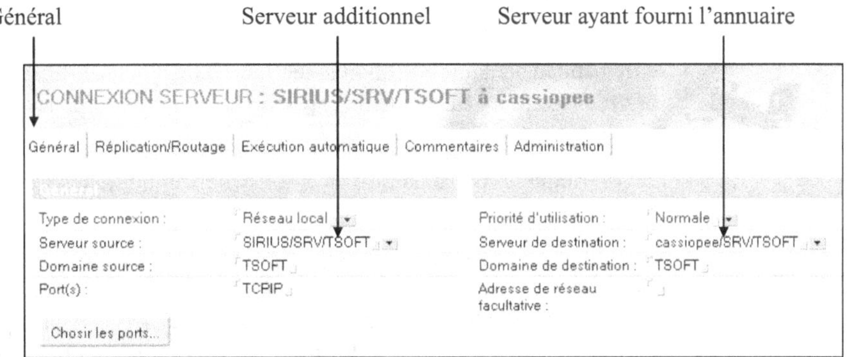

- Ne rien modifier dans l'onglet (Général) : les valeurs par défaut acceptables

- <Tâche de réplication> : sélectionner *Activée*

- <Chemins des fichiers/répertoires à répliquer> : taper
  names.nsf ;admin4.nsf,events4.nsf

- <Tâche de routage> : sélectionner *-Aucun-*

Le document est spécialisé dans la réplication. Le routage du courrier entre deux serveurs est généralement défini séparément, ↳ Tome 2 – Module Optimiser la messagerie.

La réplication de events4.nsf – non vitale – simplifie la pédagogie du cours et sera revue ultérieurement, ↳Tome 2 – Module Surveiller le serveur/Contrôle du domaine Domino.

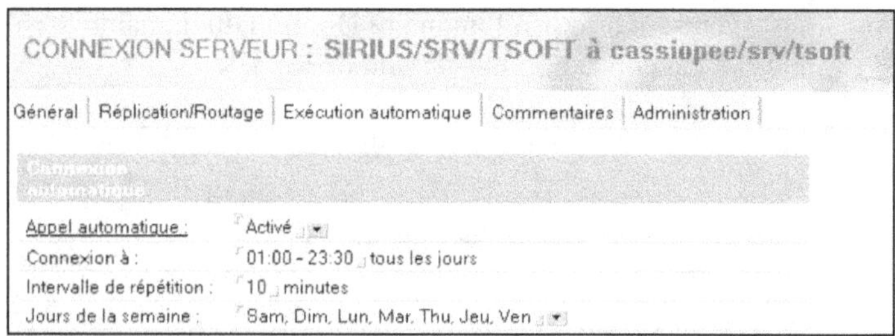

- Cliquer sur l'onglet (Exécution automatique)

- <Appel automatique> : sélectionner *ACTIVE*

- <Connexion à> : taper 01:00-23:30 pour répliquer de 1h du matin à 23h30

- <Intervalle de répétition> : taper *60* (pour soixante minutes). En phase de déploiement, l'intervalle de répétition doit être assez court. En salle de cours, ce réglage passe à cinq minutes

- <Jours de la semaine> : il faut sélectionner des jours. L'absence de jours ne signifie pas tous les jours ! Dans le cas présent, sélectionner tous les jours

Le serveur additionnel prendra l'initiative de répliquer l'annuaire Domino du domaine et la base Requêtes administratives à la fréquence indiquée avec le serveur qui a fourni l'annuaire Domino du domaine, lequel est souvent le premier serveur du domaine.

Les créations de documents – groupes, clients, etc. – ou les modifications de documents – groupes, serveurs, connexions, etc. – peuvent être faites maintenant sur l'annuaire Domino du domaine sur n'importe quel serveur, puisque la réplication va se charger de distribuer les ajouts, les modifications et les suppressions.

Remarque

Il est préférable d'administrer un domaine sur un seul serveur, qui est habituellement le serveur pivot, ou encore sur un serveur dédié dans les grands domaines. Cette méthode évite à un ou plusieurs administrateurs de créer des doublons, de procéder à des modifications identiques sur des serveurs différents que Notes identifiera comme étant des « conflits de réplication ».

Serveur pivot

Le premier serveur du domaine prend le rôle de *pivot* dès lors que la séquence suivante est respectée :

– Chaque serveur additionnel est enregistré dans l'annuaire Domino du domaine localisé sur le premier serveur.
– Chaque serveur additionnel est configuré par connexion au premier serveur.
– Le document de connexion est activé.

Le premier serveur du domaine joue le rôle de pivot parce qu'il est le point central de remontée et de distribution des modifications des bases. *Pivot* n'est pas un attribut du serveur mais le résultat d'une architecture qui met un serveur dans cette position.
Le choix du serveur (ou des serveurs) devant exécuter la tâche de réplication se fait d'après des considérations de performances réseau et serveur ↳Gérer les bases d'applications.

Navigateur. Administrer Domino

- **Sous-ensemble de fonctions de Domino Administrator**
  - Serveur : console distante, tâches, statistiques
  - Bases : modification LCA, compactage, indexation...
  - Personnes, groupes : création, modification...
- **Fonctions de Domino Administrator non disponibles**
  - Nécessitant l'accès à un fichier ID : recertification...
  - Avec traitement local d'Administrator : surveillance...
- **Droits d'administration**   `http://cassiopee.jfrmlv.fr/webadmin.nsf`
  - Accès complet, Administrateur, Gestionnaire de bases...
  - Rôles dans webadmin.nsf : déterminent les fonctions disponibles

---

L'administration du serveur Domino depuis un navigateur peut être intéressante lorsqu'il y a un grand nombre de serveurs à administrer : l'accès à un serveur Domino est ainsi banalisé à condition de disposer de la bonne version de navigateur. Cette option déjà présente en version 5 a bénéficié d'améliorations et de simplifications en version 6, 7 et 8 :

- Il s'agit réellement d'un sous-ensemble de fonctions de Domino Administrator, les fonctions communes ayant des modes opératoires pratiquement identiques,
- Les services, les processus et les statistiques de la plate-forme OS sont accessibles,
- Le nombre de fonctions disponibles s'est accru,
- Les droits de l'administrateur sont les mêmes qu'il utilise Domino Administrator ou le navigateur,
- La base Webadmin détermine les onglets à disposition de l'administrateur.

Les navigateurs pris en charge, la configuration de la base Webadmin.nsf et une présentation succincte des fonctions sont abordés ici. Le cas pratique de l'enregistrement d'utilisateurs Notes depuis le navigateur est vu séparément.

Pré requis

La présente liste correspond à la version Lotus Domino 8.5.

- Microsoft Explorer 6.x et 7.x (sous plateformes Windows uniquement),
- Mozilla Navigator 1.4x et versions ultérieures,
- Mozilla Firefox 1.0x, 1.5x et 2.0x.

L'utilisation de la console et de certaines fonctions nécessite l'installation du plug-in Java 1.4.2 minimum à télécharger depuis le site d'IBM ou de Sun.

L'enregistrement des utilisateurs n'est possible que si le processus d'organisme de certification est configuré et actif sur le serveur, ↳ Tome 2 - Module Processus d'OC et Module Gérer les utilisateurs.

Configuration de la base Webadmin.nsf

Liste de contrôle d'accès

La LCA de la base contient par défaut l'*Administrateur avec accès total* et les *Administrateurs* nommés dans l'onglet (Sécurité) du document du serveur. La tâche HTTP de Domino modifie la LCA dès lors que les champs du document serveur sont modifiés : seuls les ajouts sont pris en compte si l'entrée n'existe pas encore dans la LCA.

Il faut ajouter chaque personne devant utiliser le navigateur pour administrer le domaine Domino avec l'accès *gestionnaire* et les rôles ad hoc. Les rôles déterminent ce que voit l'utilisateur dans le navigateur et non ses droits, qui sont déterminés par la LCA de l'annuaire names.nsf.

Tâche HTTP

La tâche HTTP de Domino doit être active à moins d'utiliser un moteur HTTP séparé et un plug-in Domino. L'authentification se fait par identifiant et mot de passe Internet qui circulent en clair sur le réseau ce qui ne prête pas à conséquence dans un environnement intranet mais peut se révéler désastreux si l'accès se fait depuis Internet : un chiffrement SSL sera alors indispensable.

Rôles dans la LCA de Webadmin

Il est du ressort de l'administrateur qui règle la LCA de vérifier que les rôles – donc les onglets disponibles – donnés à un utilisateur qui administre depuis le navigateur correspondent bien à ses droits : par exemple, l'accès à la console depuis le navigateur est déterminé par l'appartenance au groupe des administrateurs console.

Les accès administratifs permettant une action sont indiqués ci-dessous en correspondance avec le rôle dans la LCA.

Rôle	Onglet	Accès d'administration
Files	Files	Administrateur de bases
Configuration	Configuration	Administrateur
Mail	Messaging/Mail	Administrateur
MsgTracking	Messaging/Tracking Center	Administrateur
People&Group	People & Groups	Administrateur
Replication	Replication	Administrateur
ServerAnalysis	Server/Analysis	
ServerStatistic	Server/Statistics	
ServerStatus	Server/Status	Administrateur console

Remarque

Il est possible de donner un rôle à un administrateur qui ne dispose pas de l'accès correspondant dès lors qu'il veut simplement visualiser l'information. Par exemple, l'administrateur de bases peut avoir le rôle *ServerStatus* s'il veut simplement vérifier qu'une tâche est active ou si des utilisateurs sont connectés sur une base.

Fonctions disponibles

Les fonctions sont un sous-ensemble des fonctions de Domino Administrator auquel ont été ajoutées des fonctions supplémentaires.

Fonctions communes avec Domino Administrator

La plus grande partie des fonctions d'administration sont présentes avec une ergonomie très proche mais des temps de réponse un peu plus longs qu'en utilisant Domino Administrator. L'avantage est de pouvoir accéder au serveur Domino depuis n'importe quel poste disposant d'un navigateur et d'une liaison au serveur.

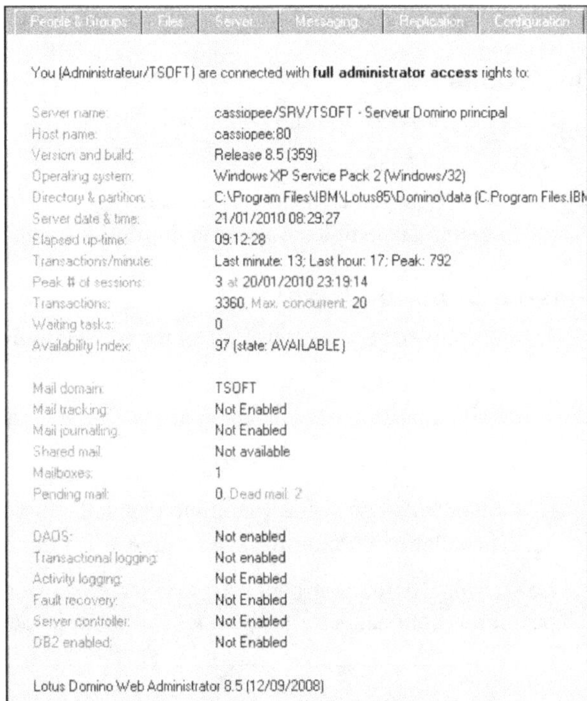

- Cliquer sur (Logout) en haut à droite pour terminer la session
- Cliquer sur (Preferences) en haut à droite pour modifier les préférences d'administration

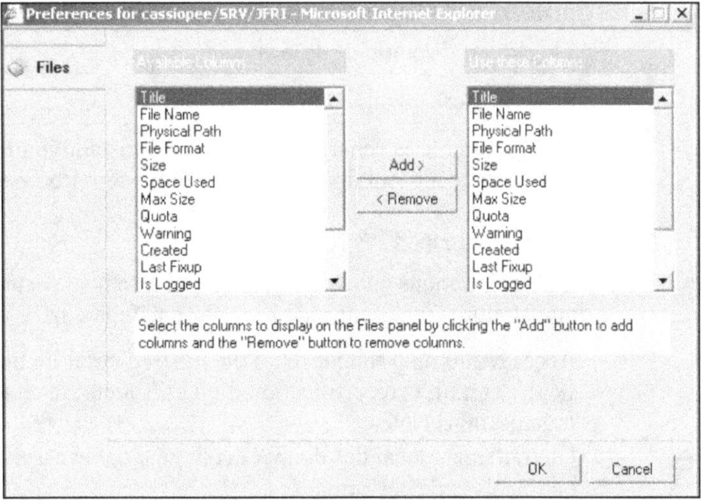

- Cliquer sur les icônes de la barre de signets pour accéder au serveur courant ou aux autres serveurs du domaine

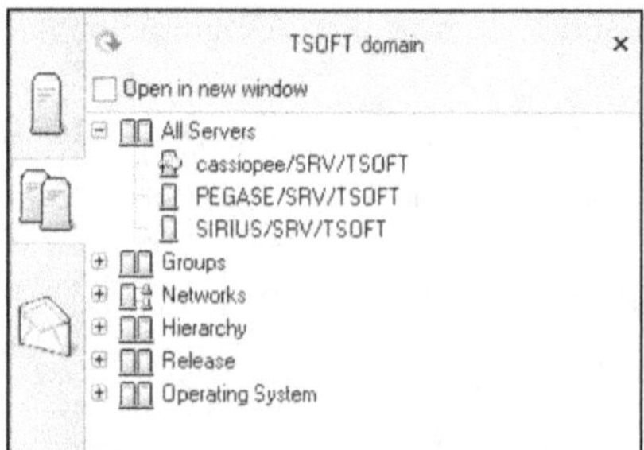

Quick Console

C'est une console Domino simplifiée :

- Sans aide à la saisie,
- Sans affichage des messages courants,
- Toujours disponible pourvu que les droits soient satisfaits.

Console Domino distante

C'est l'équivalent de la console Domino de Administrator :

- Interface quasiment identique,
- Personnalisation des couleurs partagée avec Domino Administrator.

L'utilisation de cette console exige :

- Le lancement du serveur Domino depuis Domino Controller,
- L'installation du plug-in Java de niveau 1.3 minimum.

Le serveur Domino tournant sous le contrôle de Domino Controller, il est possible de passer des commandes à l'OS en les faisant précéder de *shell*, par exemple :

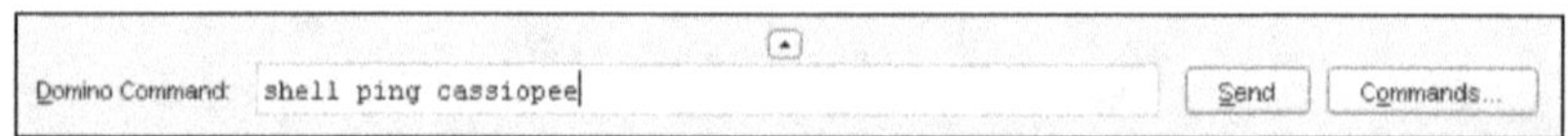

Le mode opératoire et la liste des commandes sont identiques à ce que propose Domino Console.

Chargement du plug-in Java

Ce plug-in est disponible sur le site http://java.sun.com/downloads.html.

- Sélectionner Download Java VM

- Sélectionner le téléchargement suivi de l'installation immédiate sur le poste ou le téléchargement seul du JRE (Java Runtime environment)

Fonctions absentes

Toutes les fonctions qui font l'objet d'un traitement particulier sur le client Domino Administrator sont absentes de l'interface navigateur.

- Accès requis à un fichier ID : l'enregistrement d'un utilisateur avec accès direct au fichier cert.id, la recertification d'un utilisateur, la certification croisée entre deux organisations Notes,
- Un traitement local des données comme c'est le cas avec la surveillance du serveur ou l'analyse de performances.

Accès aux services Windows

L'accès aux services de Windows avec la possibilité d'arrêter ou de démarrer un service est propre à l'interface navigateur. Il faut avoir l'accès Administrateur système pour l'utiliser. C'est le droit d'accès de l'identifiant qui a lancé Domino qui est considéré par l'OS.

- Cliquer sur l'onglet (Server) puis sur (Status)

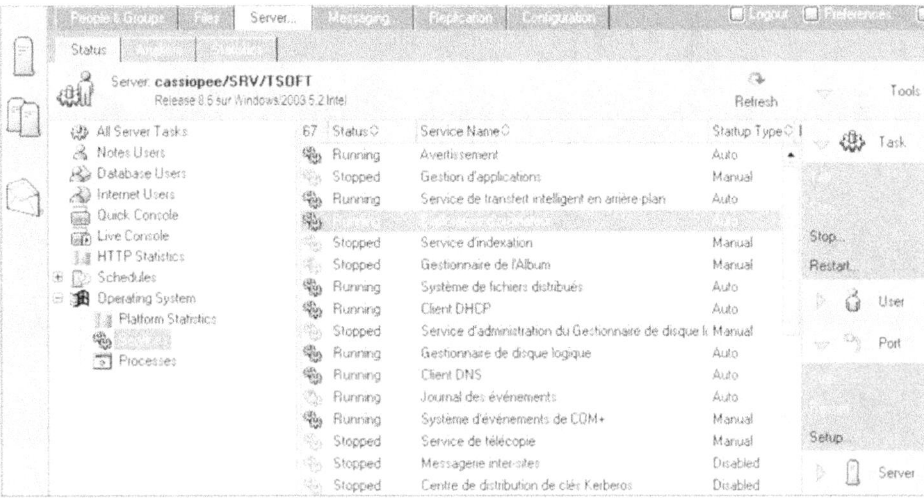

- Cliquer *Operating System*, puis *Services*

- Cliquer sur un service

- Cliquer sur (Outils), puis sur (Tâches), puis sélectionner Stop… pour arrêter le service

Accès aux journaux Windows

- Cliquer sur l'onglet (Analysis)

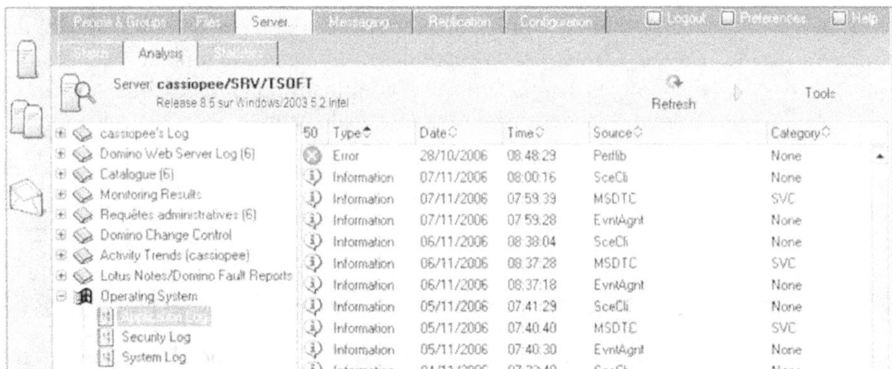

- Cliquer *Operating System*

- Cliquer sur le nom d'un journal pour en afficher le contenu

Accès aux fichiers de paramètres

Le fichier NOTES.INI est un élément indispensable au bon fonctionnement du serveur Lotus Domino. Ce fichier est livré avec quelques lignes dans le paquetage logiciel et s'enrichit pendant la configuration du serveur Domino.

L'administrateur ajoute ensuite des paramètres dans ce fichier, le plus souvent depuis l'onglet (NOTES.INI file) du document de configuration du serveur. Certains paramètres doivent être modifiés directement dans ce fichier texte, par exemple, la liste des tâches qui démarrent au lancement du serveur – paramètre ServerTasks= –. L'interface Web Admin donne un accès direct au fichier NOTES.INI du serveur.

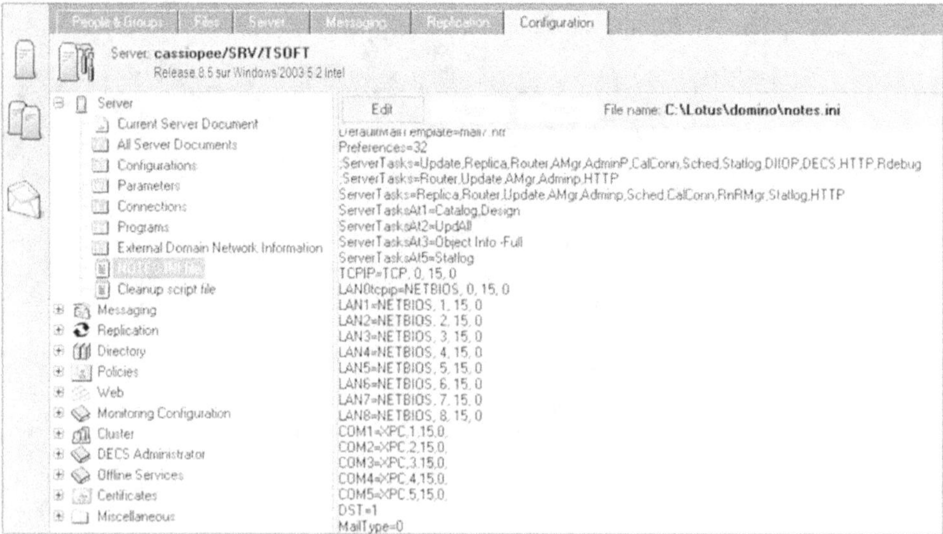

- Cliquer sur (Configuration), puis Server

- Cliquer NOTES.INI file

- Cliquer sur (Edit) pour modifier éventuellement le contenu du fichier

De façon analogue, le script de redémarrage peut être modifié ici. Le redémarrage du serveur suite à incident est décrit séparément, ✎Tome 2 - Module Surveiller le serveur Domino.

Remarques

L'accès au disque du serveur pour modifier des fichiers peut se faire aussi bien avec une session de Bureau distant Windows ou par partage sécurisé de lecteur sur le réseau. L'interface Webadmin est intéressante lorsque ces possibilités ne sont pas disponibles depuis le poste d'administration : accès à un serveur sur plateforme Unix, iSeries ou accès distant via un canal sécurisé SSL.

Il est donc pertinent d'examiner systématiquement les avantages de la mise en place de cette solution d'administration.

Améliorations de l'administration Web en version 8

La version 8 propose certaines améliorations, notamment au niveau des politiques et plus particulièrement des paramètres de sécurité.

Il est possible d'appliquer aux utilisateurs Web des paramètres de sécurité spécifique.

Ceux-ci sont accessibles dans l'onglet [Gestion des mots de passe].

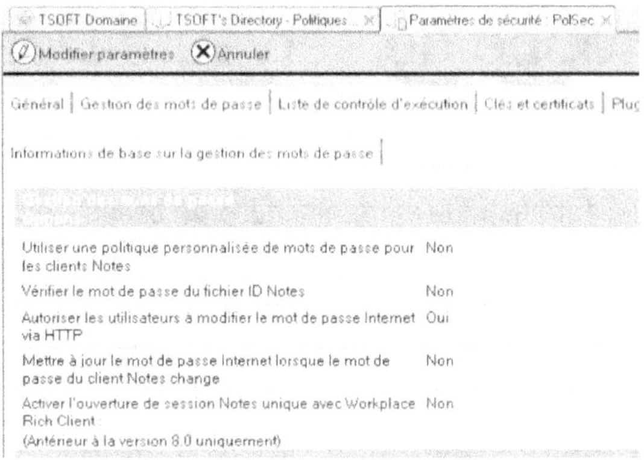

Domino Web Administrator présente quelques améliorations supplémentaires :

- Le nouveau modèle de courrier pour les utilisateurs d'IBM Lotus Domino Web Access est le modèle Courrier (R8), (MAIL8.NTF). L'interface courrier Notes et Web est donc désormais gérée par un même modèle.

- Domino Web Administrator est supporté par Firefox 2.0 avec le même aspect qu'Internet Explorer

- Les flux RSS peuvent être activés pour le courrier IBM Lotus Domino Web Access

- L'intégration des correcteurs orthographiques est améliorée

- Les mises à jour des vues sont dynamiques

- La gestion des mots de passe Lotus Notes et Internet est améliorée

- Domino Web Access 8.0 possède sa propre liste de contacts qui remplace Sametime Connect pour les navigateurs

Convergence des interfaces d'administration

Les interfaces d'une fonction supportée dans les trois environnements – Domino Administrator, Domino Console et Administration Web – ont toutes les chances d'être identiques. Il y a quelques différences liées au clic droit de la souris et au glisser-déplacer. Certaines fonctions sont propres à un environnement :

- Accès aux services Windows sur Navigateur,
- Accès au système de fichiers de l'OS – NOTES.INI, Script de redémarrage –,
- Commandes périodiques de Domino Console.

Principe de la grappe de serveurs Domino

- **Bascule automatique entre répliques de bases synchronisées en temps réel**

- **Avantages de la grappe**

  - Haute disponibilité des bases critiques pour l'entreprise

  - Équilibrage de charge

  - Évolution des configurations serveurs facilitée

- **Principe**

  - Le client Notes/un serveur Domino connaissent les serveurs d'une grappe

  - Si un serveur ne répond pas, il y a bascule sur un autre serveur de la grappe

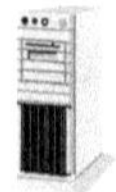

Les répliques d'une base Domino installée dans une grappe de serveurs Domino sont synchronisées en temps réel : un processus de réplication spécifique à la grappe réplique les modifications d'une réplique sur toutes les autres répliques immédiatement. Si une réplique n'est plus accessible une bascule automatique se fait sur une autre réplique.

La mise en grappe des bases critiques apporte une solution à la recherche d'une haute disponibilité des bases de courrier, d'applications Domino pour Notes ou le Web.

Avantages de la grappe

- Haute disponibilité : si un serveur tombe en panne, les demandes d'ouverture de bases sont redirigées vers les autres serveurs de la grappe (Basculement),
- Équilibrage de charge : si un serveur tarde à répondre à une requête du fait d'une charge importante, les requêtes sont réparties sur les autres serveurs,
- Synchronisation des bases : les répliques des bases sont synchronisées en permanence ce qui permet d'effectuer le basculement d'une réplique vers une autre sans que ceci ait des conséquences sur les traitements,
- Évolution facilitée des serveurs : l'ajout d'un nouveau serveur, la mise à niveau du matériel ou du logiciel d'un serveur de la grappe se fait sans interruption de service

Principe

- Chaque serveur d'une grappe a la connaissance de la disponibilité de tous les autres serveurs, ainsi que de l'emplacement des répliques d'une base donnée,
- Un client Notes mémorise en mémoire cache des informations sur la grappe à la première ouverture d'une base. Si le serveur cesse de répondre, le client Notes sait quels serveurs il peut interroger pour trouver une autre réplique de la base en cours,
- Un serveur Domino extérieur à la grappe sur lequel s'exécute l'Internet Cluster Manager (ICM) connaît également l'état de la grappe quand il accède à une base Domino pour le Web.

Interview de l'Expert

Une grappe n'a pas comme utilité que de garantir une totale disponibilité des bases, mais d'améliorer les performances. On peut estimer que chaque serveur supplémentaire dans une grappe dégrade ces dernières d'environ 5%. Il est donc toujours préférable d'anticiper et de tailler un peu largement les serveurs Domino qui seraient susceptibles d'être mis en grappe.

Pensez à la commande SH AI, afin de déterminer les seuils de basculement. Ajoutez systématiquement un document de réplication ordinaire entre les serveurs d'une grappe, par sécurité, en cas de défaillance du réplicateur de grappe, et prévoyez un port dédié (une carte réseau supplémentaire) pour la grappe elle-même, afin que les membres de la grappe disposent de leur propre réseau privé.

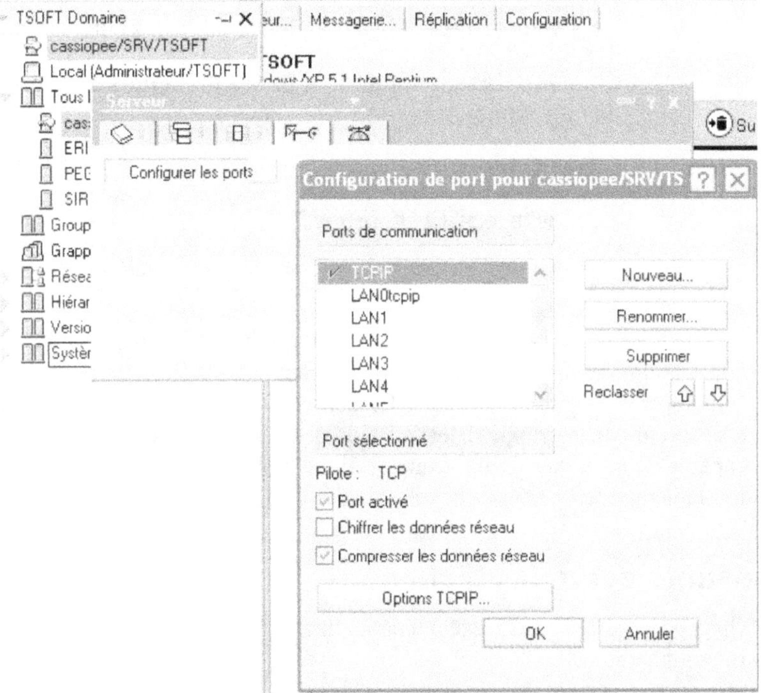

La valeur Server_Availability_Threshold (entre 0 et 100) dans le fichier Notes.ini vous permettra de définir le seuil de charge à partir duquel un serveur est considéré comme étant « occupé ».

Recherchez dans l'aide d'administration le chapitre sur Server_Transinfo_Range, afin d'obtenir les informations sur la mise à jour de ce paramètre.

Composants de la grappe

- ◾ **Composants serveur : tâches**
  - ● Cluster Administrator : administrateur de la grappe
  - ● Cluster Manager : suivi d'état et de charge des serveurs
  - ● Cluster Database Directory Manage : gère Cluster Database Directory
  - ● Cluster Replicator : synchronise les bases en temps réel
  - ● Internet Cluster Manager : redirection vers serveurs de la grappe
- ◾ **Cluster Database Directory : bases présentes sur les serveurs devant répliquer ou non**
- ◾ **Client Notes**
  - ● Cache local CLUSTER.NCF

Lorsque des serveurs Domino sont mis en grappe, de nouvelles tâches se lancent automatiquement sur les serveurs de la grappe. Un répertoire de toutes les bases à l'intérieur de la grappe – Cluster Database Directory – est créé puis répliqué sur tous les serveurs de la grappe. C'est à l'aide de cette base que le Cluster Manager est capable de retourner l'emplacement d'une réplique disponible à un client Notes qui en fait la demande.

Composants serveur : tâches

Quatre tâches Domino s'exécutent sur chaque serveur de la grappe pour en assurer le fonctionnement.

Cluster Administrator

C'est le superviseur du fonctionnement de la grappe :

- Il démarre et arrête les tâches Cluster Database Directory Manager et Cluster Replicator,
- Il réplique la base Cluster Database Directory et l'annuaire du domaine Domino entre serveurs de la grappe,
- Il ajoute ou retire les enregistrements de Cluster Database Directory lorsqu'un serveur est ajouté ou retiré de la grappe.

Cluster Manager

Cette tâche assure le suivi de l'état des autres serveurs ainsi que des données utilisée par l'équilibrage de charge :

- Il détermine les serveurs composants de la grappe par interrogation régulière de l'annuaire du domaine,
- Il contrôle la disponibilité et le niveau de charge des serveurs de la grappe en communiquant avec les autres composants Cluster manager,

- Il communique aux clients de la grappe– Lotus Notes ou autre serveur Domino non partie de la grappe – des listes de répliques de bases ainsi que des informations de disponibilité afin que le basculement puisse être opéré par le client,
- Il consigne dans le journal du serveur les événements de basculement et d'équilibrage.

Cluster Database Directory manager

Il gère la base Cluster Database Directory :

- Ajout d'un enregistrement pour une nouvelle base,
- Suppression d'enregistrement pour une base retirée,
- Suivi des bases mises hors service ou en instance de suppression.

Cluster Replicator

Il se charge de répliquer rapidement les modifications des répliques locales à partir d'informations en mémoire : technique de « push ». Il utilise les informations de Cluster Database Directory pour mettre à jour son cache mémoire des bases et données à répliquer.

Cette tâche est distincte du réplicateur standard – Replica – qui devra être lancé périodiquement pour effectuer une synchronisation de précaution. Replica reste aussi la seule solution pour répliquer des données en dehors de la grappe.

Internet Cluster Manager

Ce composant optionnel est utilisé comme frontal pour les navigateurs Web qui accèdent à des bases Domino hébergées sur une grappe et servies par le moteur HTTP de Domino. Il est installé sur un serveur Domino à haute disponibilité extérieur à la grappe dont il est client.

Cluster Database Directory

Cette base est l'annuaire de toutes les répliques des bases présentes dans la grappe. L'administrateur indique quelles bases doivent répliquer immédiatement dans la grappe et quelles bases sont exclues de ce mécanisme, typiquement les journaux, les bases de routage mail.box, les modèles.

Cache local CLUSTER.NCF client Notes

Le client Notes ouvre une base sur un serveur et le serveur ne répond plus :

- Notes détermine la grappe d'appartenance du serveur dans son cache local cluster.ncf. Il recherche le serveur suivant dans cette grappe,
- Notes interroge le cluster manager du serveur suivant,
- Cluster Manager recherche tous les serveurs contenant une réplique de la base et les classe par ordre de disponibilité et retourne l'information au client,
- Notes cherche à accéder à la base à partir du premier serveur de la liste – normalement le plus disponible –, puis le suivant s'il ne répond pas jusqu'à l'obtention d'une session,
- Notes enregistre son cache mémoire dans cluster.ncf lorsqu'il s'arrête.

Ce mécanisme est utilisé notamment pour le courrier si le serveur de messagerie de l'utilisateur est en grappe :

- La base courrier devient inaccessible : basculement sur un autre serveur en grappe,
- Un message en cours de rédaction sera distribué sur un autre serveur à l'envoi, mais l'enregistrement du message ne sera pas basculé,
- Le routeur distribue le courrier à un autre serveur de la grappe.

⊠ Configurer une grappe

La configuration de la grappe demande une planification préalable. L'illustration se fait ici par mise en grappe de deux serveurs de messagerie.

Les étapes qui suivent sont déroulées:

- Planification,
- Préparation de la LCA des bases devant répliquer dans la grappe,
- Création de répliques des bases dans la grappe,
- Création d'un document de réplication planifiée,
- Création de la grappe depuis Domino Administrator,
- Mise à jour de la liste des bases critiques devant répliquer immédiatement,
- Vérification du fonctionnement.

Planification

Deux serveurs de messagerie – SIRIUS et PEGASE – sont opérationnels et contiennent déjà des bases courrier. Ils doivent être mis en grappe ce qui nécessite qu'ils soient dans le même « Réseau Nommé Domino », ⅏Tome 2 - Module Optimiser la messagerie. Les bases courrier sont les seules à être prises en compte dans ce déploiement.

Le réseau entre les deux serveurs est une ligne rapide de préférence un Giga bits.

Le nom retenu pour la grappe est COURRIER_MLV.

Préparation de la LCA des bases

Les serveurs de la grappe doivent avoir un niveau d'accès Gestionnaire sur les bases courrier. Il faut ajouter serveurs de la grappe en les distinguant du groupe LocalDomainServers dans la LCA de chaque base courrier.

LISTE D'ACCES : _SRV_COURRIER_MLV

Général | Commentaires | Administration

Général

Groupe : _SRV_COURRIER_MLV
Type de groupe : LCA uniquement
Catégorie : Administration
Description : Serveurs de la grappe COURRIER_MLV
Domaine de messagerie :
Adresse Internet :
Membres : PEGASE/SRV/TSOFT
SIRIUS/SRV/TSOFT

Ceci peut être fait en les nommant individuellement ou en créant un groupe séparé, ici SRV_COURRIER_MLV. Le groupe permet d'étendre le nombre de serveurs de la grappe en minimisant l'effort de maintenance.

Le réglage de la LCA d'une base courrier sera le suivant :

Entrée	Droits
-Default-	Pas d'accès ou plus s'il y a eu des délégations
_Administrateur/TSOFT	Gestionnaire. Ne peut pas supprimer de documents
Anonymous	Pas d'accès

Entrée	Droits
Propriétaire de la base	Éditeur, droit de suppression de documents
Serveur de messagerie	Gestionnaire, Serveur d'administration de la base
_SRV_COURRIER_MLV	Gestionnaire et droit de supprimer des documents (Serveurs de la grappe)
LocalDomainServers	Éditeur et droit de supprimer des documents
OtherDomainServers	Pas d'accès

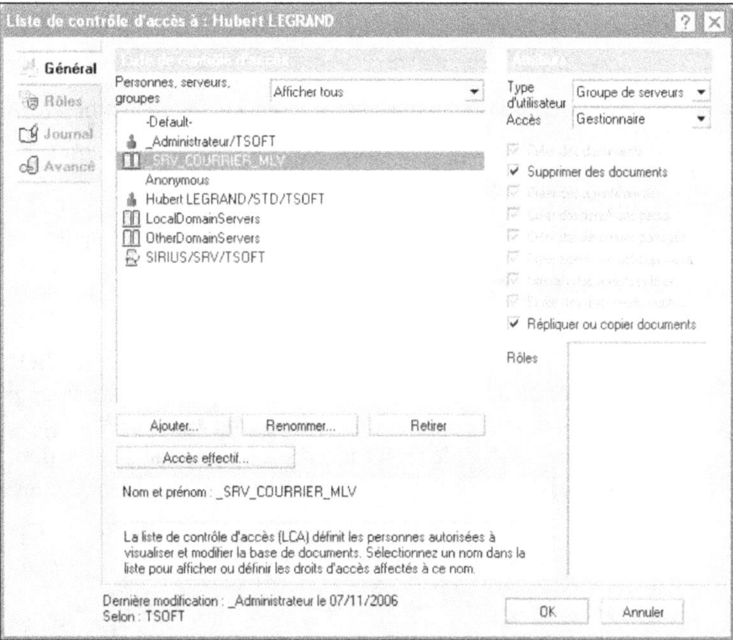

Création de répliques des bases dans la grappe

Les bases courrier du serveur PEGASE sont répliquées sur le serveur SIRIUS et inversement.

Depuis Domino Administrator :

- Sélectionner la ou les bases dans l'onglet (Fichiers) du serveur source, ici SIRIUS

- Cliquer sur (Outils), puis Base de doc, puis *Créer réplique(s)*

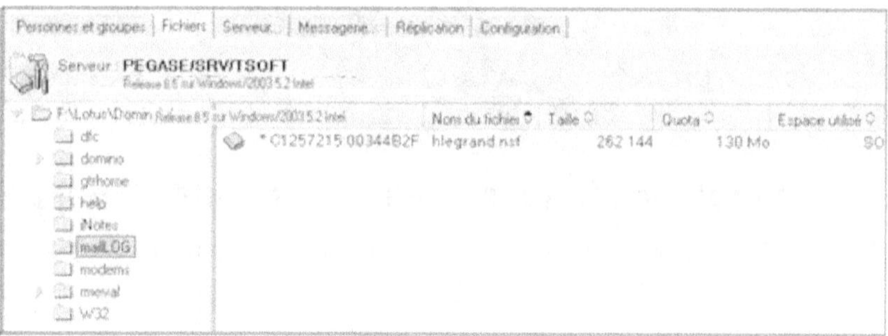

- <Créer des répliques sur ces serveurs> : sélectionner l'autre serveur de la grappe, ici PEGASE

- Cliquer sur (Ajouter)

- Conserver le nom du fichier de destination (Il peut être modifié)

- Cliquer sur (OK)

Une requête administrative est soumise. La réplication minimum ayant été mise en place entre les serveurs additionnels – ici SIRIUS et PEGASE – avec le premier serveur du domaine, la requête de création de la réplique pourra s'exécuter jusqu'au bout. Les requêtes administratives sont examinées à fond dans le deuxième tome ✎Tome 2-Module Gérer les utilisateurs. Dans l'immédiat, passez périodiquement la commande `TELL ADMINP PROCESS ALL` sur la console des deux serveurs.

Pour vérifier la bonne fin de la création de la réplique :

- Cliquer l'onglet (Fichiers) sur le serveur cible, ici PEGASE

- Ouvrir le dossier contenant la base qui a été répliquée, ici *mailLOG*

Un talon de réplique – ✎Module @Réplication – est affiché. Ceci signifie que l'opération s'est bien terminée, mais les données ne sont pas encore dans la base. C'est l'étape qui suit qui va répliquer les données dans cette nouvelle réplique.

Création d'un document de réplication planifiée

Ce document planifie la réplication des bases de la grappe à intervalle régulier. Ceci permet de terminer la création d'une réplique mais aussi d'apporter remède aux incidents d'exploitation suite à une interruption prolongée d'un serveur de la grappe :

les modifications qui n'auraient pas répliqué sont ainsi récupérées. La procédure de création d'un document de réplication planifiée a été décrite précédemment dans ce module, ✎ Réplication minimum.

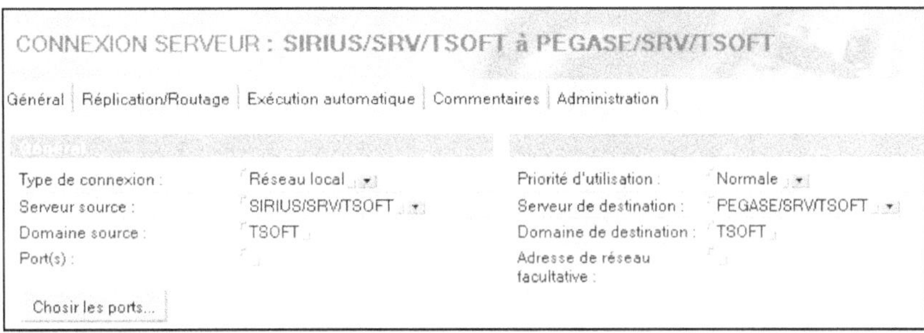

- Créer le document de connexion sur le serveur de messagerie, ici *SIRIUS/SRV/TSOFT*

- <Serveur de destination> : sélectionner le serveur de la grappe sur lequel a été créée la réplique, ici *PEGASE/SRV/TSOFT*

- Cliquer sur (Réplication/Routage)

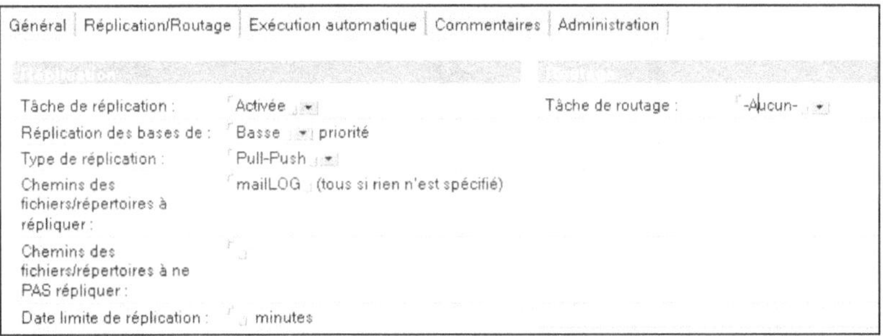

- <Tache de routage> : sélectionner *-Aucun-*

- <Chemin des fichiers/répertoires à répliquer> : sélectionner le dossier dans lequel se trouve la base sur le serveur d'origine, ici *mailLOG*

Le dossier mailLOG contient en principe plusieurs bases. En désignant le dossier, toutes les bases du dossier seront considérées pour une réplication

- Cliquer sur (Exécution automatique)

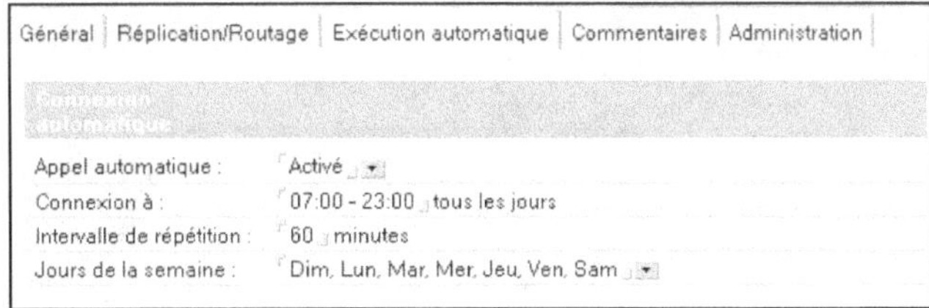

- <Connexion à :> : sélectionner une plage de temps, ici *07:00 - 23:00*

- <Intervalle de répétition> : un intervalle de 60 minutes est largement suffisant. En cas d'incident, la synchronisation sera effectuée une heure au plus tard après la reprise du serveur défaillant

- Enregistrer et fermer

- Accéder au serveur destination depuis Administrator

- Cliquer l'onglet (Fichiers) et naviguer vers la base à répliquer

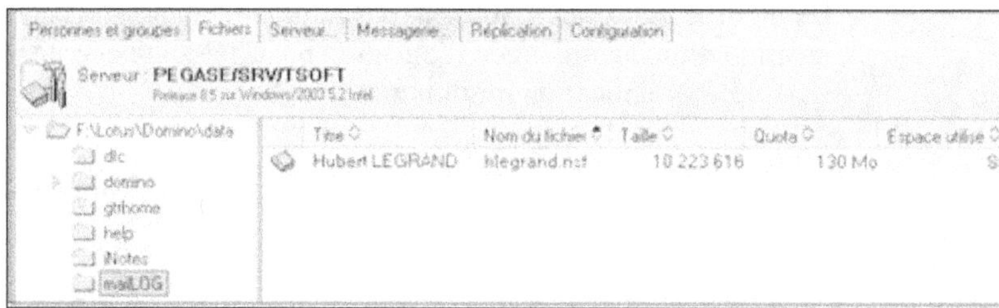

Le titre de la base remplace l'identifiant talon de réplique. La taille est à peu près égale à celle de la base sur le serveur source.

Remarque

Cette préparation contribue à mettre en évidence les anomalies potentielles en provenance du réseau, des droits d'accès aux serveurs Domino ou des droits d'accès aux bases. Si la préparation se termine bien, la mise en grappe se fera aisément.

Création de la grappe

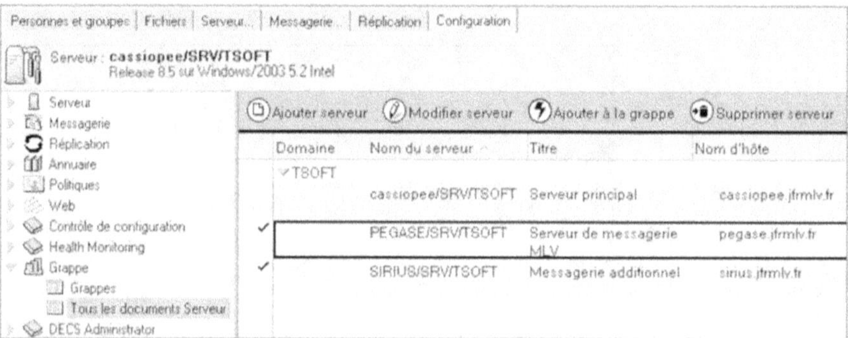

- Accéder au premier serveur du domaine, ici CASSIOPEE/SRV/TSOFT

On peut tout aussi bien accéder à l'un des serveurs de la future grappe. La réplication de names.nsf a été planifiée sur les deux serveurs additionnels avec le premier serveur. De cette façon les modifications liées à la mise en grappe parviendront rapidement aux serveurs concernés.

- Cliquer sur (Configuration), puis *Grappe*, puis *Tous les documents Serveur*

- Sélectionner les serveurs à mettre dans la nouvelle grappe

- Cliquer sur (Ajouter à la grappe)

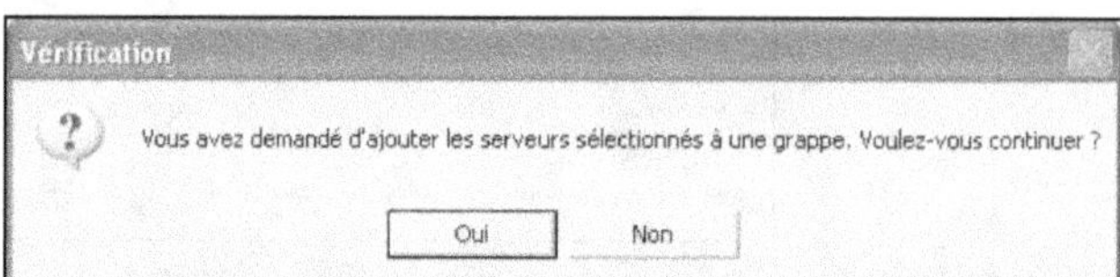

- Cliquer sur (Oui) pour confirmer

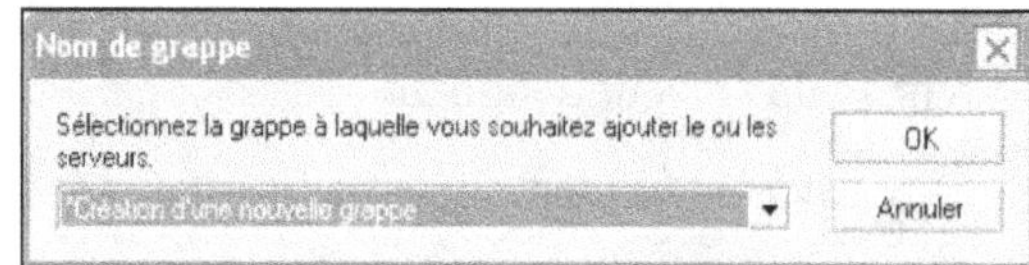

- Cliquer sur (OK) pour créer une nouvelle grappe. Si une grappe existait déjà, pour ajouter de nouveaux serveurs il suffirait de la sélectionner dans la liste déroulante

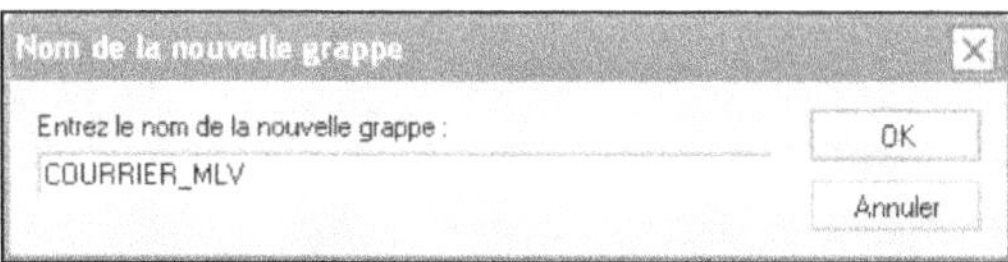

- Taper le nom de la nouvelle grappe, ici COURRIER_MLV. Cette valeur est ajoutée dans le champ <Nom de grappe> du document serveur de chaque serveur

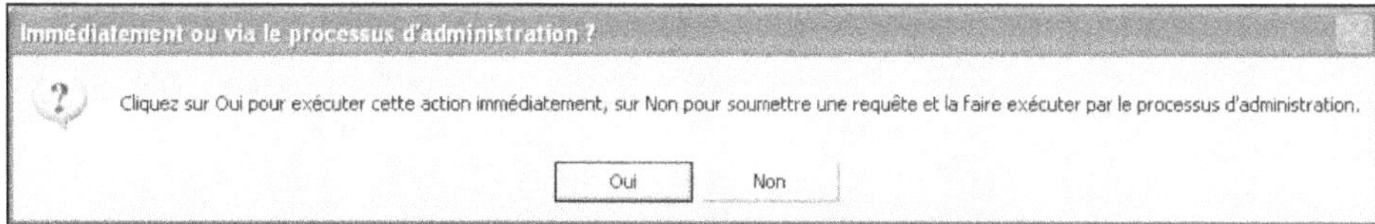

- Cliquer sur (Oui) pour effectuer immédiatement cette opération. Dans la pratique, il est recommandé de passer par une requête administrative pour éviter des conflits possibles de mise à jour des documents de l'annuaire.

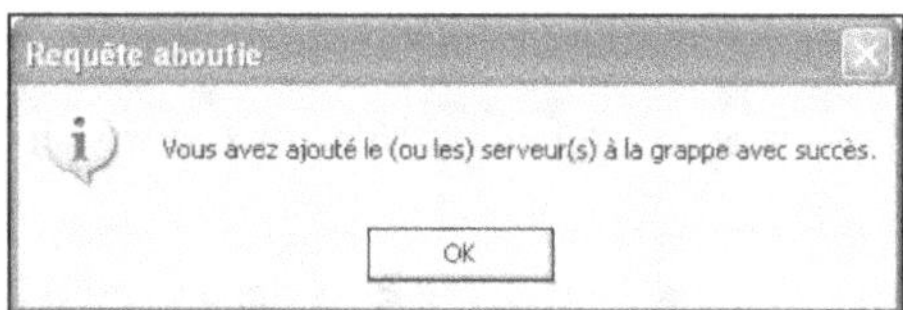

- Cliquer sur (OK) sur ce message de bonne fin
- Accéder à l'un des serveurs de la grappe, ici PEGASE/SRV/TSOFT

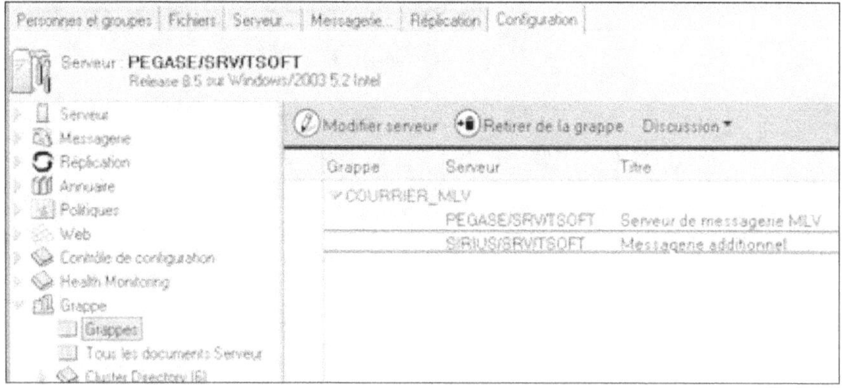

- Cliquer sur (Configuration), puis Grappe sur l'un des serveurs de la grappe
- Cliquer sur *Grappes*

Le nom de la grappe nouvellement créée apparaît dès que la réplication de names.nsf s'est effectuée avec le premier serveur du domaine.

Remarque

Cluster Database Directory (8) est affiché après un délai supplémentaire : sa création est l'une des premières tâches effectuées au premier démarrage de la grappe. Cette ligne n'apparaît que si Domino Administrator est connecté sur un serveur d'une grappe.

Lorsque la grappe apparaît en affichage :

- Cliquer sur l'onglet (Serveur), puis sur (Etat), puis *Tâches serveur*

- Constater la présence de deux nouvelles tâches *Cluster Directory* et *Cluster Replicator*

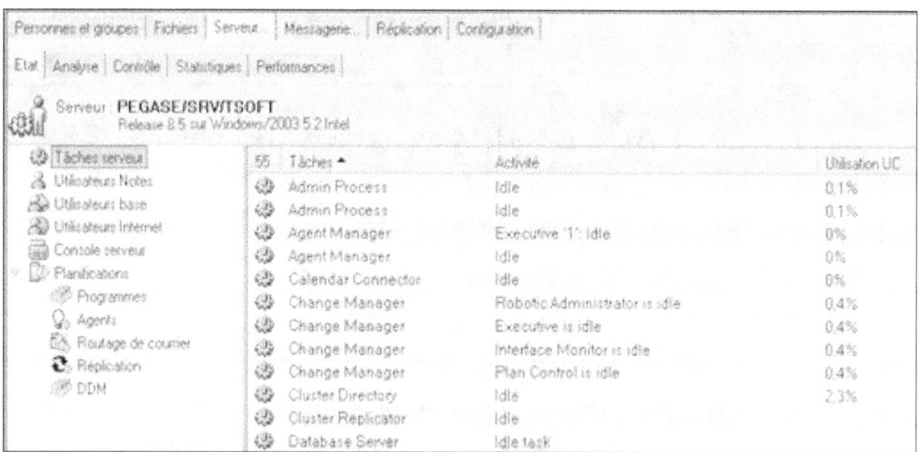

Si les deux tâches n'apparaissent pas, il faut rafraîchir périodiquement l'affichage. Les tâches apparaissent au bout de quelques minutes à peine.

- Effectuer le même contrôle sur l'autre serveur de la grappe

Mise à jour de la liste des bases critiques

Les bases critiques sont celles qui doivent répliquer en temps réel. Ce sont les bases d'application et/ou de courrier pour lesquelles la grappe est installée. Les autres bases ne doivent pas répliquer en temps réel, names.nsf et admin4.nsf exceptées.

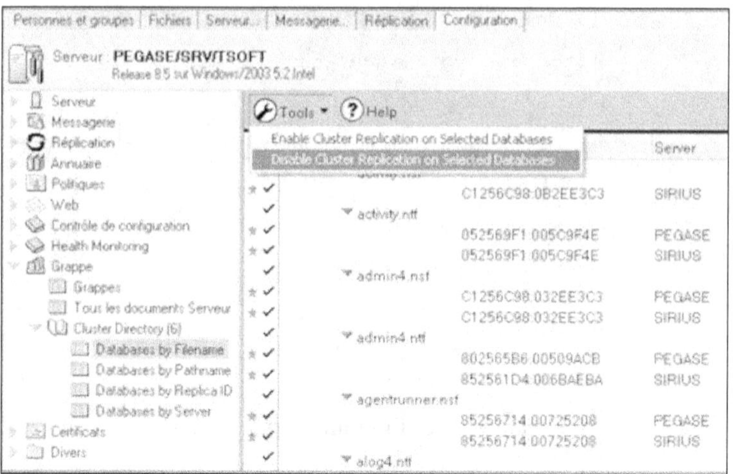

- Accéder à l'un des serveurs de la grappe, ici PEGASE/SRV/TSOFT

- Cliquer sur (Configuration), puis Grappe, puis Cluster Directory (8)

- Cliquer la vue *Database by Filename*, puis commande *Edition/Tout sélectionner*

- Cliquer sur (Tools), puis *Disable Cluster Replication on Selected Databases*

À l'issue de cette opération, aucune base ne réplique en temps réel. Maintenant, il faut activer la réplication en temps réel au cas, par cas. Pour admin4.nsf :

- Sélectionner ensuite les deux répliques de admin4.nsf. Ensuite, cliquer sur (Tools), puis *Enable Cluster Replication on Selected Databases*

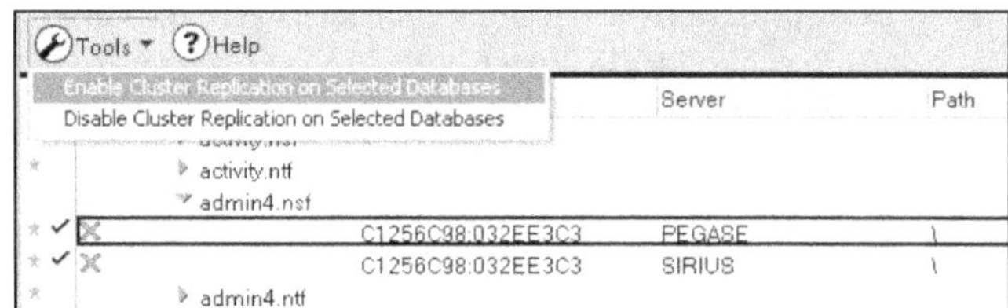

- Répéter l'opération pour names.nsf et pour les bases courrier qui sont répliquées sur chaque serveur

Routage de courrier vers une grappe

Le client Notes enregistre les informations de la grappe dès qu'il se connecte à un serveur membre de la grappe. De la même façon, un serveur Domino qui remet du courrier à un serveur de messagerie en grappe, reçoit de ce dernier les informations sur la grappe. Ainsi, il sait remettre le courrier à un autre serveur membre de la grappe si le serveur de messagerie visé ne répond pas. Cette fonction est effective à condition que le serveur externe soit correctement configuré.

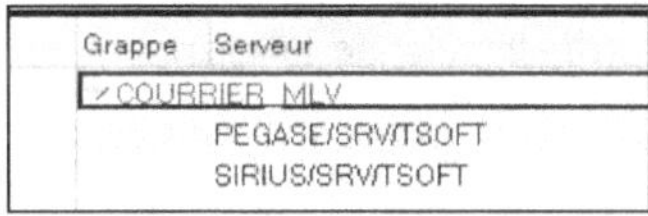

Dans le scénario, les serveurs PEGASE/SRV/TSOFT et SIRIUS/SRV/TSOFT sont dans la grappe COURRIER_MLV. Le serveur CASSIOPEE/SRV/TSOFT doit être configuré pour basculer la remise de courrier sur le membre actif de la grappe si le serveur de destination d'origine est inaccessible.

- Cliquer sur l'onglet (Configuration), puis *Serveur*, puis *Configurations*

- Modifier le document de configuration du serveur extérieur à la grappe, ici CASSIOPEE

- Cliquer sur (Routeur/SMTP), puis sur (Avancés…), puis sur (Contrôles)

- <Basculement sur une grappe> : ce champ doit avoir l'une des deux valeurs
  – Activé uniquement pour le dernier nœud
  – Activé pour tous les transferts dans ce domaine

La première option correspond à la configuration du domaine actuel et est proposée par défaut : c'est le serveur Domino qui remet le message au serveur de messagerie du destinataire qui effectue la bascule.

La seconde option correspond à des domaines plus importants comportant plusieurs grappes de serveurs de messagerie et où des messages passent par plusieurs nœuds eux-mêmes en grappe. Le basculement ne concerne donc pas seulement le serveur de messagerie du destinataire, mais aussi chaque nœud en grappe.

Les informations des grappes accédées sont enregistrées par chaque serveur Domino dans le cache local Cluster.ncf.

Remarque

La variable MailClusterFailOver du NOTES.INI est réservée en principe aux serveurs Domino antérieurs à la version 6. Elle est remplacée par le champ <Basculement sur une grappe> du document de configuration.

Vérification du fonctionnement

 Aide Lotus Domino Administrator. Grappes/Configuration d'une grappe/Vérification de la bonne création de la grappe

 Aide Lotus Domino Administrator. Grappes/Gestion et contrôle d'une grappe

La vérification du bon fonctionnement se fait sur la base Cluster Directory, l'annuaire du domaine names.nsf et une base courrier : réplication instantanée des modifications, basculement pour la base courrier.

- Constater que les modifications portées dans Cluster Directory ont bien répliqué sur l'autre serveur de la grappe. Sinon, la grappe ne fonctionnera pas bien

- Constater qu'une modification dans l'annuaire est répliquée immédiatement (sans passer par une réplication planifiée), par exemple le commentaire d'un groupe

- Ouvrir la base courrier – pour laquelle une réplique a été créée – sur le serveur de messagerie de l'utilisateur depuis le client Notes

- Créer un brouillon de message ou envoyer un message

- Arrêter le serveur par une commande QUIT sur la console de Domino

- Essayer d'ouvrir le message envoyé ou le brouillon

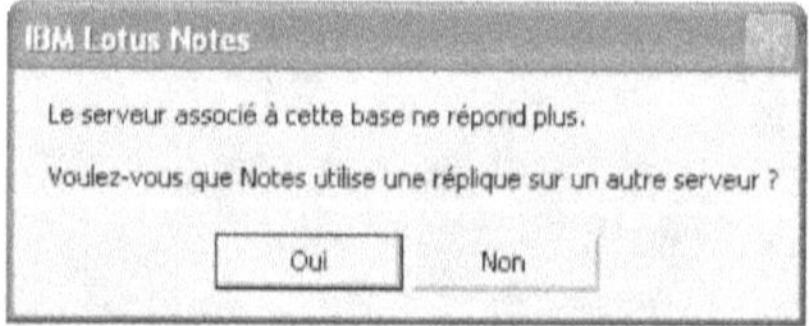

Un message signale la panne du serveur de messagerie.

- Cliquer sur (Oui) et le client Notes doit être capable de se connecter sur l'autre serveur de la grappe, à condition que la base courrier ait été répliquée sur ce serveur

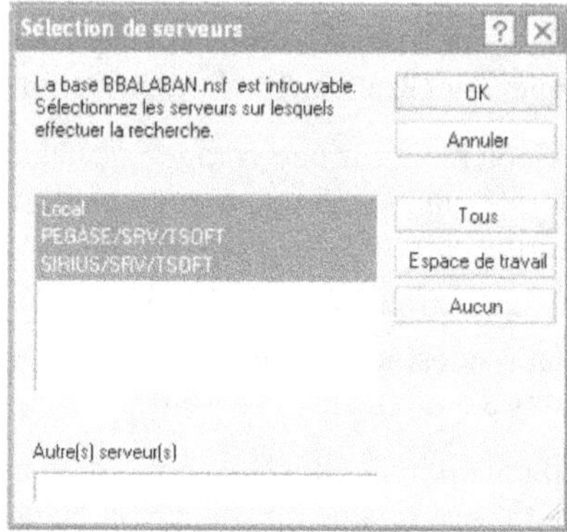

Ce dialogue s'affiche lorsque le client Notes n'a pu trouver une réplique disponible.

Rappel des objectifs

■ **Savoir-faire**

- Enregistrer un serveur additionnel

- Configurer un serveur additionnel

- Mettre en place la réplication

- Administrer plusieurs serveurs

- Utiliser Domino Console

- Administrer depuis un navigateur

- Créer une grappe de serveurs Domino

Ce chapitre a abordé :

- L'enregistrement d'un serveur additionnel.
- L'installation du logiciel et la configuration du serveur additionnel.
- Les tâches post-configuration : sécurisation du serveur, vérification des LCAs.
- La mise en place d'une réplication minimum,
- La création d'une grappe de serveurs Domino.

A partir de maintenant, des clients de messagerie pourront être hébergés sur le ou les serveurs additionnels. Les messages seront échangés entre utilisateurs hébergés sur le même serveur de messagerie ou sur des serveurs différents dans le domaine. La suite du cours aborde le routage du courrier dans un domaine, puis la réplication à l'intérieur du domaine.

Planification

Un serveur Domino additionnel dans un domaine Domino vient s'ajouter aux autres serveurs déjà installés. Il n'y a pas de concept de serveur maître et de serveur satellite : tous les serveurs sont dans une relation d'égal à égal. Le serveur gestionnaire de l'annuaire fait exception dans la mesure où il effectue les tâches de maintenance de l'annuaire et du schéma LDAP. Les mêmes fonctions peuvent être installées sur tous les serveurs et c'est l'administrateur qui choisit les fonctions à activer sur le serveur Domino additionnel : messagerie, accès aux bases d'applications, services Internet…

Enregistrer un serveur additionnel

L'enregistrement d'un serveur Domino est un processus informatique complexe qui génère un document serveur dans l'annuaire Domino du domaine et le fichier ID correspondant.

- L'administrateur dispose du certificateur d'organisation ou d'unité d'organisation – réservé aux serveurs – dont il connaît le mot de passe.

– Le document serveur est écrit dans l'annuaire Domino du domaine sur le serveur enregistreur, lequel n'est pas nécessairement le premier du domaine.
– Une copie du fichier ID du serveur est envoyée dans la base de sauvegarde des fichiers ID, si cette option a été activée pour le certificateur.
– Une entrée est écrite dans la base Certification Log sur le serveur enregistreur.
– Le fichier ID du serveur est écrit sur disque dans le dossier partagé *\ID\Serveurs* qui sera accédé lors de la configuration de ce nouveau serveur Domino.

Ces opérations nécessitent un certain nombre de droits spécifiques, notamment le rôle [ServerCreator] dans l'annuaire du domaine et l'accès Auteur associé au privilège de création de documents dans l'annuaire du domaine, la base Certification Log, la base Requêtes administratives.

Préparer les groupes de gestion du serveur

Le document serveur du serveur additionnel sera modifié après configuration pour y introduire les règles d'accès, d'utilisation des fonctions du serveur, d'exécution des agents. Ce travail a été effectué pour le premier serveur du domaine. Il est refait ici à l'identique. Les groupes à créer sont pratiquement identiques à ceux créés pour le premier serveur, leur contenu pouvant varier bien sûr.

Configurer un serveur additionnel

Le type de licence du logiciel Domino pour un serveur additionnel est le même que pour le premier serveur du domaine : *Domino Messaging Server*, *Domino Enterprise Server*, *Domino Utility Server*.

La licence *Enterprise Server* est indispensable si un serveur de messagerie doit être mis en grappe.

La configuration consiste à lancer le logiciel Domino ou à utiliser une configuration distante. Le dialogue de configuration est différent de celui du premier serveur :

– C'est un serveur additionnel.
– L'annuaire Domino du domaine est fourni par un autre serveur.
– Le fichier ID du serveur est disponible sur disquette ou dossier partagé.

En fin de configuration, des bases et des fichiers sont créés ou mis à jour :

– L'annuaire du domaine Domino repris du serveur fournisseur et modifié.
– Une réplique de la base Requêtes administratives – admin4.nsf – et une réplique de la base Statistiques & Evénements – events4.nsf – récupérée du serveur fournisseur.
– Le fichier ID du serveur – server.id – a été recopié du dossier partagé.
– Le journal du serveur – log.nsf – est créé.
– Le NOTES.INI est complété.

Administrer le serveur additionnel

Le serveur additionnel est lancé et de nouvelles bases ont été créées.

Il faut procéder aux tâches suivantes :

– Actualiser la liste des serveurs dans Domino Administrator.
– Standardiser le document serveur si cela n'a pas été fait avant la configuration.
– Standardiser la LCA des bases administratives locales qui ont été créées : log.nsf, mail.box, etc.
– Vérifier depuis le poste Domino Administrator que l'accès aux bases et à la console du serveur fonctionne correctement.

Réplication minimum

La configuration du serveur additionnel a créé automatiquement une copie réplique de l'annuaire Domino du domaine. Ces copies sont dites de réplique, car toute modification apportée à l'annuaire Domino du domaine sur l'un quelconque des serveurs peut potentiellement répliquer vers les autres répliques de l'annuaire Domino du domaine. Le processus de synchronisation des répliques s'appelle la réplication. Domino ne planifie pas automatiquement la réplication.

La réplication est vue en détail séparément, ✿Tome 2 - Module Gérer les bases d'applications. Le strict minimum est décrit ici : répliquer régulièrement names.nsf et admin4.nsf.

@ Domino Console

La Domino Console est un programme autonome – distinct de Domino Administrator – qui permet de gérer plusieurs serveurs Domino à partir d'une plate-forme Windows ou Unix. Des commandes peuvent être envoyées à un ou plusieurs serveurs Domino et aussi à l'OS sur lequel tournent ces serveurs. Domino Console dialogue avec Domino Controller.

Les commandes disponibles sont des commandes Domino Controller, des commandes natives Domino, des commandes natives de l'OS (NT, UNIX). Les commandes de l'OS sont acceptées si l'utilisateur est administrateur système dans le document du serveur Domino accédé via Domino Controller.

Domino Console permet la gestion de groupes de serveurs en basculant d'un serveur à l'autre ou en envoyant des groupes de commandes planifiées ou à la demande par exemple. Ces fonctions sont propres à Domino Console.

Navigateur. Administrer Lotus Domino

L'administration du serveur Domino depuis un navigateur est un sous-ensemble de fonctions de Domino Administrator, les fonctions communes ayant des modes opératoires pratiquement identiques. Les services, les processus et les statistiques de la plate-forme OS sont accessibles. Les droits de l'administrateur sont les mêmes qu'il utilise Domino Administrator ou le navigateur.

Principes de la grappe Domino

Les répliques d'une base Domino installée dans une grappe de serveurs Domino sont synchronisées en temps réel par un processus de réplication spécifique à la grappe.

Si une réplique n'est plus accessible sur un serveur une bascule automatique se fait sur une réplique localisée sur un autre serveur.

La mise en grappe des bases critiques apporte une solution à la recherche d'une haute disponibilité des bases de courrier, d'applications Domino pour Notes ou le Web.

Composants de la grappe

Lorsque des serveurs Domino sont mis en grappe, de nouvelles tâches se lancent automatiquement sur les serveurs de la grappe. Un répertoire de toutes les bases à l'intérieur de la grappe – Cluster Database Directory – est créé puis répliqué sur tous les serveurs de la grappe. C'est à l'aide de cette base que le Cluster Manager est capable de retourner l'emplacement d'une réplique disponible à un client Notes qui en faite la demande. Les autres composants sont l'administrateur de grappe – Cluster Administrator –, le gestionnaire de l'état des serveurs – Cluster Manager –, le gestionnaire de la base Cluster Database Directory – Cluster Database Directory Manager –, le réplicateur de grappe – Cluster Replicator.

Index

E

F

G